高等院校家庭教育系列教材

家庭教育概论

边玉芳 主编

中国教育出版传媒集团
高等教育出版社·北京

内容提要

本书立足我国《全国家庭教育指导大纲（修订）》《中华人民共和国家庭教育促进法》等颁布实施背景，阐述家庭与家庭教育的基本概念，家庭教育的历史与发展、理论基础、实施的基本问题，并对家庭教育中的亲子关系、家庭互动、家庭文化作了专门阐述；重点立足儿童发展，阐述不同发展阶段儿童、特殊家庭与儿童的家庭教育，并就家长素质与家长教育进行探讨。本书具有基础性与实践性、学术系统性与可读性，帮助学习者系统掌握家庭教育理念与方法，并学习融入具体教育场景。

本书可作为高等学校师范生的入门通识教材，可作为家庭教育指导师培训教材，也可作为其他读者了解家庭教育的入门读物。

图书在版编目（ＣＩＰ）数据

家庭教育概论 / 边玉芳主编 ． -- 北京：高等教育出版社，2023.10
ISBN 978-7-04-060553-2

Ⅰ．①家⋯ Ⅱ．①边⋯ Ⅲ．①家庭教育－概论 Ⅳ．①G78

中国国家版本馆CIP数据核字(2023)第096798号

Jiating Jiaoyu Gailun

| 策划编辑 | 肖冬民 | 责任编辑 | 肖冬民 | 特约编辑 | 倪伊瑶 | | 封面设计 | 裴一丹 |
| 版式设计 | 马 云 | 责任绘图 | 易斯翔 | 责任校对 | 任 纳 陈 杨 | | 责任印制 | 耿 轩 |

出版发行	高等教育出版社	网 址	http://www.hep.edu.cn
社 址	北京市西城区德外大街4号		http://www.hep.com.cn
邮政编码	100120	网上订购	http://www.hepmall.com.cn
印 刷	捷鹰印刷（天津）有限公司		http://www.hepmall.com
开 本	787 mm×1092 mm 1/16		http://www.hepmall.cn
印 张	18.75		
字 数	380 千字	版 次	2023 年 10 月第 1 版
购书热线	010-58581118	印 次	2023 年 10 月第 1 次印刷
咨询电话	400-810-0598	定 价	42.00 元

家庭教育工作关系到每个人的终身发展,关系到千家万户的切身利益,关系到国家和民族的未来。党的十八大以来,习近平总书记高度重视和引领家庭家教家风建设,多次强调要"注重家庭、注重家教、注重家风"。党的二十大报告提出"加强家庭家教家风建设",将其作为"推进文化自信自强,铸就社会主义文化新辉煌"中的重要内容,这体现了家庭家教家风建设在促进社会和谐、国家发展、民族进步中的重要作用。2022年1月1日,《中华人民共和国家庭教育促进法》(以下简称《家庭教育促进法》)正式实施。这是我国首次就家庭教育进行专门立法,其推行无疑具有划时代的意义:不仅要求家长"依法带娃",同时也要求学校、社会与政府相关部门协作行动,为家庭教育赋能,共同打造一个科学育儿、理性育儿、依法育儿的良好环境。从此,家庭教育不再是"家事""私事",而是正式成为"国事",是我国推进教育治理、实现教育现代化的必然选择和必由路径。这必将对我国家庭教育事业的发展、对儿童青少年的健康成长产生深远的影响。

相比学校教育,家庭教育对儿童青少年的健康成长、全面发展起着奠基性、持久性、独特性和决定性作用。2020年开展的第七次全国人口普查结果显示,我国有16周岁以下的儿童青少年约2.53亿。众多心理学、教育学的研究结果都表明,儿童早期受到的家庭教养方式、所处的家庭环境与面临的家庭结构等,都对儿童的成长有显著影响,甚至会塑造儿童的性格,成为其一生的"底色"。同时,家庭教育是家庭的重要功能之一,也是家庭诸多功能的整合和集中体现,家庭教育开展得科学、有效的家庭,亲子关系会更加和谐,家庭环境会更加温暖、安全,家庭成了一个具有较强向心力和凝聚力的团体,家庭中的每个成员都能从中获得支持与发展的力量。家庭是社会的细胞,儿童是国家的未来、民族的希望,家庭教育也因此影响国家与社会的发展。因此,做好家庭教育对个体成长、家庭幸福、社会和谐、国家强盛具有重要意义。

目前,我国家长在开展家庭教育时还存在着比较多的困惑,迫切需要家庭教育指导,但家庭教育指导服务体系并没有完全建立,离《家庭教育促进法》的要求还有相当大的差距。2020年起本人承担了国家社会科学基金重大项目"新时代我国家庭教育指导服务体系构建研究",据我们在全国开展的大规模有代表性的抽样调查结果,相当一部分家长尚未承担起自身作为家庭教育实施主体的责任;80%以上的家长在开展家庭教育时会遇到困难,自己探索和与其他家长交流经验是当前家长解决家庭教育问题的主要方式;多数家长对接受家庭教育指导服务具有强烈的需求及意愿,但有30%左右的家长没有接受过家庭教育指导服务;家庭教育指导服务队伍虽然构成多样,但人员数量和质量尚无法满足需求;家庭教育指导服务队伍以兼职人员、志愿者为主,专职人员不足,队伍专业化程度不够,专业知识和技能有待提升。推进高等学校家庭教育学科建设、专业课程建设规划,依托高等学校汇聚高水平家庭教育专家力量,针对家庭教育指导的关键理论、重要技术、创新模式开展系统研究,面向大学生开发、设计和实施科学的家庭教育通识课程和专业课程,研发高质量配套教材,为家庭教育工作持续补给专业化、高质量的家庭教育研究性人才和应用型人才,是解决这些问题的重要途径,也是高等学校研究者的职责和使命。

在这样的背景下,我们编写了这本《家庭教育概论》。本书是师范大学及综合性大学、高职院校学习家庭教育有关课程的入门通识教材,也可作为家庭教育指导师这一新兴职业的培训教材,同时还可以作为所有对家庭教育有兴趣的读者的家庭教育入门读物。希望此教材能为师范大学及综合性大学、高职院校开设相关课程提供帮助,为我国培养一批有专业知识、专业技能与专业态度的家庭教育专业人才提供基础,为我国家庭教育事业的发展添砖加瓦。另外,通过本教材的学习,学生能对家庭教育的内容、方法等有初步的了解,这也是在为学生自己的幸福人生做准备。他们中的大多数都将步入婚姻殿堂、生儿育女,书中所学会有实践运用的一天。因此也希望大家在阅读此书的过程中能更好地了解自我,学会反思原生家庭对自己的影响,更好地接纳自己,并在恋爱、结婚、生子的人生进程中学会爱人与被爱,学会如何做父母。当然,本书也非常适合作为一线教师、教育管理人员、社区家庭教育工作者了解家庭教育、开展家庭教育工作、促进自我成长的入门教材。

要使本书能实现以上使命,需要回答以下一些问题:家庭教育究竟是什么? 同样作为一种教育活动,家庭教育有哪些区别于学校教育的特点? 它包括哪些因素,发生机制是什么? 怎样的家庭教育才是好的、科学的,是能促进孩子健康成长的? 为了做好家庭教育,家长该做什么,学校该做什么,社会又该做什么? 面对新时代的新问题,中华优秀传统文化中有哪些值得借鉴的家庭教育文化? 我国的家庭教育又该走向何方? 带着这些问题,编写者深入学习习近平总书记关于家庭家教家风建设的重要论述,学习中华优秀传统文化中的优秀家风与家教,分析目前家庭教育相关书籍,研究家庭教育学科需要回答的基本问题,并充分调研读者的需求,在此基础上编写了本书。全书分为四个部分共十章。第一部分共三章,为基本概述部分:第一、二章主要阐述家庭与家庭教育的基本概念和国内外家庭教育的历史与发展以及阶段特征;第三章向读者列举研究家庭教育需要了解的心理学、教育学、社会学理论基础。第二部分共四章,为家庭教育的基本原理部分:第四章是关于家庭教育实施的基本问题的解析,包括基本要素、目的与任务、基本原则、方法等内容;第五、六、七章是本书重点,从亲子关系、家庭互动、家庭文化三个方面系统阐释家庭教育的发生与作用机制。第三部分共二章,为如何做好家庭教育部分:第八、九章从儿童发展角度出发,围绕如何做好不同发展阶段、不同家庭处境和特殊身心状态的儿童的家庭教育进行了阐述;第四部分为第十章,探讨家长素质与家长教育,阐述家长作为家庭教育的实施主体,应当开展自我教育与自我成长,学校和社会也应当互助合作,为家长赋能。

需要说明的是,对家庭教育的研究并非刚刚开始,此前已有诸多学者有过相关的著作。例如北京师范大学赵忠心教授早在 1988 年就出版了《家庭教育学》一书,该书内容专业、丰富,至今仍是家庭教育领域的重要著作。其他家庭教育主题的著作、教

材也不少见。作为一本入门通识教材,本书在以下方面努力体现了特色与创新之处:

1. 采用多学科视角编写,专业性与系统性兼具

家庭教育是一种教育活动,是一种社会现象,也是不同个体之间心理与行为的交互作用,这就决定了家庭教育学是一门交叉学科。本书采用多学科视角编写,在广泛研究心理学、教育学、社会学等的相关成果的基础上,系统阐述家庭教育的历史与发展、实施的基本问题、发生与作用机制、在儿童不同成长阶段的特征等,试图厘清家庭教育的本质和作用方式,对家庭教育作出科学的理论阐释,对家庭教育的实践作出方向性指导。

2. 理论与实践结合,立足立德树人根本任务

家庭教育是一门兼具理论性与应用性的学科。其直接作用对象是儿童,直接目的是促进儿童的成长。因此,家庭教育不可能离开儿童谈教育。无论是家长、教师,还是从事家庭教育相关工作的其他人员,只有坚持"儿童本位"原则、了解孩子的身心发展规律、坚守立德树人根本任务,才有可能采取正确的教育方式、适时开展恰当的教育。儿童发展的基本特点是既有连续性又具阶段性,既有普遍性又有特殊性。本书在依据多学科研究成果的基础上,系统阐述了不同成长阶段儿童的身心发展规律,以及特殊家庭与特殊儿童的发展特点,并据此提出相应的家庭教育重点与策略。本书不仅希望能让学生系统掌握家庭教育的理论知识,更希望能为学生未来的家庭教育实践、家校合作实践提供明确的操作性指导。

3. 教与学融合,丰富教师教学过程,提供学生自主学习渠道

本书作为入门通识教材,一方面是教师的教学依据,另一方面是学生的学习用书。本书通过加入"学习活动"栏目,为教师提供小组研讨、案例分析等丰富多彩的教学活动环节和活动内容;加入与知识内容相关的"拓展阅读",每章的"拓展阅读指导"列举适合学生课外自主阅读的书目,为学生提供更多元的自主学习渠道。因此,本书也可以作为需要自我成长的大学生、一线教师或家庭教育指导师以及对家庭教育有兴趣的其他人士等的自主阅读书目,可以为任何一位对家庭教育感兴趣的读者提供参考,让大家在阅读本书的过程中掌握家庭教育的基本知识、学会自我反思,为自己和他人成为一名好家长提供帮助。

在此,我要特别感谢汪芬、汤振君在本书写作的过程中所做的大量工作,也要感谢高等教育出版社在本书出版过程中给予的诸多帮助,感谢编辑肖冬民、倪伊瑶一直以来的支持。

为了写好此书,我们一直在努力,不断地查阅资料,不断地调整写作框架与内容,不断地让目标读者群体阅读并反馈意见,不断地修改……终成现在的模样。虽然我们为本书付出了巨大的努力,但由于能力与时间的限制,一定还有许多尚需完善的地方,也恳请读者不吝赐教!

边玉芳

2023 年 3 月 10 日

目录

第一章

家庭与家庭教育

1

 【学习目标】

1. 基本了解家庭的历史演变，认识家庭的演变与社会变革的关系。
2. 理解家庭的概念、结构、功能和特点。
3. 理解家庭教育的概念、性质和特点。
4. 认识家庭教育对儿童发展、成员成长与家庭幸福和社会进步的重要作用。

【知识导图】

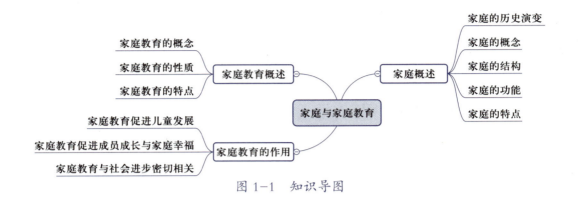

图1-1　知识导图

【情境链接】

根据2021年中国统计年鉴,2020年我国的一人户家庭数量超过1.25亿,在我国总共49 416万户家庭中占比约25%。而在2019年,这一比例仅为18%,一人户家庭数量呈现了迅速上升的趋势。所谓"一人户"家庭,是指仅由一个人构成的家庭。在我国,一人户家庭主要由两类人群组成:一是老年独居人群,二是年轻单身人群。但无论是老年人还是年轻人,原本都是从多人户家庭中走出来的,他们在经历了生活变故或者是自主选择后,才形成了一人户家庭。

我们常说家庭是心灵的归宿,是避风的港湾。我们每个人都在家庭中诞生,也在家庭中成长,成年后又要组建自己的家庭。家庭的形态和构成可能千差万别,但一个人不可能没有家庭。从诞生之日起,它就注定是我们的"人生开端"。我们无时无刻不受到家庭的影响,终此一生,都或深或浅地被打上家庭的"烙印"。

但是,"家庭"这个熟悉的概念,究竟代表着什么? 随着社会的变迁和大众观念的更新,人们对家庭的认识和理解也在发生改变。例如,一个人也能算一个家庭吗? 家庭必须具备哪些结构要素? 家庭教育是在怎样的情况下发生的? 家庭教育对于个体的成长和社会的发展有哪些重要的意义? 为什么国家要为家庭教育立法? 父母哪些教育行为合法,哪些教育行为不合法?

带着这些疑问,本章将重点讨论"什么是家庭""什么是家庭教育""家庭教育有什么重要作用"三个问题,为我们了解、学习家庭与家庭教育奠定基础。

第一节　家庭概述

家庭教育是在家庭中发生的。家庭教育的效果与家庭的方方面面都息息相关。在三代同堂的家庭中开展家庭教育和在单亲家庭中开展家庭教育,要考虑的因素必然不同。因此,在探讨家庭教育之前,我们需要先了解家庭,要认识到家庭是随着社会发展而变化的,并且理解家庭的概念、结构、功能和特点。

一、家庭的历史演变

现代家庭的形成经过了极其漫长的历史演变。根据人类学家路易斯·亨利·摩尔根(Lewis Henry Morgan,1818—1881)的观点,在人类文明的发展过程中,按照时间先后顺序,主要出现了三种不同形态的家庭:蒙昧时代的群婚制家庭、野蛮时代的对偶制家庭、文明时代的专偶制家庭。

(一)群婚制家庭

群婚制家庭在原始社会伴随部落与氏族的发展而产生。整群的男子与整群的女子互为夫妻,以这种婚姻形式为基础建立的家庭就是群婚制家庭。群婚制家庭处于家庭发展的萌芽阶段,是最原始的一种家庭形式。群婚制家庭又包括两种形式:

1. 血缘家庭

血缘家庭是人类历史上的第一种家庭形式。为了保证部落的联结,最初的血缘制群婚限制在同辈之间,一对配偶的子孙中每一代都互为兄弟姐妹,同时又互为夫妻,这是血缘家庭最为典型的一种形式。

2. 普那路亚家庭

普那路亚家庭(the punaluan family)指一群姐妹与其他集团的一群男子组成的共夫共妻的群婚家庭,或一群兄弟与其他集团的一群女子组成的共夫共妻的群婚家庭。姐妹之间可以是同胞的、旁系的,或者血统较远的,兄弟也如此。"普那路亚"在夏威夷语中是"亲密的朋友"的意思。在由兄弟及其妻子组成的家庭中,一个妻子称自己丈夫的兄弟(也是自己的丈夫)的妻子为"普那路亚"。这种群婚形式比血缘家庭的群婚形式更为高级,排除了同胞兄弟姐妹之间的性关系与婚姻关系,到后来,又排除了血缘关系较远的兄弟姐妹的联姻。

(二)对偶制家庭

对偶制家庭产生于蒙昧时代和野蛮时代的交替时期。家庭内仍旧存在着多夫和多妻的现象,但同时又有了主夫和主妻,即由固定的一位男子和固定的一位女子组成家庭一起生活。早期对偶制家庭的婚姻关系并不稳定,男女任何一方都可随时离开。后来,发展到中后期,夫妻之间发生矛盾冲突时不能随意离开,而须经亲属调解,调解不成方可解除关系。这时的对偶制家庭已经初步具有了相对稳定的婚姻关系,为专偶制家庭的诞生提供了可能。

（三）专偶制家庭

原始社会的群婚制家庭和对偶制家庭都属于氏族和部落的财产,还不是构成社会的基本细胞。这些家庭生育出来的子女,一般来说也都归母亲的氏族和部落,子女往往"只知其母,不知其父"。在这种公有制形态下,家庭以氏族或部落的大家长或管理层为中心,家庭权力不集中于某种性别或具体的个人。到了原始社会末期,随着生产力的发展和剩余产品的出现,私有制开始萌芽。当男性为了保证自己的私有财产由自己的亲生骨肉所继承,要求其妻子只能生育专属于他的子女时,家庭形式就开始向父权家庭和专偶制家庭(也称单偶制家庭)演变。专偶制家庭的"最后胜利是文明时代开始的标志之一"。[①]

父权家庭以一夫多妻的婚姻为基础,妻妾与社会隔离,是主夫的私人财产。父权家庭显示了家庭权力与经济权力的统一。不少文明在奴隶制社会和封建社会都存在过父权家庭。专偶制家庭以一夫一妻为中心,最早可以追溯到古代日耳曼人的家族制:每个男子都只有一个妻室,要求妻子保持绝对贞洁。但是古代日耳曼人的专偶制家庭生产力过于薄弱,不能独自克服生活中的困难,多接受大家族的庇护。当奴隶制出现后,这种大家族的生活逐渐消失。当时日耳曼人的家族制尚未出现高级形态的单偶家族。[②]

近现代的专偶制家庭是受到法律保护、以一夫一妻的婚姻为基础的高级家庭形态。本书所论述的家庭,主要是指一夫一妻的专偶制家庭,以及以专偶制家庭为基础的其他衍生形态,例如单亲家庭、离异家庭、重组家庭等。

二、家庭的概念

"家庭"一词以"家"为词源,"家"也常用作"家庭"的简称和单音节指称,尤其在我国古代,"家"与"家庭"基本同义。"家"小篆写作家,是会意字,上半部"宀"意为房屋、居所,下半部"豕"意为六畜之一的猪,字面意指"房屋里养了一头猪"[③],说明家满足了人类的居住需求和经济需求,这也是古人对"家"最为基本的理解。《说文・宀部》中的"家,居也",说明了家的居住功能。《周礼・载师》记载的"无妻者为夫,有妻者为家",意指"家"是成婚的男女民众,说明了家的人员结构。"家庭"一词首见于南朝梁诗人、骈文家王僧孺(465—522)的《詹事徐府君集序》中:"故以事显家庭,声著同族。"作者赞扬徐府君品质高洁,在家庭和家族中有很高的声望。这里"家庭"一词的意义已与现代汉语非常接近了。

英文的"家庭"(family)一词来源于拉丁文 familia,本义是指属于一个人的全体奴隶,包括生物上有关系的子孙,也包括买来的仆人或者俘虏来的奴隶等。在罗马人

① 恩格斯. 家庭、私有制和国家的起源[M].中共中央马克思恩格斯列宁斯大林著作编译局,编译.北京:人民出版社,2018:65.
② 摩尔根. 古代社会:第三册[M].杨东蒪,张栗原,冯汉骥,译.北京:商务印书馆,1971:820.
③ 汪凤炎. 中国文化心理学新论:下[M].上海:上海教育出版社,2019:141.

那里,familia起初甚至不是指夫妻及其子女,而只是指奴隶。[①] 在这个概念里,家庭是指一位男主人所拥有的私有财产,只不过财产的性质是有生命的人类个体,因此家庭不包括一个人的同辈、父辈和祖先。

随着社会、经济以及家庭形态的发展,"家庭"一词的含义也逐渐发生了变化。不同学者分别从不同学科背景和认知角度对"家庭"的概念作了不同的诠释。

人类学家更多从家庭的功能,尤其是家庭对人类生存、繁衍的作用角度来诠释"家庭"的含义。例如,美国人类学家斯图尔特·A.奎因(Stuart A.Queen,1890—1987)和罗伯特·W.哈本斯坦因(Rober W.Habenstein,1914—2011)把"家庭"定义为"一群亲属亲密地住在一起,其成员交配、生育并养育子孙,共同成长,且互相保护"。[②]

社会学家更多关注家庭的两个性质,一是家庭成员的身份性质,二是家庭在社会中的性质。美国社会学家E.W.伯吉斯和H.J.洛克认为:"家庭是被婚姻、血缘或收养的纽带联合起来的人的群体,各人以其作为父母、夫妻或兄弟姐妹的社会身份相互作用和交往,创造一个共同的文化。"[③] 我国社会学家孙本文(1892—1979)认为,家庭是指夫妇子女等亲属所结合之团体。故家庭成立的条件有三个:第一,亲属的结合;第二,包括两代或两代以上之亲属;第三,有比较永久的共同生活。[④] 我国社会学家费孝通(1910—2005)认为:家庭是"亲子所构成的生育社群。亲子指它的结构,生育指它的功能"[⑤]。

教育学家则倾向于从家庭对个体成长和社会发展的功能来诠释家庭的含义。我国教育学者陈桂生认为家庭是以一定的婚姻关系、血缘关系或收养关系组合起来的初级社会群体。就社会群体的发生来说,家庭是人类社会最原始的社会结合形式。就人类个体的生长来说,家庭是个人最初加入的群体,是个人与社会联系的桥梁。[⑥]

马克思和恩格斯认为人是一切社会关系的总和。因此,家庭本质上是一种特殊的社会关系,与社会发展相一致。家庭对内部成员产生效用,也对社会整体发展产生影响,据此马克思和恩格斯对家庭下的定义是:"每日都在重新生产自己生命的人们开始生产另外一些人,即繁殖。这就是夫妻之间的关系,父母和子女之间的关系,也就是家庭。"[⑦] 这说明家庭中包含了夫妻关系、亲子关系,两性婚姻与血缘纽带是家庭

---

① 恩格斯.家庭、私有制和国家的起源[M].中共中央马克思恩格斯列宁斯大林著作编译局,编译.北京:人民出版社,2018:60.
② QUEEN S A, HABENSTEIN R W.The family in various cultures [M].3rd ed.New York: J.B.Lippincott,1967:8−9.
③ 关颖.家庭教育社会学[M].北京:教育科学出版社,2014:26.
④ 孙本文.社会学原理:下册[M].北京:商务印书馆,1947:73.
⑤ 费孝通.乡土中国[M].北京:北京大学出版社,2012:62−63.
⑥ 陈桂生.教育原理[M].3版.上海:华东师范大学出版社,2012:129.
⑦ 马克思,恩格斯.马克思恩格斯选集:第1卷[M].中共中央马克思恩格斯列宁斯大林编译局,编译.3版.北京:人民出版社,2012:159.

的基础。

综合不同学科学者对家庭的界定,可以得出关于家庭最普遍的定义:家庭是人类最基本的社会团体,以婚姻关系为基础,以血缘关系或收养关系为纽带,满足成员的生存、居住、生育、教育、情感支持、发展等多种需求,是个人社会化的起点,也是连接个人与社会的桥梁。

三、家庭的结构

家庭是由个体构成的社会团体。家庭结构是指家庭成员之间的姻缘和血缘关系,以及由这种关系形成的家庭构造和模式。[1] 根据家庭中成员人数和代际关系的不同,家庭结构大致可以划分为以下几种类型:

(一)核心家庭

核心家庭(nuclear family)是指由夫妻与未婚子女组成的家庭,包括仅由夫妻二人组成的家庭和仅由夫或妻一方与未婚子女组成的单亲家庭。家庭关系以夫妻关系或亲子关系为全部,因为这种类型的家庭只有一个中心(一对夫妻或一个爸爸/妈妈),因此被称为核心家庭。核心家庭是现代社会较为常见的家庭结构类型,也是目前我国常见的一种家庭形式。

(二)主干家庭

主干家庭(stem family)是指以父母为主干的一种家庭形式,一般由夫妻与一对已婚子女组成,也可能包含子女的子女。一般在一个主干家庭中,有三代人共同生活,而每代人只有一对夫妻(包括一方去世或双方离婚)。主干家庭是在核心家庭基础上构建而成的代际关系更复杂、家庭成员数量更多的家庭,除了包含夫妻关系和亲子关系之外,还包含祖孙关系、婆媳关系等。这类家庭的特点是家庭中存在两个中心,常常会因为由谁执掌家庭权力而出现冲突,如婆媳冲突,孙辈教育中的父辈与祖辈的冲突等。

在我国,主干家庭主要有两大类:一类是从夫居的,其标准形态是由公婆、子媳及孙子女组成;另一类是从妻居的,其标准形态是由岳父母、女儿女婿及外孙子女组成。

(三)联合家庭

联合家庭(joint family)是指由夫妻与多对已婚子女及子女的子女组成的,是比主干家庭代际关系更复杂、家庭成员数量更多的家庭。其主要特点是在一个家庭里有多对夫妻关系,而且有同辈夫妻关系存在(同一代中有两对以上夫妻,包括一方去世或离婚),甚至会有直系亲属或旁系亲属,在家庭中存在多个中心。

联合家庭是中国传统家庭的模式。在"夫为妻纲、父为子纲"的封建礼教之下,联合家庭往往存在一位年长男性(或一对年长夫妻)作为绝对中心,其长子、次子等有各自的小家庭,他们又各自成为小家庭中妻妾、子女的中心。比如曹雪芹在《红楼梦》

---

[1]　郑全红. 中国家庭史:第五卷　民国时期[M]. 广州:广东人民出版社,2007:43.

中描写的荣国府、宁国府就是联合家庭。浙江省浦江县曾经存在过一个以"郑"为姓的"江南第一家",鼎盛时期全家族共有三千多人,被视为中国古代大家族的典范。如今,由于居住生态的变化,联合家庭在城市中已经很少见,在农村中还有一定数量的存在。

▌ 拓展阅读 》》

"江南第一家"——郑义门

在风景秀丽的浙江省浦江县,曾经生活着一个大家族,这个家族就是被称为"江南第一家"(图1-2)的郑义门。郑义门以孝义治家闻名,家族历经了宋、元、明三朝十五世,期间从未分家,鼎盛时期家族里有三千多人,被视作中国古代大家族的典范。其家风多次受到朝廷旌表,"江南第一家"的名号就是明太祖朱元璋钦赐的。

图1-2　"江南第一家"牌坊群

郑氏家族虽然庞大,但治家有序,家庭成员间和睦相处、各司其职,形成了一个有效运转、荣辱与共的小型社会团队。郑氏家族总体上崇尚儒家思想,注重孝道,推崇"以礼法驭族众",因此家族内的礼教严格,家族组织严密。根据《郑氏规范》,郑氏家族内共设18种职务,包含家长、典事、监视、通掌门户、主记、掌管新事、掌管旧事、羞服长、掌膳、掌钱货、掌营运、启肆、掌畜牧等。各个职位职责明确,权力相互制衡,层级鲜明,结构稳定。

在这样的家规家风下,郑氏家族培养了许多人才。共居十五世期间,郑家有约173人为官,官位最高者位居礼部尚书。这些官员也遵守郑氏的家规,清正廉洁,没有一人贪墨。

现在的"江南第一家",是我国古代家族文化的重要遗址,已被确定为浙江省廉政文化教育基地,廉政教育基地展馆在2015年正式对外开放。

（四）其他家庭

除了核心家庭、主干家庭和联合家庭以外，还存在一些其他类型的家庭结构，比如隔代家庭（由祖辈和未成年的孙辈亲属组成的家庭，父辈已死亡或者从家庭中离开）、空巢家庭（子女长期在外工作，父母独自留在家乡的家庭）、失独家庭（独生子女死亡后父母不再生育和领养子女的家庭）、单身家庭（只有单独一人组成的家庭）和残缺家庭（只有兄弟姐妹组成的家庭、只有兄弟姐妹和其他有血缘或者无血缘的人组成的家庭）等。

有些其他家庭最初的结构也是核心家庭或主干家庭，但是在个人自主选择或者遭遇生活的变故之后，成为与核心家庭、主干家庭结构不同的家庭。例如，隔代家庭往往是因为父辈（父亲和母亲）早亡，或者从这个家庭中离开，留下了未成年的孩子，由祖辈与孙辈组成的家庭；单身家庭则普遍是核心家庭中走出来的已成年子女，选择暂时不结婚、不生育，也不跟父母一起居住，一个人组成的家庭。

四、家庭的功能

家庭的功能是指家庭在人类生活和社会发展方面所能起到的作用或效能。根据马克思的观点，人同时具有自然属性与社会属性。自然属性是人作为自然产物的体现，满足了人的生存、繁衍等原始本能；社会属性是人之所以为人的根本，人的本质是一切社会关系的总和。家庭之所以在各个文明和发展阶段中都处于重要地位且受到重视，是因为家庭能同时满足人的自然需求和社会需求，这是其他社会团体或组织不具有的。尤其是对婴幼儿而言，家庭提供的保护功能和养育功能十分必要，离开了家庭，人类的婴幼儿是很难独自存活下去的。

人的自然属性和社会属性受到时代发展的限制，因此在不同的历史时期，家庭所承担的功能是不一样的。例如，有学者认为，欧洲的家庭一度具有司法职能，个人有责任向冒犯自己家庭的人所属的家庭进行复仇，或者家庭成员违反了家规、法律，"家长"有职责和权力进行惩戒。[1] 这些功能在现代社会已经被公共法治所收缴。

《中国大百科全书·社会学》总结了家庭的七种功能：经济功能、生育功能、性生活功能、教育功能、抚养与赡养功能、感情交流功能、休息与娱乐功能。[2] 马克思和恩格斯认为家庭能实现人和生活资料的"繁殖"，这也是一种特殊的社会关系。我们认为家庭有三个核心功能，即生产功能、政治功能和教育功能，以及保护、休息与娱乐、宗教与文化等其他功能。

（一）生产功能

家庭的生产功能是指家庭能够实现人类个体以及生活资料的生产，也就是

---

[1] 米特罗尔，西德尔. 欧洲家庭史：中世纪至今的父权制到伙伴关系［M］. 赵世玲，赵世瑜，周尚意，译. 北京：华夏出版社，1987：67-68.

[2] 中国大百科全书总编辑委员会《社会学》编辑委员会，中国大百科全书出版社编辑部. 中国大百科全书：社会学［M］. 北京：中国大百科全书出版社，1991：103.

马克思和恩格斯所说的"繁殖"。生产功能决定了家庭的经济基础,是家庭的核心功能之一,也是家庭组建的目的。具体体现在生育与性的功能和经济功能两个方面。

1. 生育与性的功能

生育功能是指家庭具有人口再生产的功能,是人类个体的"繁殖",指以婚姻关系为基础的家庭在人类的繁衍发展过程中所起的重要作用。生育是两性结合的产物,是人作为自然界生物的本性体现。随着科技的进步和法治的完善,自然生育、借助科技手段的生育、领养等都是家庭合法繁衍的方式。由于人的生育繁衍是通过组建家庭来实现的,所以生育功能就成为家庭的一个基本功能,这也是婚姻自然属性的表现。

性的功能是指以婚姻关系为基础的家庭在两个人类个体相爱过程中所发挥的作用。性是人类的本能。性生活是家庭中婚姻关系的生物学基础,直接影响家庭的生育功能,同时也影响夫妻关系的和谐。家庭为成年人进行性生活、满足性需要这一自然属性提供了合法场所。

2. 经济功能

家庭的经济功能是指为了保证家庭成员正常的生存与生活,家庭必须通过经济活动以获得食物、金钱、教育或者其他服务,是家庭生活资料的"繁殖"。家庭的经济活动包括家庭中的生产、分配、交换、消费。家庭的经济功能主要表现在两个方面:一方面是家庭的生产功能,即家庭具有在一定条件下组织生产、经营的作用,例如家庭成员通过付出生产劳动获得经济报酬;另一方面是家庭的消费功能,即家庭具有满足家庭成员物质生活需要的功能。

(二)政治功能

家庭作为多个人类个体组成的团体,会存在复杂的成员关系和不同的心理与情感需求,家庭的政治功能是指家庭可以协调成员关系,满足成员的情感需求,实现家庭内部的和谐自治。家庭的生产功能作为经济基础,决定了家庭的政治功能;同时,家庭政治功能的有效性,也会影响家庭的生产功能。

1. 协调成员关系的功能

家庭是一个动态稳定的系统,每个家庭成员都有自己的位置,共同构成家庭内部的人际关系。家庭的协调成员关系的功能,指通过交流、互动,稳固、促进家庭成员彼此的关系,协调不同关系的冲突。当这一功能发挥效用的时候,家庭内部和成员之间的关系会变得更加稳固;当这一功能失去效用的时候,成员关系可能恶化、断裂,甚至家庭破碎。在过去"家长制"的家庭中,这一功能更多通过"家长"的绝对权威来发挥作用。现代家庭提倡成员的关系平等,因此更多通过家庭成员的自主自觉、成长思维、集体主义和利他情怀来发挥作用,而当家庭成员无法自发促进关系的良性循环时,则可以向外部力量求助,例如家庭教育指导师、家庭治疗师等。

2. 情感功能

家庭的情感功能是指家庭能够满足成员对亲密关系、爱与归属感的需求。夫妻之间因爱情而组成家庭,孩子因父母之爱而产生安全感和依恋感。我们常说"家是最温暖的避风港",就是指家庭成员共同生活在一起,可以互相满足人类爱与被爱的需求,彼此之间互相理解、支持、关心与帮助,无论在家庭之外遇到什么难题和烦恼,都可以退回到家庭这个安全、温暖的港湾,共同面对、化解。

3. 抚养与赡养功能

家庭的抚养与赡养功能是指在家庭中,无经济能力的家庭成员依靠有经济能力的家庭成员的抚养或赡养,从而能够正常地维持生活的功能,是对弱势家庭成员生命的保证。其中,抚养是指上一代对下一代的抚育、培养,赡养是指下一代对上一代的供养、照顾,亦即"幼有所养、老有所依"在家庭中的具体体现。抚养与赡养功能在过去由家庭全部承担,弱势成员离开家庭就很难存活。随着社会保障体系的发展,这一功能逐渐由社会承担一部分,以减轻家庭的负担,例如,由政府对多子女家庭进行经济补贴,或通过完善养老机构来为有需求的家庭提供养老服务。

(三)教育功能

家庭的教育功能是指家庭在抚养和教育子女过程中所发挥的功能和作用,即在家庭中通过有形或无形的方式对儿童实施教育和影响,使儿童具备适应社会生活所需要的各项技能和品质等。家庭的其他全部功能都在教育功能上得以统合、体现,因此,家庭的教育功能无法与其他功能割裂。

家庭是儿童受教育的第一场所,父母是儿童的主要教育者和学习对象。简单来说,家庭的教育功能就是家庭成员共同参与,促使孩子从"生物人"成长为"社会人"。在公共教育不发达的年代,家庭的教育功能几乎为儿童提供了全部的教育来源。随着家庭教育的发展,不少国家已立法规定家庭必须具有科学合法的教育功能,而不能仅凭家长个人意愿决定是否发挥、如何发挥家庭的教育功能。

家庭的教育功能还体现在子女对父母的反教育上。父母会从子女的成长中学习,修正自己不恰当的教养行为和家庭行为,更新既有观念,从而获得成长,实现家庭整体的良性发展。

(四)其他功能

1. 保护功能

家庭具有天然的团结性。在过去,家庭的保护功能主要体现为家庭成员相互合作、共同抵御外来侵害,保护家庭成员免受伤害。在现代社会,家庭的保护功能主要体现为对家庭成员,尤其是未成年子女及老弱成员的生命安全、财产安全、心理安全的保护;在成员经历挫折、困难或社会灾害时,家庭可以集合全体成员的力量为其提供支持与保护。

2. 休息与娱乐功能

家庭的休息与娱乐功能是指家庭承担的调剂生活、增加乐趣的功能。家庭的休息与娱乐活动可以让家庭成员获得生活的乐趣,增长经验和知识,例如全家出游、看电影、参与社会活动等。随着人们生活条件的改善,家庭的休息与娱乐功能日渐增强。

3. 宗教与文化功能

家庭的宗教与文化功能是指家庭具有传承宗教和特定文化、风俗的功能。这一功能主要通过父母、其他家族成员对未成年人的教育和影响来实现。有研究表明,儿童的宗教行为和信念往往与父母的相同,亲子间的宗教行为,也会比政治行为、体育行为等更为接近。[①] 另外,特定的文化、风俗往往是通过具体的家庭活动来体现、传承的,比如同一个传统节日——除夕,在不同地域具有不同的风俗,这些风俗的传承途径就是每个家庭的年夜饭、除夕守岁等家庭活动。

▌ 拓展阅读 >>>

检测家庭功能的指标

尽管家庭具有多项功能,但并不是所有的家庭都能发挥这些功能。华尔希(Walseh)提出健康且功能健全的家庭具备十项主要特征,且这些特征之间环环相扣、相互影响。如果某一个特征欠缺,就会影响整体家庭功能的发挥,从而影响家庭成员的正常成长。[②]

1. 家庭成员间相互关怀、支持,休戚与共,相互承诺。

2. 家庭每个成员都能受到尊重,不论老少,其个体差异都受到尊重;能促进每个成员的幸福与发展。

3. 配偶间相互尊重、支持,并拥有均等的权利与责任。

4. 家庭在孩子的教养、保护、社会化以及对其他家庭成员的影响中,能发挥领导与权威的教育功能。

5. 家庭组织稳定,成员间的互动具有明确性、一致性与可预测性等特质。

6. 家庭作为一个集体,能顺应因家庭外在需求变化所导致的改变,能有效地面对压力与问题,处理家庭成员人生周期中的各种挑战与转变。

7. 家庭成员之间具有较明确的承诺和期待,所以能坦诚地沟通、愉快地互动,并且有情绪表达及同理反应的空间。

8. 家庭能有效地解决问题,避免或积极应对冲突。

9. 家庭成员能共享一套信念与信仰,因而相互信任、亲密相处、彼此相融;有共享的良好的伦理价值观,并能关怀人类的幸福或社区的利益。

10. 家庭有基本的经济稳定性,亲属之间有心理上的相互支持,并有健康的家庭人际关系网络,以及社区及较大社会体系的支持系统。

五、家庭的特点

家庭是人类社会最基本的社会组织,是个体自然关系与社会关系的统一。家庭

---

① 阿盖尔.宗教心理学导论[M].陈彪,译.北京:中国人民大学出版社,2005:17.
② 李燕,吴维屏.家庭教育学[M].杭州:浙江教育出版社,2009:3-4.

的结构和特有的功能,决定了家庭与其他社会组织或团体相比,具有以下特点:

(一)家庭是最普遍、最基本的社会团体

2020 年我国新修订的《社会团体登记管理条例》明确"社会团体,是指中国公民自愿组成,为实现会员共同意愿,按照其章程开展活动的非营利社会组织"。家庭是最普遍的社会团体,每个人都诞生于家庭中,绝大部分人也是成长于家庭之中的。家庭是所有社会团体中规模最小的,因此也是最基本的。个体除了本身的独立自然属性之外,最直接的社会属性就是其家庭或户籍属性,随后才是其职业、社区身份、人际关系等其他社会属性。如果我们把每个人比喻成构成社会的基本原子,那家庭就类似一个个分子。也因此,家庭被形象地称为"社会的细胞"。

(二)家庭普遍以婚姻关系为基础,并衍生了亲子关系

家庭通常是以男女两性(一夫一妻)基于符合社会礼俗和法律规定的婚姻关系形成的,因此在我国也有"有夫有妇曰家"的说法。在某些国家、地区,两位同性也可以结成婚姻关系,构成家庭,享有和异性婚姻家庭同样的法律保障。

家庭是唯一合法的、具有人类再生产职能的社会组织。《辞海》(第 7 版)明确指出,"婚姻是家庭产生的前提,家庭是缔结婚姻的结果"。婚姻关系衍生了血缘关系或收养关系,从而产生亲子关系。婚姻关系是家庭的基础,亲子关系是家庭的纽带。

(三)家庭同时满足成员的自然需求与社会需求

一般的社会团体往往只能满足人们某种单一的需求。家庭的功能决定了家庭可以满足其成员作为人类个体的自然需求与社会需求。首先,家庭满足成员的衣食住行、性爱等原始的、本能的基本需求,保障个体的基本生存。其次,家庭可以满足成员爱与归属的需求,如夫妻之爱、亲子之爱、祖孙之爱、兄弟姐妹之爱等。最后,家庭满足个体发展、教育、休闲、娱乐等个性化需求。

(四)家庭对个体发展有深远影响

个体在家庭中诞生、成长,可能没有哪个组织、团队,会像家庭一样深刻影响着个体的发展。虽然我们不能断言原生家庭对个体的命运一定存在某种决定作用,但毫无疑问,心理学、教育学、人类学的各种研究都表明,家庭在个体发展的各个方面都产生深远影响,甚至直接塑造个体的人格。

个体在成年之后,从原有家庭中部分剥离,组建自己的新家庭。新家庭代替原有家庭发挥功能,继续影响个体的发展,直至个体死亡。因此,虽然每个人在生命的不同阶段都会经历不同的家庭,但是家庭对个体的影响一直存在,且比其他社会团体发挥着更加直接、深刻的作用。

(五)家庭是一种相对稳固但不断发展变化的社会制度

对于个体来说,家庭在某个时期内都会处于较为稳固的状态。但家庭不是从来就有的,也不是一成不变的,而是在不同的历史发展阶段有其不同的形态和类型。仅仅百年之前,中国仍旧存在"一夫多妻"制的父权家庭形态。和其他社会团体相比,家庭会更加明显地受到法律、道德、风俗、文化等的影响,因此,从整个人类历史的角度去观照,家庭处于不断的变化发展之中。摩尔根对这个特点的回应是:家庭必须随着社会的进步而进步,随着社会的变化而变化,甚至像它在过去所做的一样。[①]马克思和恩格斯设想人的平等与全面发展将在共产主义社会的家庭中实现:私有制下的家庭仍旧存在阶级和不平等,例如男女分工不平等、父母对儿童不平等;而未来家庭可以实现成员间的平等,例如两性平等、父母对儿童权利的认可与保障,从而实现全人类的平等。

第二节　家庭教育概述

教育是家庭的核心功能之一,家庭教育是发生在家庭中的教育。与学校教育、社会教育相比,家庭教育因其发生场所、参与教育的主体和家庭成员之间的关系、教育的内容和方式、教育实施的时间和影响等不同,自有其独特的性质和特点。

一、家庭教育的概念

家庭教育意指在家庭中发生的教育活动,英译为 family education,与其概念接近的表述还有家庭生活教育(family life education)、教养(parenting)、亲职教育(parenting education)等。关于"家庭教育"的概念界定,学界普遍将之分为狭义和广义两种。

(一)狭义的家庭教育

狭义的家庭教育是指家庭中的长辈(主要是父母)对子女实施的教育和影响,具有"单向度"的性质。这种定义下的"家庭教育"带有更明显的"教养"性质。

比较有代表性的狭义的家庭教育定义主要包括以下几种。1979 年《辞海》(第 3 版)将家庭教育界定为"父母或其他年长者在家庭里对儿童和青少年进行的教育"。这是改革开放后对"家庭教育"的明确定义。随后编撰的各类词典、辞书,对家庭教育的界定基本没有超越《辞海》的。例如,《中国大百科全书·教育》对家庭教育的定义是"父母或其他年长者在家庭内自觉地、有意识地对子女进行的教育"。《实用大教育词典》将家庭教育定义为"父母或其他长辈在家庭生活中自觉地、有意识地对子女或晚辈实施的教育,是儿童、青少年接受教育和影响的重要途径之一,是一个国家和社会整个教育事业的有机组成部分"。

各界学者在研究家庭教育的过程中也对其进行了定义。赵忠心在其 1994 年出版的著作《家庭教育学》中将狭义的家庭教育定义为"在家庭生活中,由家长,即由家庭里的长者(其中主要是父母)对其子女及其他年幼者实施的教育和影响"[②]。我国学

---

① 摩尔根. 古代社会:第三册[M]. 杨东莼,张栗原,冯汉骥,译. 北京:商务印书馆,1971:854.
② 赵忠心. 家庭教育学:教育子女的科学与艺术[M]. 3 版. 北京:人民教育出版社,2017:4.

者孙俊三等人在《家庭教育学基础》中提到,家庭教育就是家长(主要是指父母和家庭成员中的其他成年人)对子女的培养教育。[①]

(二) 广义的家庭教育

广义的家庭教育是指所有家庭成员之间互相实施的教育和影响,不仅包括家长对子女的教育,还包括子女对家长的教育,以及各类家庭成员(夫妻、子女、祖辈等)之间相互产生的教育影响,甚至还包括家庭外因素对家庭的教育影响,例如学校、社区、互联网等。这种界定下的家庭教育就不是单向的,而是多元互动的,带有更明显的"教学相长"的意味。

学者在理解狭义的家庭教育的基础上,也探讨了广义的家庭教育。赵忠心认为广义的家庭教育是"家庭成员之间相互实施的一种教育。……在家庭里,不论是父母对子女、长者对幼者,还是子女对父母、幼者对长者、同辈人对同辈人,一切有目的有意识施加的影响,都是家庭教育"[②]。1999 年缪建东在其著作《家庭教育社会学》中对家庭教育的界定为"家庭教育是人类的一种教育实践活动,主要表现为父母对子女的教育影响活动。家庭教育有广义和狭义之分,广义的家庭教育既包括家长对子女的教育,又包括子女对家长的教育,甚至包括双亲之间、子女与祖辈之间相互产生的教育影响。狭义的家庭教育主要指父母对子女所形成的教育影响"[③]。2014 年关颖在其著作《家庭教育社会学》中将"家庭教育"界定为"家庭中发生的以亲子互动为中心的教育活动,是成年人按照期望的目标在家庭生活的各个方面,持续不断地教育和影响儿童的过程,也是家庭成员相互学习和影响的过程"[④]。

本书探讨的家庭教育主要是狭义的,是指在家庭中,作为教育者的父母对子女、年长者对年幼者实施的教育和影响。

▍拓展阅读　>>>

《家庭教育促进法》中关于家庭教育的定义

《家庭教育促进法》于 2021 年 10 月 23 日第十三届全国人民代表大会常务委员会第三十一次会议通过,于 2022 年 1 月 1 日正式实施。

《家庭教育促进法》对"家庭教育"作出了明确定义:"本法所称家庭教育,是指父母或者其他监护人为促进未成年人全面健康成长,对其实施的道德品质、身体素质、生活技能、文化修养、行为习惯等方面的培育、引导和影响。"

《家庭教育促进法》界定了家庭教育的实施负责人为"父母或者其他监护人",实施对象为"未成年人",因此,该法所指称的家庭教育是一种单向度的、狭义的家庭教育概念。

---

① 孙俊三,邓身先. 家庭教育学基础[M]. 北京:教育科学出版社,1991:1.
② 赵忠心. 家庭教育学:教育子女的科学与艺术[M]. 3 版. 北京:人民教育出版社,2017:4.
③ 缪建东. 家庭教育社会学[M]. 南京:南京师范大学出版社,1999:2.
④ 关颖. 家庭教育社会学[M]. 北京:教育科学出版社,2014:32.

二、家庭教育的性质

与学校教育、社会教育等其他教育类型不同,家庭教育有其独特的属性。这种区别于其他教育的根本属性就是家庭教育的性质。明确家庭教育的性质后,我们可以更加全面深刻地认识家庭教育的特点。

(一)家庭教育具有私人教育性质

根据教育权利归属以及教育者和受教育者之间的关系,教育可以分为公共教育和私人教育两大类。公共教育指的是教育权利由国家、社会或者团体掌握,利用公共资源,根据国家意志、社会需要或者团体意愿去实施的教育;教育者和受教育者之间不存在血缘和隶属关系,只存在教育与受教育、教与学的关系。学校教育和社会教育就属于公共教育。而私人教育指的是教育权利由个人掌握,是根据家庭需要、家长意志和个人意愿去实施的教育;教育者和受教育者之间不仅具有教育与受教育、教与学的关系,还具有血缘关系或隶属关系。

家庭教育属于私人教育。从教育权来看,家庭教育体现的是教育者(通常是家庭中的父母或其他年长者)的个人意志,满足的是教育者的个人愿望和利益,即希望把子女培养成什么样的人,对子女采取什么样的教育方式,教授子女怎样的行为规范和知识内容,在不违反相应法律法规的基础上,教育者有相当大的自主权。从教育者和受教育者的关系来看,父母与子女、年长者与年幼者之间除了具有教与学关系之外,还具有血缘关系或隶属关系。

家庭教育是一种私人性质的教育,并不是说家庭教育完全独立于社会之外。相反,家庭是社会的基本单位,社会经济、文化会通过各种途径渗透到家庭生活中,影响家庭教育的实施。我国《家庭教育促进法》就对家庭教育的内容、方式等进行了规定,体现了国家和社会对家庭教育的积极干预和引导。

(二)家庭教育具有非正规教育性质

根据教育过程实施的组织形式,教育可以分为正规教育和非正规教育两大类。正规教育指的是由专门的教育机构(通常是教育部门认可的机构)所组织的,由专业的教育工作者(通常是受过专门训练,具有一定专业知识和教育能力,经考核合格,并由国家或者教育行政部门任命或聘任的人)所承担的,在专门的教育场所(如学校的教室环境)实施的有计划、有目的、有系统的教育。正规教育一般有相对稳定的教育对象,使用规定的课程标准、教材,有一定的教育教学组织形式,有相对明确的培养目标。大学、中学、小学和幼儿园等各级各类学校教育就是正规教育。

家庭教育是一种非正规教育。因为家庭不是专门的教育机构;家庭教育的教育者(父母或其他年长者)一般也没有受过教育方面的专业训练,不具备专业知识和教育能力;家庭教育的内容也不是固定的,不需要选择系统的教材;家庭教育没有固定的模式,不需要也没有办法制订统一的课程标准,没有固定的时间和地点,也无须考核。

家庭教育作为一种非正规性质的教育,与家庭的日常生活有紧密联系。教育虽然只是家庭的众多功能之一,但在家庭中时时刻刻都在发生,家庭教育作为一种非正规教育,跟正规教育相比具有独特的优势。

(三) 家庭教育具有终身教育性质

根据教育过程持续的时间长短,教育可以分为阶段教育和终身教育。学校教育只是一个人整个人生历程中的一个阶段,因此属于阶段教育。与学校教育不同的是,家庭教育从一个人一出生就开始,或者尚未出生就开始(胎教),到整个学校教育期间,再到离开学校进入社会,一直延续至离开人世。

从时间上来看,家庭教育对孩子的影响是长久的,而学校教育对孩子的影响是阶段性的。如果孩子的求学过程中断了,学校教育就会呈断续状。家庭教育则是连续的,只要孩子身处家庭之中,就不会存在家庭教育中断的情况。在一般情况下,家庭教育的教育者,即家长是不变的,家庭相对于其他社会组织具有很强的稳定性和持久性。因此,家庭教育是贯穿人的生命始终的教育,属于典型的终身教育。

三、家庭教育的特点

苏联著名教育家苏霍姆林斯基坚定地相信:"家庭——这是海浪中美丽的神话般的浪花,如果没有这种人类的美的神秘力量,学校的作用将会永远停留在初级教育的水平上。"[1]家庭教育的性质决定了家庭教育对儿童发展有独特的、不可替代的影响和优势。但同时也要看到,家庭教育存在某些局限或不利因素。

(一) 家庭教育的优势

1. 奠基性

从在教育体系中的地位和作用来看,家庭教育具有奠基性优势。所谓奠基性,是指相比学校教育和社会教育来说,家庭教育对儿童所产生的影响是最根本的,对儿童的后续发展有着奠基作用。父母是孩子的第一任教师,家庭是孩子的第一课堂,家庭教育是孩子最早接受的教育形式,不仅影响着儿童的现在,还决定着儿童的未来。家庭教育潜移默化而又深入骨髓的影响会给个体的一生留下不可磨灭的痕迹。

2. 灵活性

从教育的组织形式来看,家庭教育具有灵活性优势。所谓灵活性,是指家庭教育没有固定的模式,在教育的时间、地点、内容、方法等方面不受限制,可以做到灵活多样、择机而教。家长既可以在家庭会议、亲子对话中就特定的目的、内容对子女进行教育,也可以在休息、娱乐、闲谈、劳动等各种家庭活动中,利用一切可以利用的资源随时随地对子女实施家庭教育和施加影响。

3. 针对性

从因材施教的角度来看,家庭教育具有针对性优势。所谓针对性,是指家庭教育

① 苏霍姆林斯基.教育的艺术[M].肖勇,译.长沙:湖南教育出版社,1983:62.

通常是家长针对自己的孩子这一特定而又熟悉的受教育者进行的教育。父母与子女长期生活在一起,相比教师或其他人群,更容易对子女有全面、深入、系统的了解,从而因材施教、对症下药,进行有针对性的教育。

4. 持久性

从教育效果持续的时间长短来看,家庭教育具有持久性优势。所谓持久性,是指父母对子女的教育是持续的,影响终身的。家庭教育的效果相伴终身,父母既是孩子的第一任教师,也是孩子的终身教师。父母的言行举止会在无意间对孩子的生活习惯、道德品行、谈吐举止等产生影响和示范作用,并在潜移默化中持续地塑造着孩子。

5. 情感性

从教育关系的角度来看,家庭教育具有情感性优势。所谓情感性,是指家庭教育是以血缘关系或亲情关系为基础而建立的具有亲情羁绊的教育,教育者与受教育者之间具有一种自然生发的亲近感:教育者对受教育者有天然的利他与奉献精神,受教育者对教育者有天然的依恋与信任。这是其他任何类型的教育都不具备的。

拓展阅读 >>>

家庭教育与学校教育的区别

家庭教育和学校教育是教育系统中相互联系而又各自独立的两个重要组成部分。它们在教育环境、教育者与受教育者的关系、教育者的水平、教育目标、教育内容、教育方法和教育过程方面都有所区别,如表1-1所示。[①]

表1-1 家庭教育与学校教育的区别

区别方面	家庭教育	学校教育
教育环境	多功能、不可控	单功能、可控
教育者与受教育者的关系	自然关系、无选择、长久关系	人为关系、有选择、短暂关系
教育者的水平	兼职、非专业、无监控	专职、专业、有监控
教育目标	体现家长的意志	体现国家的意志
教育内容	无计划、随意	有计划、科学
教育方法	个体一对一	群体班级授课
教育过程	连续的、终身的	断续的、阶段的

---

① 黄河清. 家庭教育与学校教育的比较研究[J]. 华东师范大学学报(教育科学版),2002(2):28-34,58.

（二）家庭教育的局限

1. 非理智性

家庭教育的非理智性是指家长在教育孩子的过程中由于受到身份、情感等的影响,容易情绪化、感情用事、缺乏理智,使家庭教育出现偏差。这种偏差往往表现在两个方面:一是溺爱骄纵,即家长因为害怕孩子受委屈、受苦受累,凡事包办代替,对孩子的错误行为放任不管,甚至将孩子的错误归咎于他人;二是简单粗暴,即家长在教育孩子的过程中因为急于求成、恨铁不成钢,容易失去耐心,采用简单粗暴的方式管教孩子,比如打骂孩子。

2. 非专业性

家庭教育的非专业性是指家长在教育孩子的过程中由于缺乏系统性、专业化的训练,在家庭教育实践中不可避免地出现盲目性和教育知识缺漏、教育观念偏颇、教育能力欠缺、教育方式粗暴等问题。与学校教育不同,家庭教育的教育者一般来说很少接受过系统性、专门化的训练,也无须经过专业考核上岗,大多数家长都是"兼职"教育者,根据自己的成长经验或者通过"自学"来实施家庭教育,因此其效果更多受到家长个人水平的限制。

3. 封闭性

家庭教育的封闭性是指家庭教育的内容、方式和效果会受到家庭这个相对封闭的社会组织,以及家长的自身素质、家庭整体环境、家庭关系等诸多因素的限制。一方面,家庭生活范围会限制家长的视野,导致家长容易出现教育观念保守、教育方式僵化、教育内容单一等问题;另一方面,家长素质、家庭氛围等家庭条件也会导致家庭教育效果受限制。

▌学习活动：案例分析　　≫≫≫

　　小王是一位刚参加工作的一年级小学老师。为了帮助小学生们做好入学适应,为他们将来的学校生活打下基础,王老师很关注他们的行为习惯培养。比如上课认真听讲的习惯、午间专心吃饭的习惯,以及放学后有序排队出校门、在校门口遵守交规的习惯等。但是,一段时间过后,他发现一个令人头疼的问题:有几个孩子在校期间已经逐渐培养出了好的行为习惯,但在周末休息两天之后,周一回校又"打回原形"。比如壮壮吃午饭的时候总喜欢扒拉饭菜,弄得桌上到处都是。王老师问壮壮原因,壮壮说在家就这么吃饭,妈妈会收拾好。还有小美,放学的时候总喜欢第一个窜出校门,也不看红绿灯,特别危险,王老师好不容易让她逐渐了解了交通规则,但总是反反复复。后来王老师发现,接小美放学的奶奶,也总是喜欢拉着小美闯红灯。这些"帮倒忙"的家长让王老师感到很头疼。

　　其实,王老师经历的困惑就是典型的"5＋2＝0"的教育困境。所谓"5＋2＝0"的教育困境,指的是学生在学校接受5天的教育之后,再在家休息2天后教育效果明显下降的现象。其中"5"代表学生在学校接受教育的 5 天时间;"2"代表学生周末在家休息的 2 天时间;"0"代表教育效果。

请针对这一教育现象,结合王老师的案例,进行分析:

1. 这一教育困境分别体现了学校教育和家庭教育的哪些局限?

2. 一般来说,"5＋2＝0"的教育困境在小学生的行为习惯培养方面更明显,为什么?

3. 在怎样的家庭(家庭结构、家庭成员)中,更可能出现这一教育困境? 为什么?

4. 如果你是王老师,你觉得如何做,才能够帮壮壮和小美巩固好的行为习惯?

第三节　家庭教育的作用

家庭教育的直接对象是儿童,对儿童的成长、发展具有不言而喻的重要作用。同时,家庭教育不仅是"家事",更是"国事",对国家和社会的发展有深远影响。2015 年教育部印发的《教育部关于加强家庭教育工作的指导意见》明确指出:"家庭教育工作开展的如何,关系到孩子的终身发展,关系到千家万户的切身利益,关系到国家和民族的未来。"因此,探讨家庭教育的功能,认识家庭教育的重要作用,可以从对个体和对国家社会两个方面入手;其中,对个体的影响又体现在儿童的发展和全部家庭成员的成长两个方面。

一、家庭教育促进儿童发展

英文中有一句谚语叫"like father, like son",是指"有其父必有其子"。我们也总是拿"龙生龙、凤生凤"来形容子女和父母的人生会存在很大程度上的相似性。这些俗语其实都在表达一种观点:有什么样的父母,就有什么样的孩子。同理,有什么样的家庭教育,就会有什么样的孩子。这是老百姓对家庭教育作用的质朴的理解。

家庭是孩子接触的第一个也是最重要的社会组织,任何其他组织、团体都无法替代。家庭是孩子最初的世界观、人生观、价值观、行为习惯、品德性格等的重要来源。可以说,家庭教育奠定了一个孩子人生与发展的"底色"。家庭教育对于个体的影响主要体现在以下五个方面:

(一)家庭教育是儿童生理健康的保障

对未成年子女的保护和养育是家庭的核心功能之一,也是为人父母的法定职责。随着经济的飞速发展,绝大多数家庭都能保证儿童具有基本的生存权,"吃饱穿暖"不再成为一件需要努力的事情。但是儿童要健康成长、形成强健体魄,有赖于家庭教育提供保障。

影响儿童生理发展的要素有三个:遗传、物质营养和体育锻炼。遗传决定了儿童的生物学基础,需要父母在备孕、妊娠期间注意科学饮食、作息等事宜,定期孕检,排除胎儿患上遗传疾病的可能。物质营养和体育锻炼则需要通过在家庭教育中培养儿童的饮食习惯、运动习惯来体现。物质水平的提高使得家长有时会过度满足儿童不健康的饮食需求,造成儿童肥胖等问题;生产方式的变革也导致儿童的劳动机会大大减少,如果不刻意培养儿童体育锻炼、劳动的习惯,也会影响儿童的生理发展。

(二)家庭教育塑造儿童的行为习惯

家庭教育对儿童行为习惯的塑造通过两种方式起作用。一种是在儿童出生之前,父母及其他家庭成员已经形成了较为稳定的家庭行为方式,这种方式既受到文化风俗、家庭经济条件与社会地位的影响,也体现了家庭成员的个人意志。一般来说,儿童降临在家庭中,无法选择地直接接受该家庭的既有行为习惯,并最终成长为与家庭成员行为习惯趋近的人。

另一种是儿童会不自觉模仿家长的行为,将之逐渐内化为自己的行为习惯。根据阿尔伯特·班杜拉(Albert Bandura,1925—2021)的观察学习理论,家长在家庭中经常表现出什么样的行为习惯,孩子就会学会相应的行为习惯。家长甚至不用特意去教授孩子做出怎样的行为,他们只需要在家里经常做出这样的行为就可以。

早期行为习惯的烙印会伴随孩子一生。好的习惯自然会对孩子的发展有助益,而不好的习惯则需要通过更多的努力去纠正。这些行为习惯不仅包括作息、卫生、饮食、运动、礼仪、休闲娱乐、语言模式等生活行为习惯,也包括阅读、作业完成、问题解决等学习方面的行为习惯。

▍ 学习活动：小组研讨 ≫≫

观看班杜拉"不倒翁实验"纪录视频,讨论这一实验揭示的规律对家庭教育的启示。

1961年,心理学家班杜拉对学龄前儿童进行了一系列"不倒翁实验"。研究人员将幼儿园的孩子们分成三组,把每个孩子单独带到房间里玩耍。在这个房间的角落里,有一个实验用的"不倒翁"。10分钟后,成人进入房间,实验正式开始。

第一个实验组:成人当着孩子的面,对"不倒翁"拳打脚踢。

第二个实验组:成人与"不倒翁"进行友好的玩耍。

第三个实验组:设为对照组,成人完全不出现。

实验结果发现:第一组观看过成人暴力行为的孩子比其他两组孩子模仿暴力的水平高得多,孩子明显受到成人行为的影响。

请结合以上实验背景和结果,开展小组讨论:这一实验对家庭教育的启示有哪些?

(三)家庭教育影响儿童的认知能力发展

认知是指大脑加工信息(表象、概念、词语、符号等),也就是学习知识、储存知识和运用知识的过程。认知能力是人在认知过程中表现出的心理能力,如问题解决能力、记忆力、创造力、想象力、思维能力等。儿童认知能力的发展不仅直接体现在学习阶段的学业表现上,也体现在成年后的社会活动、人际交往、职业发展、终身学习等各个方面。

家庭教育对儿童的认知能力发展具有重要影响。欧美有关儿童早期保育与教育公共服务的研究表明,儿童早期保育与教育,对儿童的认知能力发展有相当可观的短期正面效应以及一定程度的长期正面效应。这种保育与教育不仅指父母对儿童进行的知识教育,更是借助家庭活动、家庭环境开展的生活教育,以及父母与儿童的互动。一项针对儿童3—5岁时的家庭教育如何影响儿童11—13岁时认知能力发展的研究表明,父母主动与儿童沟通、父母为儿童买书和读书,均能显著提升儿童的认知能力。[1]另外一项探讨家庭学习环境(藏书量)与儿童学业成绩关系的研究也表明,学业不良儿童与普通儿童的家庭藏书量存在显著差异。[2]

(四)家庭教育对儿童的心理健康有重要作用

家庭教育对儿童的心理健康的影响主要通过家庭结构、家庭环境、家庭活动、父母教养方式、亲子关系、夫妻关系等起作用。例如,相比完整家庭而言,单亲家庭的孩子在同伴关系、亲子关系、情绪管理、自我控制上表现更差,问题行为更多。

《充分重视家庭对儿童心理发展的重要作用》

另外,教养方式与儿童的一系列具体行为也存在较强关联,影响儿童的心理健康。例如,权威型教养方式民主、灵活、温暖,有利于孩子养成自信、乐观、独立等积极心理品质。而专制型教养方式容易导致孩子形成自卑、顺从、缺乏独立性与判断力或者叛逆、暴力等心理品质。放任型教养方式则容易导致孩子出现内向、自闭等不良性格特点。

(五)家庭教育是儿童社会化的起点

马克思认为人是一切社会关系的总和,而家庭的本质是一种特殊的社会关系,也是个体最早接触和建立的社会关系。家庭是儿童社会化的起点,家庭教育也直接影响着儿童的社会化进程。

儿童社会化是指儿童在生活和学习过程中,逐渐形成适应社会的人格并且掌握社会认可的行为方式的过程。家庭教育主要通过结构化和养育两种功能促进儿童的社会化。[3]结构化是指父母通过恰当的教养方式,促进儿童个性的形成和表达,使儿童形成自己的生活方式,帮助儿童成为独立自主、有优秀品质和高尚道德的个体。心理学家阿尔弗雷德·阿德勒(Alfred Adler,1870—1937)曾感叹:"每当我研究起成人

① 蔡蔚萍.早期家庭教育与学前教育对儿童认知能力发展的长期效应研究[J].中国青年社会科学,2022,41(4):108-116.
② 刘全礼.临床家庭教育学导论[M].天津:新蕾出版社,2008:43.
③ 比格纳.亲子关系:家庭教育导论:第8版[M].郑福明,冯夏婷,译.北京:高等教育出版社,2012:17.

的时候,总会发现:他们在儿童早期留下的印象是永远不可磨灭的,它会在他的生活样式上留下无法拭去的印记,而发展的每种困难都是由家庭中的敌意和缺乏合作引起的。"①阿德勒认为父母不恰当的教养方式会降低儿童的自尊,使儿童在尝试超越自我又反复失败的过程中陷入自卑的境地。

养育则是指父母以无条件的爱去满足儿童需要,并与儿童建立安全的依恋关系,促进儿童形成更稳定、更积极的情绪和情感,为儿童探索自我和外部世界提供安全感和自信心。根据英国心理学家约翰·鲍尔比(John Bowlby,1907—1990)的依恋理论,婴儿会将看护者(常常是孩子的母亲或父亲)视作一个安全基地,并从这个基地出发去探索世界,即使自己离开了看护者,也还是能够随时返回他们身边去补给情绪。与父母建立了安全型依恋关系的儿童,能发展出更强烈的共情和心智理论、更积极的人际关系和分享精神。而不安全型依恋的儿童则更容易遇到社交困难,比如产生反社会行为,在成年后也更容易离婚。②

拓展阅读 >>>

哈洛的"恒河猴"实验

著名心理学家哈里·哈洛(Harry Harlow,1905—1981)针对"母亲对健康儿童发展的重要性",在恒河猴身上做了一系列实验。实验开始时,哈洛在一个没有生命的实验室里隔离了一只新生的小猴子。这只小猴子由两个"代理妈妈"陪伴着,一个是用软布包着的木头做的,另一个是用铁丝网做的。哈洛发现,即使为小猴子提供奶水的是"铁丝妈妈",它也愿意花更多的时间和"软布妈妈"在一起,享受着柔软的亲密触感(图1-3)。

图1-3　小猴子更倾向于靠近"软布妈妈"

① 阿德勒.阿德勒论灵魂与情感[M].石磊,编译.北京:中国商业出版社,2016:106.
② 巴伦－科恩.恶的科学:论共情与残酷行为的起源[M]高天羽,译.桂林:广西师范大学出版社,2018:70-71.

而那些只在"铁丝妈妈"照顾下长大的小猴子,长大后无法适应群体生活,性格孤僻而好斗,甚至对繁殖失去兴趣,也根本没有育儿能力。它们殴打自己的孩子,甚至残忍地杀害孩子。

小猴子主动与"软布妈妈"建立亲密关系,这是冰冷的铁丝无法给予的。"软布妈妈"代表着父母对儿童积极的关注与回应,从而亲子之间建立了安全的依恋关系。而"铁丝妈妈"代表着父母对儿童的冷漠、不回应,导致亲子之间无法建立依恋关系。安全的依恋是孩子内心的宝藏,是父母给予孩子的宝贵的精神力量,能帮助孩子积极应对未来的人生困境。而没有从父母那里获取这份力量的孩子,不仅容易出现行为偏差,也更容易产生心理障碍。

以依恋理论为代表的家庭教育理论,被认为能很好地解释家庭教育的代际传递(intergenerational transmission)。祖辈通过家庭教育塑造了父母的人格与社会化进程,父母在新的家庭中又传递给下一代。良好的家庭教育会形成优秀的家庭文化并传承给后世。而不良的家庭教育传递则会衍生众多难以想象的悲剧,这种传递主要有两种形式:一种是原样传递,父母用自己童年经受的家庭教育方式对待自己的孩子,比如冷漠、虐待、暴力;另一种是过度补偿,父母不顾孩子的意愿,想要把自己童年没有得到的东西全都给孩子,并且认为孩子应该为此感恩。例如孩子不爱吃苹果,就跟孩子说:"你怎么这么不懂事,我小时候想要吃个苹果不知道有多难!"同样会对孩子造成伤害。因此,想要阻断不良家庭教育的代际传递,就要着手改变父母当下不良的家庭教育。

二、家庭教育促进成员成长与家庭幸福

家庭教育主要指父母对子女的教育,直接效果体现在儿童的成长与发展上。但是家庭教育不是只为儿童服务,更不是牺牲父母的生活质量、婚姻质量去为儿童服务的。良好的家庭教育会"倒逼"父母主动学习,并且跟随儿童一起发展、成长,从而促进所有家庭成员的成长,促进整个家庭的幸福。

(一)家庭教育与家庭幸福紧密联系

中国人都信奉"家和万事兴"。一个幸福美满的家庭能够顺风顺水,就算遇到困难也可以一起扛过去。幸福更多是一种个人长期的主观心理感受,在不同的学科视角中也有不同的阐释。幸福没有统一的标准,但幸福的家庭、个人往往具备一些共同的特点。幸福家庭的基础,是家庭功能基本健全,即家庭的生产功能、政治功能、教育功能、保护功能、休息与娱乐功能等都能良好发挥作用。

家庭的教育功能是其他功能的统合,家庭教育体现在家庭的各个方面,体现在家庭的各个角落、各种活动中。家庭教育与家庭幸福是互相影响的关系。家庭教育的直接目标是培养子女成为合格的社会人。为了实现这一目标,家长和其他家庭成员必须不断提升自己、超越自己。只有家庭内的所有个体都有发展的延续性,成长的需

求得到满足，不会被阻断，整个家庭才有通往幸福的可能。作为家庭教育的直接结果，子女从原有家庭离开之后，也能顺利建立自己的新家庭，进一步收获自己家庭的幸福。因此，家庭教育和家庭幸福之间是互为因果、相辅相成的关系。家庭幸福是家庭教育成功的前提条件，反过来家庭教育的成功对家庭幸福又有促进作用。

▍拓展阅读 >>>

幸福家庭的标准

社会学家通过对幸福家庭的实地调查，采集人们的普遍看法，提出了两方面的标准，即自我感觉美满幸福的标准和他人感觉美满幸福的标准。[①]

一、自我感觉美满幸福的标准

1. 夫妻互敬互爱、互相信任。

2. 家庭管理比较民主、科学。

3. 家庭成员能够齐心协力地解决家庭的问题。

4. 夫妻生活和谐。

5. 家庭成员在思想上、学习上、事业上能互相勉励，不断向上。

6. 自我感觉家庭气氛良好，在家庭中安逸、放松、愉快。

7. 姻亲关系处理适当。

二、他人感觉美满幸福的标准

1. 这个家庭看起来像个过日子的样子。

2. 一家人和和美美，不吵架。

3. 在经济生活上自给自足，不依赖别人。

4. 对孩子照顾得好，孩子健康、有教养。

5. 家庭布置得井井有条，让人看起来舒服。

6. 亲戚关系、邻里关系和睦。

（二）家庭教育有助于形成"学习型家庭"

为人父母是一项极为复杂的工作，教育子女需要花费大量的心血，付出艰苦的劳动。如今，越来越多的新手父母意识到家庭教育不是仅靠自己的经验喜好就可以的，而是需要科学、系统地学习理论知识，更新教育观念和教育方法，并且在家庭教育实践中践行、反思。而这场学习是漫长的，从孩子的出生准备到孩子求学、就业、成立新的家庭，在孩子的每个人生阶段，父母都需要及时更新家庭教育的理念和方法。这种需求可以有效促进"学习型家庭"的建设。

1972 年，以埃德加·富尔（Edgar Faure，1908—1988）为首的国际教育发展委员会向联合国教科文组织递交了一份报告《学会生存——教育世界的今天和明天》。该报

---

① 刘达临. 家庭管理学［M］. 上海：上海人民出版社，1984：26.

告提出："社会与教育的关系,在其性质方面,正在发生变化,一个社会既然赋予教育这样重要的地位和这样崇高的价值,那末这个社会就应该有一个它应有的名称——我们称之为'学习化的社会'。……每一个公民享有在任何情况之下都可以自由取得学习、训练和培养自己的各种手段,因此,从他自己的教育而言,它将基本上处于一个完全不同的地位。教育不再是一种义务,而是一种责任了。"[①] "学习型社会"(学习化的社会)是一个可持续发展的社会样态,关乎个人与社会的协同发展。因此,党和国家十分重视,党的二十大报告强调要"建设全民终身学习的学习型社会、学习型大国"。随着社会各界对建设"学习型社会"的响应,建设"学习型家庭"也成为非常重要的内容。

"学习型家庭"是指在终身学习理念的指引下,家庭的每个成员都有学习的意愿、各自的学习目标和一定的学习时间,使学习家庭化、家庭学习化。"学习型家庭"具有以下六个要素[②]:自我超越(家长也要有超越自我的意识)、责任感与爱(家庭成员彼此间要有良好的关系)、家庭愿景(成员对家庭的未来要有一致的期待)、共同时间(夫妻时间、亲子时间、家庭时间都要得到保障)、共同学习(要有以学习为主要内容的家庭活动)、反思与省察(家长和儿童要培养成长型思维)。家庭教育有助于促进"学习型家庭"的形成,可使父母将单向度的子女教育与全家的共同成长有机结合,促进家庭成员共同发展。"学习型家庭"又能反过来强化家庭教育的效果,在"学习型家庭"中成长的儿童,也能较早地培养起终身学习的观念与习惯。

三、家庭教育与社会进步密切相关

家庭是社会的基本细胞。家庭教育不仅是一人、一家之事,也是一国之事。家庭教育通过影响子女、家庭,进而影响国家与社会的发展。而国家与社会的经济状况、道德风气,又会切实影响到每个家庭的命运。

习近平总书记在 2015 年春节团拜会上的讲话提出:"不论时代发生多大变化,不论生活格局发生多大变化,我们都要重视家庭建设,注重家庭、注重家教、注重家风,紧密结合培育和弘扬社会主义核心价值观,发扬光大中华民族传统家庭美德,促进家庭和睦,促进亲人相亲相爱,促进下一代健康成长,促进老年人老有所养,使千千万万个家庭成为国家发展、民族进步、社会和谐的重要基点。"党的二十大报告提出:"弘扬中华传统美德,加强家庭家教家风建设, ……推动明大德、守公德、严私德,提高人民道德水准和文明素养。"家庭教育和国家、社会进步,是紧密联系在一起的。

(一) 家庭教育有助于提高国民素质

创办了世界上第一所幼儿园的德国教育家福禄培尔(Friedrich Wilhelm August Fröebel,又译作"福禄贝尔";1782—1852)曾说过一句名言:"一个国家的命运,操在妇

---

① 联合国教科文组织国际教育发展委员会. 学会生存:教育世界的今天和明天[M]. 华东师范大学比较教育研究所,译. 北京:教育科学出版社,1996:202-203.
② 吴航. 家庭教育学基础[M]. 武汉:华中师范大学出版社,2010:36-39.

女们的手中的成分实多于男子,也就是多操在做母亲的手中而不在那些有权有势或改革家的手中,因他们尚不能彻底明了他们自己呢。"[1] 家庭教育是一切教育的基础,对国民素质的提升、国家的兴衰有重要影响。孩子是父母的后代,也是祖国的未来。家庭教育不只是为小家庭发展,更是为祖国培养合格的建设者和接班人。

国民素质是一个国家重要的软实力。没有过硬的软实力,也就没有国家、社会的可持续发展。提升国民素质,就是提高每一位公民的个人素质。个人素质体现在一个人的礼貌、风度、气质、修养、德行、谈吐及行为习惯上。个人素质是家庭教育、学校教育、社会教育、自我修养与环境影响综合作用的结果,其中家庭教育是最基本、最重要的影响因素。

(二)家庭教育有助于传承优秀文化

我国对家庭教育的重视和实践由来已久,并且积累了辉煌的成果,这些成果成为中华优秀传统文化的重要组成部分。我们如今谈家庭教育,不是凭空搭建一个现代的学科,而是站在中华优秀传统文化这一"巨人的肩膀"上。

纵观历史,古有"述立身治家之法,辨正时俗之谬"、被视为垂训子孙及家庭教育典范的《颜氏家训》,今有充满父爱的苦心孤诣、呕心沥血的教子篇《傅雷家书》。我国传统的启蒙教育,尤其注重品行、品格的塑造,蒙学教材中就有不少相关典籍,如《弟子规》《增广贤文》《朱子家训》等。这些中华民族的智慧结晶,给我们当下的家庭教育提供了深刻的指导。因此,重视家庭教育,既可以使中华优秀传统文化成为家庭教育的重要方式和内容,同时也能进一步传承中华优秀传统文化,坚定文化自信,并且在此基础上发挥文化创造力,促进中华民族伟大复兴。

(三)家庭教育有利于促进社会文明与和谐

美国人类学家拉尔夫·林顿(Ralph Linton,1893—1953)认为,改变儿童早期的教育方式,将能长久地改变这个民族的"基本人格",从而改变这个民族的整个文化。[2] 鲁迅先生也曾恳切地指出:"看十来岁的孩子,便可以逆料二十年后中国的情形;看二十多岁的青年,——他们大抵有了孩子,尊为爹爹了,——便可以推测他儿子、孙子,晓得五十年后七十年后中国的情形。"[3]

家庭教育对社会文明的传承和发展有着重要影响。家庭作为社会的基本单位,是社会文化的载体之一,是保持文化认同、传递社会文化和信仰的重要场所。

从本质而言,人类文明的终极价值是引领人类精神世界日趋丰盈,促使人类个体获得健康健全的人格、幸福的生活。家庭教育关注的核心便是人格的奠基和塑造。1996年,联合国在"国际家庭日"发表的纪念文告中指出:"家庭作为最活跃的社会细胞,把个人和社会联系在一起。它必须适应全球性的变化。这种变化是深远的,它不

---

① 福禄贝尔.儿童心理的研究[M].吕亦士,译,上海:上海社会科学院出版社,2017:2.
② KARDINER A,LINTON R. Psychological frontiers of society [M]. Columbia:Columbia University Press,1945:ix.
③ 鲁迅.鲁迅全集:第2卷[M].北京:江苏凤凰文艺出版社,2020:5.

仅影响人类的物质生活,还将影响人类的价值观念和信仰。"当今世界上有许多国家都非常重视家庭建设,重视树立正确的家庭价值观,创造美好的家庭生活,为建设一个文明、富裕、繁荣的社会奠定基础。

重视家庭教育,会促使家长、学校、社会共同行动,以培养儿童为共同目标,完善教育环境、教育内容、教育方式。这也意味着教育事业的整体优化,甚至影响到立法、社会保障等多个方面。

重视家庭教育,能够涵养社会文明新风。家风正,则民风淳;民风淳,则社风清。家庭教育与民风、社风密切相关、紧密相连。大量的事实证明,社会不良风气和各种违法犯罪,尤其是青少年犯罪的形成,往往都能溯源到不恰当的家庭教育。因此,重视家庭教育,树立良好家风,养成良好的个人行为习惯,从某种程度上来讲,就是为社会传递正能量。千千万万的家庭都行动起来重视家庭教育,所传递的正能量就会汇聚成正能量的海洋,进而形成一股不可逆转的社会文明新风尚。

？理解·分析·应用

1. 家庭的结构一般来说有哪些类型?
2. 我们都说现代社会的一夫一妻制家庭是社会的基本细胞,为什么群婚制家庭和对偶制家庭无法成为社会的基本细胞?
3. 简要说明家庭教育的概念和性质。
4. 举例说明,相比学校教育,家庭教育的优势和局限有哪些。
5. 结合自己的成长经历,谈谈家庭教育在儿童成长中的作用。
6. 你如何看待《家庭教育促进法》中"国家和社会为家庭教育提供指导、支持和服务"的条款?

？拓展阅读指导

1. 恩格斯.家庭、私有制和国家的起源[M].中共中央马克思恩格斯列宁斯大林著作编译局,编译.北京:人民出版社,2018.
2. 赵忠心.家庭教育学:教育子女的科学与艺术[M].3版.北京:人民教育出版社,2017.
3. 缪建东.家庭教育社会学[M].南京:南京师范大学出版社,1999.

第二章

家庭教育的历史与发展

2

【学习目标】

1. 知道国外家庭教育的历史演变，了解几种具有代表性的国外家庭教育模式。
2. 理解我国各个历史阶段的家庭教育发展及其特点。
3. 理解我国新时代家庭教育面临的挑战。
4. 对我国新时代家庭教育的未来发展路径有一定的认识。

【知识导图】

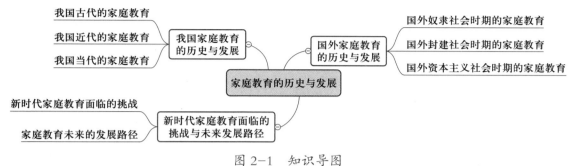

图 2-1　知识导图

【情境链接】

　　小米刚刚大学毕业,出于对中国古典文学的喜爱,选择了教师这一崇高的职业。但是别看她在学生面前神采飞扬,深得学生的喜爱与敬佩,但在她的三口小家庭里,却还是总被爸爸当成小女孩一样管教。小米爸爸认为,只要小米还没有成家,就要听父母的话。这种想法也经常导致父女二人有些不大不小的冲突。

　　有一天,父女二人又起了冲突,谁也说服不了谁。爸爸一生气,跑进书房拿了本《弟子规》扔在小米面前,教训小米说:"你自己是语文老师,老祖宗的规矩里就说了:'父母教,须敬听。父母责,须顺承。'你看,你自己就做不到。"小米自然不肯退缩,又发表了对传统文化要辩证看待的观点,父女二人的交流还是没有任何改善,似乎两代人的理念产生了不可打破的壁垒。

　　其实仅仅在百年之前,中国的家庭还具有非常浓厚的封建家庭特色,甚至保留着一夫多妻、父权专制的特点。发展到如今的新家庭,也不过经历了几代人而已。小米的爸爸可能从小就习惯了父亲专制的家庭教育,他的成长环境跟小米的成长环境完全不同。如果能从这个角度去理解父亲的立场,不要求谁说服谁,那么二人的冲突可能会有改善的突破口。

　　随着社会、文明的变迁,家庭一直在变化,家庭教育也随之经历了漫长的发展演变,过去的家庭教育必然不是我们现在的模样。在不同的历史时期、不同的文明中,家庭教育可以说有很大的差别。了解国内外家庭教育的发展历史,可以帮助我们更清楚地认识现代家庭教育的产生机制。认识我国传统家庭教育,也能帮助我们学习传统文化中的优秀家庭教育思想,摒弃封建糟粕,将文化自信融入现代家庭教育。

第一节　国外家庭教育的历史与发展

马克思根据生产关系的性质,将人类历史划分为五种社会形态。社会形态不同,家庭的结构、功能和特点也不尽相同,家庭教育的目的、任务和方式也有明显区别。通过对国外家庭教育的历史与发展的梳理,我们可以看清国外家庭教育发展的脉络。

一、国外奴隶社会时期的家庭教育

专偶制家庭出现在原始社会末期到奴隶社会初期。在奴隶社会,居民分为奴隶和自由民,自由民又分为奴隶主和不占有奴隶的平民,从而形成奴隶主和奴隶的阶级对立。由于不同阶级家庭的政治经济地位、所代表的利益不同,其家庭教育实施情况、指导思想、具体内容等也有所差异。

平民主要是有一技之长的工匠,但他们的子女也无权进入由奴隶主掌控的公共学校,无法接受更高层级的教育,因此,平民的家庭教育就是子女受教育的全部,家庭教育的主要内容是家传的工匠技术,也就是谋生手段,家庭教育的主要目的也是将技能传给下一代,使子女能够凭借这门手艺独立生存。

奴隶阶级作为被统治的阶级,几乎没有正常的家庭生活,因此也很难说其有系统规范的家庭教育,只能接受简单的生产劳动技能方面的教育。

奴隶社会时期的家庭教育主要体现为奴隶主阶级的家庭教育。奴隶主是奴隶社会的统治阶级,他们掌握着生产资料、国家政权和文化教育大权。为了巩固他们的阶级地位和阶级利益,培养和造就自己的接班人,世界各地的奴隶主阶级普遍重视家庭教育,对其子女实施严格的家庭教育。不同奴隶制国家在政治、经济、文化、地理条件等方面不同,因此不同国家奴隶主阶级的家庭教育在具体的培养目标、教育内容和教育方式上各有特点。

(一) 古希腊的家庭教育

古希腊是西方文明的发源地,被称为人类智慧的摇篮,其文化和教育对现代西方文明的发展起着重要作用。古希腊不是一个帝国,而是众多城邦的联合。雅典和斯巴达是古希腊最强大、最有名也对立最为鲜明的两个城邦,因此其家庭教育是这个时期最具有代表性的。

l. 雅典的家庭教育

希波战争(前 499—前 449)之后,雅典借在战争中发挥的重要作用而建立起雅典霸权,成为古希腊城邦的领头羊,走向文明巅峰。雅典领导者伯里克利(Pericles,前 495—前 429)在悼念公元前 431 年因与斯巴达人作战而倒下的雅典将士的演讲中说:"雅典是希腊的学校。"这一夸赞彰显了公元前 5 世纪是雅典的黄金时代,也是古希腊的黄金时代。

此时雅典的教育已相当发达,教育机构和教育体系健全,除了高度重视家庭教育之外,国家还设立了一系列公共学校(如文法学校、弦琴学校、体操学校)。雅典的教育是军事体育教育与知识文化教育并重的。其教育目的和任务是培养身心和谐发展的、能履行职责的独立公民。具体来说就是,不仅要把奴隶主子弟训练成身体强健的武士,还要使他们成为具有知识、文化、教养,能言善辩,善于交往的商人、政治家或社会活动家。

雅典的奴隶主家庭非常重视家庭教育,且强调智育、德育、体育、美育的全面协调发展。雅典儿童在7岁前,均在家庭中接受家庭教育,其内容包括唱歌、讲故事、讲神话、掷骰子、玩球等儿童游戏和礼貌行为习惯的培养等,这比斯巴达家庭教育有更多的私人性质。7岁之后,男孩将进入文法学校、弦琴学校、体操学校和国立体育馆等接受全面的学校教育。女孩则一直在家由母亲负责进行家庭教育,内容包括读书、写字、演奏乐器、纺织、缝纫、刺绣和手工制作等。

2. 斯巴达的家庭教育

位于伯罗奔尼撒半岛南部的斯巴达,与同时期的希腊其他城邦有着完全不一样的发展趋势。斯巴达的祖先为了避免跟希腊其他城邦一样向海外扩张,而占领了麦西尼亚的肥沃平原,却也付出了沉重代价——他们缺乏对外交流带来的文化与经济繁荣,只能依靠很少的农业资源发展,因此不得不建立一种严厉的、军事化的国家组织,来管理领地上的大批居民、应对外敌入侵。

因此,在斯巴达,教育被当作一项极为重要的国家事业,几乎完全由国家控制。教育以单纯的军事体育教育为重,忽视文化教育,不注重读书写字的教育。其教育的目的就是通过严酷的军事体育操练把贵族子弟培养成为体格强壮的战士,以便维护其阶级统治,参加对外战争。

斯巴达的儿童一出生就要接受国家长老的挑选,体弱多病的儿童会被遗弃至荒野,只有体质合乎健壮标准的孩子才有生存的权利。这些孩子随后由父母代替国家抚养、教育,同时接受国家的监督。到7岁之后,斯巴达男孩就会全部由国家收养,被送到国家教育机构(少年和青年军事训练团),接受统一、严酷的军事体育训练,目的是成为一个忍耐力强、勇敢刚强、能征善战的勇士,成为国家未来的护卫者或统治者。因此,斯巴达男孩主要是在家庭外部成长起来的,主要接受国家公共教育。他们在父母膝下的短暂童年时期,也是由父母按照国家意志培养的,家庭教育的私人性质被淡化。

斯巴达女孩与男孩不同,她们自出生起就一直跟随母亲或者其他女性在家庭中生活,接受充实的家庭教育和公共教育。在家庭教育方面,斯巴达女孩会接受包含坐姿训练、编织、烘焙、读书、写字、算术等内容的教育。此外,她们的母亲在女孩幼年时还会教育她们要知足、快乐、不怕黑、不挑食,监督她们不要染上暴躁和哭闹等不良习惯。除了接受家庭教育之外,斯巴达女孩还会接受公共教育,主要包括文化教育(包括唱歌、跳舞、诗歌等内容)和体育教育(赛马、马术等日常体育训练以及竞技活动)。斯巴达非常重视女孩的教育,其目的是培养优雅且健康的战士母亲,以便能够更好地繁衍和培育斯巴达公民,以及在男子出征时抵御外敌入侵。

（二）古罗马的家庭教育

古罗马是公元前 9 世纪初在意大利半岛中部兴起的文明,至公元 476 年西罗马帝国灭亡(奴隶社会结束)和公元 1453 年东罗马帝国(拜占庭帝国)灭亡为止。古罗马时期,家庭是国家政治与社会生活的基本单位,是社会传统和道德的重要支柱。父亲在家庭中享有绝对的权威,包括承认初生子的权力,决定子女教育、婚姻、财产以及就业等社会生活的权力,对子女生杀予夺的权力,国家则很少干涉家庭内部的事务。由于古罗马家庭以严格的父权家长制著称,因此罗马人一直推崇"父亲即教师"的家庭教育观念和模式,父亲在孩子的成长中发挥着不可替代的作用。

在罗马共和国早期,还没有出现学校。因此,大部分教育活动主要是通过家庭教育来完成的。古罗马人认为,教育孩子最好的场所就是在家庭里,最好的老师就是"父亲",最好的教育方式就是"言传身教"。在一个家庭中,无论是亲生的孩子还是收养的孩子都要在父亲的监管下长大。他们都要以父亲为榜样,在实践中通过观察和模仿获取成年人所必需的生活技能、相关的文化知识,目的是成为一个高尚的、合格的公民。

在家庭教育分工上,父亲更多承担对男孩的教育,母亲则更多承担对女孩的教育。在教育目标和内容上,男孩和女孩有所区别。对于男孩来说,家庭教育的主要目的和任务是把他培养成罗马未来的好农夫和好战士。为了培养合格的农夫,男孩要在田间观察和模仿父亲的劳动,与父亲一起在农场里劳作,掌握耕作、精确丈量土地等生活实践技能。为了培养合格的士兵,父亲要教会儿子投掷长矛、骑马、击剑、角力、游泳、披甲作战等军事知识和技能。此外,父亲还要教会儿子遵纪守法、虔诚敬祖和参与公共事务。

对于女孩来说,家庭教育的主要目的和任务是把她们培养成勤俭持家、相夫教子、忠贞孝顺的好主妇,即合格的罗马公民的好妻子。母亲的主要职责是教女孩学习家庭基本技能,主要包括烹饪、纺织、缝补等内容,以便女孩在出嫁后可以成为一名合格的家庭主妇。在出嫁前,母亲还会教导女孩忠贞、勤劳,学会照顾丈夫、传宗接代、照顾孩子等。除此之外,罗马女性也会学习读、写、算。不过,与道德教育和实用技能教育相比,识字和阅读的知识性教育相对不那么重要。[①]

从罗马共和国晚期到罗马帝国时期,公共教育蓬勃发展,形成了初等学校、文法学校、修辞学校三个层次的学校教育体系。儿童 7 岁开始上初等学校,12 岁左右上文法学校,16 岁左右上修辞学校。学校开始分担家庭的教育工作。但学校教育主要是针对贵族子女的知识教育,尤其是修辞学校,专门培养优秀的演讲家,为其从政做好准备,因此只有极少数的精英男子可以进入修辞学校。学校的普及并没有对古罗马的家庭教育产生很大的影响,一方面,学校教育只服务一部分人,平民子女无法进入学校,或者只能接受最基础的初等学校教育;另一方面,古罗马严格的家长制赋予了

---

① 陈文娟. 古典共和传统中的公民教育及其启示[J]. 教育研究,2016,37(8):145-151.

父亲绝对的权威,这是学校教育无法挑战的。

古罗马和雅典的家庭教育有共同之处:基本目标都是培养子女成为合格的独立公民,比斯巴达的家庭教育具有更多的私人性质,也更少服从国家意志。但古罗马的家庭教育比古希腊更多体现父权意志,贵族教育的性质更为明显,这也为进入封建社会时期的贵族教育提供了基础。

(三)古埃及的家庭教育

古埃及文明发轫于非洲东北部尼罗河中下游地区,是一段跨度长达三千年的灿烂文明。古埃及是专制的中央集权国家,法老是世俗的统治者,同时也是宗教中的神。由于地理位置的原因,古埃及文明在发展过程中较少受到外族侵扰,相对封闭,也发明了自己的象形文字。

古埃及的家庭结构主要为核心家庭。在家庭中,父亲具有很高的地位,承担着养活家人和对儿子进行职业教育的责任。但是,在4岁之前,无论是男孩还是女孩都是由母亲抚养和教育的,即跟随母亲在家中接受家庭教育。游戏是古埃及幼儿家庭教育的重要内容之一,比较受孩子们欢迎的玩具有球、陀螺、拨浪鼓,游戏有撞柱游戏等。

4岁之后,有些富有家庭的男孩便会被送进不同类别的学校接受正规的学校教育,培养读写能力和职业技能。古埃及有自己的象形文字,具有读写能力的人会被认为是非常高贵的。古埃及居民中大部分是农民,也有很大一部分商人。普通家庭的男孩就在家中接受职业教育,即跟随父亲或者拜师学习各种职业技能,因此"子承父业"是古埃及家庭教育的一大特色,一般来说很少有跨越职业壁垒的现象。除了接受职业训练之外,这些孩子还会接受道德教育,比如父亲会教育儿子孝顺母亲。在教育方式上,父亲并不是简单地告诉儿子应该怎么做,而是向儿子提出忠告,并使用鲜活的事例加以说明,或者用浅显的道理加以补充。

与男孩不同的是,古埃及女孩接受教育的场所主要是家庭,很少有女孩会进入学校接受正规的阅读、书写训练。在古埃及人的观念中,女性的职责就是经营好一个家庭,当好家庭的女主人。因此,大多数女孩会在家庭中跟随母亲学习基本的持家之道,比如,如何收拾房间、烘烤食物、酿酒、纺织、照顾子女等。除此之外,女孩还会学习唱歌、跳舞和演奏乐器,以便将来有机会到神庙中唱歌或者奏乐。

(四)古印度的家庭教育

古印度的早期文明可以追溯到公元前2500年,哈拉巴文化是印度文明的起点。公元前2000年前后,雅利安人逐渐从北方南下占领了印度,这一族群自认跟印度土著居民有着贵贱之分,拒绝跟当地人通婚,但又逐渐被印度本土文化同化。因此在不断隔离与融合之后,产生了影响印度文明至今的严格的种姓制度。这种制度几乎决定了每一个孩子的未来:僧侣之后必是僧侣;贵族之后必是贵族;从事宰杀、清扫等污秽工作的人的后代,也必然只能从事这类工作。

在古印度家庭中,父亲是全家的统治者,对子女有生杀予夺的权力,同样也拥有绝对的教育权威。古印度文明将宗教思想渗透进日常生活,人们相信所有的一切都与神的意志有关,只有婆罗门才拥有与神打交道的能力。因此,僧侣贵族婆罗门在古印度取得了非统治阶级的优越地位,婆罗门种姓的人把家庭作为对儿童实施教育的场所,其子女自幼便接受神学学习,直至成年后才结束这种学习。父亲十分重视在家庭里指导子女背诵吠陀[①]。婆罗门种族之下是统治阶级刹帝利,诸侯、国王、武士等都属于这一等级。刹帝利的子弟是未来的统治者和军事家,他们会抽更多时间学习与军事有关的知识,以掌握统治、镇压奴隶的本领,对吠陀的学习时间相对更少。因此,古印度的家庭教育,集合了私人教育、职业教育、公共教育等众多功能,更多地服从种姓制度而非国家意志。

二、国外封建社会时期的家庭教育

封建社会时期的家庭教育,东西方差异十分明显。在东方,日本受到中国文化的影响,在王公贵族和武士中大力发展家庭教育;但是平民的家庭教育一直相对滞后,直到18世纪末才开始发展。随后日本迅速开展社会的启蒙。而欧洲中世纪时期的家庭教育以贵族家庭的骑士教育为突出特色;到了文艺复兴时期,随着人文主义思潮的兴起,涌现了一批堪称教育学家的思想家,他们系统著述家庭教育的理论与方法,并开始关注人类个体、儿童权益,家庭教育逐渐具备科学性。

(一)封建社会时期日本的家庭教育

封建社会时期的日本在政治、文化和教育等许多领域均受到中国文化,尤其是儒家思想的影响。从大化改新(646)开始,日本便仿照唐朝建立起自己的教育制度,一直到1868年,明治维新结束了日本的封建社会时期,日本社会进入近代资本主义社会。

封建社会时期的日本非常重视家庭教育,尤其重视母亲在家庭教育中的地位。日本的家庭教育带有非常鲜明的阶级色彩,虽然不像古印度的种姓制度有绝对的阶级隔阂,但是想要打破阶级的限制也是十分困难的。封建社会时期日本的家庭教育可以重点阐述武士的家庭教育、平民的家庭教育和女子的家庭教育三个方面。

l. 武士的家庭教育

在封建社会时期,日本的武士都十分重视子女的教育。家庭教育在武士的教育中也一直处于重要地位。在平安时代(794—1192),武士的教育以家庭教育为主。随着社会的发展,学校教育承担了武士教育的主要任务,但是家庭教育仍然是武士教育的重要补充。

由于受到"富国强兵"思想的影响,武士的家庭教育内容以武士的职业技能训练和思想道德教育为主。在镰仓时代(1192—1333)初期,武士的家庭教育主要以武士

[①] 吠陀并不是一本书,而是公元前2000年至公元前1000年古印度的宗教著作和文学作品的统称,主要包括四个部分:《梨俱吠陀》《娑摩吠陀》《耶柔吠陀》《阿闼婆吠陀》。

技能训练为主,不注重文化知识和文艺技能的学习。这时,武士的作战技术被认为是最重要的,因此武士非常重视传授子女武艺。这体现在武士的家训中。比如,镰仓时代北条氏的《北条五代记》中就记载了"武道弓马乃武家必备之本领"等内容,强调家学中弓马技能的训练。武士家庭中的武艺传承主要通过父亲或兄长的教授。为了进一步巩固自己的统治地位,武士阶层逐渐意识到了文化教养的重要性,认为武士有了文化积淀,才能更好地处理政事,因此开始在家庭教育中重视子女文化知识的学习。比如,从小教授子女学习汉学经典、佛教学说等。

除了注重武艺训练之外,武士还十分重视子女的思想道德教育,尤其是在江户时代(1603—1868)。比如,武士子弟从六七岁起便开始接受启蒙教育,由私塾老师主要讲解"四书五经"等儒家经典。武士对思想道德教育的重视体现在他们对武士道精神的崇拜上,他们将"忠孝""勇敢""胆量""坚毅"等道德品质当作武士阶层的生活准则。以"忠诚"为第一位的武士道精神维系了日本社会的稳定,也影响了平民的忠君思想。

2. 平民的家庭教育

古代日本平民地位低下,文化程度不高,只有名没有姓,姓氏是王公贵族和武士的专属,这种现象也在一定程度上限制了平民家庭教育的传承。另外,日本贵族使用汉文训读体、候文体,民间使用口语体,文字、语法的不统一也造成了平民接受教育的困难。一直到室町时代(1336—1573)后期,类似小学的"寺子屋"逐渐发展,平民中的富人家庭将子女送去读书,平民才开始接受公共教育,其家庭教育也随之有了一定的发展。但直到18世纪末19世纪初,日本的平民才真正开始意识到教育的重要作用,其教育迅速发展,这被称为日本庶民教育的转型期,为社会启蒙和后来明治维新的成功奠定了基础。

由于家庭经济条件的不同,平民的家庭教育表现出一定的差异性。对于农村的平民来说,其家庭教育相对简单,孩子小时候可以尽情地游戏玩耍,长大到一定岁数后需要帮家里干活。农村平民儿童的日常游戏生活非常丰富多彩,包括放风筝、玩陀螺、踢球、踩高跷、打雪仗、打鼓、爬树、打手球、掷小布袋、打羽毛球、过家家、绣花纹等。在农闲季节,一些农村会组织面向全村儿童的道德教育、农业常识与技能学习、唱歌和跳舞等相关的教育活动。此时,儿童会根据年龄分别进入"儿童组"(满7岁后)和"青年组"(满15岁后)进行学习。

对于城市的平民来说,由于其生活对文化的要求稍高一些,因此家庭教育更为发达。城市平民的家庭教育以学徒教育为主,目的在于让子女掌握商人、手工业者应具备的技能。比如,商人的子女会进入店铺,跟随亲人或者熟人学习如何做"丁稚"(小伙计)、"手代"(领班者)、"番头"(掌柜)和"支配人"(经理)等,以便日后可以独立经商或者开店。

3. 女子的家庭教育

封建社会时期的日本,由于受到儒教、佛教思想的影响,女性地位低下,女子并没有进入学校学习的机会,只能局限于家庭内部接受自己的母亲、祖母的家庭教育。这一时期,家庭教育的目标是把女子培养成温顺静淑的大家闺秀,因此家庭教育的内容主要是修身养性和学习礼法、技艺。

平民家庭的女子主要参加各种家族祭祀,接受家族长辈的道德教诲,学习家事、手艺等,为结婚以后的生活做准备。上层社会家庭则会聘请专门的家庭教师教授女子读书识字、作和歌、绘画、作汉诗文、弹琴、刺绣、裁缝等。武士阶层成为统治阶级之后,为了巩固自己的统治地位,也开始重视自身的文化修养。在这种理念的影响下,武家的女子不仅要接受强调女子顺从和贞洁的女德教育,还要接受文化知识的教育,甚至进入宫廷成为女官。一般来说,武家的女子到了六七岁的时候,就要参加"读书式"的仪式,开始读书识字。

（二）中世纪欧洲的家庭教育

从公元 476 年西罗马帝国灭亡开始,欧洲进入封建社会时期。随着基督教文化的扩张与渗透,中世纪欧洲社会倡导"禁欲",强调将自己奉献给上帝。教会学校等公共教育的目的也是传播、稳固基督教文化,比如教会在偏远的乡村办学,为当地居民提供基础教育,但教师一般都是牧师,教授内容也以基督教文化为主。此时,家庭教育也带有浓重的宗教色彩,爱情、婚姻、家庭文化都建立在对上帝的坚贞信仰基础上。这个时期的学校教育比奴隶社会时期更为发达,目的性、系统性更强。但家庭教育依然占有重要地位,尤其是以骑士教育为主的贵族家庭教育,是封建领主培养自己军队的重要手段,与公共教育相辅相成,被广泛重视。

中世纪欧洲社会,生活在宫廷、城市、乡村的人们互不干扰,有各自的生活方式。贵族、市民、农民也因此有各自的家庭教育方式。

1. 贵族的家庭教育——骑士教育

中世纪的贵族家庭教育以骑士教育为最主要的形式。骑士教育一般在封建领主等贵族的家庭内部进行,其目的在于培养身体强壮、虔信上帝、忠君爱国的勇士。骑士教育的主要内容包括宗教、道德、礼仪方面的教育和"武士七艺",即骑马、游泳、投枪、击剑、行猎、下棋和吟诗。

骑士教育大致分为三个时期:一是家庭教育时期。男孩自出生至七八岁,在家庭中接受母亲的教育,主要是强健身体、信仰宗教和陶冶道德,如服从父母、尊敬长辈、端庄有礼等。二是侍童教育时期。男孩七八岁后,按照出身的等级依次到高一级封建领主家中充当侍童,直至十四五岁。国王和高级贵族的子弟则在宫廷学校中接受教育。其间男孩侍奉领主和领主夫人,追随在他们的左右,听从他们的吩咐,在日常生活的服务和交往应酬之中,学习上流社会待人处世的各种礼仪,通过环境的熏陶和实际的训练,培养封建意识与道德观念。三是骑士侍从时期,此时,男孩从少年成长为青年,充当领主的预备骑士,主要学习骑士的军事技能和生活方式,参与领地间的战斗,保护领主安全,直到 21 岁左右结束学习,正式成为领主的骑士。

贵族女子的家庭教育相对来说很不系统,也没有统一规范。当时贵族女子接受教育主要有两种方式：一种是在女子修道院接受公共的修女教育，另一种就跟她们的兄弟一样，在封建领主夫人那里接受世俗教育。后者是当时贵族女子家庭教育的主要形式。教育内容主要包括纺织、缝纫等家政教育，宗教信仰、唱圣诗等宗教教育，还包括音乐、舞蹈、读书、识字等文化艺术教育。教育的目的是培养与骑士和封建领主等贵族相配的贤妻良母。

2. 市民的家庭教育

市民是城市中不同职业和不同经济地位的人的统称，成员复杂，包括富有的商人、有手艺传承的工匠、从封建庄园里逃出来的农奴等。市民是中世纪西欧城市的特殊阶层，随着城市的出现，与长期生活在封建庄园里的领主和其封地上的农民不同，因此市民的家庭教育也具有更加私人化的特质。

富裕的市民会更注重发展自我、提高社会地位，而不仅关注金钱的积累，因此他们会倾向于将子女送入公共学校，或者请家庭教师。这使得他们的整体知识水平高于其他市民和农民。而家境贫寒或从事手工业劳动的市民，会希望子女获得更多的实践技能，能有养活自己的一技之长，因此他们的子女大都选择艺徒制，跟随行业师傅学习生产劳动技能。这种制度打破了家庭传承技艺的壁垒，对传播生产技术和知识起了巨大的作用，促进了商品生产的发展。市民女子与男子相比受教育的内容少、时间短，她们跟贵族女子一样，接受教育是为了得到一个美好的婚姻，因此不需要接受专门的职业教育，由父母进行家政、言谈举止方面的教育即可。

3. 农民的家庭教育

在中世纪，贫困是制约农民接受教育的最大障碍。在中世纪早期，教育一直被中、上层垄断，书本知识仅仅提供给少数闲暇阶层人员，普通农民近乎全部是文盲。除了一部分进入由教会举办的慈善性质的乡村学校，农民的子女只能在家庭中接受教育。他们学习的内容包括宗教文化，不同阶层的知识，如何服务好中、上层的人及所需要的技能，包括耕地、除草、打谷、酿酒和烤面包等。

农民的家庭教育因此跟贵族、市民产生了巨大差异：他们习惯用口语交流，因此不需要读写能力；有宗教信仰便能过世俗生活，因此不需要追求自我发展；子女跟随父母就可以获得维持生计的技能，因此不需要额外的教育。农民也因此难以摆脱代际传递的困境，无法摆脱贫穷与无知。

（三）文艺复兴时期欧洲的家庭教育

14 世纪到 15 世纪，欧洲进入中世纪晚期，资本主义开始萌芽。社会财富急剧增加，欧亚大陆之外的地理大发现，政治冲突、战争加剧，大型的传染疾病蔓延……一次又一次地挑战人们对宗教的认同感，世俗大学、经院哲学等变革思潮逐渐兴起，人们开始重新审视教育与家庭教育，思考世俗与宗教结合之下的人类生存状态。

人文主义思潮在这一时期蓬勃发展。人文主义者认为，人是生活的创造者和主人，人要从宗教的桎梏中解放出来，回归世俗。他们强调人性和人权以反对神性和神权，提倡个性自由以反对人身依附。这种理念不仅体现在大量的艺术作品中，也直接影响了教育领域。作为新兴资产阶级的代言人,欧洲的人文主义思想者开始探讨人与教育的关系,逐渐认识到教育对人权、个性的重要作用,试图从早期教育中实现人性的解放、人权的复兴。这些探讨和努力无疑砸开了一个口子,将个体摆在了教育的中心位置,而不仅是依附国家意志、宗教信仰或者家长权威。

因此,这一时期涌现了大量关于家庭教育和人类早期教育的论著,家庭教育不再停留在实践层面,也不再是哲学家、文学家在著作中偶尔提及的内容,一些人开始了系统的探讨和研究,这也为欧洲现代教育的发展奠定了基础。

例如,意大利的维吉乌斯(W.Vegius,1406—1458)在 1450 年撰写了《儿童教育论》,提出了胎教和婴儿的安全健康问题;主张成人要以经常赞扬好的行为、宽容细小过失的办法来教育儿童,既要严肃认真,又要充满赤诚和爱;认为父母的楷模是良好教育的首要条件;儿童要从小接受礼仪教育,成为一个有教养的人。

足迹几乎遍布整个欧洲的伊拉斯谟(Desiderius Erasmus,1466—1536)在 1529 年撰写了《幼儿教育论》一书,提出了著名的"人并非生而为人,乃教而为人"的观点。伊拉斯谟认为儿童是自由的、自然的、善良的,教育就是通过训练、练习的方式巩固这种善良。他主张要在幼年时期的教育中,培养儿童的记忆能力;提醒父母要深刻认识教育的社会意义;施教要尊重儿童身心发展的规律。

这些教育论著都特别强调要重视针对儿童的家庭教育,要求父母以人道主义的态度对待儿童,用人道主义的教育方法教育儿童;并且几乎所有文艺复兴时期的教育家都主张,母亲要亲自喂养、教育自己的孩子。例如伊拉斯谟认为,儿童教育的首要责任人是母亲。他还认为,父亲对孩子的成长具有榜样作用,在孩子 7 岁之后,父亲要在孩子的教育上亲力亲为;如果父亲自己能力不足,就要为孩子挑选合格的教师。

著名的教育家夸美纽斯(Jan Amos Komensky,1592—1670)的思想于这一时期形成。1632 年,他的《大教学论》一书出版,提出了一整套学制。在教育史上,夸美纽斯第一次把早期家庭教育正式列入教育体制之中,对现代教育体系的完善也有不可磨灭的贡献。

三、国外资本主义社会时期的家庭教育

资本主义社会时期是急剧变革、个体意识觉醒的时代。随着工业革命、启蒙运动的发生,宗教神学极度的压抑、禁欲和管束逐渐松绑。虽然此时的公共教育和家庭教育仍旧有一定的宗教色彩,但随着整个社会教育大体制的变革,尊重个体人格与独立自主的家庭教育也出现在新兴家庭之中。

资本主义社会时期的家庭教育可以从欧洲、美国和日本三个具有代表性的区域来探讨。以启蒙运动为契机,欧洲资本主义社会时期的家庭教育在文艺复兴时期的基础上有了长足发展,这一发展随着英国向北美的殖民又被带到了北美大陆,奠定了美国建国后家庭教育的基础。日本在"脱亚入欧"口号的带动下,急速吸收欧美诸国的优秀经验,发展了具有本国特色的家庭教育系统。

（一）资本主义社会时期欧洲的家庭教育

17世纪中叶工业革命之后,机器生产代替了手工劳动,经济活动逐渐从家庭转移到了工厂。随着经济的发展,处于上升时期的资产阶级为了培养自己的继承人,特别重视子女的家庭教育。由于当时学校教育带有浓重的中世纪色彩,富有的资产阶级宁可将教师请到家里,也不送孩子进学校。因此,资产阶级家庭聘请家庭教师是非常普遍的现象。英国著名教育家洛克(John Locke,1632—1704),以及法国教育家、启蒙运动的代表人物卢梭(Jean-Jacques Rousseau,1712—1778)都曾担任过资产阶级家庭子弟的家庭教师。他们的著作《教育漫话》和《爱弥儿》都是以富家子弟为对象,以家庭教师进行家庭教育的形式来论述家庭教育问题的。因此,这一时期也是欧洲的教育家们对家庭教育开始进行理论化、科学化研究的时期。

此时的家庭教育普遍强调父母的重要作用,并且在教育内容上重视对儿童的身体健康、道德品质的教育和培养,也十分强调对儿童进行知识教育。例如,洛克主张开设阅读、书写、图画、速记、外语、作文、算术、天文、几何、历史、法律、修辞、音乐、击剑、园艺、雕刻、商业计算、出国旅行等几十门课程,既包括书本知识,也包括实际技能,同时注重改进家庭教育方法,讲求“学以致用”。英国教育家斯宾塞(Herbert Spencer,1820—1903)主张对孩子进行科学和实用的智育,培养孩子读写算等技能之外的科学知识,例如逻辑学、几何学、物理学、天文学、生理学、心理学等。

▌ 拓展阅读 〉〉〉

洛克与“绅士教育”

洛克十分重视家庭教育。他甚至认为,真正的绅士只能在家庭中培养,可以由父亲教育,或者聘请家庭教师到家中来教育,而不是在公共学校中接受教育。因为家庭教育是私人教育,具有纯洁、完整的特性。学校中混杂了各种各类的学生,对培养孩子的绅士特性并不好;教师难以对每个孩子做到倾注全力的教育,他们提供的教育是不完整的,孩子无法获得真正良好的教育。

在其著作《教育漫话》中,洛克强调要重视家庭德育,认为品德、德行是一位绅士的灵魂。他提倡在理智、礼仪、智慧、勇敢等方面对孩子进行德育的培养。另外,洛克认为体育是绅士教育的基础,认为拥有健康的身体才会拥有健全的灵魂,甚至明确提出了一系列健康教育的方法,比如,不能让孩子衣着过暖,适当进行冷水浴;要让孩子学会游泳;带孩子过露天生活,让孩子学会野营,能够忍受寒冷;要保证孩子有充足睡眠,让孩子养成早睡早起的习惯;不要让孩子睡过软的床铺;等等。

洛克还强调家庭教育要注重不同的方法,比如,父母要起到榜样和示范作用;可以通过重复练习,让孩子掌握某项技能;不要只依靠权威和地位去压制孩子,而要通过说理让孩子信服;要善用奖励、慎用惩罚,尤其不提倡体罚孩子。

（二）资本主义社会时期美国的家庭教育

美国的强制性公立学校直到 19 世纪早期才产生，在此之前，家庭教育一直是孩子接受教育的主要途径。1776 年之前，北美大陆处于英国殖民统治之下。这一时期的家庭教育既受到英国乃至欧洲家庭教育观的影响，具有强烈的宗教色彩，如必须阅读《圣经》；又结合了本土的特点，如无论是富有家庭还是贫困家庭的孩子都需要接受生产教育。但欧洲殖民者与原住民之间具有明显的阶层差异性，对待教育的态度、方式都有所不同。美国独立建国之后，政府高度重视教育系统与家庭教育的构建，在项目推进、社会支持、家长教育等方面做了诸多努力。

1. 独立建国后的家庭教育

1776 年独立建国后，美国家庭的结构逐渐从联合家庭转变为核心家庭，外来移民的增多也使得家庭教育呈现多元文化的特征。

家庭结构的变化一方面使得家庭教育的内容发生变化，由原本家庭教授生产技能转变为艺徒制，增强了学习的专业性，且扩大了学习的范围。另一方面，对家庭教育的重视程度提升了。在联合家庭模式下，由于成员众多，家长很可能会忽略单个孩子的家庭教育，且孩子不仅受到父母家庭教育行为和观念的影响，还受到祖父母、叔伯等家庭成员的共同影响，家长教育观念和教育行为不一致，教育效果也会受到影响；而在核心家庭模式下，家长有时间和精力去关注孩子的教育问题，开始讲究家庭教育的方法，但也出现因方法不当而溺爱子女的现象。

外来移民的增多也使得美国的家庭教育情况变得更加复杂，由于家庭环境、经济条件、宗教信仰及父母受教育程度等的差异，不同的家庭有不同的教育方式和特点。比如，德国移民的家庭模式是"男主外，女主内"，家庭教育工作主要交由母亲负责。美国印第安人的家庭教育模式是婴儿出生后先由母亲照顾，到 8 岁以后，男孩由父亲和祖父进行教育，女孩由母亲和祖母进行教育。美国南方黑人的家庭教育模式主要是由父母或长辈共同教育，例如，母亲教授做饭、家务等必要的生活技能，父亲传授打猎、捕鱼等维持家庭生计的技能。

2. 南北战争后的家庭教育

南北战争（1861—1865）后，随着工业的发展，美国的家庭教育发生了很大变化。首先，随着大量学校的建立，家庭教育受到学校教育的冲击，地位显著下降。其次，经济的高速发展致使家庭教育分工发生变化，女性不再像从前一样作为家庭主妇，在家庭中主要承担教育子女的责任，而是更多走向工作岗位，这也使得原本由家庭承担的教育职责逐渐转嫁给了学校，导致家庭教育的影响力逐渐减弱。再次，有些离异、单亲和重组家庭的女性也开始独自抚养子女，使家庭教育变得更加复杂。最后，南北战争后，仍然有大批移民来到美国，使美国的人口种类变得更加复杂。这些移民无论是在风俗习惯上还是在思想观念上都有很大差异，导致此时美国的家庭教育呈现包容、多元的特点。

3. 当代美国的家庭教育

随着经济和社会的发展,人们越来越认识到家庭教育的重要性。家庭教育在顺应时代变化的同时,也出现了忽视儿童、儿童发育迟缓、儿童入园准备度较差等问题。为提升家庭教育水平,促进家庭教育的发展,政府和民间组织都进行了积极的探索。

自20世纪60年代以来,美国联邦政府开始对父母参与儿童教育进行干预,通过项目推进来促进家庭教育的发展。例如,美国联邦政府于1965年发布了影响美国未来的"开端计划",该项目由政府拨款,为家庭条件不佳的4—5岁幼儿提供专业的学前保育,以消除他们与其他儿童入学时的差异。为响应联邦政府政策,各州政府也相继开展家庭教育指导项目的探索。比如,20世纪80年代,密苏里州实施"父母即教师"项目(parents as teachers,简称PAT),通过家庭访问、发展筛选、团体联系、资源网络提供家庭教育指导服务,以提高父母的育儿知识和技能水平,促进儿童健康成长。

进入21世纪,美国围绕学校教育、家校合作等出台了一系列支持家庭教育的政策法规及工具。2002年,美国联邦政府出台的《不让一个孩子掉队》法案将家庭教育的角色和作用定位为"辅助学校教育并通过家校结合更好地促成孩子学业成功的辅助性力量"。2007年,美国教育部开发家庭教育工具包,即"赋权父母的学校资料",向父母强调家庭教育的重要性,并向他们免费提供实施家庭教育的建议和学习指导。这都是政府支持家庭教育的重要举措。

此外,美国还成立了关于家校合作的民间组织——家长教师联合会(parent-teacher association,简称PTA)。该协会初创于1897年,现已成为从全国、州到地方的一体化非营利性组织,在全国拥有几百万会员。它秉承"孩子的教育是父母的责任,家庭教育是整个教育体系中的核心环节"的理念,在促进家校合作方面发挥了重要的作用,是推动美国家校合作改革和发展的中流砥柱,也影响了世界其他地区对家庭教育、家校合作模式的探索进程。

受到"逆城市化"生活方式、妇女思想解放、反主流文化浪潮及各类层出不穷的校园问题的影响,从20世纪60年代开始,美国逐渐掀起了一股"唯家庭教育论"的风潮,对学校教育不信任的父母更愿意选择让孩子在家接受教育直至成年,由父母或者聘请的专业教师担任孩子的教师。这一教育形式被称为"家庭学校教育"(homeschooling),也就是在家上学。约翰·霍尔特(John Holt,1923—1985)是这一运动的先驱,他于1981年出版《自己教孩子》一书,大力推动了"家庭学校教育"在美国的发展。据统计,2022年约有310万美国儿童在家接受从幼儿园到十二年级(17～18岁)的教育。在过去几年,这一数字每年以2%～8%的比率上升。这一教育形式看似规避了公立学校可能会有的校园欺凌、青少年犯罪等问题,但其涉及的法律问题,以及对儿童的长远影响,至今仍旧是美国教育界争论的焦点。

总体而言,资本主义时期美国的家庭教育主要受到社会、文化和经济等因素的综合影响,在教育内容上,主要经历了从宗教和道德教育到实用性和职业教育,再到多元化和细化的个性化教育的演变过程,逐步注重孩子的个人发展,力求满足孩子的不同需求。孩子受教育的形式也由传统的家长教育为主,到如今政府和各种民间组织介入家长教育,以及家长和教师之间合作。对家庭教育的研究也在理论与实践层面有广泛和深入的探讨。但由于受多种族背景的影响,美国的家庭教育在具有包容性和多元化的同时,也存在相应的争议,遇到较多的挑战,比如可能存在不同家庭教育观念之间的冲突,不同文化背景的孩子在教育上的不平等,这些仍需要通过科学性、包容性、平等性和跨文化的教育来解决。

（三）资本主义社会时期日本的家庭教育

19世纪后半叶,日本从封建社会迈向了近代资本主义社会。从明治初期至今,日本一直都非常重视家庭教育。

1. 明治时代（1868—1912）的家庭教育

1872年,"富国强兵"被立为日本的国家发展目标,为此需要提升国民素质,尤其是使国民的素质"均等化"。在此背景下,明治政府发布"学制",标志着日本开始了正规学校教育,但并非所有孩子都有条件去学校学习。1882年,明治政府意识到平民的孩子也有接受教育的必要,所以文部省规定"使家庭教育能够代替学校教育",这也是日本政府首次公开使用"家庭教育"一词。明治时代的家庭教育延续了江户时代贵族的家庭教养教育,主要实施者为家庭中的母亲。

明治时代,日本政府以国家命令的形式发展家庭教育,改变了以往只有武士以上社会阶层才能接受教育的现状,并把贵族的家庭教养教育普及到了一般平民家庭,这有利于国民文化素质和道德修养的提高。家庭教育也成为加强政权统治的一种途径。

2. 第二次世界大战前后的家庭教育

1930年12月,日本文部省颁布《振兴家庭教育训令》,强调家庭教育是培养人才的摇篮,儿童出现品行偏差主要由于家庭教育不善,尤其是母亲,需要承担很大的责任。因此,该训令还要求振兴各类妇女团体,以唤起女性开展家庭教育的意识。

随着第二次世界大战爆发,日本进入战时体制。在这样的时代背景下,家庭教育的目的不再是培养独立自主的个体,而是为国家宣扬军国主义,以满足军政府对外侵略的需求。比如,颁布《战时家庭教育指导要纲》并成立母亲班,以提高人们对战时家庭生活中的生产和消费、国防培训、教育和照顾儿童的认识,主张"孩子是国家的孩子"。

第二次世界大战结束后,由于美国的行政占领,日本的教育制度发生了很大变化,这些变化对家庭教育造成很大程度的影响。处于历史转折期的日本家庭教育一时陷入混乱之中,而摆脱根基牢固的封建教育观,立足民主主义的家庭教育观经过漫长的磨合才慢慢被确立起来。为促进家庭教育,文部省在战后颁布了一系列政策,包括开设社区学校和母亲班,随后母亲班先转变为父母班,又转变为一般成年人的"社会班",以促使人们熟悉和了解战后的新教育理念和方法,并获得家长的合作。1947年3月,日本颁布《教育基本法》,将家庭教育归入社会教育的范畴,并明确了国家和地方公共团体在家庭教育方面应当承担的责任和义务。

3. 当代日本的家庭教育

经过几十年的实践、模仿和改革,日本的家庭教育逐渐形成了自己的鲜明特色。

一是在对家庭教育的认识上,日本政府一直很重视家庭教育,强调家庭不仅是生活、学习的场所,也是教育的基地。同时,家庭教育由原本母亲主导转变为重视父亲扮演的角色,要求男性积极参与家庭教育工作。

二是在家庭教育内容方面,重视家庭思想道德教育。日本的家庭思想道德教育主要强调的是素质教育,注重育人。主要内容除了日常生活教育,还包括对于孩子的品德教育、独立教育以及创新教育。

三是在促进家庭的教育力方面,政府主动提供面向父母的学习机会与信息,引导和鼓励家长通过持续的学习来掌握家庭教育知识和能力;建立专门的儿童教育支援网络,供有需要的父母相互交流,帮助他们解决在家庭教育中遇到的问题;同时,通过效仿美国的家长教师联合会等家校合作组织加强家庭、学校与社会的联系,建立家庭和学校间的良好合作关系。从 20 世纪 90 年代开始,日本文部省将家庭教育列为社会教育的重点项目,在年度预算中增设了家庭教育与社区教育的经费,并采取多种措施促进家庭教育与社会教育的互助合作。进入 21 世纪,随着"老龄少子化"人口问题的加剧,对儿童的保护和养育也得到了政府前所未有的重视。2006 年 12 月,新修订的《教育基本法》纳入了原来法律体系中从未体现的家庭教育内容,明确了国家对家庭教育的责任,其目的在于在全社会(包括学校、家庭、监护者、社区)集结教育能力,形成教育合力,给儿童最大的发展机会。2007 年 4 月,日本政府出台儿童手当(意为津贴、补助)政策,对每一位 0~15 周岁的儿童每月发放养育津贴,津贴额度根据孩子的年龄(0~3 岁为最高津贴年龄,3 岁以上有所下降)、孩子的出生顺序(第三子开始加大津贴数目,鼓励多生)、家庭的结构和收入等各不相同,一方面鼓励生育,另一方面为普通家庭和特殊家庭提供养育支持。

第二节　我国家庭教育的历史与发展

跟中华文明一样,我国的家庭教育也有着同样久远的历史和丰富的宝藏。以父权为中心的家庭结构与伦理基础基本不变,"家国同构"的家族社会体制基本不变;并且在整个世界版图中,中国因为地理位置的天然隔绝,西方文明的碰撞对我国没有产生根本影响,因此得以在漫长的岁月中积累、演变,形成了具有鲜明特色的家庭教育思想,内容丰富且博大精深。而这些古老的智慧,在经历了近代西方文明的冲击与打压和新时代文化自信的审视与重构之后,在传承的基础上形成了具有我国新时代特色的家庭教育思想。

一、我国古代的家庭教育

(一)奴隶社会时期的家庭教育

我国夏商周时期已有公共教育。《礼记·明堂位》载:"米廪,有虞氏之庠也;序,夏后氏之序也;瞽宗,殷学也;泮宫,周学也。"米廪、序、瞽宗、泮宫都是鲁国学校的名字,而这些名字分别来源于更古老的有虞氏、夏、殷商和周天子。可见在夏商周时期,已经具备了一定程度的公共教育,但是这部分教育资源稀缺,跟西方奴隶社会时期一样,只有极尊贵的奴隶主的子弟才可以进入专门的"庠序"学习骑射、诗礼等知识和技能。

因此,对于大多数人来说,家庭教育几乎是一个人受教育的全部。西周时期,随着生产力的发展,以及因"周公制礼"带来一整套完备的社会规则与统治伦理,家庭就成了传达统治阶级意志、巩固社会稳定的重要载体,家庭教育也得到了重视。这时甚至在历史上第一次提出了"胎教"的概念。据刘向(前 77—前 6)的《列女传》记载,周文王之母太任在妊娠期间,"目不视恶色,耳不听淫声,口不出傲言,能以胎教子",意指在怀孕期间,不看邪恶的事物,不听淫秽的声音,不说肮脏的话语,这就是好的胎教。贾谊(前 200—前 168)的《新书·胎教》中也记载:"周后妃妊成王于身,立而不跛,坐而不差,笑而不喧,独处不倨,虽怒不骂,胎教之谓也。"

在《周易》中有我国最早谈及家庭教育的言论,明确指出父母的榜样作用对子女的影响。第三十七卦"家人卦"卦辞曰:"家人,利女贞。"也就是说教化子女的关键是母亲的行为是否端正。该卦指出,治家之初应该立下规矩,加强教育约束,认为君子(父亲)治家的根本在于反身修己,需具备以诚信为前提的适当的威严,才能凝聚家庭力量。此卦谈及两个重要内容,一是父母的德行,对家庭的整体发展有重要影响;二是父亲和母亲分别承担了不同的角色,也就是我们常说的"严父慈母",父亲需要有以诚信为基础的威严,母亲要具备有限度的仁慈,才能整肃家庭氛围,得到子女的信任。另外,《周易》提出"蒙以养正"的教育思想,认为为了使个体具有良好的道德品质,对个体要从小就实施正面教育,帮助个体获得良好的品行,并且将这一行为称为"圣功"。这说明我国古代很早就非常重视孩子的启蒙教育,认为这是功德无量的事情。

在奴隶社会时期有分明的社会阶层,存在各自不同的家庭教育。春秋时期著名的政治家管仲(?—前 645)在他的《管子》一书中专门记录了士、农、工、商四类人的家庭教育状况:"令夫士群萃而州处……旦昔从事于此,以教其子弟,少而习焉,其心安焉,不见异物而迁焉。是故,其父兄之教不肃而成,其子弟之学不劳而能。""士之子常为士""农之子常为农""工之子常为工""商之子常为商",士、农、工、商四类人的家庭教育具有子承父业的特点,年轻子弟每时每刻都与父兄生活在一起,接受知识和能力的教育、德性和品质的影响与熏陶。家庭教育的内容一方面包括优秀的德行品质,另一方面包括父辈掌握的知识、本领及职业技能。

在百家争鸣时期,各家的理论体系中都对家庭教育有一定的阐述。其中以儒家学说最为典型、应用最广、扎根最深。主张复兴周礼的孔子(前 551—前 479)有大量关于家庭教育的论述。他认为当下礼乐崩坏,君臣父子乱了套,要重建孝亲、兄友弟恭、夫妻以礼约之的家庭文化,家庭教育的内容也应当以"仁、义、礼"等君子品格为先,知识、技能为后,所谓"弟子入则孝,出则悌,谨而信,泛爱众,而亲仁。行有余力,则以学文"(《论语·学而》)。君子品格学成了,若还有余力,再去学习文化知识。"孟母三迁"也是关于家庭环境对子女教育影响的很好的典故。儒家普遍认为,家庭教育的目的是修身养性、维系礼制,并以此形成"修身、齐家、治国、平天下"的入世轨迹,维护"家国一体"的统治结构。

(二) 封建社会时期的家庭教育

奴隶社会时期的家庭教育,很难说形成了完备的系统,更多是只言片语,散落在各大典籍之中,服务各自的理论体系。进入封建社会时期,秦朝统一文字,汉朝"罢黜百家,独尊儒术"的政策确立,家庭教育才具备了形成系统的基础条件:统治阶级有明确提倡的理论依据(儒家学说),教育也有了明确的目标(学而优则仕),教育内容有了统一的"指导教材"(儒家经典著作),家庭教育的内容、方式得以通过世代的试错、实践和累积加以完善,从而形成传承千百年但在不同的历史时期又各有特点的家庭教育思想。

1. 汉代是家庭教育的成型时期

汉代是家庭教育基本成型的时期,儒学成为家庭教育的理论基础,德育和智育是家庭教育的重要内容,此时也涌现了一批家庭教育相关的著作。贾谊曾任汉文帝幼子刘揖的太傅,著《新书·保傅》,认为太子的家庭教育越早越好;要谨慎挑选辅佐太子的教师,因为童年时期的教育环境非常重要,"故太子初生而见正事,闻正言,行正道,左右前后皆正人也。习与正人居之,不能无正也,犹生长于齐之不能不齐言也;习与不正人居之,不能无不正也,犹生长于楚之不能不楚言也"。也就是说,如果围绕着太子的人皆品行端正,那太子也会习得端正的品行,犹如生于齐国的人不可能不说齐国的话。

值得一提的是,汉代对女子的家庭教育也已形成一定风气,虽然这种教育仍旧戴着一副沉重的封建礼教枷锁。西汉刘向著《列女传》,展示了从古至汉、符合封建礼教的女性风采,对女性的教育强调"忠贞节烈"。东汉班昭(约49—约120)著《女诫》,原本是对家中几个女儿的训诫,主要从夫妻关系、家庭关系、处事态度、妇人德行等几个方面对女子提出了明确的教育要求。但班昭智慧非凡,文采飞扬,此书一出便引得争相抄写,甚至流传千年,成为封建社会时期女子的教育启蒙书。

2. 魏晋南北朝时期迎来家庭教育的兴盛

魏晋南北朝时期是家庭教育走向兴盛的时期。一是因为源于东汉的门阀士族在社会结构中占据重要地位,在汉族政权和少数民族政权中都有决定性的影响,从而形成了个体与家族荣辱与共、门第贵贱有别的社会观念,例如北魏孝文帝拓跋宏就十分重视门第差异,高门子弟才能入仕,这些子弟也能带着家族中的其他人入朝为官,从而形成家族官僚集团;二是因为社会处于民族大融合的动荡时期,儒学式微,佛教兴起,官学不振,家族为了香火不断,必须发挥家庭几乎全部的教育功能,而教育内容也不再局限于儒学,而是佛学、玄学皆有,如以阮籍、嵇康为代表的魏晋"竹林七贤"皆为玄学家门。

也是在此时,涌现了一批家训、家规、诫子文章和诗作,这些成为家庭教育思想的重要载体。例如诸葛亮(181—234)的《诫子书》有云:"夫君子之行,静以修身,俭以养德。非淡泊无以明志,非宁静无以致远。夫学须静也,才须学也,非学无以广才,非志无以成学。淫慢则不能励精,险躁则不能治性。年与时驰,意与日去,遂成枯落,多不接世,悲守穷庐,将复何及!"陶渊明(约365—427)的《命子》诗,通过阐述陶氏家族的先祖伟业,来激励儿子成为一个有作为、有抱负的人。南北朝著名的思想家、文学家、教育家颜之推(531—约590)创作了《颜氏家训》,全书七卷二十篇,对家庭教育的内容、原则进行了系统论述,被称为"家训之祖"。

魏晋南北朝时期继承了汉代对女性教育的重视,同时社会风气开化、人性相对解放,女性的地位有过短暂的提升。女子在家庭中除了接受传统的妇德礼制的教育之外,也被允许跟男子一样接受知识教育,士族门阀一度反对传统的"女子无才便是德"的风气。尤其是在家境优渥的士大夫家庭中,女子能得到学习经学、文史、音律等的机会。因此,这一时期也涌现了谢道韫等优秀的女文学家。同时,女子在家庭教育中的重要作用也凸显出来。族内子孙的启蒙不再是男人的专利,一些有才华的女子也担起了对儿童开展启蒙教育、传递学问的重任。

3. 隋唐时期普遍重视儿童早期家庭教育

隋文帝一统中国之后,采取了重振儒家、兼重佛道的文教政策,并且重整官学系统。到了唐代,官学系统已十分发达,教育资源丰厚,朝廷鼓励私人办学,教育内容也不仅是儒家文化,还包括医学、天文、地理、算数等各个领域。隋代是我国科举制度的开创时期。到了唐代,已经有了一套完备的科举制度,从而打破了魏晋南北朝的门阀垄断,入朝为官不再是贵族的特权,普通老百姓都可以通过读书、参与科举而一飞冲天,当然受到资源、环境的影响,这个可能性非常小,但并非不存在。这无疑大大激发了民间对子女教育,尤其是儒学应试教育的重视。

隋唐时期普遍重视儿童早期家庭教育,教育内容以科举、礼教、文学、技艺为主。唐代不少大诗人早慧,李白"五岁诵六甲,十岁观百家"(李白《上安州裴长史书》),李贺"七岁能辞章,名动京邑"(《唐才子传·李贺》),这一方面自有他们的聪颖之处,另一方也说明他们成长的家庭环境中有诗文的熏陶。在唐代还出现了"寡母教子"的佳话,失去了男主人的家庭,由女性承担起了对子女的家庭教育重任,她们不仅教授生活常识、礼教道义,还能教授经书、技艺。如:李绅"六岁而孤,母卢氏教以经义"(《旧唐书·李绅传》);元稹"八岁丧父,其母郑夫人……为稹自授书,教之书学。稹九岁能属文,十五两经擢第"(《旧唐书·元稹传》)。这些女子丧夫寡居,因而大都家贫,无法支付送子女去私塾或者延请家庭教师的费用,从而自己承担起了为子女开蒙的重要任务。这说明此时社会已经普遍认识到,幼儿的启蒙教育非常重要,如果因为丧父、家贫而耽搁了,很可能孩子的一生就耽误了。

隋唐时期出现了大量的诫子诗文,为我国卷帙浩繁的家训家风文化增添了辉煌的一笔。唐太宗李世民作《帝范》,开帝王家训之作之先河。《新唐书》载柳玭著诫子家书,"余家本以学识礼法称于士林,比见诸家于吉凶礼制有疑者,多取正焉。丧乱以来,门祚衰落,基构之重,属于后生",希望通过让后世子孙承继学识礼法的方式开展家庭教育,以期重振士族。《太公家教》被称为最古老的治家格言,全文以四言为主,朗朗上口,通篇贯穿"忠孝、仁爱、修身、勤学"的思想,"一日为师,终日为父"等脍炙人口的启蒙短句便出自此文。

4. 宋明时期家庭教育受理学的影响

经唐末乱世、异族侵扰,许多百年名门望族不再辉煌,士大夫家族的传承优势被一定程度地瓦解,致使小家庭成为社会的基本细胞。此时社会动荡,阶级冲突加剧,理学应运而生。宋明理学家普遍认为,为了维护上层统治,就要恢复古代的家族制度,用家法、家规来约束家庭成员,稳固家族关系。因此,以朱熹为代表的文学大家纷纷编撰家谱、家训,以期借由血脉联结和文化认同巩固家族内部稳定。另外,宋王朝崇文抑武,文化兴盛,官学、科举也在我国封建社会时期达到了一个高峰,读书是一件崇高而有前途的事,世人普遍重视对子孙进行启蒙家庭教育。活字印刷术的发明,也让读书写字不再"金贵",启蒙教育变得更普及,同时也为家训文学的流传提供了更便捷的渠道。也正是从宋代开始,大量的家训、家规、家范、家谱得以流传后世。

此时的家庭教育已经形成了比较系统化、理论化的体系结构。首先,复兴宗族礼法,修家谱、定家训、分职责,在家族制度化中开展家庭教育,形成了一整套对家庭教育的实施主题、实施对象、实施内容、实施方法的规定。此时家训、家法不再是单向的敦促和引导,也不再是长辈一时兴起的感慨,更带有规范和惩戒的意味,可以说是家族内部的小法律,因此值得反复修订,从而传承后世。例如,陆贺(1086—1162)十分重视家法礼制,"家道之整,著闻州里";晚年欲修订家法,选定第五子陆九龄参与裁评,使陆家的"平日纪纲仪节,更加隐括,使后可久"(《陆九渊集》)。朱熹(1130—1200)撰有《家礼》《申严婚礼状》等,对后世的家族礼仪教育影响甚大,为后人编撰家规提供了范本。

其次,强调知行合一、以身作则。在家庭教育中,父母一方面要作出表率,以身作则,教育子女的时候给他们讲道理,但是这个道理如果父母实践不到,也就是父母做不到知行合一,那就是父母的失职;另一方面,在教育子女时要注重理论与实践结合,注重实际能力的培养。陆游(1125—1210)的《冬夜读书示子聿》有云:"古人学问无遗力,少壮工夫老始成。纸上得来终觉浅,绝知此事要躬行。"就是提醒子女要通过实践获得知识,不能纸上谈兵。

最后,德育为先,智育为后。虽然宋明时期科举兴盛、重文轻武,但在读书、入仕方面的培养并不如唐代明显,而是更注重伦理道德教育。这也跟唐末乱世伦理不再,单纯的知识无法拯救苍生,而是需要重塑伦理道德、忠君思想的现实需求有关。因此,家庭教育会以儒家礼节、忠君孝亲等伦理纲常为主,以科举知识为辅。

也正是因为有严格的礼法约束,以及"存天理,灭人欲"的理学宗旨,此时的家庭教育与孔孟时期儒家倡导的家庭教育有着很大的区别:孔孟倡导"父慈子孝",所谓"为人子,止于孝;为人父,止于慈"(《大学》),亲子关系是双向的;汉代"三纲五常"的确立,使得亲子关系开始向"父为子纲"转变。到了宋明时期,在家法、礼法的加持之下,这种单向的亲子关系得到了进一步稳固,子女的一切行事都必须在家族礼法之下、父母约束之下进行,子女丧失了作为独立个体的尊严与自由。家庭教育的直接目的是教育子孙成长成才,但更重要的是维护家族稳固与上层阶级统治。

5. 清代家庭教育在延续传统的基础上更务实

清朝以铁骑入关,完成了满文化和汉文化的融合。因此清代的家庭教育并没有直接转变为满文化的家庭教育,而是在形式和特征上都实现了对传统汉文化家庭教育的传承。在皇家,家庭教育沿用了历朝历代帝王之家的规矩,皇子有严格的学习内容和学习作息安排,教育内容丰富、全面,不仅包括伦理道德、为君之道、文学艺术、作风习惯,还融合了满文化独特的体育教育等。

清代的家庭教育跟历朝历代相比,更看重子女的自立教育。皇家会对子女进行骑射、狩猎的教育,并定期举办狩猎活动。民间则有"耕读并重"的说法,即不仅要读书修身,还要掌握一门技艺,得以独立生存。郑板桥(1693—1766)在教育子女时,就将农艺视为根本。士大夫也十分强调子女要通过自己的努力,获取生存的渠道和资源,而不是仅活在父母的荫蔽之下。尤其到了清朝末期,朝廷积弊腐朽,加上西方务实风潮冲击,家庭教育更是强调为人要自强自立,方能救国。

清代名家的家庭教育文学也如雨后春笋般涌现,在继承传统的基础上大放异彩。此时的家训、家风文学一改宋明时期以训诫和礼法制度为主的面貌,在内容、形式、情感、可读性上都更加丰富。例如,张英(1638—1708)撰《聪训斋语》,讲治家、修身、怡情;汪惟宪(1681—1742)撰《寒灯絮语》,讲读书、作文之法;曾国藩(1811—1872)撰《曾文正公家训》,讲修身、齐家、治国、平天下。胡翔瀛(1639—1718)甚至以乡村语撰《竹庐家聒》,写家庭日常,劝诫子孙要远离恶习、过平淡的生活,该书脍炙人口,非常适合乡间弟子传诵;但其撰写的《女闲》则充满了对女性的偏见与束缚,试图用迂腐的封建礼教规范女性的言行。

同时,随着明清小说的蓬勃发展,这时涌现了一批优秀的家庭教育小说、小品文,有的是文人墨客杜撰的故事,有的是名人轶事的记录,都旨在用故事的形式传播家庭教育思想,是真正可以研读的文学,而不仅是清规戒律一般的教条。例如,文言小说《孙文定教子事》讲述了孙文定"乡试避嫌、遣子归家"的故事,其不为子女谋私权,为子女树立清廉的榜样;白话小说《溺爱子新丧邀串戏》则讲述了老来得子的夫妻因为溺爱儿子,反而养成了儿子骄纵跋扈的性格,最后儿子将老父气死的故事……民国初年葛虚存编《清代名人轶事》,从清代名家的笔记小说、方志、文集作品中按照主题选编成册,收录了《王端毅家法》《裘文达家教》《曾文正公家书》等生动的家庭教育故事。

李海观的长篇白话小说《歧路灯》，通过对谭家三代十余对夫妻家庭生活的描写，展现了对家庭教育的反思。谭父努力做到"威严有慈"，但也会拿出大家长的架子，采取暴力惩戒；谭母是典型的"无教而有爱"，毫无原则地溺爱孩子，养出了谭绍闻的各种恶习，这是对当下家庭教育的"警世寓言"。值得注意的是，隋唐时期商人不能参加科举，商人阶层也很少有家庭教育的概念，加之彼时商路通达、遍布欧亚大陆，商人行脚路途漫长，很难有固定的场所、时机对子女进行系统的家庭教育，更多的是言传身教一些经商的知识、为人处世的哲学，便于传业后世。宋朝对商人开放科举，明朝出现资本主义萌芽，商人作为"士、农、工、商"中的底层，此时地位有所提高，对家庭教育也逐渐重视。在《歧路灯》中以主角谭绍闻为主的一干世家子弟，从小接受封建礼法的教育，却一步步堕落，而周围很多商家子弟却具有丰富的精神世界，这也揭示了到了清代，儒家礼教已经不能解决所有问题，正处在崩溃的边缘。

清代对于家庭教育的一大贡献是法律层面的认同。1904年，张百熙（1847—1907）、荣庆（1859—1917）、张之洞（1837—1909）等人制定了《奏定蒙养院章程及家庭教育法章程》，这是我国历史上第一部关于家庭教育的立法。蒙养院是清末设立的初级教育机构，三岁至七岁孩童入学，以师范毕业的女子为教师，有点类似于现代的幼儿园。该章程规定儿童教育的主要责任要由家庭承担，蒙养院作为家庭教育的辅助机构，承担学前家庭教育向公共教育的过渡。该章程由清政府颁布实施，对教育的对象、科目、内容、管理作出了明确规定，属于清政府"新政"的重要内容。

二、我国近代的家庭教育

鸦片战争之后，传统家庭在清政府倒台、封建小农经济衰落、西学东渐、民族与个体意识觉醒等剧烈动荡的影响下，也逐渐分崩离析。首先表现在家庭结构的变化上，传承千年的以父权为中心的主干家庭或联合家庭，随着社会对自由恋爱和自由婚姻的倡导，对男女独立平等人格的追求，逐步变成了以一夫一妻为中心的核心家庭；其次表现在对封建礼教的批判上，传统家庭的文化制度尤其是宋明理学影响下的家族礼制，成为新青年努力挣脱的桎梏、反击批判的对象，"父为子纲"这种单向的亲子关系受到冲击；再次，一夫多妻制逐渐离开历史舞台，一夫一妻制受到法律保护；最后，女性意识觉醒，她们为自己争取跟男性平等的受教育的权利。随着中国传统家庭（旧家庭）土崩瓦解，越来越多的"新家庭"诞生了。

（一）近代家庭教育的目标

我国近代家庭教育在一片慌乱中蓬勃发展。所谓慌乱，一方面，新青年要努力挣脱旧家庭的束缚，新旧思想在清末民初的家庭中激烈碰撞，产生诸多矛盾、摩擦。巴金的名著《家》就通过对高家四代人、新旧两个阵营的描写，塑造了封建礼制家族的荒谬、昏聩、压抑、愚昧。另一方面，脱胎于旧家庭的新家庭，对于如何教育自己的下一代还没有形成真正系统的理论，在西学还没有完全推广、指导家庭教育之前，新家庭的家庭教育难以彻底摆脱旧家庭的方式、内容，但这又是新青年所不齿的教育，他们在否定封建糟粕的同时也否定了整个传统文化，直接造成了家庭文化的断裂。因此，新家庭的父母只能喊着"自由、科学、平等"的口号，学习西方的知识，在实践中摸索着前进。

这种对科学的、平等的家庭教育的向往和呼吁，让近代家庭教育得以蓬勃发展。社会普遍意识到儿童早期教育的重要性，认识到儿童对国家和社会未来的重要性。王观荣于 1937 年撰文论述家庭教育怎样实施，认为"儿童为未来社会的中坚，是人类之花，负有建设社会、改良社会、复兴民族之责任，对于国家民族前途，实有重大之关系，断不可忽视。但怎样使我们未来的中坚、我们的'花'，不致中途衰萎夭折，而能繁荣滋长，结成硕大无朋之果呢？显然地，这除了家庭来教育他以外，是没有别的方法的"[1]。家庭教育的目标不再是光耀门楣、维护宗族繁荣、稳固阶级统治，而是更关注"人"本身，注重培养自强、自立的个体，以实现民族复兴。

（二）近代家庭教育的内容

近代家庭教育的内容主要有三个部分：一是体育与保健教育，从儿童开始培养强健的体魄、坚忍的意志成为近代家庭教育的重要内容。二是德育，此时的德育内容完全挣脱了"三纲五常"，更加务实、尊重个体，且指向民族未来，如爱国主义、革命意识、责任意识、公民意识以及世界观的培养等，强调要培养儿童对自己、对国家的责任感，儿童最为纯洁，并且易于吸收新思想，所以父母应运用各种知识由浅入深地教育儿童。例如，"在此国难期内，应将国耻史当故事讲给他们听，无形中培养他们的爱国思想，并使他们预早了解世界的大略情形"[2]，并且"负家庭教育责任者，训练儿童时切不再被卑狭的宗族观念所麻醉，应抱只有国家的观念，使儿童明了'国家即四万万同胞的家庭'，教儿童立誓为国争荣"[3]。三是智育，不再是古时"头悬梁锥刺股"的苦读，而是让儿童在日常生活和实践中学习科学知识，观察自然现象，强调游戏对儿童教育的作用，要保持儿童的学习兴趣，让儿童在游戏中学习。此外还有审美教育，培养儿童的审美趣味和欣赏能力，提升其德行水平。

（三）近代家庭教育的原则与方法

近代家庭教育在挣脱束缚和接受西学的影响下，终于看到了儿童作为独立个体的天赋与尊严。在家庭教育原则方面，首先，"儿童本位"逐渐成为家庭教育的首要原则。"所谓儿童本位教育的意义，就是以儿童为中心的教育。反对成人化和主观化来教育儿童。"[4]其次，西方心理学、保健学的传播，使得近代家庭教育开始关注儿童的身心发展规律，强调家庭教育要符合孩子的年龄，孩子跟大人不一样，不能用大人的标准去要求孩子。最后，核心家庭的父母共同参与家庭教育，这就要求父母的教育方

① 王观荣. 家庭教育怎样实施[J]. 更生，1937(5)：17–21.
② 戒女. 家庭教育[J]. 玲珑，1931，1(34)：1354.
③ 陆传籍. 大时代的家庭教育[J]. 东方杂志，1939(9)：75–85.
④ 醒木. 爱的领域：家庭教育的目标及其实施[J]. 女子月刊，1935，3(1)：3457–3459.

针要一致,有矛盾要背后解决,当着孩子的面要保持一致;不能像过去那样"严父慈母",在父亲那里受骂了可以到母亲那里撒娇,这会养成孩子欺骗、撒谎、当面一套背后一套的恶劣习性。

在家庭教育方法方面,此时也有新特色:一是随着旧有家规家法式微,体罚、暴力教育被喊停,以保护儿童的身体健康;二是配合儿童的成长,强调要做好家庭环境的建设,游戏、书籍、乐器各归其位,家里要整洁有序、干净敞亮;三是放手让儿童探索世界、自主活动,不要事事代劳、事事约束,"在生活方面,如衣食住行等事,应尽可能的由儿童自己去做;在思想方面,须鼓励儿童自动的去独自思索,对事物的问题,让儿童独自去判断,以培养其独立的人格,和时时向上学好求进步的精神。至于作为父母者,只是从旁去指导和纠正他们罢了"[①]。

拓展阅读 >>>

"直升机父母"与"割草机父母"

"直升机父母"(helicopter parents)一词首次出现是在海姆·G.吉诺特(Haim G.Ginott,1922—1973)1969年的著作《父母与青少年》中。吉诺特将他的母亲比作直升机,并表示他厌倦了她的"噪音和热空气"。

如今,直升机父母是指那些望子成龙、望女成凤心切的父母,他们就像直升机一样盘旋在孩子的上空,时刻监控孩子的一举一动。当孩子遇到困难时,马上降落,时刻准备为孩子挺身而出,有时还将自己的想法强加给孩子。

割草机父母(lawnmower parents)是直升机父母的升级版,他们为了孩子的"健康成长",随时冲在孩子前面,像割草机清除杂草一样,不惜一切代价,帮助他们扫清前进道路上的一切障碍,避免一切不适和伤害,以便让他们拥有成功的人生。

比如,当孩子第一次寄宿时,直升机父母会随时联系孩子,询问生活、学习情况,要求孩子怎样去做,孩子一有麻烦便立马出面解决,恨不得陪孩子住在学校,如果联系孩子不方便,就一直联系老师。割草机父母就会帮孩子把生活安排得滴水不漏,例如,舍不得让孩子在学校自己洗衣服,而是让孩子攒一周甚至一个月的脏衣服带回家洗。

(四) 近代科学家庭教育的萌芽

近代学者、教育家开始思考、建设科学的家庭教育。首先,关于教育的杂志纷纷创刊,其中大部分杂志以学校教育、基础教育为主要内容,但已经涵盖了家庭教育的内容,甚至出现一些以儿童为研究对象的杂志。例如,《儿童教育》月刊(1928—1937),共68期;《初等教育》月刊(1929),共7期;《集美初等教育界》季刊(1930—

---

① 柳泽民.家庭教育之理论与学校教育之联系[J].广西教育研究,1941,1(6):56.

1934),共 24 期;《初等教育界》月刊(1930—1934),共 9 期……① 大量学者撰写关于家庭教育的文章,提出自己的见解和系统的思考,为家庭教育的现代化奠定了丰厚的理论基础。社会类综合报纸也在关注家庭教育,例如,《盛京时报》从创办伊始就在"家庭""教育""家庭特辑"等多个栏目中刊登《怎样教你的孩子》《家庭教育的理论与实际》《孩童时候的教育真是要紧的》等多篇家庭教育的相关文章或报道。②

其次,在教育学整体西化的基础上,以陈鹤琴(1892—1982)为代表的心理学家、教育家开始探索中国化的新教育,在家庭教育方面也形成了系统的理论。1925 年,陈鹤琴出版《家庭教育》一书,将自己的"活教育"理论融入对家庭教育的理解中,通过对儿童心理的剖析,提出对儿童进行家庭教育的原则、内容、方法,主张创设良好的游戏、劳动、科学、艺术和阅读环境。

最后,家庭教育在法律层面受到的关注,也为现代家庭教育的研究和发展提供了可能。民国前期对家庭教育立法提及较少。抗日战争全面爆发之后,学校教育受到了冲击,国民党临时全国代表大会于 1938 年通过《战时各级教育实施方案纲要》,要求"学校教育与家庭教育密切联系""对于社会教育与家庭教育,力求有计划之实施";随后,以该纲要为基础,于 1940 年颁布了《推行家庭教育办法》,开启了我国近代真正意义上的家庭教育立法进程。1940 年之后,南京国民政府按照该办法规定先后制定了《家庭教育讲习班暂行办法》《各县市家庭教育委员会暂行组织通则》《各学校家庭教育委员会暂行组织通则》《家庭教育实验区设施计划要点》等,用来指导家庭教育实验区建设,将家庭教育逐渐变成一项社会共同参与的基本工作,初步有了"家事变国事"的影子。

三、我国当代的家庭教育

新中国成立之后,随着社会的全面进步,我国的家庭教育也经历了初期的缓步发展、改革开放之后的飞速前进,到如今的确立学科、明文立法的多个阶段。现代家庭教育在我国全面铺开,取得了良好的效果,也拥有光明的前途。

我国当代的家庭教育发展可以分为以下三个阶段:

(一)社会主义革命和建设时期的家庭教育

1949 年新中国成立之后,中国一直走在现代化探索的路上。首先是婚姻和家庭的现代化。1950 年《中华人民共和国婚姻法》的颁发,正式宣告旧家庭的解体,奠定了新家庭的合法地位,并明确规定父母有管教和保护未成年子女的权利和义务,首次为家庭教育的实施提供了法律依据。

在这一时期,经济发展水平不高,我国家庭又以多子女家庭为主,家长忙于维持全家人的生计,没有过多的时间和精力来开展家庭教育,故此时的教育往往是粗放

---

① 吴春宣.《儿童教育》杂志对中国近代幼稚教育发展的影响:1928—1937［D］.昆明:云南师范大学,2020.
② 王宇.《盛京时报》之教育史料汇聚［J］.图书馆学研究,2013(8):98-101.

的。如果孩子不听话,家长可能就会实行"棍棒教育",用家长的权威去压制孩子。家庭教育的目的多是"出人头地""光宗耀祖",或是"子承父业""养儿防老",培养"行孝道、敬祖宗"的孝子贤孙。

由于此时社会更关注经济建设,加之"大跃进"运动和"文化大革命"等特殊历史时期的发展局限,关于家庭教育的研究基本中断,陷入停滞状态。在特殊历史时期,家庭关系崩溃,甚至出现了"父子相仇"的违反人伦的现象,教育更无从谈起。高考的暂停,也导致整个教育体系处于混乱状态,家庭教育也因此缺乏相应的规范目标和内容。

总体而言,社会主义革命和建设时期的家庭教育多为一种自发自觉的行为。在知识分子的家庭里,家庭教育可能还沿用近代的一些科学做法;但在广大的老百姓家里,家庭教育仍旧带有非常浓厚的私人教育性质,很难保证科学性和系统性。

(二)改革开放和社会主义现代化建设新时期的家庭教育

党的十一届三中全会之后,我国实行改革开放政策,促进了各项事业的进步,党和国家重整教育生态,给家庭教育工作提供了发展机遇,家庭教育得以恢复和发展,并进入快速发展的现代化阶段。

20世纪70年代末,我国开始实行严格的计划生育政策,要求一对夫妻只生一个孩子,这使得家庭结构与功能发生了巨大变化,也影响了广大家长的态度,家长们迫切需要社会或学校指导他们科学地教育独生子女。于是,家庭教育问题逐渐成为人们家庭生活中的重要议题,受到社会的关注和支持,并有越来越多的专家学者对家庭教育问题开展研究。

1. 家庭教育的研究机构、推广机构在全国各地开花

20世纪80年代起,我国多数省、市和区县陆续建立了地方性家庭教育研究会。1980年北京市家庭教育研究会成立,是我国第一个家庭教育主题的研究协会。1989年中国家庭教育学会成立,在全国范围内开展了家庭教育地位与功能、独生子女特点与教育、家庭教育与学校教育关系等问题的讨论,并于1992年创办《中华家教》杂志。2003年,中国教育学会家庭教育专业委员会成立,并创办《中国家庭教育》杂志,成为开展家庭教育研究、传播家庭教育信息的重要媒体,有力地推动了全国各地家庭教育研究的繁荣和发展。

2. 家庭教育相关政策应时代和人民的要求不断发展

20世纪90年代以来,国家陆续出台有关家庭教育的政策,为家庭教育事业的发展提供支持。1991年,国家颁布了包含"家长必须承担教育子女责任"条款的《中华人民共和国未成年人保护法》,关注下一代的健康、健全成长。1992年,国务院印发《九十年代中国儿童发展规划纲要》,明确提出20世纪90年代我国儿童生存、保护和发展的主要目标是"使90%儿童(十四岁以下)的家长不同程度地掌握保育、教育儿童的知识"。

进入21世纪,随着素质教育的全面推进,家庭教育政策不断发展。2002年,全国妇联、教育部联合发布《全国家庭教育工作"十五"计划》,明确提出家庭教育工作要以

提高家长科学教育孩子的水平和能力为重点,努力构建家庭教育指导工作体系和家庭教育网络,为未来开展家庭教育提供了方向指导。随后,各部门出台多部政策文件,对家庭教育的重要性、重点工作内容、实施途径以及各部门工作方针都进行了明确和要求,家庭教育政策体系获得了快速完善和发展,成为家庭教育立法的基础。

3. 家庭教育研究成果不断更新,向成为现代学科迈进

改革开放以来,适应社会各界对家庭教育的重视、父母对家庭教育指导的需求,我国关于家庭教育的研究也在不断推进,研究成果不断更新。家庭教育主题的报刊不断创刊。1981年,第一本家庭教育杂志《父母必读》由北京出版社创刊出版,国家名誉主席宋庆龄女士为刊名题字,该杂志至今仍旧是父母、教师爱读的家庭教育杂志。同时,关于家庭教育的著作也不断出版:赵忠心的《家庭教育学》(1988)、张福斋等的《家庭教育学》(1989)、陈佑兰的《家庭教育》(1990)、陈佑兰等的《当代家庭教育学》(1994)、吕建国的《家庭生态与教育》(1992)、黄恩远等的《现代家庭教育》(1992)、彭立荣的《家庭教育学》(1993)、邓佐君的《家庭教育学》(1995)……其中赵忠心的《家庭教育学》是新中国成立以来第一本同时也是历久弥新的家庭教育专著。

与此同时,高等教育领域也在积极探索家庭教育的学科建设工作。1986年北京师范大学最早开设了家庭教育选修课,向有兴趣的学生系统介绍家庭教育知识。进入21世纪,家庭教育学科建设的议题被正式提出。2001年,首届"加强家庭教育学科建设"学术研讨会在北京召开,会议提倡要融合多学科视角,兼顾理论研究与应用研究,构建具有中国特色的家庭教育学科体系。

整体说来,这一时期家庭教育进行了从政策到理论和实践的全方位探索,是我国家庭教育走向立法、走向现代学科的奠基时期。

(三)中国特色社会主义新时代的家庭教育

自党的十八大以来,习近平总书记在不同场合多次强调家庭的前途命运同国家和民族的前途命运紧密相连,全社会要充分认识到家庭教育工作的重要意义,而立法是推动家庭教育理念现代化和提升家庭教育品质的一个有力的政策工具,可以让家庭教育更符合国家和社会的发展方向。这一指引将家庭教育发展引入了新的历史时期。

党中央的重视使得家庭教育在各部门的协同推进下繁荣发展,并初步形成了全方位的家庭教育政策体系。家庭教育不再是家庭内部的"私事",而是需要家庭、学校、社会三方协同推进,新时代揭开了"大家庭教育"的新篇章。这一时期的探索,既为家庭教育的正式立法提供了充足的理论依据和行动基础,直接促成了我国首部家庭教育法律的制定与实施;同时也要求家庭教育更加规范化、专业化,家庭教育作为一门现代学科应运而生。

1. 家庭教育立法从讨论研究到正式实施

为积极推进全国家庭教育立法进程,中央各部门连续发文,就家庭教育、家风家教、家庭教育指导服务体系等内容进一步完善政策体系。与此同时,地方性家庭教育

立法先行,多个省份先后出台了适合本地区实际情况的家庭教育地方性法规,如《重庆市家庭教育促进条例》(2016)、《贵州省未成年人家庭教育促进条例》(2017)、《山西省家庭教育促进条例》(2018)、《江西省家庭教育促进条例》(2018)、《江苏省家庭教育促进条例》(2019)、《浙江省家庭教育促进条例》(2019)等。

我国 21 世纪与家庭教育相关的主要政策文件见表 2-1。

表 2-1 我国 21 世纪与家庭教育相关的主要政策文件

时间	政策名称	家庭教育相关内容
2002 年	《全国家庭教育工作"十五"计划》	明确提高家庭教育质量,提高家长科学教育孩子的水平和能力,努力构建家庭教育指导工作体系和家庭教育网络
2004 年	《关于进一步加强和改进未成年人思想道德建设的若干意见》	强调重视和发展家庭教育,各级妇联组织、教育行政部门和中小学校要切实担负起指导和推进家庭教育的责任,尤其强调科学实施家庭教育的重要性
2004 年	《关于进一步加强家庭教育工作的意见》	规定了家庭教育的主要任务:一是教育和引导家长更新家庭教育观念,树立为国教子、以德育人的思想,改变重智轻德、重知轻能的倾向,重视子女的思想品德教育,促进子女全面发展;二是教育和引导家长掌握科学教子知识,实现教育角色和教育方式的转变,从单纯教育者转变为共同学习者,由单向灌输转变为双向互动,增强家庭教育的针对性、科学性和有效性;三是教育和引导家长加强自我约束,重视言传身教,以自身良好的品德修养、行为习惯影响子女,努力建立民主、平等、和睦的家庭关系,为子女健康成长营造良好的家庭环境;四是教育和引导家长拓展家庭教育空间,支持子女参加社会实践,主动配合学校教育、社会教育,促进"三教"结合,实现家庭教育由封闭型向开放型转变
2007 年	《全国家庭教育工作"十一五"规划》	强调要全面提高家长的整体素质和教育子女的能力,构建学校、家庭、社会"三结合"的教育网络,推进现代家庭教育理论体系建设,提高家庭教育指导机构和指导者专业化水平等
2010 年	《全国家庭教育指导大纲》	详细列出了 18 岁以下各个年龄段家庭教育指导的重点、内容要点。该大纲是全国各级各类家庭教育指导服务机构和家庭教育工作者实施家庭教育指导的基本依据,为科学、规范实施家庭教育工作提供了基础性保障
2012 年	《关于指导推进家庭教育的五年规划(2011—2015 年)》	对这 5 年的家庭教育工作作出了进一步部署,要求构建基本覆盖城乡的家庭教育指导服务体系,推进完善基本的家庭教育公共服务,推进家庭教育工作进一步科学化、法制化、社会化

续表

时间	政策名称	家庭教育相关内容
2015 年	《关于加强家庭教育工作的指导意见》	进一步明确家长在家庭教育中的主体责任,充分发挥学校在家庭教育中的重要作用,同时加快形成家庭教育社会支持网络,并完善家庭教育工作保障措施,引导全社会重视和支持家庭教育工作,为家庭教育工作营造良好的社会环境和舆论氛围
2019 年	《全国家庭教育指导大纲(修订)》	新加入了家庭道德教育、多子女养育及互联网时代的家庭媒介教育等具有鲜明时代特征的家庭教育内容
2021 年	《关于进一步加强家庭家教家风建设的实施意见》	指出要以习近平新时代中国特色社会主义思想为指导,立足新发展阶段、贯彻新发展理念、构建新发展格局,以培育和践行社会主义核心价值观为根本,以建设文明家庭、实施科学家教、传承优良家风为重点,强化党员和领导干部家风建设,突出少年儿童品德教育关键,推动家庭家教家风建设高质量发展
2022 年	《关于指导推进家庭教育的五年规划(2021—2025 年)》	明确到 2025 年,家庭教育立德树人理念更加深入人心,制度体系更加完善,各类家庭教育指导服务阵地数量明显增加,稳定规范专业的指导服务队伍基本建立,公共服务资源供给更加充分,覆盖城乡、公平优质、均衡发展的家庭教育指导服务体系逐步完善,学校、家庭、社会协同育人的机制更加健全,家庭教育在培养德智体美劳全面发展的社会主义建设者和接班人中发挥更重要的基础性作用

　　在全国妇联、教育部等多部门的共同努力下,2021 年 10 月 23 日,《中华人民共和国家庭教育促进法》表决通过,并自 2022 年 1 月 1 日起正式实施。这是中国家庭教育事业的里程碑,也是一个历史的新起点,家庭教育自此从"家事"上升为"国事"。

《家庭教育促进法》

《关于指导推进家庭教育的五年规划(2021—2025 年》

　　该法明确规定,未成年人的父母或者其他监护人负责实施家庭教育,并特别指出公检法机关在办理案件过程中,发现未成年人存在严重不良行为或者实施犯罪行为,要根据情况对父母或其他监护人予以训诫,并可以责令其接受家庭教育指导。同时,该法规定国家和社会为家庭教育提供指导、支持和服务,为全社会注重家庭、注重家教、注重家风提供了强有力的政策保障。此外,该法还指出,家庭教育要以立德树人为根本任务,并提出了具体要求。

2. 家庭教育成果显著，正式进入学科建设阶段

这一时期家庭教育的理论与实践研究蓬勃发展，心理学、教育学、社会学等多个相关领域将目光聚焦到家庭教育上，大量相关研究著作出版，大量相关论文发表，具体的研究内容主要包括家庭教育的性质、作用与功能，亲子关系，家长教育观念，家庭教育投入，家庭教育研究方法，家庭教育内容，家庭教育方法，家长素质，家庭教育环境，早期家庭教育，家庭教育管理与评价，家庭与学校关系，家庭教育指导，特殊群体家庭教育，独生子女家庭教育，海外家庭教育评介，社会变迁与家庭教育，学习型家庭，等等。家庭教育的研究方向会随着相关政策的变化而发生变化，例如，随着 2016 年 1 月 1 日起全面两孩政策的实施，关于全面两孩政策所取得的进展成果、所存在的问题以及未来走向的研究也成为家庭教育的研究重点，取得了一定的成果。这些研究涵盖中国家庭教育历史、现代家庭教育理论构建、家庭教育应用实践、特殊家庭的家庭教育、中外家庭教育比较等多个方面，为家庭教育发展成为一门现代学科奠定了理论与实践基础。

在大量理论与实践研究的基础上，建设"家庭教育"现代学科也真正从政策落实到了实际，家庭教育正式进入学科建设阶段。2019 年《全国家庭教育指导大纲（修订）》明确要求"推动加快家庭教育学科建设，努力构建家庭教育理论和学科体系"。自 2022 年 1 月 1 日起施行的《家庭教育促进法》强调："国家鼓励开展家庭教育研究，鼓励高等学校开设家庭教育专业课程，支持师范院校和有条件的高等学校加强家庭教育学科建设，培养家庭教育服务专业人才，开展家庭教育服务人员培训。"

在积极响应国家政策、开展家庭教育学科建设的探索实践中，有的高等学校将家庭教育课程纳入家政学的学科内容，如天津师范大学等高等学校开设有家政学本科专业，开设家庭教育课程；有的高等学校将家庭教育纳入教育学或心理学的学习内容，例如东北师范大学在学前教育专业开设了"学前儿童家庭教育"课程，北京师范大学在心理学专业开设了"家庭心理学""家庭治疗"等课程。虽然至今为止，家庭教育尚未列入《普通高等学校本科专业目录》，也没有在教育学等一级学科下完成二级学科的建设和普及，但这些实践探索为家庭教育成为一门独立的现代学科做了充分的准备和积累。如今，我国教育部已明确鼓励有条件的高等学校可根据自身学科特色和经济社会发展需求，开展家庭教育学相关学科自主设置工作。目前，南京师范大学已在教育学一级学科博士点下自主设置了家庭教育学二级学科点。相信在不久的将来，随着全社会对家庭教育的重视和迫切的需求，家庭教育会正式成为具有完备体系和丰富内容的独立学科，为社会源源不断培养专业人才。

概而言之，改革开放以来，我国的家庭教育获得了全面发展：家庭教育从自觉行为、社会提倡行为，逐渐变成为人父母的根本需求，家庭教育的科学研究进程和立法进程得以加快，对家庭教育理论、实践各方面的研究、探索全面开花，研究课题成果丰硕，包括学校的家校共育机制、社区的家庭教育指导中心等在内的社会服务体系逐渐完善，一方面回应了年轻父母越来越多的育儿困惑，另一方面也在探索一条文化自信

和现代教育结合的新道路。

第三节　新时代家庭教育面临的挑战与未来发展路径

　　按照马克思历史唯物主义的观点,生产力决定生产关系,生产关系又反作用于生产力,二者在矛盾统一中发展,使得社会不断变革,走向高级阶段。纵观中外家庭教育的历史演变,可以看到家庭教育也与社会变革紧密联系在一起。例如,在生产力低下的社会和被剥削阶级中,家庭教育往往以帮助子女谋生为主要目的,不说打破阶级壁垒,就是职业的选择也十分有限,个人的发展受到了极大限制。

　　我国是社会主义国家,实行人类有史以来最为先进的社会制度,也在各个方面使家庭教育有了全新的发展可能。生产资料公有制保证了家庭成员都可以具有相对独立的经济地位,子女不必仰赖父母传授谋生技能,更不必"子承父业",而是可以根据自己的个性寻求新的发展;生产力的迅速发展保证了学校和全社会对家庭教育的关注和投入,家庭教育的内容和效果不必再过分受到家庭自身的社会和经济地位的约束;社会观念的更新也使得新时代的家长有能力和意愿学习科学、系统的家庭教育知识,信息网络的迅速发展也使这种意愿的实现有了便捷、可靠的渠道。

　　可以说,在《家庭教育促进法》颁布之后,我国的家庭教育事业进入了一个新的历史时期,也可以称为家庭教育现代化的时期。我们必须看到,新中国是从积弊已久的封建统治之中浴火重生的,仅仅百年便有翻天覆地的变化。家庭教育也是如此,激烈的变革必然蕴含着挑战,也意味着新的发展机遇。

一、新时代家庭教育面临的挑战

（一）家长的家庭教育素质有待提高

　　家长的家庭教育素质是指家长在教育子女过程中必备的家庭教育观念、家庭教育知识和家庭教育能力等。家庭教育素质是家庭教育的前提和基础,制约着家庭教育的质量,也决定着家庭教育的成败。如今,家长虽能普遍意识到家庭教育的重要性,但是在具体的家庭教育观念、方法等方面仍有进步的空间。这是我们面临的第一个挑战,也是需要全社会协力为家长赋能的重要内容。

1. 家长的家庭教育观念有待更新

　　家长的家庭教育观念主要指家长的儿童观、成才观和教育观等,即家长如何看待孩子的权利、地位,如何看待成功和人才,如何看待家庭教育和自己在家庭教育中的角色地位等。家长主要在以下三方面仍旧存在不恰当的教育观念:

　　（1）忽视儿童权利和主体地位,存在"包办代替"的现象。不少家长尚不能够做到完全尊重孩子的自主权,把孩子当成独立的个体来看待,而是有意无意地将自己的意愿强加给孩子。这导致家长在家庭教育中经常忽视孩子的各种权利,以自己的意见来左右孩子的想法,甚至代替孩子作出决定。

（2）成才观狭隘，存在"重智轻德"的现象。目前，一些家长有狭隘的成才观念，仍然将"学习成绩"作为衡量孩子是否成功的首要标准，导致目前家庭教育存在明显的"重智轻德""重生理，轻心理"倾向[①]。北京师范大学发布的《全国家庭教育状况调查报告(2018)》

《全国家庭教育状况调查报告（2018）》

显示，有近 80% 的四年级、八年级学生认为家长对自己最关注的方面是学习情况；其次是身体健康(66.6%、66.5%)、人身安全(62.2%、52.2%)，其人数比例均高于对道德品质(25.3%、30.7%)、日常行为习惯(15.2%、18.7%)、兴趣爱好或特长(10.8%、7.1%)、心理状况(6.5%、11.1%)的关注。并且，家长对孩子学习成绩的关注程度随着年级的增长而上升，往往到高三前夕达到最高水平，而对于孩子的身体发展、个性品质、行为习惯等的关注程度则随着年级的增长而下降。

（3）家庭教育角色失衡，存在"父亲缺位"的现象。在家庭教育中，父亲和母亲的角色同样重要，但是在现实生活中由于受到传统"男主外、女主内"思想的影响，父亲的参与明显不足。北京市妇联的一项调查结果显示，目前在家庭中负责孩子教育的主要是母亲(约占 70.2%)，而父亲仅占 20%。可见，在家庭教育中父亲缺位现象比较严重。

2. 家长的家庭教育知识有待补全

现代家庭教育知识不能只是家长的经验积累，而是需要家长建构一定的基础知识结构，要掌握儿童的身心发展规律，学习一定的教育技巧和亲子沟通技巧，了解学校、社区和社会为家庭教育提供的资源和支持。目前，很多家长对儿童心理学知识、教育心理学知识、家庭教育学知识、优生优育知识、生理学知识掌握较少。

家长对于儿童心理学知识的了解不足会导致家长不了解儿童心理发展的特点和规律，从而无法根据孩子的心理发展特点科学、理性地开展家庭教育；对于优生优育知识的了解不足导致家长对"生"和"育"不重视或者"重生不重育"，从而无法为孩子创造良好的孕育环境，进行优生优育；对于生理学知识的了解不足导致家长对孩子的生理特点、生理功能、身体保健、饮食营养、青春期生理等方面的知识缺乏了解，从而无法正确处理孩子身体健康、卫生保健、饮食营养、青春期教育等方面的问题。因此，家庭教育工作的一项重点就是帮助家长建构他们需要的家庭教育知识结构。

3. 家长的家庭教育能力有待提升

家庭教育观念陈旧、知识缺乏，都可能进一步导致家长的家庭教育实践能力不足。这主要体现在两方面：一是家长自身没有自我成长、以身作则的意识，没有给子女作出榜样，比如，要求孩子做到的事情自己却做不到，希望孩子能够控制情绪，自己却遇事暴躁，等等。二是家长在对子女进行教育时能力不足，比如，有的家长缺乏营

① 边玉芳,田微微. 对家长教育问题的思考与对策:基于《全国家庭教育状况调查报告(2018)》部分结果解读[J]. 中国德育,2019(3):37-41.

造良好家庭生活环境的能力,导致孩子无法在家庭中建立安全感、信任感;有的家长无法与孩子建立良性互动,缺乏建立和谐亲子关系的能力;有的家长无法清晰准确地表达自己的教育意图,导致亲子之间沟通困难;等等。

《全国家庭教育状况调查报告(2018)》显示,两成以上八年级学生报告家长在自己面前作出不良行为示范,如不讲诚信、不讲礼仪、不遵守公共规则等;28.6%的八年级学生报告家长经常在自己面前表现出一种或多种不良行为。这说明部分家长在孩子面前有过不良行为表现,不能做到以身作则。

该报告还显示18.8%的八年级学生报告家长要求自己做某件不愿意做的事情时,从不会耐心说明理由;21.8%的八年级学生报告家长从不或几乎不花时间与自己谈心。可见,家长参与孩子的学习和生活较少,在和孩子相处时表现冷淡,缺乏情感的交流。

4. 家长过度依赖学校教育

随着学校教育系统的健全完善,教育责任逐渐由家庭转移至学校,家庭教育与学校教育逐渐走向分离,导致出现家庭教育过度依赖学校教育的情况。这主要表现在家庭教育"缺位",即家长消极地把教育视为学校与教师的应然之职,把本该由自己承担的教育责任转嫁给了学校和教师,当起了"甩手掌柜"。

《全国家庭教育状况调查报告(2018)》显示,有74.2%的八年级班主任报告与家长沟通的主要困难是"家长认为教育孩子主要是学校和老师的责任"。从这个调查数据可以看出,目前我国有很大一部分家长忽视了自己在孩子教育中的职能,而把教育孩子的责任过多转嫁给了学校和教师。此外,还有一些家庭由于家长长期外出务工、工作太忙或者父母离异等,也造成了家长在家庭教育上的缺位。

(二)家庭教育的问题复杂多变

经济社会的发展,信息化时代的来临,以及多元文化的渗透,使得人们的家庭结构、生活方式等都在发生巨变。这导致当前我国的家庭教育问题更加复杂、多变,我们需要综合考虑,才能在危机中找出发展的新路。

1. 多子女教育问题

2016年1月1日起,我国开始全面实施两孩政策。2021年8月,第十三届全国人民代表大会常务委员会第三十次会议表决通过对《中华人民共和国人口与计划生育法》的修改,允许一对夫妻生育三个子女。国家生育政策的变化宣告我国已经逐渐从独生子女家庭时代进入多子女家庭时代。

多子女家庭时代的来临,预示着我国家庭结构和家庭关系在逐渐发生改变。这些变化也必然会给家庭教育带来一些新的挑战。比如,在多子女家庭中可能存在家庭教育投资性别差异问题,即女孩可能会面临教育资源的劣势。此外,在多子女家庭中,家长还面临如何平衡子女之间的关系、如何协调子女之间的冲突、如何根据不同子女的特点因材施教等多重挑战。这些问题如果处理不好,则会引发一系列家庭问题甚至社会问题。

2. 隔代教育问题

随着社会竞争的加剧、祖辈寿命的增加、母亲就业机会的增多、单亲家庭和多子女家庭的增加,隔代教育现象在家庭教育中越来越普遍。隔代教育是指主要由祖辈承担照顾、养育、教育未成年子女的任务。隔代教育与隔代家庭不同,隔代家庭中不存在父辈这一家庭角色,因此不会有教育观念的冲突。隔代教育则可能发生在家庭结构完整的核心家庭中。例如双职工家庭的父母因为工作繁忙,无法照顾年幼的孩子,便请自己的父母帮忙照顾孩子。研究发现,在北京有 70% 左右的儿童接受隔代教育,在上海有 50%~60% 的 0~6 岁儿童接受隔代教育,在广州有约 50% 的儿童在接受隔代教育,在农村有超过 80% 的留守儿童在接受隔代教育。[①]

隔代教育在我国是一种既传统又普遍的教育现象。但随着教育观念的更新,隔代教育对祖孙两辈的身体健康和心理健康都存在"双刃剑"效应。从消极的角度来看,隔代教育往往缺乏科学性,教养方式更偏溺爱、迁就和放纵,教育观念不一致也容易造成祖辈与父辈的冲突。但是,从积极的角度来看,一是隔代教育可以发挥祖辈的余热,提升老年人的自我效能感、自尊感、满足感等,降低老年人的健康风险;二是隔代教育也可以充分发挥老年人在养育子女中的经验、阅历等优势,减少儿童遭受家庭物理伤害的风险,促进儿童的身体健康、认知发展和社会性发展;三是隔代教育也有利于优秀家风家教的传承等。所以,隔代教育不可能也不应被消除,而是需要正确引导,以促进家庭教育的发展和家庭的和谐与幸福。

3. 特殊家庭的教育问题

随着经济、社会的发展,我国单亲、流动和留守等特殊家庭的数量也不容忽视。来自特殊家庭的儿童由于常年生活在一种不完整的家庭结构中,以及受到家庭经济条件差、父母工作不稳定、教育水平低等多种因素的影响,往往具有比普通家庭儿童更复杂的心理特点。这种复杂的心理特点可能是积极的,也可能是消极的。比如,如果父母处理得当,离婚家庭的子女会比生活在夫妻关系紧张的家庭更有安全感;但如果单亲家庭无法给予子女足够的情感支持,子女就可能出现情绪障碍、问题行为,在学业成就、阅读认知上表现更差。

另外,还存在较多残疾儿童家庭、有行为情绪障碍的儿童家庭等。特殊家庭的存在本身其实不是问题,重要的是如何引导这些家庭开展恰当的家庭教育,帮助他们的子女和其他所有家庭成员在困境中获得更好的发展。

4. 信息化时代的家庭教育问题

我国家庭教育还面临着互联网的隐性冲击。2021 年 7 月,共青团中央维护青少年权益部和中国互联网络信息中心联合发布《2020 年全国未成年人互联网使用情况研究报告》,报告显示 2020 年我国未成年网民规模达到 1.83 亿,互联网普及率

---

① 卢富荣,宋煜静,刘路培,等.隔代教育对孙辈和祖辈的影响:双刃剑效应[J].心理科学进展,2020,28(10):1733-1741.

达到94.9%。在未成年人广泛"触网"的信息化时代,我国家庭教育也面临着冲击和挑战。

首先,信息化加剧了亲子之间的沟通障碍。在信息化时代,亲子之间容易出现"知识鸿沟",导致亲子沟通障碍。比如,很多儿童青少年喜欢使用网络用语,而家长经常不理解孩子的这些语言。亲子之间缺乏共同语言又会进一步导致双方心理距离逐渐拉大,从而产生亲子间的隔阂,甚至发展为亲子冲突。其次,信息化削弱了父母在子女心目中的影响力。在信息化时代,孩子会接触大量新知识、新事物。这导致父母原先在孩子心目中的角色和地位逐渐发生了变化,而大众传媒对孩子的影响越来越明显。比如,很多孩子将影视歌星、体育明星等作为自己的人生榜样;在全网直播带货的影响下一些孩子用家长的账号打赏网络主播,甚至想成为网络主播;等等。最后,互联网的便利增加了儿童接触不良信息的风险。家庭教育本应成为社会不良风气的过滤器,但网络使得这种接触可能发生在家长都不知道的地方,从而增加了家庭教育的难度,更需要家长未雨绸缪,为孩子打造安全绿色的网络环境。

(三) 全社会对家庭教育支持合力有待增强

做好家庭教育,不能只依靠父母,还需要全社会形成对家庭教育的支持合力。《家庭教育促进法》明确提出,要通过构建覆盖城乡的家庭教育指导服务体系和家校社协同机制,形成一股全社会支持家庭教育的合力,从而为家长开展家庭教育提供服务和支持。但目前,全社会对家庭教育支持机制的建立尚在起步阶段,还有很大的提升空间。

1. 学校教育对家庭教育的支持有待完善

对学龄阶段的孩子开展家庭教育,离不开学校教育的配合和支持。家庭教育应当与学校教育方向一致、目标一致、互通有无、互相支持,形成教育的"合伙人"。但目前,学校教育对家庭教育的支持仍存在不太规范、科学的现象,具体表现在两种极端现象:一是学校教育对家庭教育过度渗透,导致家庭教育发挥不了应有的效果;二是学校教育对家庭教育支持不到位,或者影响效果有限。

一方面,学校教育职责的扩大,使得家庭和学校之间的关系也发生了变化,家庭逐渐成为学校的附属。另外,由于教育资源不均衡、教育观念有偏差等,很多家长厘不清家庭教育与学校教育的关系,把家庭教育当作学校教育的延伸,过于重视孩子的学科知识学习,而不关注孩子道德品质、行为习惯等的培养。这种家庭教育学校化的现象很容易导致孩子学业负担过重、学习兴趣下降、亲子关系恶化等一系列问题。

另一方面,学校教育对家庭教育的主动支持存在不到位的现象。目前,学校对家校共育工作普遍重视,能够积极、规范开展家长会、家访、亲子课堂、校园开放日等活动,各地教育管理部门也都出台相关政策,对家校共育工作作出规范要求。但是学校对家长的家庭教育指导,仍旧缺乏一定的规模,且效果不佳。2020年至2021年间开展的一项对我国东中西部9个省113个县(区)的调查研究显示,中小学(园)学生家长接受学校提供的家庭教育指导服务的比例并不高。66.9%的家长最希望接受家庭教育指导服务的渠道为托儿所、幼儿园、中小学、中等职业学校等教育机构,也就是家长最希望学校教育能够承担很大一部分家庭教育的指导工作。但从实际情况来看,仅有 37.4% 的家长接受过托儿所、幼儿园、中小学、中等职业学校等教育机构提供的指导服务;有 39.8% 的家长认为从学校接受的家庭教育指导服务几乎没有或只有一些帮助;79% 的家长认为学校的家庭教育指导服务工作存在需要改进的地方。[①] 这一现象可能有多方面原因,比如学校对家庭教育指导还不够重视,没有将其纳入家校共育的工作内容;师资力量不足,教师承担家庭教育指导的专业知识和技能有待提升;等等。

▌ 学习活动：小组研讨　》》》

　　家庭教育与学校教育的分野与整合一直是教育领域的焦点问题。一个极端是对公共教育的否定。美国的"家庭学校教育"运动就完全反对公共学校教育,要求将教育的权力完全还给孩子的父母。在我国也有类似的案例。2012 年,《中国青年报》刊登了一则《"让孩子在家上学"行得通吗？》的报道,报道中的父亲让孩子退学,把家庭变成了学校,自己当老师,专职教育孩子。另一个极端是对家庭教育的否定。家长完全将孩子交给学校,不认为自己应该承担任何教育工作,孩子的任何问题都归结于学校教育和教师,这种观念和心态也较为常见。

　　结构功能主义基于家庭教育的发展历史,将家庭教育置于社会整体结构中,认为家庭教育经历了全家庭教育时代—强家庭教育弱学校教育时代—弱家庭教育强学校教育时代—家庭、学校、社会共育时代(见图 2-2),认为在发达的现代社会,家庭教育和学校教育应当走向整合,不能单独强调某一方的决定作用。请结合本章对国内外家庭教育历史的梳理,分小组研讨这一结构模型的现实依据,并结合案例探讨家校社合作共育的必要性和重要性。

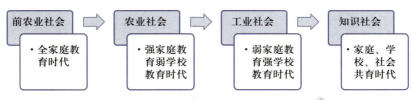

图 2-2　家庭教育地位与功能的演变 [②]

2. 社会对家庭教育的支持机制有待完善

　　家庭教育不仅是某一个家庭的责任,还需要与社会教育实现融合共治。目前我

———————————
① 边玉芳,田微微,梁丽婵.家庭教育指导离《家庭教育促进法》的要求有多远[J].教育发展研究,2022(20):27-32.
② 张东燕,高书国.现代家庭教育的功能演进与价值提升:兼论家庭教育现代化[J].中国教育学刊,2020(1):66-71.

国的社区治理还在发展中,社会对家庭教育的渗透也刚刚起步,使得家庭教育还存在一些与社会教育关系疏离的情况。

一是家庭教育尚未与社会教育接轨。这主要体现在家庭教育和社会教育彼此在价值观上存在疏离。首先,传统的家庭教育具有封闭性的特点,即认为家庭教育是家庭内部的"家务事",外界力量不得干预。但是,随着社会的发展,这种封闭性的家庭教育显然不能满足社会发展的需要。因此,社会教育呼唤开放性的家庭教育。其次,在人才培养观念上,家庭教育普遍存在功利化、单一化的倾向。家长往往将子女能够成才作为衡量家庭教育成功的标准,因此出现了"鸡娃""学区房""择校热"等急功近利的现象。这种将家庭变成"第二所学校"的家庭教育价值取向与社会教育对德智体美劳全面发展的、多元化的人才培养观念背道而驰。这也使得家庭教育难以承担起教育立德树人的根本任务。

二是社会教育缺乏对家庭教育的科学指导和有效支持,全社会支持家庭教育指导的机制仍待建立、完善。尽管国家已经出台了一系列政策保障和促进家庭教育与社会教育的融合,但是,构建家庭教育的社会支持网络是一个庞大的系统工程,涉及方方面面,在如何具体实现政府的引导与支持,如何实现高校、社区与家庭等社会力量的资源整合、优势互补等方面仍然难以落地。这导致有些家长在面对子女的教育问题,尤其是复杂问题时,虽然存在困惑,但却不知道如何求助、向谁求助。

二、家庭教育未来的发展路径

时代的快速发展与观念迅速更新,使得我国的家庭教育面临许多新的挑战。这些挑战也意味着新的机遇。家庭教育在我国得到了前所未有的重视,并且在政策立法、实践应用、科学研究等方面都有了历史性的进步。可以想见,未来的家庭教育也会继续作为整个教育体系中非常重要的部分,从以下几条发展路径继续深化,形成具有科学性、现代性、持续性的家庭教育学科研究和实践体系,从而为我国儿童的健康成长打好坚实的家庭基础。

(一)全面发展家庭教育指导服务

随着《家庭教育促进法》的落地,家长不仅要进入"依法带娃"时代,同时也要进入"科学带娃"时代。提高家长的家庭教育素质水平,加强对家长的家庭教育指导,需要在专业人才培养、家庭教育指导内容及途径搭建等方面做出努力。

1. 培养一批高质量的师资队伍

一支专业化的指导服务队伍是家庭教育指导服务质量和水平的保障。培养高素质的家庭教育指导者,可以以高校为中心建立家庭教育指导者培育中心,开展相关的理论研究,开发相应的人才培养模式,并为指导者提供专业的培训和支持网络;可以在完善社会准入和监管评估机制的前提下,依托优质的培训机构进行培训;也可以开展对"家庭教育指导师"职业的研究,进行职业资格界定,出台职业标准和从业规范,畅通职业资格获取路径,培养一批高水平的家庭教育指导师。

2. 制订科学、系统、有针对性的指导内容

家庭教育指导的内容应该以满足家长的现实需求为出发点，体现科学性、系统性和针对性，即从儿童成长的基本规律出发，针对不同年龄段儿童的成长特点以及家长的现实需求，制订"精准化"的指导内容。比如，针对互联网对儿童的影响和对家庭教育的冲击，可以制订"如何提高家长对网络的认识""家长如何引导孩子科学使用网络""家长如何提升自身网络素养"等家庭教育指导内容。具有相关研究基础的高校、科研部门要大力开展家庭教育指导课程的研发，一方面为家长提供高质量、满足需求的课程内容，另一方面要对市面上鱼龙混杂的家庭教育指导内容进行过滤。

3. 搭建多元化的家庭教育指导途径

一方面，要充分发挥不同阵地的作用，比如，要发挥学校教育主阵地的作用，定期开展家长会、办好家长学校、开设父母课堂等；要充分发挥社区教育的作用，依托社区已有教育资源，成立家长学习小组，定期举办形式多样的家长交流活动，营造良好的社区教育环境等。

另一方面，要充分发挥不同技术手段的作用，尤其是互联网信息技术的作用，建立"网上家长学校""空中讲堂""微信公众号""微信群"等，为家长学习提供便利，解决家长没有时间和精力学习的痛点。

（二）探索新时代家、校、社合作路径

要落实立德树人的根本任务、实现培养担当民族复兴大任的时代新人的教育目标，只有家庭教育是不现实的。新时代要求社会整体参与育人。通过对家庭教育历史的梳理，我们也认识到在生产力低下的前农业社会，家庭教育是个体受教育的全部；进入农业社会，公共教育逐渐兴起，家庭教育依旧具有决定性功能，学校教育有一定的影响；进入工业社会，公共教育迅速发展，逐渐取代了家庭教育的地位，甚至与家庭教育产生冲突，如美国的"家庭学校教育"运动。受时代限制，这三种教育结构都具有局限性。

未来家庭教育要深化与学校教育、社会教育的关系，从分野走向合作，构建家庭、学校和社会协同发展的新格局，推动全社会范围内形成教育合力。只有这样，才能为儿童打造一个良好的教育生态。

1. 推动家庭教育与学校教育形成合力

苏霍姆林斯基认为，最完备的教育模式应该是家庭和学校之间互相配合，形成教育合力，共同促进孩子的健康成长。首先，家庭和学校要树立共同的教育目标——促进儿童健康全面发展。家庭和学校只有在确认了这一共同目标的前提下，才能"心往一处想，劲往一处使"，发挥合力作用。其次，家庭和学校之间应该建立平等的合作伙伴关系。家庭和学校是两个彼此独立的主体，两者之间并不存在谁是权威、谁必须听谁的、谁必须服从谁等问题。学校不应该以权威自居，要给予家长一定的知情权、参与权、决策权等，让家长有权利参与学校的管理和决策。最后，家长也需要转变被动依附心态，增强合作意识，提高自身能力，在既尊重学校又不过分干涉和过度参与的

原则下主动参与学校教育事业。最后,家庭和学校要明确各自的权利和责任,做到各就各位,既不越位,也不推诿。

2. 推动家庭教育与社会教育协同发展

要处理好家庭教育和社会教育的关系,促成二者在教育目标、教育资源等方面的融合,从而让家庭教育的价值得到更好发挥。一方面,国家要通过落实政策、立法等多种途径,加强对家庭教育的监督和管理,营造良好的家庭教育社会氛围,让每一位家长明确自身应该承担的家庭教育责任。同时,国家还要充分发挥政策调控优势,整合社会多方教育资源为家庭教育所用,比如依托高校等专业研究机构研制实用且易于传播的家庭教育指导手册,依托社区家庭教育指导服务站点开展丰富多彩的家庭教育活动等。

另一方面,家庭教育要淡化私人教育性质,保持更开放的态度、更多元的价值观,主动与社会教育接轨。家长要加强对国家相关政策的学习,主动借助社会所提供的教育资源和场所,将"家庭要培养什么样的孩子"与"国家和社会要培养什么样的人才"联系起来,全面落实立德树人根本任务,培养德智体美劳全面发展的社会主义建设者和接班人。

(三)大力推进、落实政策立法

家庭教育是一项系统工程,需要统筹、协调、调动多方面的积极性、主动性和创造性。为了适应新时代我国家庭教育面临的各种复杂问题,明确各主体在家庭教育中的权利和责任,使家庭教育和家庭教育指导步入科学化、正规化轨道,社会需要进一步用法律对家庭教育中的薄弱环节加以明确和强化,对家庭教育中的问题加以调整和规范。

1. 借鉴国外家庭教育立法经验

目前,世界许多国家和地区都根据自己的国情,制定了一些确保家庭教育顺利实施的法律法规。比如,德国 1949 年通过的《德意志联邦共和国基本法》第六条第二款规定抚养和教育儿童是父母应尽的首要职责,国家有权监督其履行情况;瑞典国会1994 年通过的《父亲法》规定父亲在新生婴儿出世后,要请假 1 个月在家帮助妻子照顾婴儿;巴西政府规定任何人结婚之前都要学习两周的家庭学课程,集训结束后,考试合格者才能办理结婚登记手续,否则就不能成家,婚后出生的孩子也不为法律所承认。这些国家的立法实践都为我国开展家庭教育相关工作的立法提供了宝贵的经验。

2. 深化落实我国已有家庭教育立法经验

2022 年《家庭教育促进法》的正式实施为我国家庭教育的规范化、科学化发展,家长家庭教育素养的提升,家庭教育在新时代的发展和家校协同发展等都提供了法律保障。为了保障《家庭教育促进法》的执行,国家及各级妇联、关工委、教育管理部门需要根据其基本内容、要求和目标等,建立《家庭教育促进法》执行的监测标准、程序,对《家庭教育促进法》的实施状况进行实时监测,根据监测结果,调整、完善有关家庭教育政策,确保法律执行的效益。要注重"以案宣法",适时、适当向社会公开一部分可以作为典型案例的判例,向大众宣传如何遵守、践行《家庭教育促进法》,哪些行为是不恰当的,可以得到怎样的家庭教育指导等。

▌ 学习活动：案例分析 >>>

　　《家庭教育促进法》实施以来,各地基层法院高度重视,在涉及未成年人案件中充分考虑家庭的重要影响,综合考虑家长不恰当的家庭教育行为给未成年人带来的伤害,并依法向家长发布《家庭教育指导令》《家庭教育告知书》等,监督、约束家长的行为,要求家长定期接受家庭教育指导,为未成年人创造良好的家庭环境。

　　迄今为止,一些地方法院已发出多份《家庭教育指导令》。例如,2022年1月,上海市长宁区法院向王某某发出上海市首份《家庭教育指导令》,要求王某某积极履行对未成年女儿小琳的监护职责。2022年4月,湖南省郴州市北湖区人民法院在审理一起未成年人盗窃案的过程中,研判被告之所以走上犯罪道路,很大可能是因为单亲母亲的忽视、放纵,因此向被告母亲刘某发布《责令接受家庭教育指导令》,要求其定期前往法院接受家庭教育指导。

　　请自主查阅我国《家庭教育指导令》的发布判例,结合《家庭教育促进法》的法律条文,选择一则具有代表性的案件,分析该案件中主诉的家庭教育问题,以及该问题对未成年人的影响,了解法院对家长提出的接受家庭教育指导的具体要求,从而切实理解《家庭教育促进法》在实践层面的运作和实效。

(四) 确定家庭教育的学科地位

　　我们如今面临的家庭教育的问题与挑战,需要一定的学术力量去研究和应对。国家和地方高校尤其是师范院校可以设立家庭教育专业,开展家庭教育学科建设,为家庭教育研究领域补充人才,吸引更多的人力资源参与家庭教育工作,组建、支持家庭教育的综合性研究团队,从心理学、教育学、社会学、法学等多种学科视角,从家庭教育的历史、理论、实践应用、专题突破等多个方面开展研究与实践工作,促进家庭教育研究的常态化、科学化、创新化。一方面,研究成果可以作为制定政策、立法的依据;另一方面,研究成果需要有实践落地的可能,切实帮助家长开展家庭教育、学校开展家校合作。

❓ 理解·分析·应用 📖

1. 通过对国外家庭教育历史的梳理,举例说明家庭教育与社会发展的关系。
2. 简要说明我国封建社会时期家庭教育发展的几个阶段。

3. 研读一部我国历史上的家训作品,并说明其中表达的家庭教育思想。

4. 我国为什么会有如此辉煌的家训文学?

5. 论述我国家庭教育立法的必要性。

拓展阅读指导

1. 杨茂义.中国古代家庭教育简论[M].北京:北京理工大学出版社,2009.

2. 赵忠心.中外家庭教育思想简史:家庭教育的历史经验与智慧[M].北京:中国妇女出版社,2021.

3. 邹强.中国当代家庭教育变迁研究[M].天津:天津大学出版社,2011.

4. 中国教育学会家庭教育专业委员会,北京市东城区国本家庭教育研究中心.中国家庭教育蓝皮书:2020[M].长沙:湖南教育出版社,2021.

第三章

家庭教育的理论基础

3

 【学习目标】

1. 了解心理学中精神分析理论、行为主义理论、生态系统理论、家庭系统理论和家庭功能理论的主要观点及其对家庭教育的启示与指导。

2. 了解教育学中夸美纽斯、卢梭、蒙台梭利、陶行知和陈鹤琴的理论，以及这些理论对家庭教育的启示与指导。

3. 了解社会学理论中关于社会角色理论和符号互动理论的基本观点。

4. 能运用心理学、教育学和社会学的相关理论，解释家庭教育的现象，分析家庭教育的案例。

【知识导图】

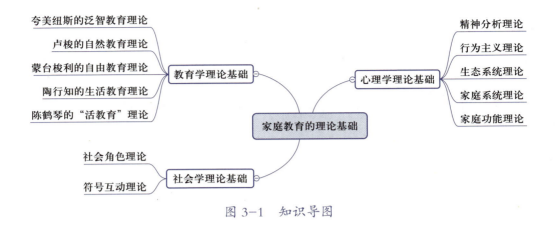

图 3-1   知识导图

【情境链接】

　　行为主义心理学家华生曾经有过一段名言:"给我一打健康的婴儿,并在我自己设定的特殊环境中养育他们,那么我愿意担保,可以随便挑选其中一个婴儿,把他训练成为我所选定的任何一种专家——医生、律师、艺术家、小偷,而不管他的才能、嗜好、倾向、能力、天资和他祖先的种族。不过,请注意,当我从事这一实验时,我要亲自决定这些孩子的培养方法和环境。"① 华生这一夸张的论调,旨在宣扬环境比遗传更重要,认为后天的教育才是影响个体成长的根本原因。

　　人究竟是如何被塑造的? 这是心理学、教育学、社会学等诸多学科想要破解的奥秘。我们知道,家庭教育对个体的成长有重要影响,华生的环境决定论也将家庭教育放到了重要位置。精神分析学派的创始人弗洛伊德也认为儿童的早期经验会影响其一生。

　　家庭教育本质上是有人参与的教育活动,只不过它发生在家庭这一特殊场域。因此,心理学、教育学和社会学的大量理论,虽然并不是基于家庭教育而形成的,但对解释家庭教育有一定的启示作用。又因家庭教育在教育体系中的重要地位和自古至今学者能人对家庭教育的重视,他们在自己的理论建构和实践中很难绕开对家庭教育的解释和反思。因此,在正式探讨家庭教育之前,我们需要对这些心理学、教育学、社会学理论进行梳理,思考它们对家庭教育的启示与指导作用。

---

① 华生. 行为主义[M]. 李维,译. 杭州:浙江教育出版社,1998:95.

第一节　心理学理论基础

1879 年,德国生理学家冯特在莱比锡大学建立了世界上第一个心理实验室,标志着现代心理学的诞生。心理学是研究个体心智历程与行为的科学,目的在于描述、解释、预测与控制人类行为,进而使人类做到充分自我了解、自我成长与自我发展。家庭教育的重点一方面是子女的发展,另一方面是父母习得促进子女发展的相关知识并且在家庭教育活动中进行实践。心理学能帮助父母了解儿童的身心发展规律,理解自己的教养行为与儿童发展的关系,即在预测结果的基础上,能够有意识地调控自己的行为,改变教养观念和教养方式,从而使家庭教育产生更好的效果。同时,家庭治疗也是临床心理治疗的一种重要模式,对于家庭教育和家庭发展陷入困境的家庭具有积极意义。

一、精神分析理论

(一)主要观点

精神分析理论的创始人和奠基人是奥地利精神病学家西格蒙德·弗洛伊德(Sigmund Freud,1856—1939),其思想也被称为经典精神分析理论。在其思想的影响下,精神分析理论又被克莱因(Melanie Klein,1882—1960)、温尼科特(Donald W. Winnicott,1896—1971)、阿德勒(Alfred Adler,1870—1937)、沙利文(Sullivan,1892—1949)、霍妮(Karen Horney,1885—1952)和弗洛姆(Erich Fromm,1900—1980)等人发展出了不同的理论流派,比如客体关系理论、社会文化神经症理论等。

1. 经典精神分析理论

弗洛伊德创立的精神分析理论又被称为经典精神分析理论,也是最著名、影响最为深远和广泛的精神分析理论,主要包括以潜意识为基础的人格结构学说和心理性欲发展理论等内容。

(1)人格结构学说

弗洛伊德认为,人格就是一个由“本我”“自我”“超我”三个子系统构成的动态的能量系统。其中,“本我”由最原始的、与生俱来的、无意识的本能和欲望组成,是建立人格的基础,遵循快乐原则。“自我”是从“本我”中分化和发展出来的,处于“本我”和外部世界之间,能根据外部需要而活动、控制意识、调和“本我”和“超我”之间的冲突,其主要功能就是自我保存,遵循现实原则。“超我”发源于“自我”,由“自我”理想和良心组成,是人格的理想、理性与道德成分,是人格道德的维护者,不为现实或快乐操心,遵循理想原则。

根据弗洛伊德的理论,健全的人格建立在“本我”“自我”“超我”三者之间的动态平衡之上。如果三个“我”不能保持平衡状态,彼此产生冲突,就会造成人格失调和心理失衡,从而导致神经症的产生。

弗洛伊德认为,要塑造健全的人格,儿童的早期经验非常重要。儿童期生长的环境、教养状况和抚养者、教育者对儿童的态度等都会影响儿童期本我、自我和超我之间矛盾冲突的性质和强度,最终影响人格的形成。

（2）心理性欲发展理论

弗洛伊德的心理性欲发展理论认为影响人格发展的重要推动力量是"性",即"力比多",这是一种与生俱来的能力。根据性欲与力比多的不同表现,他将儿童心理发展分为五个阶段:第一阶段是口欲期或口唇期,出现在 0—1 岁,此时儿童通过吮吸活动获得快感,否则成人后可能出现沉溺于吃、喝、抽烟等口欲综合型人格或者喜欢挖苦、讽刺等口欲施虐型人格;第二阶段是肛欲期或肛门期,出现在 1—3 岁,此时儿童主要通过控制排便来获得快感,否则成人后可能形成吝啬、循规蹈矩等肛门滞留型人格;第三阶段是性器期,出现在 3—6 岁,这是最重要的心理性欲阶段,对儿童的个人成长和社会化极为重要,此时儿童会出现"恋父情结"或"恋母情结";第四阶段是潜伏期,出现在 6—12 岁,此时儿童会因为活动范围的扩大失去对生殖器的兴趣,转而开始探索外界环境;第五阶段是生殖期或青春期,出现在 12—18 岁,此时儿童通过与异性建立关系来获得满足感,如果这个阶段发展不顺利,儿童将来可能会出现性犯罪、性倒错等异常行为。因此,心理性欲发展的本质就是不断克服本我（本能欲望）,同时又不过度压抑本我,形成健康自我和超我的过程。否则,就会出现心理矛盾或者异常心理。

2. 客体关系理论

以奥地利精神分析学家克莱因、苏格兰精神分析学家费尔贝恩（William Ronald Dodds Fairbairn,1889—1964）以及英国精神分析学家温尼科特为代表的心理学家在长期临床实践经验和弗洛伊德精神分析理论的基础上发展出了客体关系理论。

客体（object）与自体（self）是客体关系理论的两个核心概念。客体也被称为"对象",是指某个体的愿望或行为所指向的存在。也就是说,客体不是客体本身的客观存在,而是一个被爱着或恨着或无感的人、事、物。自体与客体相对应,是指正在体验其自身的主体,强调对自身的体验与感受。客体关系则是指人际关系,以及既往人际关系在人的内心世界留下的痕迹,它们塑造了个体当前的人际互动特征。

客体关系理论认为,人是社会性的,对"关系"的需求才是最根本的。真正影响一个人心理发展的是早期与父母的关系,尤其是与母亲的关系,而不是本能。例如,婴儿饥饿时向母亲求助,并非本能反应,而是他认为母亲这一客体是他创造出来满足自己需求的。孩子从在母亲腹中孕育开始就已经与母亲建立了他人生最初的客体关系。随着孩子的出生,在父母养育孩子的过程中,尤其是在母亲与孩子的互动过程中,这种最初的客体关系会不断加强,并逐渐内化形成自我、人格和未来孩子与他人建立人际关系的基石。因此,对于儿童心理发展来说,在早期建立良好的母婴关系才是最重要的。

温尼科特基于客体关系理论提出儿童经验的发展经历了三个阶段:主观全能经验阶段、过渡经验阶段、客观现实经验阶段。在儿童出生的最初几个月,母亲全身心回应婴儿的需求,让婴儿产生自己是世界中心的经验感觉,他会认为自己有什么需求,就会有相应的客体出现来满足这些需求,也就是一种主观全能感(subjective omnipotence)。例如,当他饥饿时,母亲会立刻过来给他喂奶,婴儿会认为是他创造了母亲这个客体。随后,儿童在主观全能经验上增加了客观现实经验,开始意识到自己只是这个世界的一部分,他无法制造、掌控重要的客体,而是需要去适应。在两种经验之间存在一个广阔的过渡地带,也就是过渡经验,此时儿童有时存在主观全能感,有时又意识到客体不受控制。

美国精神分析学家奥托·克恩贝格(Otto F.Kernberg,1928—   )被称为整合的客体关系理论家,他关注客体关系理论对边缘型人格障碍形成的解释。如果儿童的需求未能被满足,他在父母那里遭受了挫折,主观全能的体验被毁掉,一方面他必须忍受,因为没有能力反抗;另一方面,他把挫折带来的愤怒、攻击性的情绪投射到父母身上,以此来保护自己。因此,他就形成了既需要仰赖父母、尊敬父母,同时又惧恨父母,认为父母带有威胁性的扭曲的客体意象,从而产生分裂。

弗洛伊德的经典精神分析理论并没有将婴幼儿视为合适的分析对象,而是更多关注儿童早期经验对其成年后的影响。而客体关系理论的一大贡献就在于,打开了儿童精神分析这一领域,试图描述儿童,尤其是 3 岁之前儿童的精神发展路径,例如,克莱因毕生研究有心理问题的儿童,并撰写了《儿童精神分析》《儿童分析的故事》《爱、罪疚与修复》等多部经典作品。

3. 社会文化神经症理论

社会文化神经症理论的代表人物是精神分析学家卡伦·霍妮。她用文化决定论修正了弗洛伊德的生物决定论,认为社会文化环境(包括家庭环境)才是影响儿童人格形成和发展的最重要因素。

(1)关于神经症的社会文化观

霍妮认为,神经症是一种由恐惧和对抗这些恐惧的防御措施,以及为了缓和内在冲突而寻求妥协解决的种种努力所导致的心理紊乱,只有当这种心理紊乱偏离了特定文化中的共同模式时,才可以被称为神经症。神经症患者正是由于脱离了大多数人对整个社会文化的认同,才产生了与正常行为模式相偏离的情况。因此,霍妮认为,一个人心理失调的最终根源是社会文化环境——体现在家庭教育中,即家庭文化环境。

(2)"基本敌意"和"基本焦虑"

"敌意"产生于人际关系的失调或障碍。这种失调或障碍往往可以追溯到个体童年的家庭关系,尤其是亲子关系。儿童刚刚出生时,本能地有"满足"和"安全"的需要。但是由于他们身体还不够强壮、经验也不够丰富,所以他们必须依赖父母来满足自己的诸多需要,通过父母来获取安全感。此时,如果父母不能够给予孩子足够及时的爱与温暖,就会造成儿童的不安,使儿童对父母产生敌意,即"基本敌意"。对父母的敌意又导致儿童产生深深的恐惧感和内疚感,使得儿童不得不压抑这种敌意,从而产生了焦虑,亦即"基本焦虑"。

一个在童年时期具有基本敌意和基本焦虑的儿童在成年时期更容易出现神经症。因此,她认为家庭文化环境与儿童神经症人格的产生有直接关系。

（二）对家庭教育的启示与指导

尽管不同的精神分析理论流派的侧重点不同,但是它们都非常强调早期生活经验对儿童成长(尤其是人格塑造)的影响,这对家庭教育有着重要启示作用,对父母的教养行为也有一定指导意义。

1. 要重视早期经验对儿童成长的重要影响

精神分析理论均强调儿童早期经验的重要作用。这种作用不是通过儿童的记忆表达出来的。有时父母在养育过程中有不恰当的言行,或者没有及时回应孩子的需求,却认为孩子小不记事,根本不会对孩子产生任何作用,这种想法是错误的。一方面,早期经验会进入儿童的潜意识,并且儿童在成年后会复刻这种经验,这被称为强迫性重复(compulsive repetition),例如,童年饱受家庭暴力之苦的孩子,在成年后同样成为家庭暴力的施暴者,或者与有家庭暴力倾向的人结婚;另一方面,与父母的关系经验会成为儿童分化自我与自体、认识世界的起点,直接影响儿童日后的人际关系、与世界的关系。

同时,精神分析理论还认为,排除遗传因素的影响,早期经验的挫折、缺失或停滞是造成个体精神疾病的根本原因。例如,温尼科特认为家庭的养育环境缺陷会导致个体出现精神疾病;克恩贝格认为人在幼年时被父母虐待、打击或冷漠对待,会形成边缘型人格障碍。

2. 要重视父母人格结构对子女的影响

根据弗洛伊德的人格结构学说,"超我"是从自我中分化和发展出来的,反映了一个人童年期父母对他的抚养、教育和他对父母的依赖的影响。也就是说,父母的一言一行、一举一动都会对儿童的人格形成和发展产生潜移默化的影响。例如,如果父母经常通过自身言行告诫儿童要遵守道德、做正确的事,并赞扬儿童的正确行为、申斥儿童的违法行为,那么儿童就会将父母的这些教导内化并发展出"道德"与"良心"(即"超我")。"超我"的发展可以使儿童即使在没有父母监督的情况下也可以遵守社会规则、道德规范等,自觉抵制外界诱惑。因此,在家庭教育中要想塑造儿童健全的人格,父母首先需要加强自身修养,主动完善自身人格结构,通过言传身教为子女树立良好的人格榜样。

3. 要重视良好家庭氛围的营造

家庭氛围也是构成儿童早期经验的重要内容之一,对儿童的人格和心理发展有重要影响。根据霍妮的社会文化神经症理论,家庭文化环境与儿童神经症人格的产生有直接关系。弗洛伊德的经典精神分析理论也认为,良好的家庭氛围是儿童健全人格形成的重要因素之一。如果儿童生活在一个充满争吵、压抑、斗争,缺乏安全感、关爱、温暖、和睦的家庭环境中,那么其成年后将更容易形成冷漠、仇视等性格或者产生厌世、愤世嫉俗等心理问题。因此,家庭教育要重视良好家庭氛围的营造。比如,要营造和睦的家庭人际关系,尤其是和谐的夫妻关系,提高婚姻质量,避免夫妻之间频繁争吵造成家庭氛围紧张、压抑。

4. 要重视良好亲子关系(尤其是早期母子关系)的建立

有些父母可能会觉得孩子特别小的时候"不懂事",对孩子的照顾和回应"看心情",或者认为孩子的哭闹可以放任不理,等他自己安静下来就好,反正孩子长大了也不会记得。这种观念就很容易导致教养行为的偏差。而无论是经典精神分析理论、客体关系理论,还是社会文化神经症理论,都非常强调亲子关系在儿童成长中的重要作用。

早期的亲子关系,尤其是母子关系奠定了一个人最初的精神世界,决定了其日后的一切行为方式。弗洛伊德认为,健全融洽的母子关系是人们安全感和归属感的来源,会影响一个人以后的同伴关系、亲密关系的形成,也会影响一个人性格的形成。例如,婴幼儿可以从母亲的爱抚、亲昵和怀抱中获得生理上的快感和满足,从而发展出亲密感、友善感、自尊心和合作精神;良好的亲子关系还可以避免男生出现恋母情结,女孩出现恋父情结,防止儿童形成偏执型人格。客体关系理论认为,早期亲子关系(尤其是母子关系)模式是儿童一切人际关系的基础,也是儿童良好自我和人格形成的基石,其对于儿童成长来说比掌握知识和技能更加重要。为建立良好的亲子关系,父母需要保持足够的敏感度,及时满足儿童的愿望和需要;既要给予子女充分的爱,又要让其有自由成长的空间。

5. 要重视儿童性教育

根据弗洛伊德的经典精神分析理论,性是个体心理发展的内在动力,在不同的时期性有不同的表现形式,过度的性压抑可能导致心理疾病的产生。因此,他提倡对儿童进行性启蒙和性教育。为了儿童心理和人格的健康发展,父母需要根据儿童不同年龄段性心理发展的特点,满足其需要。比如,对于处于性器期的儿童来说,他们已经有了性别意识,开始发现男性和女性的不同,这个时候家长就需要对孩子进行性别意识、性别角色教育,帮助孩子树立性别平等的观念,以及面对性器官坦然的心态等;对于处于生殖期或青春期的儿童来说,其需要通过与异性建立关系来获得满足感,这个时候家长要允许孩子进行异性交往,避免其出现性犯罪、性倒错等异常行为。总之,家长需要正确认识儿童性教育的重要性,不要压抑孩子对性的需要,帮助孩子顺利度过每一个"性欲期"。

二、行为主义理论
(一)主要观点

行为主义由美国心理学家华生(John Broadus Watson,1878—1958)创立,它既是西方心理学的一个理论或流派,又是西方心理学的一种方法论。行为主义强调通过条件反射建立刺激－反应(S-R)联结,其突出特点是强调现实和客观研究。20

世纪 30 年代,行为主义理论被托尔曼(Edward Chase Tolman,1886—1959)、格思里(Edwin Ray Guthrie,1886—1959)、赫尔(Clark L.Hull,1884—1952)、斯金纳(Burrhus Frederic Skinner,1904—1990)、班杜拉等一批行为主义心理学家进行改造,发展出了不同的理论流派,这些理论流派被称为新行为主义(neo-behaviorism),如操作性条件反射理论、社会认知理论等。

I. 华生的经典行为主义理论

华生的行为主义观点起源于巴甫洛夫的条件反射学说,其核心是经典条件反射(classical conditioning),即一个中性刺激物和另一个能引起本能反射的刺激物多次联结,可使有机体学会在单独呈现该中性刺激物时也能产生本能反射。华生认为,心理的本质是外化的行为,而心理和意识都可被归结为行为,其理论主要包括环境决定论、教育万能论等内容。

(1) 环境决定论

华生否认遗传在个体成长中的作用,认为生理构造上的遗传并不会伴随机能上的遗传。他认为人类从遗传得来的仅是简单反射,只有出生时的几个无条件反射(如抓握反射、膝跳反射)和简单的情绪反应(如惧、爱、怒等),而人类的行为都是后天习得的,是通过后天的条件反射建立刺激 - 反应联结而形成的。遗传对之后的心理发展所起的作用非常有限,而环境和教育是个体心理发展的决定因素。

(2) 教育万能论

华生从刺激 - 反应的公式出发,夸大环境和教育的作用,认为环境和教育是行为发展的唯一条件,无论多么复杂的行为都可以通过控制外部刺激形成,且外部刺激是可控的,可以通过学习来增加、减少或消除。所以华生十分重视学习,他认为只要发现了刺激与反应间的规律性关系,就能依据刺激预知反应,或根据反应推断刺激,从而达到预测、控制行为的目的。由此,华生提出了教育万能论。

(3) 情绪发展研究

华生对心理发展的研究主要集中在情绪发展方面,他通过一系列实验,重点研究了儿童在惧、怒、爱三种非习得性的情绪反应的基础上所形成的条件反射。这些研究实验在心理学史上被誉为"经典实验"。

▌拓展阅读 ❯❯❯

华生的小艾尔伯特实验

为了证明情绪是后天习得的,华生在仅仅 9 个月大的孤儿小艾尔伯特身上做了一个条件反射的实验。

首先,实验确认艾尔伯特是否有某种特定的恐惧刺激。实验者给他呈现了一批白鼠、猴子、狗、有头发和没头发的面具、白色羊绒棉等玩偶,艾尔伯特对很多玩偶都感兴趣,愿意接触并触摸它们,这说明艾尔伯特没有受到特定的恐惧刺激。其次,实验确认了艾尔伯特对巨大的声音刺激有惊恐反应,实验者在艾尔伯特身后突然用锤子敲击铁棒,艾尔伯特因受到惊吓哭泣。

　　确认这两个实验基础之后,开始建立条件反射。实验者向艾尔伯特呈现白鼠,在他想要触摸的时候突然敲击铁棒,艾尔伯特受到惊吓。这个过程重复三次。一周之后再次重复同样的过程。在重复七次之后,不出现声音,单独向艾尔伯特呈现白鼠时,他也产生了极大的恐惧,开始大声哭泣,背对着白鼠快速爬行,想要逃离白鼠。

　　情绪习得之后,华生又进行了三个方面的观察实验。一是观察习得的情绪是否会泛化,也就是从白鼠迁移到其他物品。实验发现,艾尔伯特对与白鼠相似的动物白兔也产生了同样的恐惧和惊恐反应,甚至对狗、白色的皮毛大衣、棉花、华生头上灰白的头发都产生了同样的恐惧。

　　二是观察这种迁移是否会因环境的变化而变化,实验者因此将艾尔伯特放在灯光更明亮、人更多、更加安全的场合。艾尔伯特仍然对白鼠和白兔感到恐惧,但是惊恐反应没有那么强烈。

　　三是观察艾尔伯特的情绪反应是否会持续。所有的实验测试终止了 31 天。31 天之后,实验者再给艾尔伯特呈现白鼠、圣诞老人的面具等,他仍旧感到恐惧。情绪反应得到了持续。

　　遗憾的是,实验完成后,华生并未消除艾尔伯特的这种条件反射和习得的情绪,实验饱受人道主义的谴责。

2. 斯金纳的操作性条件反射理论

　　除了经典条件反射之外,斯金纳提出的操作性条件反射(operant conditioning)也是学习的一种形式。他把行为分为两类:应答性行为和操作性行为。应答性行为是由可观察到的刺激引起的行为反应,而操作性行为是由没有被观察到的刺激引起的反应。与经典条件反射中的自动反应(如分泌唾液)不同,操作性条件反射中的反应是自发的、有目的性的。没有明显的外部刺激物,是因为个体对环境进行了主动适应,受到了行为结果的控制。人们会操控所处的环境以获得自己期望的结果。

　　斯金纳认为,强化(reinforcement)是塑造行为的基础,行为由伴随它的强化物所控制。强化物是指在儿童的某种行为之后提供的强化刺激,可以有效增加或减少该行为出现的概率。强化物不一定是实物,也可以是言语、表情等。儿童或成人是否会重复一种行为,取决于该行为是否跟随着强化,即行为之后跟随一个提供刺激的过程,该过程增加或消减了先前行为重复出现的可能性。因此,只要了解强化效应,操纵好强化物,就能控制行为反应,从而随意塑造出教育者所期望的儿童某种特定的行为。而且,斯金纳强调要及时强化,行为不强化就会消退(extinguish),即被强化的行为更有可能在将来重复出现,而未得到强化或遭受惩罚的行为将来重复出现的可能会更小,甚至就此停止。斯金纳倡导以消退取代惩罚,强调强化的积极作用。

3. 班杜拉的社会认知理论

社会认知理论（social cognitive theory）的主要开创者是美国著名心理学家班杜拉，是一种用来解释社会学习过程的理论。其核心观点包括：

（1）三元交互决定论

班杜拉认为，个体的行为是由人、行为和环境三种变量交互作用决定的，即人、环境和行为三者之间是双向互动、互为因果与交互关系的。一方面，人的主体要素（如信念和动机等）会支配并引导其行为，行为及其结果反过来又会塑造并最终决定个体的思维、情绪等；另一方面，个体通过其主体特征（如性格和能力等）产生或激活不同的环境反应。行为作为人与环境之间的中介，是人用以改变环境的一种手段，同时又会受到人的需要和现实环境的制约。

（2）观察学习论

班杜拉认为观察学习（也被称为模仿学习或榜样学习），即通过观察环境和他人行为及其后果而发生的学习，是人类学习和社会化的重要方式。班杜拉认为儿童是从简单地观察别人即模仿中学习的，而不是靠强化、惩罚或乏味的按部就班的教授。通过观察和模仿，儿童不断习得社会所倡导的行为，也习得社会不赞许的行为，而观察学习对儿童产生的影响到底是正面还是负面的关键在于"榜样示范"。要想使儿童有较强的动机再现示范行为，就需要对其进行强化，即采用一些手段，如奖励或惩罚。其中，强化包括直接强化、替代强化和自我强化三种。

（3）自我效能论

自我效能论是班杜拉社会认知理论的重要组成部分之一，重点强调了自我效能的作用。自我效能就是人们对自己能够成功完成工作或任务的确切信念。当一个人在追求目标的过程中面临新的、无法预测的、困难的情形时，完成目标任务动机的强弱取决于其对自我效能的评估，自我效能高的人完成目标任务的动机更强。

个体在实际活动中成功与失败的经验是影响其自我效能感最重要的因素，成功经验可以提升其自我效能感，失败经验会降低其自我效能感。替代经验也会影响自我效能感，观察别人在某类问题上取得成功可以增加自己处理此类问题的效能感，即如果一个人看到与自己能力水平相近的人成功完成某些工作时，就会相信自己在类似情景中也能取得成功，从而获得自我效能感。此外，他人的劝说、舆论的影响和个体身心状态等也会影响一个人的自我效能感。

（二）对家庭教育的启示与指导

行为主义理论具有一定的局限性，例如将人的行为简化为刺激－反应，忽略了人的主观能动性，以及人本身心理系统的复杂性。但行为主义理论对研究儿童有很大的贡献。在传统心理学中，因儿童语言发展的限制，研究者无法采用内省、访谈、测量等方法对儿童进行研究。行为主义理论强调对行为的观察，指导了后来诸多儿童心理学的研究思路。行为主义理论认为外部环境与刺激对儿童行为有重要影响，而家庭正是儿童成长过程中最重要、关系最密切的外部环境，因此行为主义理论对于家庭教育来说也有重要的启示作用。

1. 在家庭教育中要合理使用强化法

尽管华生提出的教育万能论存在一定缺陷，但人的一些情绪和行为的确是在后天环境中刺激－反应联结的结果。因此，当家长希望给孩子培养良好的习惯时，可以利用刺激－反应联结的条件反射原理，合理采取正向强化措施，促使孩子愿意尝试去改变，这对于其养成好习惯有推动作用。同时，要避免大吼大叫这种宣泄式的教育方式，否则长此以往就可能如同华生的小艾尔伯特实验那样，使孩子在日后学习时条件反射式地产生恐惧、害怕、抗拒等负面情绪和反应，进而出现越训斥孩子越恐惧，越恐惧学习越笨拙，越笨拙越被训斥的恶性循环，致使孩子失去对学习的主动性。

根据斯金纳提出的操作性条件反射理论，当家长帮助孩子建立新的行为习惯，或纠正孩子的不良行为习惯时，除了增加正向强化，可以在第一时间多用鼓励的方式让孩子变得更加积极；也可以通过负向强化，让孩子摆脱厌恶刺激，从而削弱一些已经形成的错误泛化的条件化反应。此外，斯金纳还进一步提出了强化的层次和程序。在强化的层次方面，一开始可以采用物质层次的强化物，但一段时间后就应上升到精神层面的强化；在强化的程序上，对一个新行为的强化宜连续，一旦新行为掌握后，就应采用断续强化予以保持。

2. 在家庭教育中要减少惩罚，以消退代替惩罚

在矫正孩子的不良行为时，家长要尽量避免使用惩罚这种消极的方式，特别是打骂孩子，这不仅对改变孩子的行为效果甚微，还可能加重孩子的负面行为，并导致亲子关系恶化。

其实，消退法是一种简单易行且效果显著的行为干预方法。家长不妨采用冷处理的方式，通过对孩子的不良行为不予理睬，使孩子感觉到他的行为无法达到目的而自觉改变其行为，最终使这种行为自然消退。家长可以通过引导孩子体验行为自然产生的结果来强化他的行为，由于这是孩子自发的行为，所以往往不容易随着时间消退。

3. 在家庭教育中父母要树立良好的榜样

班杜拉设计了一系列经典的实验证明成人对儿童的榜样作用，如观看成人攻击玩具娃娃的视频后，儿童会模仿成人，攻击玩具娃娃的行为会有所增加。观察学习论揭示了在家庭教育过程中父母榜样示范的重要性。父母是儿童在成长过程中接触时间最早、最多的成人，其一言一行都会对儿童产生潜移默化的影响。儿童通过观察父母的言行举止、情绪反应和社交模式，可能习得一系列不良的人际交往模式和破坏性的冲突解决策略，如欺负他人、挑衅别人等；也可以通过父母习得积极、友好的交往方式或问题解决策略，如与他人分享食物、给他人提供帮助等。因此，在家庭教育中父母可以将榜样示范法作为一种重要的教育方法，多使用"身教"而不仅仅是"言传"。

4. 在家庭教育中父母要重视儿童的反馈和成功体验

班杜拉认为，人、环境和行为三者之间是双向互动、互为因果与交互的。这种交

互同样存在于家庭教育过程中,即家庭教育的过程也不是由父母单方面决定的,而是父母和子女双向互动的。因此,在家庭教育中,父母需要及时关注儿童的反馈,调整教育态度、教育内容等。

同时,班杜拉指出,自我效能感对于一个孩子的成长来说非常重要。如果一个孩子拥有较强的自我效能感,那么他就会更愿意去努力尝试新鲜事物,更乐观地对待生活中的困难和挫折。因此,在家庭教育中,父母还要努力增强孩子的自我效能感,尝试提升孩子的成功体验,比如给予孩子更多自我探索、自我尝试的机会,提供一些成功的榜样示范来增加替代经验,或者给予孩子无条件的积极关注和言语鼓励等。

▌学习活动:案例分析 〉〉〉

小宁从小就喜欢亮晶晶的玻璃球,到了幼儿园还是很喜欢。自从发现这一点后,小宁的妈妈在家里就使用玻璃球来强化小宁好的行为。当小宁表现得很好时,她就往空玻璃瓶中投入一颗玻璃球。例如,当小宁吃完饭后主动收拾桌面、清理食物残渣时,妈妈就会给小宁一颗玻璃球。通常,妈妈每周会根据小宁的实际表现给他数量不等的玻璃球,当瓶子装满的时候,妈妈会带小宁去游乐场玩,或带他去看喜欢的动画片,还会给他带冰激凌或他喜欢的零食。

请结合案例,分析以下问题:

1. 强化的作用和原理是什么?结合该案例谈谈强化对于家庭教育的意义。

2. 斯金纳所提的强化程序有哪几种?哪一种或哪几种效果最好?在案例中,小宁的妈妈所采用的是哪一种强化程序?

3. 案例中强化物有哪几类?

三、生态系统理论

(一)主要观点

生态系统理论是美国发展心理学家布朗芬布伦纳(Urie Bronfenbrenner,1917—2005)于20世纪70年代末基于心理学、教育学和系统科学等学科提出的一个教育心理学理论。该理论的主要观点是:个体的发展是其与周围社会环境相互作用的产物。其中影响儿童发展的生态环境分为五层,分别是微观系统(microsystem)、中观系统(mesosystem)、外观系统(exosystem)、宏观系统(macrosystem)和时间系统(chronosystem),如图3-2所示。

1. 微观系统

微观系统是最内层的环境系统,是孩子直接接触、与儿童直接相关的环境,比如家庭环境、学校环境和社区环境。这些微观系统共同影响儿童的成长,同时儿童的气质、性格等也影响微观系统。比如,家长如何养育子女会影响孩子的发展状况,同时孩子的发展状况也会进一步影响家长的养育态度和养育方式。

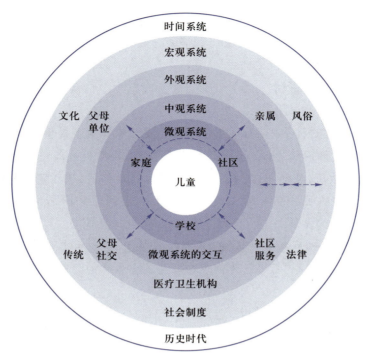

图 3-2 生态系统理论模型

2. 中观系统

中观系统是指微观系统之间的支持性联结,即各种微观系统之间的交互作用,如家校合作的程度和方式、家长和教师之间的关系等。如果各个微观系统之间能够相互支持,儿童就能够得到更好的发展。比如,如果家庭和学校之间能够建立良好的合作伙伴关系,各就其位、各司其职,那么孩子就能够更好地成长。

3. 外观系统

外观系统由儿童未直接接触,但会对儿童造成间接影响的环境构成,如父母的单位环境、亲属等。这些环境尽管不对儿童产生直接的影响,但是可以通过微观系统和中观系统对儿童产生间接影响。比如,家长如果在工作中遇到了压力,或者在亲戚交往中遭遇了冲突,就可能将这种消极情绪带回家庭,影响家庭情绪氛围,从而影响儿童的成长。

4. 宏观系统

宏观系统是指嵌套在微观系统、中观系统、外观系统中影响儿童的价值取向、行为的文化、亚文化等,比如社会制度、法律、文化、传统和风俗等。这个系统会因国家、种族的不同而存在差异,对儿童有着潜移默化的影响。比如,一个从小生活在"孝文化"环境中的儿童,从小就会受到这种文化的影响,并逐渐习得如何孝敬长辈。

5. 时间系统

时间系统由孩子所处的时代以及社会历史事件等构成。这体现了时代变革对儿童发展的影响。比如,在独生子女时代,家长会将更多的爱给予家庭中唯一的孩子,容易对孩子产生溺爱,使孩子形成任性、自私的特点;孩子经常居家学习,家中会出现以前不曾有过的亲子冲突,就需要父母调整家庭教育方式和亲子沟通方式。

▌ **学习活动：小组研讨** >>>

　　《家庭教育促进法》中明确规定了全社会要为家庭教育提供支持。例如第三章"国家支持"、第四章"社会协同",都强调各级、各类相关部门,从社区街道到市、县、乡人民政府,从幼儿园、中小学校到教育行政部门,从儿童福利机构、公共文化服务机构到人民法院等,都要建立相应机制,共同为家长提供帮助和指导,促进我国家庭教育的发展。

　　请仔细阅读《家庭教育促进法》中的相关条例,结合生态系统理论进行小组研讨:家庭教育原本是"私事",为何现在需要社会各界的共同协助? 你认为其必要性与重要性是什么?

（二）对家庭教育的启示与指导

　　生态系统理论将儿童置于研究的中心,从多角度分析了影响儿童发展的因素,对家庭教育具有以下启示作用:

　　1. 家庭教育对儿童成长具有关键意义

　　家庭是儿童成长的微观系统中最为重要、最为关键的环境,能够直接影响儿童的成长。因此,无论自身的家庭结构、家庭条件如何,家长都要注重为儿童创造良好的家庭环境,打造优良的家风文化和行为文化;要注重开展家庭教育,深刻认识家庭教育对儿童成长的关键作用。

　　2. 家庭教育要考虑儿童自身因素的影响

　　生态系统理论提供了一个宏观的视角来解释家庭与儿童的关系,认为家庭是儿童发展的重要微观系统,不但会对儿童情绪、人格、行为等的发展产生影响,同时也会受到儿童发展状况的影响。比如,父母的教养方式会影响孩子的发展,反过来孩子也会影响父母的教养方式。因此,在家庭教育的过程中,家长不能忽视孩子自身的因素,比如孩子的气质、性格、人格特点等的影响,应该根据孩子的不同反应和特点采取个性化的教育策略。

　　3. 家庭教育要综合考虑儿童整体成长环境

　　生态系统理论提示不能孤立看待家庭对儿童的影响,应当综合考虑多种因素的动态影响,包括中观系统、外观系统、宏观系统、时间系统中的各种因素,如家庭的社会经济地位、亚文化中的主流价值观、邻里环境、社会媒体、社会政治经济制度等对儿童发展的影响。比如微观系统中的家庭、学校和社区要形成协同作用的教育合力,才能促进儿童更好地发展。而如果三者观念冲突、行为不一,则会给儿童造成混乱。如果家长和教师的教育观念不一致,儿童在家庭和学校间就会无所适从;或者家庭所在的社区风气不佳,家长对儿童的文明礼仪教育也会效果减半。又如,开展家庭教育不能一成不变,要考虑不同的时代背景、社会变迁等的影响,与时俱进等。

4. 家庭教育要注重宏观环境建设

宏观系统对家庭教育也有重要影响。这启示了整个社会层面要足够重视家庭教育,注重建设能够开展良好、科学的家庭教育的社会环境。国家层面要继续从政策和立法上强调家庭教育,继续完善立法和典型法例法案的宣传;社会层面要强化家教与家风建设的宣传;各级相关部门要注重家庭教育指导服务体系的建立和运行。

四、家庭系统理论

(一)主要观点

家庭系统理论的奠基人是美国心理治疗家默里·鲍恩(Murray Bowen,1913—1990),约翰·豪威尔、玛格丽特·辛格、萨提亚、贝罗迪、海灵格等研究者进一步拓展了该理论。该理论首创性地把系统论的观点引入心理咨询与治疗领域,指出家庭作为一个动态稳固的系统,对个体问题行为的产生具有重要影响作用。系统思想是家庭系统理论的基本立场和出发点,自我分化、三角关系、代际传递过程、手足位置等重要概念是构成其理论的基础,说明了家庭成员之间是怎样相互联系和影响的。

1. 自我分化

自我分化(self-differentiation)指的是个体从依赖的早期成长环境中逐渐成长为一个独立个体的过程。一个自我分化良好的个体拥有独立、坚定、良好的自我意识,同时也具有与他人进行积极情绪和行为互动的能力。鲍恩家庭系统理论的核心就是自我分化,这也是家庭治疗最终要达到的目的。生活在不同分化水平的家庭中的孩子心理发展水平是不同的。在分化水平较高的家庭中,孩子的自我会得到更好的发展;反之,在分化水平较低的家庭中,孩子的独立性和自我意识会发展得较差,他们与家庭的情绪卷入很深,容易作出情感反应,而不能理智地思考、感觉和行动。

2. 三角关系

三角关系(triangle relationship)描述的是三人关系系统的动力模式。鲍恩认为,在人际系统中最直接的关系是两个人的关系,但是两个人的系统是不稳定的。当两个人的互动焦虑增加时,就需要有第三个人参与到原先两个人的关系中予以调节、缓和,维持关系的稳定性,由此便构成了一个三角关系。三角关系是情感系统的基本分子,是稳定关系的最小单位。

三角关系有以下四个基本特征:第一,两个人的平衡关系会因为增加第三个人而失去平衡。例如,和谐的婚姻在孩子出生后出现矛盾。第二,两个人的平衡关系会因为第三个人的离去而失去平衡。例如,孩子离家念书,父母婚姻的不和谐增加。第三,两个人不平衡的关系会因为增加第三个人而达到平衡。有矛盾的夫妻在孩子出生后把他们的焦虑投注在孩子身上,两个人原有的矛盾得到放置、缓和。第四,两个人不平衡的关系会因为第三个人的离开而达到平衡。在矛盾中支持某一方的人的离开,会使得矛盾减少。

三角关系会深刻影响家庭和社会中的人际关系。一个长期稳定的三角关系,需要三角中的一人保持中立,在保持与其他两个人情绪接触的同时也要有适当的分离。这就要求此人拥有较高的自我分化水平,才能不被压力和焦虑影响,始终清醒认识自己的位置和责任。

3. 代际传递过程

代际传递过程(multigenerational transmission process)指家庭的情感、态度、价值观和信念等都会通过传承,从一代传给下一代甚至好几代人。父母总会在一定程度上把他们的情绪问题,比如慢性焦虑等情绪传递给孩子,使这种情绪问题在代际间长期传递,从而影响一个或多个孩子的自我分化。如果家庭中的孩子出现问题,那么问题不应该只归因为孩子,同样也不应该只归因为父母,因为问题是多代传承的结果,在这个传承中所有的家庭成员都是参与者和反应者。

4. 手足位置

手足位置(sibling position)是指出生的顺序不同,即个体在兄弟姐妹中所处的位置不同,其人格有着不同的特点。例如,在一个三孩家庭中,通常老大更有责任感,更早熟;中间的孩子容易被忽视,有强烈的被赞许的需求;老小则是被关注、被保护的对象。

此外,鲍恩还认为一个家庭中处于相同位置的孩子会有重要的共同特征。如果一个人和其配偶在排行上是互补的,如丈夫是老大,而妻子是老小,或者相反,那么这种婚姻长期稳定的可能性就比较高。若两个排行老大的人结婚,两个人都过度负责任,就会引起竞争;而两个都是老小的人结婚,两个人都期待另一个人照顾自己,彼此推卸责任,也不利于婚姻的稳定。

(二) 对家庭教育的启示与指导

家庭系统理论突破了过去精神分析、行为主义等理论只关注个人内在心理冲突、人格特征、行为模式的局限,把个体及其问题和症状放在家庭系统中进行审视,不仅对于家庭治疗具有重要意义,对于家庭教育,尤其是建立良好的家庭关系也具有重要启示作用。

1. 打破不良代际传递要从家长自身入手

根据家庭焦虑的代际传递观点,家庭的情感、态度与价值观和信念等都是多代传承的,会从一代传给下一代甚至好几代人。也就是说,在家庭教育中,每一个家庭成员的情感、认知对其他成员的影响都是不可忽视的。家庭教育中出现的问题无须追究第一责任人,而是需要找到家庭发展谱系中反复出现的问题是什么,以及重复出现的是哪些特征性的关系等,切断问题的代际传递,才能从根源上解决问题。这就是家长的责任。因此,家长应该主动提高自我修养,培养积极的情绪、正确的态度和价值观,能够觉察、反省家庭教育中的问题,通过改变行为,阻断不良代际传递。

2. 家庭教育要重视稳定三角关系的动态稳定

家庭系统理论中的三角关系实际上描述的是父母与子女,即夫妻和亲子之间的关系。如果把家庭看作一个三角形,那么"三角"指的就是父亲、母亲和孩子,三条边分别代表着父子关系、母子关系和夫妻关系。对于一个健康的家庭而言,父亲、母亲和孩子之间的三角关系是稳定和谐的,家庭成员之间在情感上是互相支持、互相依赖的。比如,夫妻之间关系融洽,并且可以给予孩子均等的爱;孩子既不偏向父亲也不偏向母亲,而是可以从父母不同的角色中学习和成长。由于在家庭中,稳定的三角结构对于儿童的健康成长来说非常重要,因此,家长应该在家庭中努力维护好家庭三角关系,避免出现关系失衡。比如,父亲要和母亲一起承担教育孩子的责任,避免出现角色缺失;父母要允许孩子做自己,不在家庭中拉帮结派,搞小团体等。而一旦家庭教育出现问题,改变一个人也往往难以达到持久的效果,而是需要三个人同时改变,以维持三角关系的动态稳定。

3. 家庭教育要重视儿童的自我分化

根据家庭系统理论,家庭教育要帮助孩子完成自我分化,促进孩子与家庭的逐渐分离,也就是要认识到亲子之爱最终指向分离。家长应该给予孩子适当的情感分离,慢慢"放权"给孩子,让他们自己去探索,进而发展出独立的价值观与个性,而不是活成父母心目中的"好孩子"。家长要意识到,孩子表现出调皮、倔强、不听话等特征,正是孩子不断成长、不断与家庭分离的标志,家长应为此感到高兴、满足,而不是感到恐惧、担忧,以为孩子变坏了。

4. 家庭教育要妥善处理多子女之间的关系

从建立良好手足关系的角度来看,根据手足位置理论,在多子女家庭的家庭教育中,父母想要给每个孩子同等的爱,反而会暴露他们的焦虑。

比如,当家长看到兄弟俩打架时,出于公平的考虑选择"各打五十大板",给两个孩子同样的惩罚,而放弃追究兄弟俩打架的原因,没有分析两个孩子冲突行为的动机和方式,很可能会造成其中一个孩子受罚较重,对父母和手足心生不满,也会助长另一个孩子的不良行为。家长应该在了解原因之后,分别对孩子进行有针对性的引导和教育。再如,在三孩家庭中设置行为奖励时,如果为追求公平设置完全一样的奖品,而不考虑孩子的不同需求,也可能造成有的孩子特别开心,有的孩子不太开心,反而在同胞间造成矛盾。因此,在多子女家庭中,家长需要根据不同孩子的特点,正确对待"公平"这个问题,而不是做到绝对公平。

五、家庭功能理论

根据家庭系统理论,家庭同其他系统一样,总在变动与适应中保持平衡,因此家庭是一个动态运行的系统。这一系统有自身的功能,亦即家庭功能。家庭功能理论的主旨就是集中探讨、尝试回答"怎样才是一个功能良好的家庭"。

(一)主要观点

目前有关家庭功能的理论主要有两种取向:一种是结果取向的家庭功能理论,一种是过程取向的家庭功能理论。

Ⅰ. 结果取向的家庭功能理论

结果取向的家庭功能理论关注家庭功能发挥的结果,并据此把家庭划分为不同的类型,有些类型是健康的,有些则是不健康的,需要进行家庭治疗和干预。结果取向的家庭功能理论代表是奥尔森(Olson,1939—2019)的环状模式理论(circumplex model)和比弗斯(Beavers,1929—   )的系统模式理论。

(1) 环状模式理论

1979 年,奥尔森等人提出环状模式理论,经过多年的研究和应用探索,这一理论在家庭治疗、家庭研究、临床评估等领域发挥了重要作用。该理论以家庭系统理论为基础,通过对家庭治疗、家庭社会学、社会心理学和家庭系统论中描述婚姻与家庭的 50 多个有关概念进行聚类,得到描绘家庭功能的三个维度:家庭亲密度、家庭适应性和家庭沟通。家庭亲密度指家庭成员之间的情感关系,根据情感关系的亲疏、联结程度,又分为从低到高的四个水平:毫无联系、彼此分离、彼此联系和相互纠缠。家庭适应性指家庭系统为了应对外在环境压力或适应婚姻、家庭的发展需要,而改变其家庭成员的权力结构、角色分配或家庭规则的能力,即家庭适应内外部各种变化的灵活度。家庭适应性从低到高也分为四个水平:刻板、有组织、灵活和混乱。家庭沟通指家庭成员之间的信息交流、互相倾听和表达的能力,是家庭亲密度和家庭适应性发展的重要促进因素。

环状模式理论认为,家庭实现其基本功能的结果与家庭亲密度和家庭适应性之间是一种曲线关系,亲密度和适应性过高或过低都不利于家庭功能的发挥。因此,根据家庭亲密度和家庭适应性两个维度八个水平,两两组合形成 16 种家庭,这 16 种家庭又被区分为三种类型,即 4 种平衡型家庭、8 种中间型家庭和 4 种极端型家庭(图3-3)。平衡型家庭在两个维度上都有中等程度表现,是适应良好、关系健康的家庭;中间型家庭在一个维度上表现为中等程度,在另一个维度上表现为极端程度;极端型家庭在两个维度上均是极端程度的表现,这种家庭及其成员更容易出现适应不良、心理行为障碍等问题。

(2) 系统模式理论

比弗斯等人于 1977 年提出了家庭系统模式理论,提供了一个关于家庭功能的横断面视角(图 3-4)。家庭能力与家庭风格是这一模型的两个维度。

家庭能力与家庭的关系结构、适应性有关。能力越高的家庭,越有相应的关系结构,以及改变结构的适应能力。根据家庭能力由低到高,家庭可以分为严重障碍型、边缘型、中间型、适当型和最佳型,其中适当型和最佳型是健康的家庭能力状态。

家庭风格则是指家庭互动的风格质量。该理论认为,家庭风格不是一个简单的线性连续体,相反,它与家庭能力维度呈曲线关系。根据家庭成员对关系的满足来源于家庭内部还是外部,家庭风格可以分为向心型、混合型和离心型。向心型家庭的关系满足来自家庭内部而不是外部,离心型家庭则相反。无论是向心型还是离心型,过于极端的风格都与不良的家庭功能有关。例如,严重障碍型家庭功能已经严重失调,

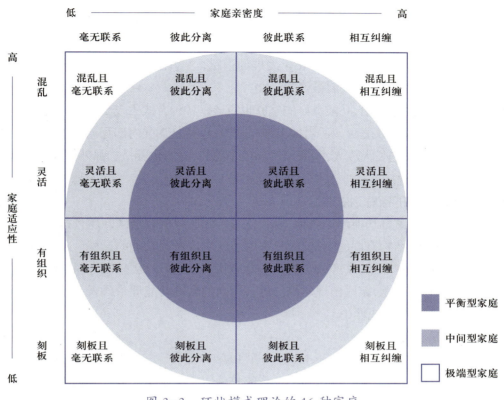

图 3-3 环状模式理论的 16 种家庭

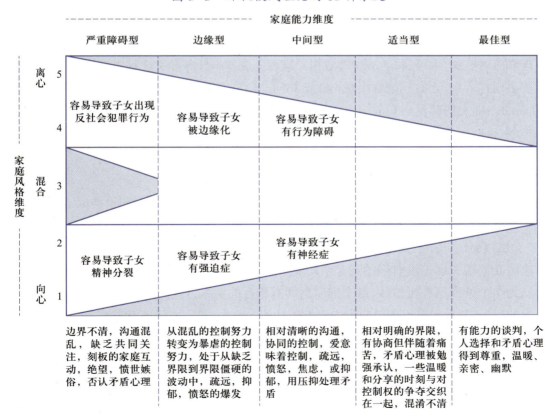

图 3-4 家庭系统模式理论模型

如果它同时是极端向心型家庭,那子女多有精神分裂的可能;如果它同时是极端离心型家庭,子女则容易出现反社会犯罪行为;但如果它同时是混合型家庭,那子女则有可能从这种功能失调中找到自己正常发展的道路,这也部分解释了为什么有严重功能障碍的家庭有时能走出发展很好的子女。

另外,该理论也提出,功能良好的家庭也应该以各种方式去改变和适应变化。例如,有未成年子女的家庭应该适当地增加向心力,也就是加强内部互动及成员间互相满足;而随着子女的长大成人,则应该增加更多的离心力,也就是加强外部互动,才是这个家庭最佳的适应方式。

2. 过程取向的家庭功能理论

过程取向的家庭功能理论认为,对个体身心健康状况和情绪问题直接产生影响的不是家庭系统结构方面的特征,而是家庭系统实现各项功能的过程。家庭系统实现其功能的过程越顺畅,家庭成员的身心健康状况就越好;反之,则容易导致家庭成员出现各种心理问题,家庭出现危机。这一取向的家庭功能理论代表有家庭功能模式理论和家庭过程模式理论。

(1) 家庭功能模式理论

该理论由爱泼斯坦(N.Epstein)等人在 1978 年提出。该理论认为:家庭的各个组成部分相互作用,家庭必须作为一个系统整体去思考整个功能。家庭需要完成三类任务,并且发展出与此相适应的功能:第一类是基本任务,与之相适应的功能包括衣食住行等工具性功能;第二类是发展性任务,与之相适应的功能是要满足每个成员在不同的生命阶段相应的发展需要;第三类是危机性任务,与之相适应的功能包括处理和应对疾病、灾难、收入减少等危机。家庭完成基本任务和实现基本功能的能力主要表现在 6 个方面:问题解决(problem solving)、沟通(communication)、家庭角色分工(family role)、情感反应(affective response)、情感卷入程度(affective involvement)、行为控制(behavior control)。根据家庭在上述 6 个方面的表现,我们可以判断家庭功能发挥良好与否。

(2) 家庭过程模式理论

该理论是斯金纳等人于 1980 年提出的。与上述家庭功能模式理论类似,该理论同样认为完成日常任务、危急任务等是家庭的首要目标,并且提出了评价家庭功能的 7 个维度:任务完成、角色作用、沟通、情感表达、卷入、控制和价值观。不同之处在于,家庭功能模式理论没有描述其 6 个功能维度相互之间的关系;家庭过程模式理论则认为 7 个维度是有机整体,每个维度之间有相互的关系,任务完成是核心维度,是家庭的目标,其他 6 个维度以此为中心发挥功能。比如,要完成任务就需要家庭成员进行角色分配,各自承担不同的职责;分配角色的过程就离不开沟通;沟通的同时一定存在情感的表达,而情感表达的过程则会促进或阻碍任务完成。另外,该理论还强调家庭成员个人的价值观和家庭规则的重要性,这也是影响任务完成的重要因素。通过对这 7 个维度的有机整合与评估,我们可以判断家庭功能发挥的效果。

（二）对家庭教育的启示与指导

不同类型的家庭功能理论都试图揭秘家庭的功能运作机制,寻求让家庭这个最基本的社会组织单位发挥最大功能的途径。教育是家庭最核心的功能之一,因此可以认为一个普遍功能不良的家庭,也无法正常发挥教育功能。家庭功能理论对家庭教育的启示正在于此:家庭教育并非是家庭中割裂的、可以单独存在的一种活动,也不是可以单独发挥作用的一种功能,而需要在整个家庭系统去探讨。

1. 家庭功能影响儿童的各方面发展

家庭功能理论为研究者提供了一个新视角:通过家庭功能评定量表,结合儿童各项发展量表,开展测量研究,探索家庭功能与儿童发展的关系。例如,有研究者发现,家庭的亲密度可以显著负向预测流动儿童的内化行为问题,即家庭亲密度越低,儿童的内化行为问题越多。一项家庭功能与儿童孤独感关系的研究也表明,家庭管理混乱,儿童与其他家庭成员缺乏亲密的情感与有效的沟通,他们会在家庭背景下直接体验到孤独感。还有研究表明,家庭功能与儿童人格发展、心理理论建构、情绪调节等诸多方面显著相关。[①]

2. 家庭教育要充分发挥家庭的各项功能

现代家庭的功能更加多元,与孩子的社会化进程具有密切关系,每项家庭功能都能帮助孩子做好社会化演练。根据家庭功能理论,家庭功能不良会阻碍家庭教育效果的发挥。极端来说,一个几乎没有经济功能的家庭,是无法保证未成年子女的基本生存的。研究证明,家庭功能不良会导致子女出现更多的外显和内隐问题。比如,一个亲密度极度匮乏、家庭角色混乱、没有稳定规则的家庭更容易导致子女出现抑郁、焦虑等身心健康问题,以及学业不良、吸烟、违法犯罪、物质滥用等适应不良行为。

3. 发挥家庭功能要综合考虑家庭系统

家庭功能理论也为发挥家庭功能,促进家庭教育质量提升提供了一定参考。一方面,发挥家庭功能,要考虑多方面因素。家庭是社会的基本单位,是个体身心发展的重要场所,对儿童身心发展具有重要作用。家庭对儿童的影响并不是通过某个单一因素实现的,更多是通过家庭系统来实现的。家庭结构、家庭社会经济地位、家庭关系、家庭发展阶段和家庭生活事件等都会影响家庭功能的发挥。因此,发挥家庭功能绝不能割裂地从某一个因素出发,而是要从家庭系统的角度出发。另一方面,发挥家庭功能要避免过犹不及。根据奥尔森的环状模式理论,家庭实现基本功能的结果与家庭亲密度和家庭适应性之间是一种曲线关系,亲密度和适应性过高或过低均不利于家庭功能的发挥。比如,如果亲密度过低,则家庭成员之间较难建立良好的情感联系;如果亲密度过高,家庭成员之间也容易发生越界问题和冲突。

---

① 申琴. 家庭功能视野下的儿童心理研究综述[J]. 科协论坛(下半月),2012(5):104-105.

第二节　教育学理论基础

教育学是研究人类教育现象、教育问题以及教育的一般规律的科学。教育学家对家庭教育的思考可以追溯到文艺复兴时期,在漫长的积累中也形成了对家庭教育的科学认识。通过教育学的视角来审视家庭教育,我们可以更好地了解和掌握家庭教育的基本问题与一般规律。

一、夸美纽斯的泛智教育理论

(一)主要观点

夸美纽斯(Jan Amos Komensky,1592—1670)是 17 世纪捷克著名教育改革家和教育理论家,是西方教育理论的奠基者,被誉为教育史上的"哥白尼"。他的泛智教育理论最为著名,主要包含以下几方面的内容:

1. 教育对象普及化

夸美纽斯的泛智教育理论首先体现在教育对象的普及化上。他认为,人人都应该接受教育,即知识应该教给"一切人",教育就是"把一切事物教给一切人的无所不包的艺术"[1],"一切孩子,不分男女,不分出身高贵或出身平民,不分富裕或贫穷,……都应该上学"[2]。这里的"一切人"主要包括三层含义:一是一切性别的人,即不论是男性还是女性都不应该被排斥在教育机会之外,因为女性"赋有同样敏锐的头脑和认识能力(往往比另一性别的人更多),她们有能力达到最高的地位"[3];二是一切阶级的人,即不论是富裕家庭的子女还是贫穷家庭的子女都拥有平等的受教育权,都应该接受教育;三是一切特殊的人,即不论是活泼聪明的人还是笨拙鲁钝的人都应该接受教育,甚至后者比前者更加需要通过教育获得发展。

2. 教育内容广泛化

夸美纽斯的泛智教育理论还体现在教育内容的广泛化上。他认为,人们都应该学习"一切知识",即接受所谓的"周全"教育。这种教育使得本已自然存在于人们身上的种子——学问、德行与虔信,得到充分开发与发展。这种"周全"的教育并不是"要求一切人掌握一切人文学科和科学的知识(即是说精确或深奥的知识)",而是"希望一切人学习的是现存一切最重要事物的原理、原因和用途"。[4] 因此,夸美纽斯为儿童制订了广泛详细的启蒙教学大纲,还在《母育学校》中建议父母为儿童提供百科全书式的教育内容,既包括自然科学知识,也包括社会科学知识,目的在于"必须在人身上播下一切知识的种子。我们希望他在一生的旅程中用这些知识装备起来"[5]。

---

[1]　夸美纽斯. 大教学论·教学法解析[M]. 任钟印,译. 北京:人民教育出版社,2006:7.
[2]　夸美纽斯. 大教学论·教学法解析[M]. 任钟印,译. 北京:人民教育出版社,2006:65.
[3]　夸美纽斯. 大教学论·教学法解析[M]. 任钟印,译. 北京:人民教育出版社,2006:66.
[4]　夸美纽斯. 大教学论·教学法解析[M]. 任钟印,译. 北京:人民教育出版社,2006:69.
[5]　夸美纽斯. 大教学论·教学法解析[M]. 任钟印,译. 北京:人民教育出版社,2006:237.

具体来说,教育内容应包含两个方面:

第一,认识事物,即学习一切学科领域中知识精华的总和。即要求人们掌握知识的精华,通过自我思考形成智慧,并在头脑中生根。人要懂得百科全书式的知识,掌握一切必须熟悉的东西,理解一切事物的原因,懂得一切事物的真正有用的运动。

第二,知行结合,就是在认识事物的过程中,必须与实践相结合进行学习。夸美纽斯主张教给学生的知识必须是有用的,必须具有实践应用性。"如果学了很多,知道很多,而这些知识对实际生活无益,没有什么比这种知识更无用了。人们又说,并不是知道得多的人就聪明,而是知道什么有用的人聪明。"[1]知行结合可以使学生进入社会后,将所学知识应用于社会,能够适应任何工作。

3. 教育的自然适应性

贯穿夸美纽斯整个教育思想体系的一条根本性的指导原则是教育适应自然的原则。他认为教育要在各方面与自然相适应,这主要体现在两个方面:

一是教育要适应自然界及其普遍法则。夸美纽斯认为自然界存在一种秩序,这种秩序保证了宇宙万事万物的和谐发展。秩序即自然界的普遍法则,人是自然界的一部分,因而人类的教育活动也必须与自然界的普遍规律相适应。他认为"教学的艺术所要求的不过是将时间、科目和教法加以精巧的安排"[2]。因此,他强调教育应当遵循合适的时机,比如教育应该从儿童时期开始。

二是教育应该依据人的本性即儿童身心发展规律进行。夸美纽斯认为,人是自然界的一部分,人的发展也有其自身的法则。教育适应自然还包括教育要适应人本身的身心特点。他认为,人的成长犹如一棵树苗、一粒谷米的发育生长,都有其自身的自然规律。因此,教育不能违背人的自然发展规律,"要学习的一切学科要这样安排,使之适应学生的年龄。凡是他们不能理解的,都不要给他们学习"[3]。根据人的身心发展规律,他划分了人的受教育年龄段,建立了统一的学校制度,认为0—6岁的幼儿应当进入母育学校,集中发展感觉;6—12岁的儿童进入国语学校,发展想象和记忆;12—18岁的少年进入拉丁学校(文科中学),学习发展思维和判断力;18—24岁的成人则进入大学(高等学校),培养意志与和谐发展能力。此处的母育学校不是指一个实体的学校,而是指"母亲的膝上",也就是父母要承担起"母育学校"的教师的工作,国家要为父母或保姆配备相应的手册来指导他们的工作。因此,每个家庭都是一所母育学校。[4]

(二)对家庭教育的启示与指导

1. 家庭教育要遵循儿童身心发展规律

夸美纽斯认为,教育同自然界一样存在某种秩序或者规律。只有遵循自然界的

① 夸美纽斯. 大教学论·教学法解析[M]. 任钟印,译. 北京:人民教育出版社,2006:164.
② 夸美纽斯. 大教学论·教学法解析[M]. 任钟印,译. 北京:人民教育出版社,2006:92.
③ 夸美纽斯. 大教学论·教学法解析[M]. 任钟印,译. 北京:人民教育出版社,2006:106.
④ 夸美纽斯. 大教学论·教学法解析[M]. 任钟印,译. 北京:人民教育出版社,2006:234-235.

这种客观规律，教育才能取得较好的效果。家庭教育作为一种非正规化、终身性质的私人教育，同样有其规律性。家庭教育首先要遵循的规律就是儿童身心发展的基本规律，要在合适的时间对孩子实施恰当的教育。

目前，家庭教育中存在超前化的问题。比如，有的家长对处在幼儿园阶段的孩子进行小学阶段的教育；有的家长对处在小学阶段的孩子便提出了初中阶段的要求。家庭教育只有回归到遵循儿童身心发展规律的正轨上，才能避免诸如此类问题的出现。

2. 家庭教育的内容要全面化

夸美纽斯认为儿童应该接受"周全"的教育，家长应该为子女提供百科全书式的教育内容。这意味着家庭教育的内容应该与儿童的实际生活需要相结合，要全面化、多样化、丰富化。目前，家庭教育存在"重智轻德""重身体轻心理"等现象，这显然不符合夸美纽斯"周全"教育的理念。家庭教育的目的不是把孩子变成一个只会学习的机器，而是要把孩子培养成一个能够独立生活的人。因此，家长不仅要注重孩子的学习，还应该重视孩子基本生活技能、良好行为品质、高尚道德情操、积极心理品质等方面的培养。从这个角度来看，家庭教育应该是一种素质教育、通识教育，而不是一种应试教育、专才教育。

3. 家庭教育要兼顾特殊家庭和儿童

在夸美纽斯看来，一切人都有接受教育的权利，并应该在接受教育的过程中获得发展，不论他来自何种家庭，是何种性别，或者在智力、生理上有何缺陷。这对于做好特殊家庭儿童的家庭教育以及特殊儿童的家庭教育来说具有重要启示作用。尽管目前家庭教育越来越受家长重视，但是一些特殊家庭往往由于家庭经济条件有限、家长工作压力大忽视了对子女的教育。相对普通儿童来说，有生理缺陷、情绪与行为障碍、学习障碍、智力障碍等问题的特殊儿童的家庭教育也更容易被忽视。从教育公平的角度来看，家庭教育不应该忽视任何一个群体，国家和社会要通过立法、政策等加强对留守家庭、流动家庭、单亲家庭等弱势家庭和贫困儿童、残疾儿童等弱势群体的家庭教育指导，最终实现"人人受教育"。

二、卢梭的自然教育理论

（一）主要观点

让－雅克·卢梭是 18 世纪法国启蒙运动最卓越的代表人物之一，他提出的自然教育理论冲击了长久以来封建落后的儿童教育观念，对后世教育理论尤其是儿童教育理论的发展起着奠基作用。其自然教育理论的核心思想是教育应"归于自然"，提倡教育要遵循儿童身心发展规律，顺其自然。

1. 自然教育的必要性

卢梭认为，儿童要接受三个方面的教育，"或来自自然，或来自人，或来自事物"[①]。

---

① 卢梭.爱弥儿：论教育：上［M］.李兴业，熊剑秋，译.北京：人民教育出版社，2017：9.

这三种教育只有协调一致,共同起作用,才能取得最好的教育效果。其中,来自人和事物指的是外界环境对人的成长发展所起的作用,这些因素可以人为干预和控制。但是,面对自然规律,人们是无法改变的,只能够做到顺应自然规律并加以利用。所以,人为教育和事物教育必须配合自然教育并朝向自然教育的最终目标。这也是进行自然教育的必要性。自然教育即回归天性,顺应自然。"因此,儿童最初的教育纯粹是消极的。这个阶段的教育,不在于要教他什么道德和真理,而是要让他的心灵免遭恶习的污染,预防他的思想出现谬误。"①

2. 自然教育的核心

卢梭认为,自然教育的核心就是要顺应人的自然天性,让人顺其自然地发展成为"自然人",即顺应自然、遵循儿童天性。他强烈抨击当时违背儿童身心发展规律、束缚儿童天性的封建教育,认为这与儿童发展的自然规律背道而驰,忽视了儿童作为人的主体性。这一思想体现在他的教育原则中就是不要争分夺秒,而要慢慢来,要有静待花开的耐心,即根据自然发展的规律在恰当的时间进行恰当的教育。因此,卢梭提出了"自然后果法",即当儿童犯了错时,让儿童去体验自己的不良行为所带来的自然后果,而不要人为免除这种后果,这样才能对儿童起到教育作用。

3. 自然教育的阶段

卢梭强调教育的方式和内容要遵循人自然发展的要求和顺序,他根据儿童身心发展的特点将人的教育按自然年龄划分成四个阶段:

第一阶段是0—2岁的婴儿期。这一阶段的主要任务是对儿童进行身体健康教育,要注重孩子的衣、食、睡眠等。他批评将刚出生的婴儿禁锢在襁褓中的做法,认为这会影响婴儿身体的自由发展。卢梭认为应该让婴儿在严寒酷暑中进行锻炼,获得强壮的体魄,从而为下一阶段的发展打下良好的基础。

第二阶段是3—12岁的儿童期。这一阶段应该对儿童开展"感觉教育",进行感官训练。因为此时儿童的思维以直观形象为主,主要通过感官认知周围事物。卢梭反对这一阶段的儿童学习书本知识,认为该阶段儿童还不具备接受抽象知识的客观条件,读书反而会使儿童沾染上恶习,产生错误的思想。

第三阶段是13—15岁的少年期。经过前两个阶段的发展,此时的个体已经具备了接受知识教育的条件,但个体所学的知识必须是他感兴趣的,且与他的生活息息相关,这样才能调动个体的学习兴趣。这个阶段主要可以对个体进行智力教育和劳动教育,以发展个体的心智,强健个体的体魄。

第四阶段是16—20岁的青春期。这一阶段的个体开始从自然走向社会生活,逐渐开始对社会关系有所敏感和发现,并已经具备了判断能力,因此这一阶段主要对个体进行道德教育,帮助个体树立正确的世界观、人生观和价值观。

---

① 卢梭.爱弥儿:论教育:上[M].李兴业,熊剑秋,译.北京:人民教育出版社,2017:92.

（二）对家庭教育的启示与指导

1. 家庭教育要尊重儿童的主体地位

卢梭认为传统的封建教育用严酷的纪律和体罚束缚了儿童的天性，忽视了儿童的主体地位，提倡要把儿童当儿童看待。尊重儿童的主体地位，意味着家长要转变传统的"以家长为中心"的教育观念，真正站在孩子的角度思考问题，尊重孩子的选择，避免用"过来人"的经验替孩子做规划和选择；意味着家长要尊重孩子特有的看法、想法和感情，而不是代替他们去感受万物；意味着家长要真正了解孩子，倾听孩子最真实的想法；等等。总之，就是要像卢梭所说的一样，让孩子真正成为孩子，让孩子释放天性，让孩子回归自身的内在自然，从而自由、全面地成长。

2. 家庭教育要避免功利化

卢梭自然教育理论强调教育要回归人的自然本性，教育的目标是培养"自然人"，即不受传统思想束缚、遵循自然天性、身心和谐发展的人，反对将孩子培养成"小大人""小绅士"。家庭教育的目标也应该是让孩子成为"人"，而不是实现家长某一目标的"工具"。偏离自然状态的家庭教育显然不利于培养具有独立思维、判断能力以及良好社会适应能力的"自然人"。

非功利化的家庭教育应该以促进孩子德智体美劳全面发展为目标。比如，家庭教育要特别注重孩子的道德教育。道德教育对孩子发展的影响是隐性的、持久的，是培养"自然人"的首要内容。家长应当为孩子树立良好的道德榜样，从身边的小事做起，潜移默化地传递正确的道德观；也可以在生活中积极实践道德行为，帮助孩子将领会的道德观通过实践内化、吸收。此外，家庭教育还要特别注重孩子的心理健康教育，帮助孩子学会交友，学会疏解压力，正确认识自己，珍爱生命，形成健全人格等。

3. 家庭教育要重视劳动教育

卢梭认为劳动教育是不能被忽视的。劳动教育是孩子道德发展的重要路径，也是自然教育的基本方法，能让孩子回归自然、懂得顺应自然。劳动教育和智力教育不是矛盾冲突的，而是相辅相成的。劳动教育能帮助孩子掌握基本的生活技能、必备的职业技能，是个体走向自由的必要条件。因此，家长要从小重视孩子的劳动教育，让孩子从父母营造的温暖襁褓中走出来，"必须趁早让他支配他的自由和体力，让他的身体形成自然习惯，让他时常能够管住自己，只要他有什么事，就愿意自己去做什么事"①。

三、蒙台梭利的自由教育理论

（一）主要观点

蒙台梭利（Maria Montessori，1870—1952）是意大利著名教育家，被誉为世界上自福禄培尔以来最伟大的幼儿教育家，基于蒙台梭利教育思想开展的教育创新与实践

---

① 卢梭.爱弥儿：论教育：上［M］.李兴业，熊剑秋，译.北京：人民教育出版社，2017：47.

至今仍在影响着教育界。蒙台梭利也认为教育应当遵从儿童本性与自然发展,给予儿童相应的自由,但她同时强调,自由不等于没有边界,不是"无为而治",自由是有规矩、有边界的自由。儿童的自由包括智力和人格两个方面。智力的自由是指给儿童游戏和活动的自由,使其自由探索,从而发展智力;人格的自由是指使儿童的情感、心理、意志等的发展不受外力支配,儿童能慢慢形成自己的个性,成为独一无二的自己。

1. 儿童是通过独立达到自由的

蒙台梭利认为,孩子从出生那一刻起,就是一个独立于母体之外的生命。独立是儿童的基本特征,是其成长的基础,他们天生就有一种独立活动的内心驱动力,独立活动是他们的本能。在独立活动的过程中,儿童慢慢探索世界,减少对他人的依赖,也逐渐感知自我,建立自我意识,从而逐渐积累起自己的经验,丰富自己的大脑,形成独立人格。也就是说,儿童是通过独立达到自由的,如果斩断这一独立探索的进程,儿童的发展也就相应停滞了。

2. 儿童是在不断努力中获取自由的

儿童通过独立达到自由,而具体的途径是独立活动。独立活动的本质是儿童的不断尝试与努力,这使得儿童能够发展出一种新的品质:意志。意志能帮助儿童在从事有目的、有组织的独立活动时,有意识地克服内外部的干扰,使冲动和抑制达到平衡。意志能促成儿童形成更高级的道德品质。因此,儿童通过独立活动,练习自我控制,不断努力、学习,发展意志品质,从而获得真正的自由。

3. 要在自由的基础上培养儿童的纪律性

蒙台梭利强调要给儿童的自由加上纪律的砝码,才能确保儿童的自由发展不会出现偏差。自由是有边界的,不是任其为所欲为的,这主要表现在三个方面:第一,自由存在群、己界限,个人的自由不能与集体利益相冲突,不能冒犯和干扰别人;第二,为儿童的自由设置纪律,是要让他服从,不是服从某个具体的人,而是要服从身心发展的自然规律,让他在适当的时候做适当的事;第三,儿童的纪律与自由相互依赖、一体两面,纪律是一种主观能动的积极状态,自由需要纪律的限制,纪律建立在自由基础之上,因此,儿童的自由与纪律是辩证统一的。

（二）对家庭教育的启示与指导

1. 家庭教育要给予孩子足够的爱

蒙台梭利所倡导的自由要以爱为基础——爱能够满足孩子对于安全感的需要,帮助孩子更好地适应陌生的外部世界。因此家庭教育要给予孩子足够的爱。一个没有安全感的孩子,很难真正独立自主地去探索外部世界、发展自我、获得自由。因此,让孩子自由发展的前提是给予孩子足够的爱。首先,家长要给予孩子无条件的爱,即完全接纳孩子的优点和缺点,而不是以"乖""听话""成绩好""好好吃饭"等为前提条件。其次,家长要给予孩子有规则的爱。家长给予孩子的应该是智慧之爱,而不是盲目的爱。即家长在爱孩子的同时也要有自己的底线和原则,不能无条件溺爱、代替包办、过度保护等。

2. 家庭教育要给予孩子充分的独立自主权

根据蒙台梭利的自由教育理论,儿童是通过独立、不断的努力获得自由的。因此,要想培养真正"自由的孩子",家长在家庭教育中需要给予孩子充分的独立自主权。

首先,家长要给予孩子独立自主活动的权利,即让孩子能够按照自己的意愿活动,如让孩子自己穿衣、吃饭、整理房间等。独立自主活动可以帮助孩子培养基本的生存能力,是孩子走向自由的第一步。其次,家长要给予孩子独立自主思考的权利,即尊重孩子的想法,而不是急于站在成人的角度纠正、指导孩子。比如,当孩子说太阳是蓝色的时候,家长不要急于告诉孩子太阳是红色的,而应允许孩子有想象的空间,或者引导孩子主动观察。自主思考可以帮助孩子获得智力和思维上的自由,是孩子走向自由的第二步。最后,家长要给予孩子独立自主选择的权利,即让孩子可以按照自己的意志、标准和准则决定自己的行为。比如,让孩子自己选择什么时候吃饭、睡觉、学习、玩耍等。这有利于孩子自律的形成,是孩子走向自由的最后一步。只有真正拥有了独立自主活动、思考和选择的权利,孩子才能真正独立,获得自由。

3. 家庭教育要在自由中培养孩子的纪律和规则意识

自由并不意味着可以忽略纪律和规则的建立,纪律和规则是建立在自由基础之上的。因为世间本也没有绝对的自由,都是相对的。这个观点对于家庭教育来说至少有两个方面的启示:一是家庭教育需要给孩子建立纪律和规则,这可以帮助孩子走向真正的自由。这意味着家长需要在爱孩子、给予孩子自主权利的同时为孩子设立一定的规则和底线,而不是任由孩子野蛮生长。二是家庭教育需要在自由中帮助孩子建立纪律和规则。即家长不能够使用暴力、让孩子屈服于权威的方式使孩子遵守纪律和规则,而是应该用爱的方式帮助孩子建立规则、理解规则。因为建立在权威基础上的纪律和规则并不能真正帮助孩子获得规则,只能让孩子服从或者产生委屈、反叛的情绪。

四、陶行知的生活教育理论

(一) 主要观点

陶行知(1891—1946)是我国教育史上伟大的人民教育家,师从美国教育家约翰·杜威(John Dewey,1859—1952)。他创立的生活教育理论对我国学校教育和家庭教育均有重要指导意义。陶行知生活教育理论的核心内容包括以下三个命题:

1. 生活即教育

陶行知生活教育理论的本质和灵魂是"生活即教育"。陶行知认为生活教育是以生活为中心的教育。教育源自生活,有生活即有教育,过什么生活,便是受什么教育。过好生活便受好教育,过坏生活便受坏教育。教育促进生活变化,教育又随生活的变化而发展。生活需要教育,教育也离不开生活,生活与教育是一个有机整体,生活的过程便是教育的过程。"生活即教育"阐述了教育与生活的密切联系,揭示了教育要以生活为中心的理念。

2. 社会即学校

陶行知的另一个重要论点便是"社会即学校"。陶行知认为把社会当作学校,是生活教育的组织形式,是教育空间的扩展与延伸,即把教育范围扩大到了整个社会,建构了学校教育、家庭教育及社会教育在内的大教育体系。在陶行知看来,社会、学校、家庭之间的教育应该是统一的、相互联通的,社会就是办教育的学校。对此,陶行知指出要"开笼放雀",将学校与社会打成一片。"学校即社会,就好像把一只活泼泼的小鸟从天空里捉来关在笼里一样。它要以一个小的学校去把社会上所有的一切东西都吸收进来,所以容易弄假。社会即学校则不然,它是要把笼中的小鸟放到天空中,使他能任意翱翔,是要把学校的一切伸张到大自然里去。要先能做到'社会即学校',然后才能讲'学校即社会';要先能做到'生活即教育',然后才能讲到'教育即生活'。要这样的学校才是学校,这样的教育才是教育。"① 只有这样,才能进一步丰富教育方法、教育内容,才有面向所有人办教育的可能。

3. 教学做合一

"教学做合一"是生活教育理论实施的操作方法,强调教学结合、知行合一。即"事怎样做便怎样学,怎样学便怎样教;教的法子要根据学的法子,学的法子要根据做的法子"②。这样,教、学、做合并为一体,以"做"为中心,教师通过做来教,学生通过做来学,从而达到真正的教学一体。

(二) 对家庭教育的启示与指导

1. 家长要以家庭生活为中心开展家庭教育

"生活即教育"思想对家庭教育的启示是家长要以家庭生活为中心开展家庭教育。家长为孩子提供了一种怎样的生活,其实就是在做怎样的家庭教育。因此,家长应当注重营造和谐的家庭生活,关注生活的细节,让孩子浸润在和谐的生活氛围中,才能有效地引导孩子良好习惯、健康身心的养成。

关于如何打造家庭生活,陶行知认为,孩子的人格及技能的形成与生活是息息相关的,让孩子参与家庭生活,能够使孩子得到全方位的训练。因此,家庭教育还需要注意以儿童为本、以生活为中心。家长可以充分利用丰富多彩的家庭活动,如日常饮食、打扫卫生、饭后散步、阅读、锻炼、礼节风俗、重大家庭事件的决策与实施,引导儿童积极参与生活,尊重儿童的个性和发展规律,塑造儿童的健全人格。

2. 家庭教育应该走出封闭状态

"社会即学校"思想对家庭教育的启示是家庭教育应该走出封闭状态,走进更广阔的社会空间。一方面,家庭教育要打破"教育只局限于小家庭的"的牢笼,为孩子的成长提供一个开放的空间,让孩子到大自然、大社会里去接受教育。另一方面,家长要注意以身作则,为孩子树立好的行为榜样。陶行知强调,社会即学校,这样先生

---

① 陶行知. 生活即教育[M]. 武汉:长江文艺出版社,2019:202.
② 陶行知. 生活即教育[M]. 武汉:长江文艺出版社,2019:126.

与学生便增多了,人人可以做我们的先生,人人也可以做我们的学生。可谓"三人行必有我师",同事、其他家长和孩子皆可为师。为此,家长要转变旧观念,与孩子互教互学,构建民主、平等、和谐的家庭环境。

3. 家长要善于通过行动教育来培养孩子

"教学做合一"思想给家庭教育的启示是家长要善于通过行动的教育来培养孩子,解放孩子的双手和大脑,鼓励孩子多动手,边做边学边思考,通过自己的体验获得真知。一方面,家长要善于给孩子创造自我探究与尝试的机会,利用生活中的具体事件来教孩子,鼓励孩子参与到实践中去。比如,家长应该避免用"爱"的方式去代替孩子体验、思考,而是让孩子自己的事情自己做、自己的问题自己解决。另一方面,家长应该尊重孩子各种奇怪的想法,放手让孩子触摸新知,探寻奥秘,鼓励孩子动手去做、去玩、去练,让他们在玩和练的过程中观察世界,在做中体验生活。

五、陈鹤琴的"活教育"理论

(一)主要观点

陈鹤琴是我国著名儿童教育专家、儿童心理学家,现代幼儿教育的奠基人,被誉为"中国现代儿童教育之父"。他在以杜威为代表的实用主义哲学思想的影响下,长期致力于中国化新教育探索,提出了"活教育"理论,目的在于改变旧教育"教死书,死教书,读死书,死读书"的现象。"活教育"理论是一个包含目的、课程、方法的系统理论。

1. "活教育"的目的论

陈鹤琴认为,"活教育"的目的是"做人、做中国人、做现代中国人"[1]。首先,"活教育"的目的是"做人",即做一个热爱人类(不论国籍、种族、宗教)、热爱真理(真理高于一切)的真正的人。其次,"活教育"的目的是"做中国人",即做一个热爱祖国、热爱人民、为国家兴旺发达努力的人。最后,"活教育"的目的是"做现代中国人",即做一个有健全的身体、建设的能力、创造的能力、合作的态度、服务的精神[2]的人。"活教育"的目的论从普遍且抽象的人类情感和认识理性出发,认识到了人的基本属性、社会属性和时代属性,逐层赋予个体民族意识、国家观念、时代精神和现实需求等内涵,使教育目标逐步具体化,表达了陈鹤琴对人的发展、对教育与社会变革的追求。

2. "活教育"的课程论

针对传统课堂教学将书本看作唯一教育资料的现象,在课程方面陈鹤琴提出了大自然、大社会都是活教材的"活教育"课程观点。他明确指出:"'活教育'的课程是把大自然、大社会做出发点,让学生直接向大自然、大社会去学习。……书本上的知

---

① 陈鹤琴.陈鹤琴教育论著选[M].吕静,周谷平,编.北京:人民教育出版社,1994:340.
② 陈鹤琴.陈鹤琴教育论著选[M].吕静,周谷平,编.北京:人民教育出版社,1994:340-343.

识是间接的,大自然、大社会才是我们活的书,直接的书。"[1] 即儿童应该直接从大自然、大社会中学习,从活的教材与课程中学习。尽管陈鹤琴主张从自然和社会中直接获知,但他并未绝对强调经验,决然否定书本。他认为,尽管"活的"和"直接的"知识要"大大优于"书本知识,但只要恰当地用作参考资料,书本是有用的,问题是不能像通常那样把书本当作唯一的教育材料。[2] 他还认为,"活教育"的课程应该打破惯常按学科组织的体系,采取活动中心和活动单元的形式,即能体现儿童生活整体性和连贯性的"五指活动"(儿童健康活动、儿童社会活动、儿童科学活动、儿童艺术活动和儿童文学活动),借此将儿童的生活与学科知识融合起来,达到教育目的。

3. "活教育"的方法论

陈鹤琴倡导"做中学,做中教,做中求进步"的教育方法。他认为:"一切学习,不论是肌肉的,不论是感觉的,不论是神经的,都要靠'做'的。"[3] "做"是学生学习的基础,因此也是"活教育"方法论的出发点。同时,他也看到儿童在"做"中可能带有的盲目性,因此强调教师要对儿童的"做"进行有效指导。因此,他总结出了 17 条"活教育"的教学原则:凡儿童自己能够做的,应当让他自己做;凡儿童自己能够想的,应当让他自己想;你要儿童怎样做,就应教儿童怎样学;鼓励儿童去发现他自己的世界;积极的鼓励胜于消极的制裁;大自然、大社会是我们的活教材;比较教学法;用比赛的方法来增进学习的效率;积极的暗示胜于消极的命令;替代教学法;注意环境,利用环境;分组学习,共同研究;教学游戏化;教学故事化;教师教教师;儿童教儿童;精密观察。[4] 此外,陈鹤琴还提出了"教活书,活教书,教书活;读活书,活读书,读书活"[5] 的口号。总之,"活教育"的方法论重视直接经验,强调以"做"为中心,主张打破班级、时间、空间、教材的界限,不提倡班级授课制,重视室外活动,提倡"共同研究学习"。

(二)对家庭教育的启示与指导

1. 家庭教育的目的应该是"教孩子做人"

从"活教育"的目的论来看,其宗旨是"做人教育"。家庭教育的根本目的也应该是"教孩子做人",即让孩子"成人"。而"成人"的方面是多层次的,包含了自我实现和对社会的贡献。在功利化教育观念的影响下,如今有些家长过于追求"让孩子成才"这一目标,导致"鸡娃"等教育焦虑现象频发。这不仅不利于孩子健康成长,也不利于建立良好的亲子关系,以及良好的教育生态。这种观念也带有"精英教育"的影子,追求个人成功,而忽视社会需求和民族期待。因此,未来家庭教育应该更加注重"做

---

① 陈鹤琴.陈鹤琴教育思想读本:活教育[M].陈秀云,柯小卫,选编.南京:南京师范大学出版社,2012:77.

② 陈鹤琴.陈鹤琴教育论著选[M].吕静,周谷平,编.北京:人民教育出版社,1994:347.

③ 陈鹤琴.陈鹤琴教育思想读本:活教育[M].陈秀云,柯小卫,选编.南京:南京师范大学出版社,2012:14.

④ 陈鹤琴.陈鹤琴教育思想读本:活教育[M].陈秀云,柯小卫,选编.南京:南京师范大学出版社,2012:13—67.

⑤ 陈鹤琴.陈鹤琴教育论著选[M].吕静,周谷平,编.北京:人民教育出版社,1994:287.

人教育",教孩子正确的做人态度,帮助孩子掌握必要的人生技能等。家庭教育还需要将"做人教育"与国家发展和时代背景相联系,培养能够适应社会发展、为国家作出贡献的人。

2. 家庭教育的内容应该是全面而灵活的

根据"活教育"的课程观点,儿童健康活动、儿童社会活动、儿童科学活动、儿童艺术活动和儿童文学活动(语言活动)五种活动在儿童的成长中不可偏废,就像一个人的五根手指一样是一个整体。这对于构建家庭教育的内容具有重要启示作用。一方面,家庭教育的内容应该是全面的,即家庭教育既要重视孩子的智力发展,也要重视孩子的健康体魄、品德行为、审美情趣、劳动技能等的培养。另一方面,家庭教育的内容应该是灵活的,即家庭教育的内容可以来源于书本,也可以来源于真实的生活世界,比如田野、动物园、博物馆、科技馆等。总之,与孩子成长密切相关的、对孩子发展有重大价值的都可以成为家庭教育的内容。

3. 家庭教育的方法应该尊重儿童

"活教育"的方法论强调"做中学,做中教,做中求进步",反对传统的填鸭式的、死记硬背的"死教育"。这体现了"活教育"理论尊重儿童的思想,对于家庭教育的方法具有重要启示作用。由于儿童具有好奇、好动、喜欢模仿、喜欢户外生活等心理特点,因此家庭教育也应该尊重儿童的这些心理特点,用适合儿童的方式来开展。比如,家庭教育要充分利用儿童的好奇心,注重"寓教于生活""寓教于游戏",即家长可以通过家庭生活和游戏的方式向孩子传递正确的教育观念;家庭教育还要充分利用儿童好动、喜欢模仿等特点,注重理论和实践相结合,即家长可以通过榜样示范、和孩子一起动手实践的方式向孩子展示知识和道理。此外,家庭教育还应该尊重每个孩子的个性,因材施教,即每个家长都需要在充分观察、了解自己孩子的基础上,帮助孩子扬长避短,将孩子的优势发挥到极致。

第三节　社会学理论基础

社会学是探讨集体行为、社会结构及功能的科学。由于家庭是群体组合,因此家庭的形成、改变、发展与功能也一直是社会学家关注的焦点。社会学可以帮助我们更好地理解家庭教育中的社会性规律和特点。

一、社会角色理论

社会角色理论,也称角色理论(role theory),是一种从戏剧学"角色"概念发展而来的,融合了社会学、心理学和人类学等多种学科的跨学科理论,也是社会学的基本理论之一。社会角色理论用来解释家庭成员的不同角色,以及角色之间的关系,对促进家庭教育有重要意义。

（一）主要观点

总体来说，社会角色理论在其发展过程中主要形成了两大理论流派：结构角色理论和过程角色理论。前者以拉尔夫·林顿等人为代表，强调社会角色规范、角色期望对于个体角色扮演的影响，认为角色是一种静态的位置象征（即个人所处的社会关系和社会地位）；后者以乔纳森·特纳（Jonathan H. Turner, 1942—　）等人为代表，强调从社会互动的角度来研究角色扮演、角色期望、角色冲突等角色问题，认为角色是动态关系的结果，个体在角色中有一定的主体性和能动性。

尽管两种角色理论视角不一，但二者都认为角色不是孤立的，每个角色都必须与其他角色相对应而存在。根据角色理论的观点，社会就像一个大舞台，社会生活就像剧本，各种客观环境或具体情境就像舞台上的场景，不同身份和地位的活动着的人就像舞台上的演员、幕后的导演、台下的观众等，每个人都承担着自己的角色任务，并按照自己所扮演的角色要求在表演。在社会生活中，人们的表演行为不仅会受到环境（场景）、社会规范（剧本）、领导者（导演）、同伴（同伴演员）及其他人（观众）的制约，还会受到个人对角色的理解、个人经验等的影响。

角色理论中的重要概念有角色期望、角色学习、角色扮演、角色冲突、角色偏常和角色创新等，了解这些概念有助于我们更好地理解该理论，及其对家庭教育的影响和作用。

1. 角色期望

每个人都在社会结构或者社会关系大系统中占据一定的位置（即角色地位）。人们对处于这个位置的人应该如何看待事物（即有什么样的态度），应该如何行动（即有什么样的行为）等都寄予了一定的要求和期望，这种要求和期望就是"角色期望"。

人们对于不同的角色有不同的角色期望。例如，"严父""慈母"就是人们对于父亲和母亲这两个不同社会角色的普遍的角色期望。不同的人对于同一角色的期望也会有所差异，从而造成彼此关系疏离或对立。例如，如果父亲与儿子对于"好父亲"这个角色的角色期望存在差异，那么父子之间就容易因此产生矛盾。角色期望也不是一成不变的，而是随着社会发展、文化变迁和家庭环境变化等不断发展变化的。

2. 角色学习

角色学习，又称作角色获得，是指一个人通过观察、想象等多种途径，把别人对自己的表情、态度、行为等作为镜子来认识自己，并按照别人的期望不断调节和塑造自己，使自己了解与掌握所扮演社会角色的义务、权利、态度、情感和行为要求的过程。

一方面，角色学习是角色扮演的基础。一个人只有了解和掌握了所扮演社会角色的各种要求，才能正确地进行角色扮演。另一方面，角色学习也是一个人实现社会化的过程。社会化的本质就是一个人学习社会角色、获得社会角色、胜任社会角色的过程。如果一个人的态度、行为偏离了其社会角色期望，就可能引起周围人的异议或者反对，那么就需要通过角色学习来重新塑造自己。儿童就是在不断的角色学习过程中获得各种态度、行为的。

3. 角色扮演

角色扮演是指一个人按照角色期望和角色规范所确定的行为框架来行动,使自己的言行符合这一角色的过程。角色规范人的行为,扮演什么角色就得有什么样的行为。由于现实生活是丰富多彩的,一个人往往在不同的社会位置上表现出不同的社会行为,即扮演不同的角色。众多的角色集中在一个人身上,会组成一个"角色丛"。角色扮演得成功与否,主要取决于一个人对他人角色的理解和对自我角色的理解两个方面。

4. 角色冲突

角色冲突是指由于社会地位和社会生活的多元性等,一个人身兼两个及以上角色时出现的角色之间互不相容,从而导致顾此失彼、无法两全的一种角色失调现象。角色冲突的表现形式主要有两种:一种是角色间冲突,指的是一个人在承担不同角色任务时,由于时间、精力及自身价值倾向等制约,不能同时满足外界对不同角色的期望而产生的矛盾冲突。例如,一个人既是母亲,又是公司职员,当她不能同时履行照顾孩子和完成工作任务时产生的顾此失彼、不能两全的矛盾冲突就是角色间冲突。另一种是角色内冲突,指的是一个人在担任同一角色时,由于不能同时满足多方面需要或者自我期望时产生的矛盾冲突或心理困境。例如,一个人作为母亲时,当她不能同时满足既要对孩子严格要求,又要对孩子给予爱时产生的心理困境,就是角色内冲突。

5. 角色偏常

角色偏常,又称角色偏差,指的是一个人的行为严重偏离自己的社会身份和一般社会期望的现象。当一个人出现角色偏常时,其所持有的有关自我角色的概念,与社会对其角色的一般概念会有显著差距。例如,有心理疾病的患者,当他们的行为偏离了社会对"正常人"的一般期望与要求时,就会成为角色偏常者。情绪与行为障碍儿童、学习障碍儿童等特殊儿童在某种意义上就属于角色偏常者。如果一个人出现了角色偏常,他可能会受到社会系统的"惩罚",出现社会适应问题。

6. 角色创新

角色创新,又称角色创造,是指一个人通过行为实践等,拓展既有的角色行为范围,使行为超出一般或典型角色行为模式,引发原有角色概念变化的过程。社会对于每一种社会身份的占有者应有怎样的行为,都有一定的期望模型,这个期望模型就是这种社会身份的角色概念。当一种固有的角色概念被拓展后,就出现了角色创新。例如,在传统社会,女性的角色被严格限制在家庭范围内养育子女、完成家务等。随后,某些女性先驱者走出了家门,开始从事做生意、踢足球、打篮球等不同的职业和运动,从而用自己的行为实践改变了社会对于女性角色的原有概念,拓展了女性角色的行为范围,这就是角色创新。

▌ 学习活动：案例分析　》》》

　　小林是一名小学老师,担任班主任和年级教导主任,工作能力突出,教学经验丰富。同时,她也是一位母亲,儿子刚刚进入小学三年级,学习成绩并不突出。小林的丈夫是一名销售经理,经常出差不在家。丈夫认为小林既然是老师,那么负责教育儿子也是理所当然的,因此将所有的教育工作全交给小林,自己只满足儿子生活上的需求。小林虽然颇有微词,但也认同这种想法,于是用教育学生的方式教育儿子。小林对儿子的功课抓得十分严。儿子一直埋怨自己的妈妈是个小学老师,而且因为爸爸不在家,感觉回家和在学校一样压抑、沉闷。母子关系越来越紧张,爆发了多次冲突之后,儿子越发沉默寡言,不愿意跟妈妈交流,放学之后跟同伴外出的时间也越来越长。小林感到十分头疼。

　　请用社会角色理论来分析案例中小林的角色和亲子冲突产生的原因。

(二) 对家庭教育的启示与指导

　　社会角色理论不仅对于分析社会关系、探究社会规律、解剖社会结构等具有重要意义,还对于促进家庭与儿童发展,改善家庭人际关系、家庭教育环境等具有重要启示作用。

　　1. 在家庭教育中家长要以身作则,激励子女的角色学习

　　家庭教育的施行过程,可以说就是在家庭这个特殊的角色扮演情境中,促进子女完成角色学习、实现社会化的过程。在家庭教育中,要激励子女的角色学习,家长首先要以身作则,通过角色学习,了解和掌握家长角色的义务、权利、职责、行为和观念需求等,然后才能正确地扮演好子女社会化的施教者角色。比如,家长需要主动学习和了解如何正确履行家庭教育责任,如何理解和尊重子女,如何反思自己在教育子女过程中的不足,等等。此外,家长还需要在扮演家庭角色时做到谨言慎行,用良好的角色形象潜移默化地影响子女的成长。

　　2. 在家庭教育中家长要做好角色协调,尽量避免角色冲突

　　在家庭教育中,家长往往需要扮演多种不同的角色,被要求履行不同的角色职责,比如社会成员的角色、家庭成员的角色、子女社会化的施教者角色以及自身社会化的承担者角色等。另外,当家长扮演同一种角色(如丈夫)时,社会、家庭其他成员对其的角色期望也可能存在很大差异。因此,在家庭中存在角色冲突几乎是不可避免的事情。如果家长不能妥善解决家庭中的角色冲突,就会导致家庭出现不同程度的危机或问题,从而对子女的健康发展造成消极影响。为了避免家庭中严重的角色冲突对子女造成不良影响,家长需要寻找应对角色冲突的建设性途径,做好角色协调。家长首先要做好角色转变,顺利完成从做父母前到成为父母后的角色过渡。家长要守好自己的角色域,明确自己在家庭中的角色任务,使自己的行为与别人对自己的角色期待一致,既不"渎职",也不"越俎代庖"。家长还要分清楚不同角色之间的

区别、轻重缓急关系等,妥善处理好不同角色之间的平衡。比如,在扮演"家长"角色时,既要给子女亲情的爱抚,也要树立家长的权威;在扮演"第一老师"角色时,要作出表率,给孩子树立良好的榜样;等等。此外,家长还可以通过在家庭内部进行"角色互换"的方式体验不同的角色,学会设身处地地为其他角色考虑,从而避免出现角色冲突。

3. 在家庭教育中家长要对子女进行有意识的角色训练,避免其出现角色偏常

在家庭中,由于儿童年龄较小以及生活范围局限,他们有关自我角色的概念往往是由家长(主要是父母)这一重要他人来界定和塑造的。研究发现,儿童角色偏常的出现往往与其家庭对其进行的角色训练紧密相关。如果家长由于家庭自身的问题,没有或不能对儿童进行有意识的角色训练,那么儿童就可能在进入幼儿园或学校之前形成某种不良行为或习惯,即"隐性角色偏常"。随着儿童的成长以及活动范围的扩大,这种隐性的角色偏常可能会进一步发展成为真正的角色偏常,阻碍儿童未来的智力发展与人格发展,导致儿童社会处境不良。[①]因此,为了促进孩子健康成长,避免其出现角色偏常,家长需要对孩子进行有意识的角色训练。这要求家长要对孩子的行为有明确的、严格的规范,即要让孩子有明确的自我角色概念,知道自己在家庭中的位置及与别人的关系,知道自己哪些行为是被允许的。需要注意的是,为了帮助孩子更好地适应社会,家长在对孩子进行角色训练时,应该按照社会的规范和期望,而不是仅仅根据自己家庭内部的要求。

4. 在家庭教育中家长要给予子女足够的角色创新空间

在家庭教育中,很多家长都对子女有角色期望,如培养一个听话的"乖孩子",或者一个有成就的"好孩子",并鼓励孩子进行这种"乖孩子"或"好孩子"的角色扮演。这其实并不利于儿童独立性、自主性和创造性的发展,也不符合社会对于创新型人才的培养目标。从角色创新的角度来看,家庭教育不应该仅仅是一个简单的角色扮演过程,而更应该是一个角色创新的过程。如果儿童在家庭中只是听从家长的安排,安分守己地扮演好自己的角色,实现家长的角色期望,那么他最终将失去创造性以及主动参与的积极性等,甚至可能成为一个由外部社会牵动的"木偶"或者由家长期望操控的"傀偶"。因此,在家庭教育中,家长不仅需要使孩子有明确的自我角色概念,使孩子可以正确地进行角色扮演,形成良好的行为习惯与道德品质,还需要给予孩子足够的角色创新空间,使其独立性、自主性、创新性和自信心等可以得到充分发展。

二、符号互动理论

符号互动理论(symbolic interactionism),又称象征互动论,是 20 世纪初在西方社会学界兴起的一种通过微观角度分析人们日常行为、人际互动的理论。其大致经历了三个发展阶段:以齐美尔(Georg Simmel,1858—1918)、詹姆斯(William James,

---

① 金盛华. 角色理论与家庭儿童发展研究[J]. 心理发展与教育,1994(1):38-43.

1842—1910)、杜威、库利（Charles Horton Cooley,1864—1929）等人为代表的形成期（19世纪末、20世纪初），此时齐美尔的自我理论、詹姆斯的自我概念与分类、库利的"镜中我"理论等理论和思想对符号互动理论的形成具有重要影响；以米德（George Herbert Mead,1863—1931）为代表的创立期（20世纪20—40年代），此时米德出版了重要著作《心灵、自我、社会》（*Mind, Self and Society*），并创立了符号互动论的核心理论；以布鲁默（Herbert Blumer,1900—1987）、库恩（Manford Kuhn,1911—1963）、戈夫曼（Erving Goffman,1922—1982）等人为代表的发展分化期（20世纪50—60年代），此时布鲁默进一步将米德的思想发展，形成了芝加哥学派，库恩开创了爱荷华学派，戈夫曼提出了戏剧理论。其中，米德是符号互动理论的核心人物和真正创立者，对符号互动理论作出了开创性的贡献。

（一）主要观点

以米德为主要代表的符号互动理论可以简单概括为：人类是通过创造符号、使用符号、识别他人的符号来进行人际互动、自我认识、情景理解和作出反应的；互动使人类获得了自我和心智，并成为独一无二的物种，互动也是构成社会的基础。可见，"符号"和"互动"是符号互动理论的核心。为了更好理解符号互动理论及其对家庭教育的影响，下面将介绍符号互动理论的几个主要概念：符号、自我、角色领会、情境定义。

1. 符号

"符号"是符号互动理论的核心概念，是人们进行人际互动的媒介和基础。人类通过创造各种符号来进行沟通和人际互动。通过符号，个体可以展现其思想、观念、态度与价值，同时也通过解释与分析符号来了解他人。

在符号互动理论中，"符号"是一个内涵十分丰富的概念。米德认为，符号主要包括"言语"和"姿态"两种最基本的类型，比如声音、手势、面部表情等。布鲁默认为，符号指的是人类个体所能感知到的一切客观物质，包括客观实体（如花草树木、家具等）、人群（如妈妈、服务员、朋友、敌人等）、社会行为（如压迫、要求等）、场景（如学校、家庭、机关单位等）等。可见，符号几乎网罗了世间万事万物，如自然界的声、电、光、热，人类社会的人、语言、活动、法律，以及人的意识、思想等。

2. 自我

"自我"也是符号互动理论的一个重要概念，是在人们日常互动过程中逐渐产生的。根据米德的论述，"自我"分为"主我"（I）和"客我"（me）。"主我"是指个人在其行动的顷刻之间面对情境要求的一种实际行为反应，包含没有约束的主观情绪和经过思考的意识主体两层含义。"客我"是指个人采取他人的立场观点来反思主我，包含社会约束个体行为的体系和人实现自我约束的体系，是人的外在表现，体现的是个体的经验积累及社会共同的价值观。"主我"具有主观能动性和创造性，"客我"则是实现自我、社会约束的必要条件。如果"主我"的某次行动得到奖励或处罚，那么个体就会修正自我概念中的"客我"的成分，多次重复就使修正后的自我概念稳定下来，并趋同于所属群体的整体性质。

米德认为，"自我"的形成主要经历了三个阶段：玩耍阶段、游戏阶段和"泛化的他人"阶段。在玩耍阶段（大约处于婴幼儿时期），儿童主要通过模仿或扮演他人（如父母、老师、玩伴等）来进行互动（表现自己、评价自己以及获得一些人物角色规范的知识等），这是儿童社会化的第一步。在游戏阶段（大约处于童年期），儿童不再像玩耍阶段一样通过偶然、随意、单纯的模仿进行角色扮演，而是进行有规则、有组织的游戏（如丢手绢、捉迷藏等），并学会遵守规则，通过活动的群体性和共同性规则等来评价自己等，此时儿童已经具备了一定的社会性。"泛化的他人"阶段（大约处于青少年时期），也被称作复杂游戏阶段，此时儿童进入了一个更广阔的社会环境，开始参与一些相对复杂并且具有严格要求和严密组织的游戏（如踢足球），并按照社会群体的规则来作出行动、评价自己等，此时儿童的自我和人格逐渐趋于成熟。

3. 角色领会

角色领会，又称角色承担，指的是在人际交往和互动过程中感受并理解他人角色，并根据他人态度和意向行动的一种基本能力。这是一种"将心比心""设身处地"的能力，即置身于他人的立场，以他人的想法作为自身行动的准则的能力。正是因为具备了这种能力，人们才能够读懂对方、预想对方的反应并彼此调适，人际交往和互动才能够顺利进行，人与人之间才能够开展合作，人与人的关系才能顺利发展。如果没有角色领会，互动就不会真正发生，社会组织也将不存在。

4. 情境定义

情境定义是指人类行为不是对环境刺激的简单反应，而是一个进行主观定义的过程。这意味着个体要先有一个对情境进行解释的过程，然后才会根据自己的解释作出相应的反应。因此，个体如何理解和解释情境对个体后续的行为和反应非常重要。个体如何解释情境则受其所处社会和文化环境、角色领会及其对符号意义的界定和解释的影响。比如，如果一个孩子把同伴的言行等"符号"错误识别为歧视、侮辱、偏见等，就会引发同伴冲突；如果一位家长把孩子的言行等"符号"错误识别为故意、叛逆、反抗等，就会引发亲子冲突。

（二）对家庭教育的启示与指导

符号互动理论被广泛应用于教育学、心理学、管理学、社会学等多个领域，对家庭教育也有重要启示作用。

1. 家庭教育是一个双向、交互、动态的过程

首先，符号互动理论为家庭教育提供了一个新的研究视角，形成一种动态的家庭教育观和交互作用观。以往的家庭教育较多地看到子女对家庭环境的被动适应，忽视了子女对环境的主动选择，忽视交互作用，是一种静态的家庭教育观。根据符号互动理论，家庭教育的实质就是父母与子女运用符号进行互动的过程。一方面，父母通过语言、表情、动作、手势等符号把自己的思想传达给子女，对子女产生影响，并通过子女的符号来理解子女；另一方面，子女根据情境来理解父母施教符号的含义，并使用符号与父母进行沟通、表达自己。可见，符号互动理论使过去以父母为主角的家庭

教育观,转向了注重父母与子女间的互动关系和子女角色的主动性,重视交互作用、共同生成的动态的家庭教育观。这种家庭教育观能够更好地体现和发展儿童的独立性、创造性、主体性等,从而更好地实现家庭教育的目标。

2. 家庭教育要善于借助正确的符号开展积极互动

根据符号互动理论,家庭教育是借助符号产生的,家长使用什么样的符号、如何使用符号都会影响最终的教育效果。如果家长能够在家庭教育过程中正确使用符号,那么将会产生积极的家庭互动,从而产生积极的家庭教育效果。因此,从家庭教育方法的角度来看,符号互动理论对其有以下启示作用:

第一,家长要多使用积极的符号与子女进行互动。家庭是儿童社会化的重要场所,家长是影响子女社会化的重要他人。家长的言行举止、价值观、信念、态度等都会对子女产生潜移默化的影响。为了使子女在积极的家庭互动中形成良好的"镜中我"感受,促进子女健康成长,建立良好的亲子互动关系,家长需要在与子女的互动中多使用积极的符号,如多使用积极的语言对子女作出评价(如赞赏、鼓励等)。

第二,家长要尽量使用子女能够理解的符号与其进行互动。在家庭教育过程中,亲子之间出现互动不良、沟通障碍时,往往是由于家长所发出的符号信息没有被子女顺利接收到,或者接收时出现了误差。为了避免子女对符号的理解出现偏差或者符号传递出现偏差,家长需要尽量使用子女能够理解的符号信息与子女进行互动。比如,可以使用生动的教育语言、抑扬顿挫的语音语调、丰富的表情或肢体动作、形象的图片或视频等。

第三,家长要多使用非言语符号(身教)与子女进行互动。有声的符号(语言)在家庭教育中具有重要意义,无声的符号在很多时候也可以在家庭教育中起到更重要的作用。即"身教"往往比"言传"更具有说服力,更能取得好的教育效果。

3. 家庭教育要尊重和理解孩子、循序渐进开展

家长和孩子之间的互动不是随意的,而是需要遵循一定的规律或原则。从家庭教育原则的角度来看,符号互动理论对其有以下启示作用:

第一,家庭教育要以儿童为本,尊重和理解孩子。这意味着,家长要在角色领会或角色承担的过程中,多站在孩子的角度思考问题,将心比心。因为只有当家长与孩子处于同一情境时,才能够更好地理解孩子是如何思考的,孩子为什么要如此行动。另外,由于孩子在家长面前会进行角色表演,因此有时候家长需要深入孩子的内心世界,去理解他们所使用的一些符号(如肢体、表情等),善于发现孩子表面现象背后的真相,不被表象迷惑。只有这样,家长才能真正做到尊重和理解孩子。

第二,家庭教育要循序渐进,尊重儿童成长规律。根据米德的理论,儿童"自我"形成的过程实质就是儿童完成社会化的过程。这不是一个一蹴而就的过程,而是一个循序渐进、从简单到复杂的过程。在不同的阶段,儿童有不同的特点和社会性发展需求。家长只有在理解孩子经验水平的基础上,向孩子提出合适的要求,才能够帮助孩子更好地完成自我和人格的塑造。

理解·分析·应用

1. 简要阐述弗洛伊德的心理性欲发展理论。
2. 陶行知的生活教育理论对家庭教育的启示是什么?
3. 简要阐述陈鹤琴"活教育"理论的核心观点。
4. 你认为家庭教育为什么需要心理学的理论基础?
5. 结合生态系统理论阐释社会、学校共同支持家庭教育的必要性。
6. 结合本章学习的理论,论述"儿童本位"的家庭教育应该如何实践。
7. 你周围有哪些家庭教育中的代际传递现象? 试用本章学习的理论分析这些代际传递现象的成因是什么。

拓展阅读指导

1. 边玉芳,等.儿童心理学[M].杭州:浙江教育出版社,2009.
2. 叶浩生.西方心理学理论与流派[M].广州:广东高等教育出版社,2004.
3. 克莱因.儿童精神分析[M].徐晴,陈虹,陈伦菊,译.北京:九州出版社,2017.
4. 卢梭.爱弥儿:论教育:上[M].李兴业,熊剑秋,译.北京:人民教育出版社,2017.
5. 卢梭.爱弥儿:论教育:下[M].李兴业,熊剑秋,译.北京:人民教育出版社,2017.
6. 陈鹤琴.家庭教育与父母教育[M].2版.上海:上海人民出版社,2016.

第四章

家庭教育实施的基本问题

4

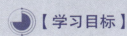

【学习目标】

1. 了解家庭教育的基本要素。
2. 了解家庭教育的目的与任务。
3. 理解家庭教育的基本原则。
4. 能够运用家庭教育的方法解决实际问题。

【知识导图】

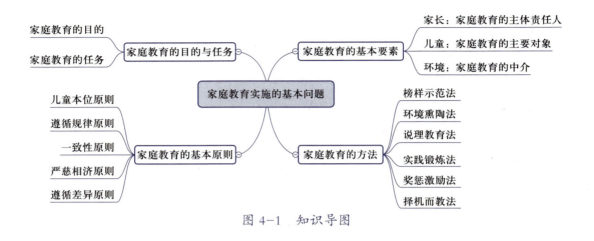

图 4-1　知识导图

【情境链接】

2021 年 7 月 24 日,中共中央办公厅、国务院办公厅印发《关于进一步减轻义务教育阶段学生作业负担和校外培训负担的意见》,也就是"双减"政策。为孩子减轻学业负担是好事,但家长们却有点不知所措。

在"双减"之前,"鸡娃""牛娃""教育内卷"正闹得火热。家长们为了不让孩子输在起跑线,帮他们报辅导班,并陪读、陪做作业,甚至违背教育规律,让孩子过早地学习更高年段的知识。不仅孩子苦不堪言,家长也深受其害,家庭亲子关系更是紧张。

"双减"政策一落地,学校的学业负担轻了,辅导班消失了,孩子一下多出了很多时间,学校提供的多样化课余生活也能满足孩子的兴趣需求。但家长们却并没有因此放下心来,总觉得孩子在业余时间不学习就会被超越,就一定会在未来的竞争中失利——他们看到了"双减"之后孩子空出来的时间,却完全不知道除了学习,该在这些时间安排什么内容。

家庭教育究竟该教些什么?家长除了保证孩子吃饱穿暖,只剩下督促学习的责任了吗?学校教育又该承担怎样的责任呢?要厘清这些内容,就需要对家庭教育的基本问题有清楚的了解。在本章中,我们将会讨论家庭教育在实施过程中的几个基本问题,包括家庭教育的基本要素、目的与任务、基本原则与方法。这是家庭教育方法论的起点。

第一节　家庭教育的基本要素

　　家庭教育是家长(主要是父母)在一定环境中对子女(主要是未成年儿童)实施的教育和影响。家长作为家庭教育的主要施教者,承担着家庭教育的主体责任;儿童作为家庭教育的主要受教育者,是家庭教育的对象;教育活动发生在特定的环境中,环境是教育活动的中介,也制约着家庭教育的效果。家长、儿童与环境共同构成家庭教育的三个基本要素,且缺一不可。有了家长和儿童,才会产生亲子关系,才有互动的主体,也才能产生实质的家庭教育过程与效果。而不同环境下实施的家庭教育,效果也不一样。在没有儿童的家庭(丁克家庭、一人户家庭),或者没有家长的家庭(仅有兄弟姐妹的残缺家庭)中,家庭教育就无从发生(在残缺家庭中由年长的哥哥或姐姐代行家长职责的除外)。

一、家长:家庭教育的主体责任人

　　家长(未成年子女的父母和监护人)是家庭教育的实施者,在家庭教育中扮演着重要角色。首先,家长要实施家庭教育,这既是血缘关系等决定的,也是法律规定的基本义务;其次,家长的角色不是一成不变的,需要随着儿童的出生和成长作出改变,也需要随着家庭、社会的变化作出调整;最后,家长在家庭教育中具有多重角色定位,应承担家庭教育职责。

(一) 家长的家庭教育主体责任既是天然的也是法定的

　　l. 家长的家庭教育主体责任是天然的

　　父亲、母亲的身份所具有的生物学本质,指向人类的繁衍,孕育、抚养子女,直到子女完全成熟、可以成为独立的社会个体,是家长的基本责任。这似乎是人类独有的繁衍方式——在其他哺乳动物中,刚出生的幼崽很快就可以独立行走、进食、躲避危险,需要依赖父母喂养、保护的时间非常短,大脑的发育也非常迅速。而人类的婴儿则需要长达数年的哺育,才能基本具备生活技能,大脑的发育则更加缓慢。在这个阶段,婴儿如果遭到遗弃,是很难存活下去的。另外,除了养活孩子,家长还需要对孩子的社会化负责,需要承担孩子第一任教师的工作,在学龄前开展家庭教育,在学龄期配合学校开展家庭教育。家长和儿童之间具有情感上的天然亲近性,是对儿童影响最早、最直接、最深远的人,家长可以灵活利用家庭生活中的各项活动相机而教。这一责任转嫁到其他任何成人身上,效果都不如家长。因此,家长的家庭教育主体责任一般意义上是生物学意义所赋予的。

　　2. 家长的家庭教育主体责任是法定的

　　法律是道德的底线,被写进法律的条款,在道德上一定都是最低限度的要求。我国一系列法律法规和政策文件都明确规定了家长在家庭教育中应承担主体责任,说明这一责任是为人父母的最低要求。

　　我国《未成年人保护法》第七条说明:"未成年人的父母或者其他监护人依法对

未成年人承担监护职责。"关于家庭保护的第十六条明确规定了未成年人的父母或者其他监护人应当履行的监护职责。2020年8月26日全国妇联、教育部联合发布的《家长家庭教育基本行为规范》再次确认了家长在家庭教育中的主体责任地位,其中第一条就明确提出:"承担家庭教育主体责任,坚持立德树人,树牢'家庭是人生的第一个课堂,父母是孩子的第一任老师'理念。"2021年,《家庭教育促进法》通过立法的形式明确了家长的家庭教育主体责任,其中总则第四条规定:"未成年人的父母或者其他监护人负责实施家庭教育。"第二章家庭责任的第十四条规定:"父母或者其他监护人应当树立家庭是第一个课堂、家长是第一任老师的责任意识,承担对未成年人实施家庭教育的主体责任,用正确思想、方法和行为教育未成年人养成良好思想、品行和习惯。共同生活的具有完全民事行为能力的其他家庭成员应当协助和配合未成年人的父母或者其他监护人实施家庭教育。"

　　每一位家长都应当认真履行自己的家庭教育主体责任,这是不以家长个人意志为转移的。无论是离异的父母,还是留守、流动儿童家长,都需要依法履行自己的家庭教育主体责任。《家庭教育促进法》第二十条明确规定:"未成年人的父母分居或者离异的,应当相互配合履行家庭教育责任,任何一方不得拒绝或者怠于履行;除法律另有规定外,不得阻碍另一方实施家庭教育。"《家庭教育促进法》第五章法律责任部分还明确规定了,如果家长没有履行自己的家庭教育主体责任,则会受到各基层组织机构(如居民委员会、村民委员会、妇女联合会等)、所在单位、学校以及国家权力机关(如公安机关、人民检察院、人民法院等)的批评教育、劝诫制止和监督。

(二)家长身份是一个发展变化的角色

　　一方面,在儿童成长的不同时期,家长要承担的角色是不一样的,重点也不一样。在婴幼儿时期,家长的角色以儿童生活的管理者为主,尽力满足孩子的生理需求、探索世界的需求,回应孩子对依恋的期待。在儿童进入学龄期后,家长除了满足儿童的生活需求,还要关注其人际交往、智力发育、情感状态,随着儿童心理的发展调整养育策略。在孩子接近成人的时候,家长可能已经完全卸下了生活管理者这一角色,更多为孩子的生活提供参考与陪伴。另一方面,家长的角色也要根据儿童的反馈来调整。家庭教育是单向度的教育,但并不意味着家长就永远正确,可以抱持一种态度不变,而是需要根据儿童受教育的效果来进行调整。因此,在儿童成长的不同时期,家长的角色是发展变化的。

　　家长角色的发展变化还表现在对社会或家庭事件的回应上。家庭身处社会的大系统中,无法回避重大社会事件对家庭的影响,例如,在灾害或疫情之下,家长需要承担起儿童情感支持、心理安抚的职责;在日常居家的生活状态中,家长需要重新摸索家庭教育的方式。家庭事件也会影响家长角色,例如,三代之家的祖辈离世,也必然会影响父母的家庭教育方式;一位家长死亡或者离开的家庭,另一位家长必然要转变教养方式。因此,在不同的社会发展时期和家庭生态周期,家长的角色也是不一样的。

（三）家长在家庭教育中的角色定位

具体说来，家长在家庭教育中需要发挥以下四种角色作用。

1. 儿童生活的管理者

所谓生活的管理者，是指家长需要在孩子成长的过程中承担好抚养、保护安全、维护身体健康等责任，在饮食、睡眠、卫生、安全等生活的各个方面呵护、帮助和约束好孩子，以便帮助孩子养成良好的生活习惯、健康习惯以及自我保护意识等。比如，家长需要帮助孩子养成不挑食、不暴饮暴食的健康饮食习惯；引导孩子规律作息，合理安排学习、游戏、运动和劳动等时间；加强孩子安全防范意识，远离水、火、校园暴力和可疑的陌生人等危险。

2. 儿童情感的支持者

所谓情感的支持者，是指家长需要在孩子成长的过程中给予一定的爱、陪伴和倾听等，维护好孩子的情绪和心理，丰富孩子的情感世界，帮助孩子建立归属感和安全感等。比如，家长需要给予孩子合理的爱，帮助孩子建立良好的早期亲子依恋关系；深入孩子的内心世界，当孩子遇到困难、挫折或者情绪不稳定时，为孩子提供及时的支持和鼓励；在平等的交流和情感表达中建立和谐的家庭氛围；等等。

3. 孩子社会化的启蒙者

所谓社会化的启蒙者，是指家长需要在孩子成长的过程中承担好引领孩子成长、促进其社会化的责任，帮助孩子习得更多的社会规范、社会技能等，最终实现从"自然人"到"社会人"的转变。比如，家长需要帮助孩子养成良好的道德品质，形成正确的世界观、人生观和价值观，掌握基本的人际交往礼仪、技能等。

4. 终身学习者

所谓终身学习者，是指家长需要在家庭教育过程中持续学习，与孩子共同成长，以便不断更新自己的观念、知识和能力，实现由"自然型家长"向"教练型家长"的转变。家长需要保持开放、谦卑的心态，以敬畏之心对待"家长"这一角色，以持之以恒的学习精神，做好终身学习的准备。

总之，在家庭教育中理想家长的角色就是能够充分调动一切教育资源，有效促进子女健康成长。

拓展阅读 >>>

好父母应该做什么？

有研究者曾经邀请了 433 位母亲各列举五项"好母亲"和"好父亲"的标准，然后把所得结果分为两类，一类是传统的概念，一类是发展的概念。见表 4-1。

表 4-1 好父母的标准

分类	传统的概念	发展的概念
好母亲的标准	1. 会做家事（煮饭、洗衣、清扫等） 2. 满足子女的生理需求（吃、喝、穿等） 3. 训练子女日常生活习惯 4. 教导子女的德行 5. 管教子女	1. 训练子女独立自主 2. 满足子女的情绪需求 3. 鼓励子女的社会发展 4. 促进子女的智能发展 5. 提供丰富的环境 6. 照顾个别的发展需要 7. 以了解的态度来管教子女
好父亲的标准	1. 为子女制订目标 2. 替子女做事，给子女东西 3. 知道什么是对子女好的 4. 期望子女服从 5. 坚强，永远是对的 6. 有责任感	1. 重视子女的自主行为 2. 试着了解子女和自己 3. 承认自己和子女的个别性 4. 增强子女成熟的行为 5. 乐意为父

二、儿童：家庭教育的主要对象

儿童是家庭教育的主要对象，也是家庭教育要素中的重要一极。家庭教育有一个认识前提是：儿童是需要教育的，也就是伊拉斯谟所谓的"人并非生而为人，乃教而为人"。人类个体出生的时候仅有自然属性，是一个生物体。但是从自然人进化成社会人，则是教育的作用。在儿童成为独立的社会人之前，应该接受教育，这既是儿童的权利，也是其基本义务。而一个没有接受过教育的个体，其价值观与道德品质很有可能与人类社会相悖，对于人类族群来说是一个不稳定因素。因此，保证每个出生的孩子都接受教育，是人类社会延续、繁衍的必要条件。

虽然看起来儿童是在"被迫"接受家庭教育，父母怎么教育，他就要怎么承受下来。但是家庭教育的目的是培养孩子，因此要同时认识到儿童的受教育地位和主体地位。儿童生来就是一个能动的权利主体，享有基本的生存权、受保护权、发展权和参与权。在家庭教育中，尊重儿童的主体地位，保护儿童的基本权利是每一位家长应当履行的法律义务。这是由家庭教育的目的决定的，也是家庭教育内容的集中体现。

（一）家庭教育要保障儿童的生存权和受保护权

在家庭教育中尊重和保护儿童的生存权和受保护权的主要目的在于保障儿童的生命安全，使儿童免受伤害、健康成长。

l. 生存权

生存权是儿童最基本的权利，指未成年人享有其固有的生命权、获得基本生活保障的权利和健康权。生命权是指一个人出生后便获得了作为自然人的生命权，享有生命安全不受剥夺和非法侵害的权利。生活保障和健康权是指获得足够食物、栖身的住所、医疗等生活保障的权利。

2. 受保护权

受保护权是指未成年人享有不受歧视、虐待和忽视的权利,包括受监护权、受抚养权,保护未成年人免受歧视、剥削、身心摧残、暴力、忽视或照料不周。

拓展阅读 >>>

联合国《儿童权利公约》

《儿童权利公约》(*Convention on the Rights of the Child*)于 1989 年 11 月 20 日由第 44 届联合国大会第 25 号决议通过,是第一部有关保障儿童权利且具有法律约束力的国际性约定,于 1990 年 9 月 2 日生效,旨在为世界各国儿童创建良好的成长环境。

1991 年 12 月 29 日我国第七届全国人民代表大会常务委员会第 23 次会议批准了《儿童权利公约》,从此《儿童权利公约》成为我国广泛认可的国际公约。截至 2015 年 10 月,《儿童权利公约》缔约国有 196 个。

《儿童权利公约》适用于 18 岁以下的儿童。公约共三章 54 条。前 41 条主要强调,每一位 18 岁以下的儿童的人权必须被重视和保护,而且这些权利必须依据公约的指导原则去实践;第 42—45 条,涵括政府的义务,如推广公约的原则、公约的实行、透过政府开展儿童权利保护的过程,使大众知情,以及公告政府各机关之职责;第 46—54 条主要包括经由政府签署及批准之过程和指定联合国秘书长为该公约的保管人等内容。

《儿童权利公约》规定了儿童享有的四项基本权利:

1. 生存权——每个儿童都有其固有的生命权和健康权,包括有权接受可达到的最高标准的医疗保健服务。

2. 受保护权——不受危害自身发展影响的、被保护的权利,包括保护儿童免受歧视、剥削、酷刑、虐待或疏忽照料,以及对失去家庭的儿童和难民儿童的基本保证。

3. 发展权——充分发展其全部体能和智能的权利。儿童有权接受正规和非正规的教育,以及有权享有促进其身体、心理、精神、道德和社会发展的生活条件。

4. 参与权——参与家庭、文化和社会生活的权利。儿童有参与社会生活的权利,有权对影响他们的一切事项发表自己的意见(表达权)。

《儿童权利公约》

在家庭教育中保障儿童的生存权和受保护权,首先,家长要切实履行好监护职责,尤其是流动、留守、离异等特殊家庭。大量调查研究发现,流动、留守儿童因为父母双方或一方常年不在家、缺失亲情、监护不力等原因更容易发生溺水、坠楼、交通事故、遭受性侵等各类安全事故。无论是何种情况,家长都应该履行好自己的监护职责,保护儿童的生命安全。这也是对《未成年人保护法》中关于"未成年人的父母或者其他监护人应当学习家庭教育知识,接受家庭教育指导,创造良好、和睦、文明的家庭环境""未成年人的父母或者其他监护人因外出务工等原因在一定期限内不能完全履行监护职责的,应当委托具有照护能力的完全民事行为能力人代为照护;无正当理由的,不得委托他人代为照护"等内容的践行。其次,家长不得在家庭教育过程中使用任何形式的家庭暴力。《未成年人保护法》明确规定禁止对未成年人实施家庭暴力。《家庭教育促进法》第二十三条也明确提出"未成年人的父母或者其他监护人不得因性别、身体状况、智力等歧视未成年人,不得实施家庭暴力",并且第五十三条规定如果家长在家庭教育过程中对未成年人使用家庭暴力则依法追究法律责任。这些禁止家庭暴力的条款是对儿童权利的尊重和保护。

(二)家庭教育要保障儿童的发展权

在家庭教育中尊重和保护儿童的发展权目的在于充分激发儿童潜能,促进儿童全面、健康、可持续发展。儿童发展权的内涵十分丰富,主要是指未成年人拥有充分发展其全部体能和智能的权利,包括接受教育、玩耍和休息、结交朋友等多种权利。在家庭教育中保障儿童的发展权有两层含义:

1. 要注重儿童发展的全面性

儿童的发展包括身体、智力、道德、情感、社会性等多方面的发展,而不仅仅是智力方面的单一发展。目前,一些家长过于关注孩子的学习情况,而忽视了孩子的身体健康、道德品质、行为习惯、兴趣特长以及心理健康等状况。例如,《全国家庭教育状况调查报告(2018)》显示"四、八年级学生认为家长对自己最关注的方面是学习情况(79.9%、79.9%)"。未来家庭教育亟须走出重智轻德的误区,除了关注儿童的智力发展和学业成就,还要同时关注儿童的身心健康、品德发展等,这既是对儿童发展权的尊重和保护,也是落实我国教育立德树人根本任务,实现德智体美劳五育并举教育目标的需要。

2. 要注重儿童发展的可持续性

儿童的全面发展不是一次性的,而是一个不断推进、动态变化的过程。如果在儿童发展的过程中,家长只顾眼前利益,则会使家庭教育陷入急功近利、揠苗助长的误区,最终导致儿童的发展变得不可持续。因此,当今社会上"不让孩子输在起跑线""鸡娃"等短视化的家庭教育观念都是不可取的。家长应该以自然、平和的心态尊重儿童发展的内在规律,接纳孩子成长的每一个阶段,让孩子不仅能走得好,还能走得远。

(三)家庭教育要保障儿童的参与权

儿童的参与权是指未成年人有参与家庭和社会生活、就影响他们生活的事项发表意见的权利,包括儿童通过口头、书面或印刷、艺术形式乃至任何其他媒介,寻求、接受和传递各种信息和思想的自由。在家庭教育中尊重和保护儿童的参与权目的在于充分发挥儿童的独立性、自主性,让儿童成为自己发展的主人,而不是发展的工具。

在家庭教育中保障儿童的参与权意味着：

1. 家长要给予儿童表达自己意愿的权利和机会

联合国《儿童权利公约》指出，儿童有权对影响到其本人的一切事项自由发表自己的意见，对儿童的意见应按照其年龄和成熟程度给以适当的看待。《未成年人保护法》规定"父母或者其他监护人应当根据未成年人的年龄和智力发展状况，在作出与未成年人权益有关的决定前，听取未成年人的意见，充分考虑其真实意愿"。可见，儿童不应该被简单地看作一个弱小的群体，他们应该享有表达自己意愿的权利。家长需要学会倾听孩子的声音，给予孩子充分表达自我的机会。

2. 家长要给予儿童自主选择的权利和机会

家长需要给予儿童一定的自主权，以培养孩子的独立性、自我管理能力、独立判断能力等。儿童的自主权强调儿童在关涉自身利益的日常事务、社会决策乃至政治决策中，根据自身的成熟水平行使一定的自主选择权或者自我决定权。这意味着儿童是自由的，家长不能忽视孩子的需求，以自身的好恶违背孩子的意愿，替孩子做决定。

3. 家长要给予儿童拥有个人隐私的权利和机会

儿童除了享有表达意愿、自主选择的权利之外，还享有隐私权。《儿童权利公约》明确规定"儿童的隐私、家庭、住宅或通信不受任意或非法干涉"。《未成年人保护法》针对保护儿童的隐私权也作出了明确规定。在现实生活中，有些家长将儿童与家庭视为一个整体，认为儿童没有隐私，也不注重对儿童隐私权的保护。比如，有的家长为了监督孩子学习，在书房安装监控摄像头；有的家长为了避免孩子早恋，偷看孩子日记等。实际上，儿童的隐私和秘密对于儿童的自我意识、自我认同以及未来的社会化发展都具有很重要的意义。这是儿童自我意识萌发的表现，也是每个儿童走向成熟的必然表现。

▌ 学习活动：案例分析 ＞＞＞

2019 年，有一部热播电视剧《小欢喜》，其中有一位高中生乔英子，她从小就有着一个"航天梦"，希望加入航天大军，可以探索外太空的未知世界。

剧中有这样一个情节：在学校高三年级誓师大会上，乔英子在梦想气球上自信满满又充满期待地写下了中国国家航天局的缩写 CNSA。乔英子的妈妈看到后一脸茫然地问："这是什么东西？"从小就有航天梦的乔英子认为妈妈竟然一点都不懂她，回答说："这不是东西，是我的梦想！"听了女儿的解释后，妈妈仍然很不屑地说"高考在即，这些东西都应该放放"，并拿过气球直接动手替女儿写上"清华、北大，二取其一"，最后还让女儿加上"一定考到七百分"。乔英子对于妈妈将自己的意愿强加在她身上的专制做法感到非常生气。在两个人的拉扯推搡中梦想气球砰的一声爆炸了，乔英子气得哭着离开，妈妈则尴尬地站在偌大的操场上不知所措。

请结合以上案例,思考以下问题:

1. 在这个案例中,对于乔英子妈妈的行为,你有什么看法?

2. 结合案例,谈谈乔英子妈妈在家庭教育中忽视了孩子的哪些权利。

三、环境:家庭教育的中介

家庭教育不是在真空中进行的,而是在一定的环境中进行的,这个环境主要就是指家庭环境。家庭环境是家庭中影响未成年子女成长的各种因素或条件的总和,既包括家庭的物理环境,也包括家庭的心理氛围。

家庭教育以家庭环境为发生中介,在家庭环境中父母与子女完成教育互动。家庭环境是孩子成长的土壤,影响家庭教育功能的发挥,而家庭教育的效果也会反过来影响家庭环境的塑造。

家庭环境的中介作用还体现在家庭环境受到社会环境、时代环境的制约:一方面,家庭环境不可能脱离当下时代、文化背景、地域风俗,是更宏观的环境系统在家庭这一社会基本细胞中的反映;另一方面,家庭环境自成一个相对封闭的系统,可以过滤社会上的不良信息,避免这些不良信息对儿童造成伤害。

具体来说,家庭环境在儿童的成长中主要发挥以下几种功能:

(一) 认知功能

家庭环境是儿童认知活动的重要对象。家庭环境对儿童的认知发展起着至关重要的促进或延缓作用。家庭环境中的因素,如家长的教育期望以及对儿童的态度等,均与儿童的认知发展密切相关。儿童在家庭这个生活空间里,通过活动与交往,不但可以形成丰富、生动的感性认识,还可以把感性认识升华到一定的理性高度。因此,有人把家庭环境比喻为儿童生活的教科书。

(二) 参照功能

儿童在理解、接受某种观念、行为方式时,并不总是全盘接受的,而是需要一定的参照对象,有选择地接受某种观念和行为。这些参照对象通常来自他们在家庭环境中积累的体验、感受和经验。例如,有些教师抱怨"说一千,道一万,顶不住父母一句话",其原因就在于教师的教育与学生在家庭中获得的参照对象存在着矛盾,使教师的教育缺乏说服力,学生更易习得家庭环境中的行为模式。

(三) 熏陶功能

熏陶指长期接触的人或事物对人的生活习惯、思想行为产生影响。家庭环境对个体的成长起着潜移默化的熏陶作用。在家庭中,家长的一言一行都会对孩子的成长起到榜样作用,从而影响孩子的言行举止、待人接物。因此,人们常说"每个人身上都或多或少带有原生家庭的影子"。

(四) 强化功能

强化是指通过某一事物或某一刺激从而增强某种行为的过程。一方面,良好的家庭环境中包含着许多能够激励儿童上进的因素,如赞赏、奖励、支持等。个体通过这些因素在家庭交往与活动中达到预期目的,或满足了某种需求,或从中体会到某种成就感时,就会增强原有动机和欲望,甚至激发某种新的动力。另一方面,不良的家庭环境或家庭生活方式、教育方式,则不但有可能使家庭成员养成不良的品行,还可能使这些不良的品行受到强化而阻碍个体的健康成长。

（五）筛选功能

家庭环境的筛选功能表现在两个方面。一方面,家庭环境作为儿童一生发展的先存环境,良好的先存环境对后来环境的多种影响具有一定的筛选作用,对个体可以形成一种身心健康的"保护层",对后来的不良影响起抵御和消化作用,甚至可以变消极因素为积极因素。反之,不良的先存环境无法起到保护作用,反而会淡化积极影响,强化消极影响。另一方面,家庭环境对社会和时代施加给儿童的影响具有一定的筛选作用。当儿童在学校、社区等环境中遭受了不良影响时,良好的家庭环境可以有效地抵御这些不良影响。

（六）监督功能

儿童大部分时间生活在家庭之中,言行举止都在家长的监督之下。这种监督具有时效快、有效时间长和不间断等特点。良好的家庭环境对儿童的言行起到有效监督、及时整改的作用,能够帮助家长随时发现问题,纠正儿童的行为或发展方向;如果儿童长期处于不良家庭环境中,缺乏监督或者接受监督过强,都不利于儿童的发展。

第二节　家庭教育的目的与任务

习近平总书记在 2018 年全国教育大会上提出:"家庭是人生的第一所学校,家长是孩子的第一任老师,要给孩子讲好'人生第一课',帮助扣好人生第一粒扣子。"这四个"第一"深刻又形象地诠释了家庭教育的目的与任务。

家庭教育的目的与任务之间是相互联系、相互作用的关系。其中家庭教育的目的是选择家庭教育任务的出发点和依据,家庭教育的任务是实现家庭教育目的的必要条件。明确家庭教育的目的与任务是家庭教育成功的前提之一。

一、家庭教育的目的

（一）家庭教育的目的含义

教育的目的是指教育要实现的结果或要达到的目标。家庭教育的目的就是通过实施家庭教育活动,要达成怎样的结果,要把受教育者培养成怎样的人。

从宏观来讲,家庭教育的目的是一种社会意识形态,它是社会政治、经济、文化制度的反映,是国家意志与私人意志的统一。比如,斯巴达奴隶制社会,奴隶主阶级家庭教育的目的就是培养忠于统治阶级的剽悍的军人;我国封建社会家庭教育的目的就是培养忠君孝子。家庭教育的目的是会受到社会生活制约的。如果家庭教育的目的能够正确、全面地反映社会要求,那么家庭教育就容易成功,子女长大后就容易适应社会。反之,错误的、不合时宜的家庭教育目的则会使子女社会化失败,跟不上社会的发展,无法顺利从家庭进入社会,从而导致家庭教育失败。

从微观来讲,具体到每个家庭,家庭教育的目的除了会受到社会政治、经济、文化制度等的制约之外,还会受到教育对象身心发展规律以及家庭内部诸多因素的制约,如家庭的根本利益、家庭的经济状况、家长的经历和社会生活体验、家长的思想和文化素质、家长对社会认识的深刻程度、家长的职业等。

(二)我国现代家庭教育的目的

从教育目的的价值取向来看,家庭教育的目的可以分为"个人本位"价值取向和"社会本位"价值取向。"个人本位"价值取向的家庭教育目的强调尊重儿童的权利、尊重个体的生命与尊严、维护个体存在的独立自主性、倡导个性的自由发展,"社会本位"价值取向的家庭教育目的强调社会利益和群体需要。从价值取向来看,前者的目的是成为独立自主的人,后者的目的是成为合格的公民。然而,个人和社会之间是对立统一的关系,个人不能完全独立于社会之外,社会也不能完全超越个人。因此,"个人本位"和"社会本位"两种价值取向的家庭教育目的之间是你中有我,我中有你的。

我国的教育方针是"教育必须为社会主义现代化建设服务、为人民服务,必须与生产劳动和社会实践相结合,培养德智体美劳全面发展的社会主义建设者和接班人"。在这一教育方针的指引下,我国当代家庭教育的目的就是培养出具有独立人格与高尚品格、担当民族复兴大任、德智体美劳全面发展的社会主义建设者和接班人。

二、家庭教育的任务

家庭教育的目的决定了家庭教育的任务。根据我国现代家庭教育培养德智体美劳全面发展的社会主义建设者和接班人这一目的,家庭教育的主要任务可以被分解成家庭德育、家庭智育、家庭体育、家庭美育和家庭劳动教育五个方面。

(一)家庭德育的任务

德育即培养政治思想和道德品质的教育。《家庭教育促进法》明确提出:"家庭教育以立德树人为根本任务。"2016年,习近平总书记在会见第一届全国文明家庭代表时强调:"家庭教育涉及很多方面,但最重要的是品德教育,是如何做人的教育。"家庭德育主要指的就是家长对儿童开展的道德品质方面的教育,将人生观、价值观、道德规范、思想意识、政治观念等内化成儿童的道德品质,即教会儿童如何做人的教育。重视家庭德育也是对中华优秀传统文化的继承和发展。

儿童德育的实践,最重要的不是在学校,也不是在社会,而是在家庭中。家庭德育对儿童的品德发展起着奠基作用,是学校德育和社会德育的基础,也是学校德育和社会德育所不能替代的。学校德育具有系统性、普遍性和阶段性,更多体现国家意志和社会需求;家庭教育能够很好地根据儿童的性格特征对儿童德育进行强化和补充,更具有针对性。学校德育作用强度大但时效短,从儿童入学开始才进行;家庭德育看似和风细雨,却持续时间长。学校德育的实践场所有限,基本局限在校园范围内,或者学校的社会活动中;家庭德育的实践场所则可以随着家庭活动扩展到任何地方。因此,仅有学校德育,没有家庭德育作基础,或家庭德育与学校德育发生冲突,都是无法达成德育目的的。比如在基本社会行为规范的培养方面,学校强调要遵守交通规则,学生在校内无法实践,仅能达成认识上的理解;回到家庭中,如果家长有德育意识,带孩子过马路的时候能够帮孩子强化对遵守规则的认识,德育效果就能得到保障,而如果家中有长辈带着孩子闯红灯,那学校德育的成果就会大打折扣。

具体说来,家庭德育的任务主要包括以下内容:

1. 培养儿童热爱党、热爱祖国、热爱人民、热爱中华民族的道德情感

家庭德育既是对儿童道德的启蒙,也是对儿童认识社会和政治的启蒙,承载着为党育人、为国育才的责任,家长对于儿童的政治觉悟有着重要的方向性影响作用。家长要从身边的小事出发,通过言传身教、耳濡目染激发子女的爱国情感,引导子女将国家利益放在首要位置,立志报效祖国,做有气节和骨气的中国人。

2. 培养儿童健康的心理、健全的人格

健康的心理和健全的人格是儿童社会化的一个重要目标。家庭德育要关注儿童的心理健康和人格养成,为儿童创设具有安全感的心理氛围,鼓励儿童积极探索世界。在儿童成长的不同时期,家长要注意培养儿童的好奇心、想象力、抗挫力、意志力、情绪调控能力、自我管理能力、人际交往能力等;在儿童心理出现问题时,要第一时间表达支持、予以疏导,并且有寻求专业治疗的意识。

3. 培养儿童良好的行为习惯和道德品质,使其建立基本的社会认知

家庭德育的另一个重要内容是通过言传身教,帮助儿童建立良好的行为习惯,和符合社会认知的道德规范认知。行为习惯包括生活作息、运动锻炼、学习习惯、社交礼仪等多个方面,是道德品质和社会认知在行为层面的体现。习近平总书记在会见第一届全国文明家庭代表时强调:"应该把美好的道德观念从小就传递给孩子,引导他们有做人的气节和骨气,帮助他们形成美好心灵,促使他们健康成长,长大后成为对国家和人民有用的人。"家长要在言传身教中引导子女遵守社会公德、职业道德和家庭美德,培养子女的爱心、善心和同情心,将爱国守法、明礼诚信、团结友善、勤俭自强、敬业奉献的社会主义公民道德规范种子从小播种在子女心中。

4. 通过家风建设,弘扬中国传统家庭美德

通过家风、家训等家庭文化建设,弘扬尊老爱幼、男女平等、夫妻和睦、勤俭持家、邻里团结等优秀传统家庭美德,可以强化家庭德育的效果。中华传统家庭美德是中华文化精髓,蕴含着丰富的思想道德资源。家长应该不断挖掘传统家庭美德的价值,将其作为建构新时代中国家庭德育的重要资源,在家庭中充分发挥社会主义先进文化、革命文化、中华优秀传统文化的教育作用,促进子女健康成长,树立社会主义家庭新风尚。

总之,家庭德育的任务就是要培养德智体美劳全面发展的社会主义建设者和接班人。尤其是在经济迅猛发展、价值观多元的当下社会,儿童容易受到享乐主义、拜金主义、"躺平主义"等不良价值观念的影响,产生认识偏差。家庭德育也能够很好地过滤社会上的不良价值观念与风气导向,保护儿童不受这些价值观念和风气的影响,树立健康、积极的价值观和人生追求。

(二)家庭智育的任务

所谓智育,是指培养与发展学生智力的教育。学校智育培养学生的智力是指通过有目的、有计划、有组织地向学生传授知识和技能,使学生掌握系统的文化科学知识,发展学生的观察能力、想象能力、思维能力、分析能力和创造能力等,为其形成科学的世界观奠定基础。在学校教育还没有普及的时代,智育主要由家庭和家长来承担,为子女将来能有谋生的途径负责。

在学校教育普及的如今,系统性、专业性的知识教育任务主要由学校承担。家庭智育则主要起到进行早期智力开发、传授社会知识、培养终身学习的习惯和辅助配合学校智育的作用。

1. 进行早期智力开发

智力是发展其他心理活动的前提和基础。早期家庭智育可以为儿童今后的生存与发展、适应社会等打下基础,为儿童其他方面的学习奠定智力基础。早期智力开发的目标重点不在于发展儿童的知识,而是要培养儿童的观察力、记忆力、想象力、创造力、思维力以及语言等多种能力。家长要循序渐进、因材施教,通过游戏、活动、日常生活中的事物等有意识地开发儿童的视觉、听觉、触觉等多种感觉器官的能力,丰富儿童的感性认知。

2. 传授一定的社会知识

大量的社会知识不一定会进入学校的智育系统,这是家庭智育的重要任务,同时也需要家长根据家庭、儿童的发展状况因材施教。主要包括:一是与人身安全相关的社会知识,如各种报警、求助的电话号码,遇到危险的应对方法,家庭中的用火、用电、用气安全知识,人工呼吸、AED除颤仪的知识等;二是与日常生活相关的社会知识,例如,家庭里的经济运作,如何缴水电煤气费用,物业费用的发生机制,基本的生活技能知识和劳动技能知识;三是与社会运作相关的知识,例如,大到世界局势,政党、国家、政府、重要机关、国家经济的运作,小到家庭和学校所在社区的运作,基本的法律常识,初步的职业理解。社会知识跟德育内容不一样,德育内容要从认知和行为上共同体现。社会知识有一部分内容会被运用到儿童未来的生活实践中,是其社会化必备的基本知识和技能;还有一部分内容仅仅需要儿童有所了解,开阔儿童的视野,但不一定都会有实践的途径。

3. 营造良好的学习环境和气氛,培养终身学习的习惯

家庭智育不直接传授知识内容,而是通过家庭环境的建设、氛围的营造、对"学习型家庭"的打造,塑造儿童终身学习的意识和习惯。

　　良好的家庭学习环境和气氛可以对儿童的学习起到潜移默化的促进作用。反之，不良的家庭学习环境和气氛则可能妨碍儿童注意力、学习兴趣、学习动机等智力和非智力因素的发展。营造良好的家庭学习环境和气氛，家长要为儿童创造一个安静、不受打扰的专门的学习空间；要通过榜样示范，在一言一行中为儿童营造一个"学习型家庭"的氛围；要通过构建良好的夫妻关系、亲子关系等为儿童的身心健康成长营造一个温暖、和谐的家庭氛围，给予儿童足够的安全感。

　　4. 配合学校智育，协助儿童完成学校智育任务

　　当儿童进入学校以后，家庭智育的另一项主要任务就是辅助学校教育，巩固学校教育成果。具体来说包括：帮助儿童明确学习目的，调动儿童的学习积极性和主动性，培养儿童良好的学习习惯和自主学习的能力；鼓励儿童独立思考、勇于克服学习中的困难；支持儿童参加课外兴趣活动，开阔视野；督促儿童完成学校教育内容，根据儿童学习情况开展必要的家校合作。

　　家庭智育的具体任务根据儿童年龄段的不同有所差异，具体方法要因人而异，不可强制性开发或者"掠夺性开发"，以免挫伤儿童学习的兴趣和积极性，或者对儿童身心造成伤害。

▌ 拓展阅读 >>>

家庭智育的几种误区 [①]

　　误区 1：期望过高

　　随着人才竞争的加剧，一些家长产生急躁情绪，总希望自己的孩子能够高人一等，早日成龙成凤。很多家长把教育孩子的目标定为"上重点、考名校、留洋学"，越来越多的孩子被训练成一台"学习机器"，他们常常自觉或不自觉地给孩子施加各种压力，期望孩子能够出类拔萃，为自己赢得面子。为了孩子能够有足够的时间学习，家长对孩子百般宠爱，物质上尽量有求必应，只要学习好，什么家务都不需要做。家长对孩子的高付出也抱有极高的回报期望，一旦孩子表现得不尽如人意，他们心理就难以平衡，产生心理落差，反过来会对孩子的要求更加严格。

　　误区 2：不关注孩子的兴趣爱好，把全面发展等同于"平均发展"

　　当前，很多家长为了不让自己的孩子输在起跑线上，不管孩子的兴趣爱好，一窝蜂地让他们学这学那，认为别人的孩子能做到的，自己的孩子也应该能做到。有的家长既要孩子学钢琴，又要孩子学奥数；既希望孩子成为科学家，又希望孩子成为艺术家。

　　误区 3：以分数论"英雄"

　　由于我国长期受应试教育的影响，很多家长把高分作为衡量孩子聪明、有出

---

① 李淑丽. 在多元智能理论下构建家庭教育观[J]. 济宁学院学报，2008(4)：93-95.

息的唯一标准,因此,追求高分成为许多家庭教育的最高目标。当孩子取得较好的成绩时,父母喜笑颜开,不仅到处炫耀,甚至还辅以一定的物质奖励;当孩子成绩不如意时,父母轻则唉声叹气,重则非打即骂。这种以分数论"英雄"的评价方式使得孩子不仅整天处于紧张和焦虑之中,甚至对学习产生恐惧,而且也容易变得"高分低能",影响了孩子多种能力的发展。

误区4:重视智力发展,轻视身心健康

长期以来,很多家长把教育的重点放在了孩子的学习成绩上,而对于孩子的身体和心理健康却没有给以足够的重视。我们知道,健康的体魄、旺盛的精力是做好一切工作的首要条件。而在身心健康中,心理健康更容易受到忽视,有些父母不尊重孩子,把孩子看作自己的附属品,经常当众对孩子高声训斥、讽刺挖苦,批评孩子时表现出厌恶、轻蔑的态度等。这些伤害孩子心理的行为,久而久之会导致他们产生一系列的心理问题,影响其健康成长。

(三)家庭体育的任务

青少年是祖国的未来,是民族的希望,青少年的健康问题是关乎国家战略的重大问题。习近平总书记在 2016 年全国卫生与健康大会上强调:"健康是促进人的全面发展的必然要求,是经济社会发展的基础条件,是民族昌盛和国家富强的重要标志,也是广大人民群众的共同追求。"家庭体育是促进儿童健康的一个重要手段。所谓家庭体育,是指一人或多人在家庭生活中安排的或自愿以家庭名义参与的,以身体练习为基本手段,以获得运动知识与技能、满足兴趣爱好、丰富家庭生活、进行休闲娱乐、实现强身健体和促进家庭稳定为主要目的教育过程和文化活动。

1. 注意营养、合理膳食,培养良好的饮食习惯

良好的物质营养是儿童保持健康的生理基础。孩子出生后,家长应该根据儿童不同发育时期的需要,加强物质营养,科学、合理安排饮食,保证蛋白质、维生素、钙、铁等多种营养元素的摄入。比如,家长可以通过定时定量用餐,适当控制儿童每天进食的次数和数量;可以通过合理烹调,增加食物的色香味等增强儿童的食欲;还可以在日常生活中注意培养儿童细嚼慢咽、不挑食、不偏食、不暴饮暴食等良好的饮食习惯。

2. 保证充足的睡眠,培养良好的生活起居习惯

神经系统是人体生命活动的重要调节机制。规律的生活作息不仅能保证儿童的身体健康,还能使其大脑皮层兴奋和抑制有规律地轮换,从而保证高效学习。家长需要培养儿童早睡早起的生活起居习惯,保证规律作息;注意劳逸结合,合理安排儿童的学习与生活,使儿童可以学得好、睡得好、吃得好、玩得好。

3. 培养良好的卫生习惯

养成讲究卫生的良好生活习惯可以预防常见病和多发病,促进身体健康发育。良好的卫生习惯包括个人卫生习惯、家庭卫生习惯和公共卫生习惯。其中个人卫生

习惯包括早晚刷牙、饭后漱口、饭前便后洗手、勤洗澡、勤换衣、勤剪指甲等;家庭卫生习惯包括定期开展大扫除、清理卫生死角,保证居住环境卫生、整洁等;公共卫生习惯包括不随地吐痰、不随地丢垃圾、不随地大小便、自觉维护公共设施卫生等。

4. 做好疾病预防

儿童由于机体娇嫩、生理功能不完善、抵抗力差、对外界环境的适应能力差等多种因素,容易受到病菌侵害,患上感冒、腹泻、麻疹等多种身体疾病。在加强营养,养成良好的卫生习惯之余,家长还需要对儿童进行精心护理和照顾,帮助儿童做好疾病预防。比如,家长要定期带儿童去打预防针;注意饮食卫生、生活卫生;儿童有病时要及时治疗,不延误病情;教给儿童一些自我保护的知识。

5. 提倡体育锻炼,培养良好的运动习惯

生命在于运动。适当的体育锻炼对于增强体质、促进身体发育、加强机体免疫力、预防各种疾病有重要作用。家长应该鼓励儿童参加各种户外活动、游戏和各种体育锻炼,帮助儿童养成爱运动的习惯。家长在组织体育锻炼时要注重科学性,因人因地制宜,循序渐进、量力而行。对于婴儿,家长可以鼓励其在安全的空间内自由移动身体、摆弄玩具、游戏和探索;对于幼儿,可以帮助其做简单的跑、跳、抓、握、拉等活动,多组织户外活动和亲子游戏;对于学龄期儿童,除了鼓励户外活动、游戏之外,还可以有意识地培养其对某种体育项目的爱好,帮助其养成自主锻炼的习惯。

(四)家庭美育的任务

美育也称审美教育、艺术教育、美感教育,是一种运用艺术美、自然美和社会美来培养受教育者正确的审美观念和感受美、欣赏美、表达美、创造美的能力的教育,在本质上是一种情感教育。家庭美育是指以家庭为中心、以父母为施教主体,以子女为施教对象的审美教育。2018 年 9 月,习近平总书记在全国教育大会的重要讲话中强调"坚持以美育人、以文化人,提高学生审美和人文素养"。

美不是人类生存的必需品,审美也是非理性的、非功利的。但美育与培养个体的精神世界高度统一,因为美属于自由、愉悦的感性世界,与人内在的善良和崇高相关。也因此,美育也不是富有家庭的专属,无论家庭经济条件、社会地位如何,家长都可以实施家庭美育。

l. 爱美教育

爱美教育是指激发儿童的爱美天性,培养其发现美、感受美的意识和能力。俗话说"爱美之心人皆有之"。虽说爱美是一种天性,但是如果不加以引导,这种原始的爱美之心便会逐渐消退,或者产生偏差。激发儿童的爱美之心,让其在生活中学会发现美、感受美,是进一步培养其审美意识和能力的基础。家长可以从儿童婴幼儿时期开始借助美的声音、美的色彩、美的图案、美的形体等直观的视听形象,激发和培养其爱美的心理和情感取向;可以鼓励和引导儿童从看似平常的生活环境中去发现美、感受美。

2. 审美教育

审美教育是指帮助儿童树立正确的审美意识和观念,培养其鉴赏美的能力以及健康的审美情趣。审美能力是一种高度综合的心理能力,是在审美活动过程中认识和体验、感受和创作审美对象或审美意象的能力。审美能力有助于儿童创造力、想象力、共情能力等积极心理品质的综合发展。

家长可以利用优秀的文学名著、电影、电视剧、戏剧、音乐、美术作品、舞蹈等来帮助孩子形成正确的审美观点和审美标准,培养和提高孩子鉴赏美的能力;可以运用各种美的形态、范畴(社会美、自然美、艺术美)进行审美教育,如引导孩子欣赏艺术作品、为孩子讲述优美感人的故事、教孩子唱健康活泼的歌曲、开展家庭文娱活动等;可以利用布置有序、美观舒适的家庭环境,陶冶孩子的情操;可以引导孩子穿着朴素、大方、整洁,不穿奇装异服等,帮助孩子形成正确的审美情趣;家长还可以自己做到谈吐优雅、举止有度、着装得体、敬老爱幼、家庭和睦、礼貌待客等,言传身教,为孩子树立好榜样。

3. 创美教育

创美教育是指引导儿童参与美的创造实践,培养其创造美的能力。创造美的能力是指在感受美的基础上,按照美的规律通过实践活动创造出美的事物的能力。家长要有意识地组织各种审美活动、艺术创造活动,让孩子参与其中,激发孩子创造美的兴趣,锻炼和培养孩子运用自己的思想、情感、知识、技能等创造美的能力。培养孩子创造美的能力不一定意味着要把孩子培养成艺术家,而是让其广泛参与音乐、美术、舞蹈、文学、服装等多种美的创造。

(五)家庭劳动教育的任务

人类起源于劳动。马克思认为劳动是人类实现全面发展的重要路径。习近平总书记特别重视劳动教育,并要求"把劳动教育纳入人才培养的全过程""教育引导青少年树立以辛勤劳动为荣、以好逸恶劳为耻的劳动观,培养一代又一代热爱劳动、勤于劳动、善于劳动的高素质劳动者"。2020 年,中共中央、国务院印发的《关于全面加强新时代大中小学劳动教育的意见》要求中小学劳动教育课每周不少于 1 课时。

家庭劳动教育是家庭教育必不可少的内容之一。家庭劳动教育的主要目的在于帮助儿童形成劳动观念、劳动能力、劳动习惯和品质、劳动精神,同时让孩子在参与家庭劳动过程中享受家庭生活的幸福感和温馨感。家庭劳动教育不仅可以培养孩子的自理、自立能力,培养孩子的自信心、责任感,还可以促进其身体发育、智力发展。

▎学习活动:小组研讨 》》》

不少家长都表示,要让现在的孩子在家劳动一下,实在是比登天还难。尤其是孩子之前没有养成劳动的习惯,等到了小学 3～6 年级,甚至上了中学,再要求孩子从事一些劳动,基本不太可能。为此,不少家长"威逼利诱",最常见的方法就是允许孩子用劳动换取经济补偿,比如洗一次碗给五块钱,拖一次地给十块钱等。

请以"孩子在家劳动该不该给钱"为主题开展小组研讨,小组可以设置正反方,双方充分说明观点,举例进行论证,并形成结论。

1. 帮助儿童树立正确的劳动观念

家长可以通过榜样示范、讲故事、参与劳动实践等多种方式帮助儿童树立"劳动最光荣""我劳动、我快乐""劳动有价值"等正确的劳动观念,并引导儿童热爱劳动、尊重劳动人民、爱惜劳动成果等。

2. 教授儿童必要的劳动能力,培养其生活自理能力和独立生活能力

家长应该教授孩子一些从事生活实践和社会实践的最基础的知识和技能,让他们具有基本的生存能力和必要的动手能力,比如自己吃饭、穿衣、做饭、洗衣服、打扫卫生等。

3. 培养儿童的劳动兴趣,并养成劳动习惯

家长要及时对孩子的劳动成果进行正确的评价,不将劳动作为惩罚孩子的手段,以确保孩子对劳动的兴趣和热情。家长还可以鼓励、安排或与孩子一起参与力所能及的家务劳动和社会公益劳动,在劳动实践中逐渐让孩子体会到劳动的乐趣,养成爱劳动的习惯。需要注意的是,家长要加强劳动过程中的保护措施,避免孩子受伤。

4. 在劳动中培养儿童的责任感、勇气等优秀品格

家长可以在家庭生活中,根据儿童年龄特点和实际能力,合理分配家务劳动,让孩子在从事力所能及的家庭劳动过程中体会到作为家庭成员的义务感和责任感,帮助孩子养成艰苦朴素、勤俭节约的良好品质,培养敢于与困难作斗争的勇气和意志。

▌ **拓展阅读** >>>

家庭教育的任务与内容

我国《家庭教育促进法》明确提出,未成年人的父母或者其他监护人应当针对不同年龄段未成年人的身心发展特点,以下列内容为指引,开展家庭教育:

(一)教育未成年人爱党、爱国、爱人民、爱集体、爱社会主义,树立维护国家统一的观念,铸牢中华民族共同体意识,培养家国情怀;

(二)教育未成年人崇德向善、尊老爱幼、热爱家庭、勤俭节约、团结互助、诚信友爱、遵纪守法,培养其良好社会公德、家庭美德、个人品德意识和法治意识;

(三)帮助未成年人树立正确的成才观,引导其培养广泛兴趣爱好、健康审美追求和良好学习习惯,增强科学探索精神、创新意识和能力;

(四)保证未成年人营养均衡、科学运动、睡眠充足、身心愉悦,引导其养成良好生活习惯和行为习惯,促进其身心健康发展;

(五)关注未成年人心理健康,教导其珍爱生命,对其进行交通出行、健康上

网和防欺凌、防溺水、防诈骗、防拐卖、防性侵等方面的安全知识教育,帮助其掌握安全知识和技能,增强其自我保护的意识和能力;

（六）帮助未成年人树立正确的劳动观念,参加力所能及的劳动,提高生活自理能力和独立生活能力,养成吃苦耐劳的优秀品格和热爱劳动的良好习惯。

第三节   家庭教育的基本原则

家庭教育的基本原则是指家长在实施家庭教育时必须遵循的基本要求和基本准则。家长从家庭教育的基本原则出发,去开展家庭教育实践,可以规范自己的教养行为,使家庭教育取得预期的效果。

一、儿童本位原则

儿童本位原则是指在家庭教育的过程中家长要以"儿童为本",明确自己家庭教育主体责任人的职责,不滥用家长权威,尊重孩子的主体地位,尊重孩子的人格尊严和隐私等,充分发挥孩子的主动性、积极性和创造性。在家庭教育中遵循儿童本位原则,要求:

（一）家长要合理使用自身的权威,不得在身体上和精神上虐待儿童

这是儿童本位原则中最为基础的一条,每个父母都应该遵守。父母和子女之间有一种天然的不平等关系,即子女在生理和心理上对父母有一种依赖性。这种依赖有助于发展亲子关系,帮助家长更好、更有效地实施家庭教育,但同时也容易导致家长的观念偏差,认为孩子是属于自己的,没有意识到儿童是具有独立人格的个体。例如,有的家长信奉"棍棒底下出孝子",认为只有通过打骂,孩子才能知错就改,对孩子造成严重的身心伤害。

总之,家长应该尊重孩子的独立人格,将儿童视为一个具有个性、人格和尊严的特殊个体。

（二）家长要给予孩子成长的空间和自由,避免以爱的名义对孩子的生活进行过度干预和安排

儿童本位原则还体现在家长要给予孩子成长的空间和自由,保障孩子的参与权、决策权、自主权,让儿童参与家庭事务。在家庭教育中,父母有时会以爱的名义将自己的意愿强加到孩子身上,导致孩子自主参与社会生活的基本权利被剥夺。家长要在两个方面做到不过度干预孩子的成长:一方面是充分尊重孩子的选择,在日常生活和学习中,可以让孩子自己作出选择和决定;另一方面是给孩子成长的自由,让他们积极探索世界。有的家长不管孩子是否愿意,替孩子包揽一切;有的家长直接切断孩子参与或探索的可能,限制孩子的交友,不允许孩子外出等。这些都不利于孩子的健康成长。

二、遵循规律原则

家庭教育要遵循儿童身心发展的基本规律,从儿童的实际心理发展水平和实际能力出发,有次序、有步骤地进行,避免"超前教育"和"过度教育"。所谓"超前教育",是指不顾孩子身心发展水平,不考虑孩子实际理解能力和接受能力,提前进行智力开发。比如,有的家长在孩子幼儿园时就开始教授小学阶段的知识。所谓"过度教育",是指不顾孩子的学校学习效果和自身学习状况,利用课余时间给孩子施加额外的教育。比如,孩子学习很不错,但家长还不满意,要求孩子在业余时间参加大量课外辅导班。这些都是忽视孩子身心发展规律的教育方式,会给孩子的身体和心理造成较大压力,扼杀孩子的学习兴趣、学习动机,甚至引发各种家庭矛盾。

心理学研究表明,儿童的心理发展具有阶段性,其知识和能力的增长是一个由量变到质变的过程。在每一个年龄段,孩子在生理和心理上都会表现出区别于其他年龄段的典型特征。如果家庭教育枉顾这种规律,不仅收不到预想的效果,还可能损害孩子的身心健康。因此,在家庭教育中,家长应在了解孩子年龄特点的基础上,从孩子自身实际情况出发,由易到难、循序渐进地对孩子进行引导。比如,在儿童智力开发方面,家长要尽量避免枯燥的说教,根据孩子的年龄特点采取游戏、唱歌、跳舞、旅游等"玩"的方式。

三、一致性原则

一致性原则是指同一个家长在家庭教育态度、目标和要求上要始终保持一致,或者不同家庭成员之间在教育态度、目标和要求上要保持一致。家庭教育的一致性原则实际上包含两层意思:

(一)同一个家长在家庭教育态度、目标和要求上要始终保持一致

家长在教育子女的过程中要有始终如一的目标和计划,不可朝令夕改,或者出尔反尔。有的家长对孩子的要求只施行一段时间,没有长期坚持下去。比如,有的家长发现孩子有写作业拖拉的坏习惯之后,纠正了几次后发现孩子还是反复出现,就逐渐失去耐心,放弃继续纠正孩子;还有的家长没有对孩子什么时候可以看电视、玩手机等作出明确的规定,心情好的时候就让孩子多玩一会儿,心情不好的时候就严格限制孩子看电视、玩手机。这些做法都忽视了一致性在家庭教育中的重要性,会让孩子无所适从,不能很好地理解和遵守规定。

(二)不同家庭成员在家庭教育态度、目标和要求上要保持一致

在现实生活中,祖辈参与家庭教育已经成为一种普遍现象。然而,祖辈和父母在教育方式、观念等方面容易产生分歧、矛盾,在教育上难以达成一致。因此,有时候在家庭中会出现爸爸、妈妈在"管"孩子,而爷爷、奶奶则在"护"孩子的情况。此外,在很多家庭中妈妈通常占据着教育的主导地位,因此会出现妈妈在"管"孩子,爸爸在"护"孩子的现象,或者爸爸、祖辈等一起和母亲"唱反调"的情况。这种情况往往会导致孩子在家庭中处于无所适从、不知道应该听谁的话的尴尬境地,从而影响孩子的

健康成长。因此,在家庭教育中家长之间一定要相互配合、形成教育合力,避免孩子不知所措现象的出现。

四、严慈相济原则

严慈相济原则,也被称为理性施爱原则,是指在家庭教育中家长要把对子女的关心、爱护和严格要求结合起来,既不可无爱,又不可爱而无限;既不可不严,又不可严而无度。简单说就是,教育孩子既要有"爱",又要有"规矩"。爱孩子是教育孩子的前提,但并非什么样的爱都能促进孩子成长,家长需要理智施爱。

在家庭教育中遵循严慈相济原则要求家长要做到以下两点:

(一)爱而不溺

颜之推在《颜氏家训·教子》中提到,家长在家庭教育中的一个常见误区就是"无教而有爱"。他说:"吾见世间,无教而有爱,每不能然;饮食运为,恣其所欲,宜诫翻奖,应诃反笑。"很多父母对孩子只爱不教,在生活上尽量满足孩子的要求,完全放任自流,毫无限制,孩子做错了事本该训诫反而奖励,本该责备反倒一笑了之。这种过度溺爱孩子的行为是不理智的爱,是家长应该避免的。要做到爱而不溺,家长就要对孩子实施"有原则的爱",即只满足孩子的合理要求,对孩子的不合理要求要学会拒绝。此外,家长还需要给予孩子"长远之爱",即学会放手,给予孩子成长的空间和自由。

(二)严而不苛

家长对孩子的严格要求要适度,不可以过于严苛。一方面,家长要做到"严而有理",即家长要根据孩子的发展水平和特点提出合理的要求,而不是生硬地提出过高的期望,导致孩子产生自我怀疑,或者产生抵触与反抗情绪。另一方面,家长要做到"严而有方"。有的家长认为"严"就是只要孩子不听话就要打骂,甚至赞成"不打不成才"的观念。其实,这也是对"严"的一种误解。实际上,严格要求要讲究方式方法。比如,家长可以通过耐心说理、疏导的方式告诉孩子错在哪里,什么是正确做法;家长还可以通过榜样示范的方式,教导孩子应该怎么做。

五、遵循差异原则

遵循差异是指家长要认识到儿童发展的差异性,因材施教。这种差异性一方面是指不同的儿童个体之间有差异,就像世界上没有两片一模一样的树叶一样,世界上也没有两个完全相同的人。由于先天的遗传素质和后天的生活、教育环境等的不同,儿童在生理上和心理上都具有不同的特征。另一方面是指儿童在身心发展的不同阶段也会有差异。家长要从儿童的实际情况、个体差异和阶段性差异出发,有的放矢地对其进行有差别的教育,促使儿童能扬长避短,获得最佳发展。

在家庭教育中遵循因材施教原则,要求:

(一)家长要全面深入地了解自己的孩子

著名教育家乌申斯基说过:"如果教育学希望全面地去教育人,那么它就必须首先全面地去了解人。"[①] 了解孩子是教育孩子的基础。家长要想教育好自己的孩子，首先必须去了解孩子。家长对孩子的了解必须是全方位的。在时间上，了解孩子的过去和现在；在空间上，既了解孩子在家中的情况，又了解孩子在校内、校外的表现；在内容上，既了解孩子各个阶段在德智体美劳等诸方面的发展情况，又掌握其身心健康、生理变化、智力发展和兴趣爱好的情况；既了解孩子的进步、成绩与荣誉，又了解孩子遇到的挫折与失败、存在的问题和得到的教训；既了解孩子的言行举止，又了解其内心情绪、思想变化等。

（二）家长要根据孩子的个性特征开展教育

所谓个性，是指一个人在其生活、实践活动中表现出来的比较稳定的带有一定倾向性的个体心理特征。个性包括个性倾向（如需要、动机、兴趣、理想、信念、世界观等）和个性心理特征（如能力、气质和性格）两大成分。"人心不同，各如其面"，每个孩子都有其独特的个性特点，家长应该对孩子的个性给予正视和尊重，不能强制他们服从自己的意愿，抹杀、压制孩子的个性。家长根据孩子的个性特征因材施教，重点要关注孩子的兴趣或特长。家长要充分地尊重和信任孩子，为孩子提供充分表现和发展特长的条件和机会。比如，家长可以在尊重孩子的基础上，支持孩子参加各种兴趣活动，使孩子的兴趣得到充分的发展。

第四节　家庭教育的方法

家庭教育方法是对家庭教育实践经验的概括和总结，是实现家庭教育目的、完成家庭教育任务、联系教育者与受教育者的手段。家庭教育是复杂的，又是随时随地都在发生的。家长需要学习和掌握多种教育子女的科学方法，并根据自己的实际需要灵活地选择合适的方法进行教育。正确的家庭教育方法才能迅速高效地导向家庭教育目标，完成家庭教育任务。不恰当的、错误的家庭教育方法会成为家庭教育的阻碍。

一、榜样示范法

榜样示范法是指家长以自己良好的思想品德和行为以及典型人物的优良道德风范影响教育子女、塑造子女人格的一种教育方法。班杜拉的社会学习理论已经阐明了成年人的榜样作用对儿童的影响，儿童会不自觉地模仿成年人的行为，但并不一定理解这些行为是否恰当。家长想要孩子做出怎样的举动，最好就是自己也做出同样的举动。因此，榜样示范法往往是家长对孩子进行家庭教育的最好方法之一。

（一）家长通过亲身示范来实施教育和影响

父母的言行对孩子来说是至关重要的，它们会在孩子的心灵上留下深浅不一的

[①] 乌申斯基. 人是教育的对象：教育人类学初探：上卷[M]. 郑文樾，译. 2 版. 北京：人民教育出版社，2007：16.

印记。儿童认识世界,是从父母开始的。他首先认识的是父母如何跟自己说话、父母之间如何互动。父母为孩子呈现怎样的行为、态度、价值观,孩子便会朝着同样的方向发展。因此,在家庭中父母应该严于律己,做好孩子的表率,对孩子起到良好的示范作用。

(二)借助一些典型的人物形象来实施教育和影响

家长可以给孩子讲述一些革命领袖、英雄模范、著名科学家以及文艺作品中的正面典型人物的故事,或者引导孩子阅读这些人物的传记、书籍等,引导孩子留意这些榜样人物的身世、经历、成就、品德等,激发孩子内心对榜样的敬仰之情,或者抓住时机鼓励孩子学习这些榜样的先进事迹,将情感化为实际行动。

(三)引导孩子向身边的老师、同学和朋友学习

身边的老师、同学和朋友等对于孩子来说是比较熟悉的榜样,他们的好品德、好作风更容易被孩子理解和接受,更能激发孩子的学习热情,因此具有更直接的教育作用。家长可以充分利用这些身边的榜样,引导孩子去学习。需要注意的是,家长在引导孩子向这些榜样学习时不仅要引导孩子看到这些榜样的长处和优点,还要学会从他们的不足和缺点中吸取经验教训,即要全面认识一个人。此外,家长还需要注意的是不要总拿身边榜样的优点和长处来与孩子的缺点和不足比较,比如对孩子说"你看人家孩子多好,再看看你,干什么都不行"之类的话。这样的话看似是对孩子的激励,实际只能让孩子丧失自信,变得自卑甚至产生嫉妒和仇恨心理。

> **拓展阅读** >>>

父母是孩子最崇敬的榜样

北京师范大学发布的《全国家庭教育状况调查报告(2018)》显示:父母是四、八年级学生最崇敬的榜样第一位,高于老师、科学家、明星或名人。报告还发现,24.2%的四年级学生和28.2%的八年级学生报告,父母经常在自己面前表现出不良行为,如"答应过孩子的事情做不到"(四年级42.2%、八年级63.7%),还有"说脏话、粗话""与他人吵架""大声喧哗""乱扔垃圾""随地吐痰""在需要排队的时候插队"等。

对于四年级学生而言,无论报告父母不良行为多还是少,依然选择父母为榜样的比例均最高。可是,八年级学生报告父母不良行为很少的学生选择父母作为最崇敬榜样的比例最高;报告父母不良行为很多的学生选择影视、文学作品、游戏中的虚构人物为榜样的比例最高(22.9%),而继续选择父母为榜样的比例仅为6.3%。

二、环境熏陶法

环境熏陶法是指在家庭教育中,家长有意识地为孩子营造精神、物质都良好的成长环境,使孩子潜移默化地受到影响,养成良好的生活习惯、道德品质等的一种教育方法。颜之推在《颜氏家训》中提到"人在少年,神情未定,所与款狎,熏渍陶染,言笑

举动,无心于学,潜移暗化,自然似之",表达的就是环境对人的潜移默化的影响。

家庭环境是儿童人生中第一个,也是持续时间最久的生活环境,对孩子身心发展的影响极大。因此,实施环境熏陶法的关键是要营造良好的家庭环境。具体来说,家长可以从以下几个方面入手:

(一)安排好家庭的经济生活

不同的家庭有不同的经济生活水平。然而,对孩子产生决定性影响的并不是家庭固有的经济水平本身,而是家长如何对待、安排家庭的经济生活。如果家长能科学地安排家庭经济生活,精打细算,量入为出,使家庭生活过得平静、和谐,即使物质条件艰苦一点,孩子也会觉得是幸福和温暖的,也能培养起吃苦耐劳、艰苦奋斗的品质。因此,家长应该尽可能把家庭的经济生活安排好,尽可能让孩子参与家庭经济管理,进行家庭理财教育,增强孩子的家庭责任感,使孩子在实践中学会如何生活。

(二)美化家庭生活环境

家庭是全家人每天饮食、起居、休息、娱乐的场所。家庭中家具的选购和摆放、房间的布置等都反映了一个家庭的审美情趣。美观大方、风格优雅、干净整洁的家庭生活环境有利于陶冶孩子的情操,也能促使孩子养成良好的生活、卫生习惯。因此,家长在布置房间,特别是孩子自己的生活空间时,可以让孩子一起参与,或者让孩子独立进行。

(三)丰富家庭生活内容,营造良好的家庭文化氛围

丰富多彩的家庭生活不仅能增长儿童的知识,锻炼儿童的能力,还有利于增进家人之间的感情。现代社会丰富的生活内容为家长创造丰富多彩的家庭生活提供了便利。具体来说,家长可以利用看电视、电影,阅读书籍,参观博物馆、科技馆,外出旅游,参与家庭劳动、体育锻炼等多种方式丰富孩子的家庭生活内容,营造良好的家庭文化氛围。

(四)家长要树立积极向上的生活态度

不管家庭经济、社会地位如何,家长都要树立积极向上、努力拼搏的生活态度。有的家庭条件很好,家长奋斗一生就是为了孩子过上好日子,所以不舍得让孩子再那么辛苦,这样孩子很容易丧失学习动机和人生追求;有的家庭境遇不如意,家长放弃自我努力,转而去鞭策孩子努力学习来改变家庭境况,这对孩子来说是很不公平的,会产生消极影响。无论是怎样的家庭环境,家长都要率先作出榜样,自己做到勤奋工作、不怨天尤人,才能更有说服力地去鼓励孩子积极生活,帮助孩子树立积极的生活态度和远大理想。

(五)重视外部环境的影响

根据生态系统理论,家庭之外的环境,如社区、学校、社会等,也会对孩子产生影响。因此家长要关注孩子的学校环境,看学校文化是否与自己的教育理念相符合;要关注孩子的交友情况,及时帮助孩子纾解同伴压力,远离不良同伴,鼓励孩子与志趣相投的朋友共同活动;要关注社区的行为和文化风向,当孩子在社区遇到不良行为时,家长要有引导意识;要关注社会风气的变化,观察孩子的价值观是否需要纠偏;等等。

三、说理教育法

说理教育法是指通过摆事实、讲道理的方式对孩子施加影响,以提高孩子对事实的认知,启发孩子的自觉性,帮助孩子形成良好行为规范等的一种常见的家庭教育方法。为了使说理教育法更加有效,家长在使用该方法时要注意以下几点:

(一)采用民主平等的态度

说理教育法是建立在父母与子女之间充分信任、互相尊重的基础之上的,是以理服人,而不是强势压人。因此,在使用这种教育方法时,家长需要放下架子,用真诚、民主、平等的态度对待孩子。比如,在交谈时要积极倾听孩子的想法,了解孩子的态度;尤其是当孩子有不同意见时,要允许孩子表达自己的观点,保留自己的看法,避免无理压制和"一言堂"。

(二)使用简洁明确的语言

家长在使用说理教育法时应该从事件本身出发,实事求是、有理有据、简单明了地表达自己的意思,尽量避免出现反复唠叨、翻旧账、指责以及说大话、空话和假话等现象。比如,不要就某一问题反复说教、老话重谈;不要对孩子进行过多评论,尤其是对其人格进行讽刺、挖苦和指责;不要为了展示自己的威信,和孩子说大话、空话;等等。

(三)灵活运用暗示技巧

为了增强说理的效果,便于孩子理解和接受,家长在使用说理教育法时可以灵活运用暗示的技巧。暗示是指家长在谈话过程中用间接的方式对孩子进行影响,从语言、行为、情感等多方面引导孩子的一种方法。这种方法是在孩子内心无防备的状态下进行的,所以更容易被接受。暗示大致可以分为言语暗示、行为暗示、表情暗示三种,家长可以在教育过程中根据自己希望达到的目的来选择不同的暗示方法。

言语暗示是指通过讲故事、比喻、作比较等方式侧面向孩子进行提示,而不是直接对孩子提出教育要求的一种方式。比如,古代孟母用断织来教育孟子好好读书就是一种通过比喻来进行的言语暗示方法。行为暗示是指通过具体的动作、行为来表达想法的一种教育方式。行为比语言更直观,更容易引起孩子的注意,因此行为暗示也能对孩子起到良好的教育效果。比如,妈妈为了让孩子去写作业,直接将孩子的书包、课本、文具等拿到孩子的书房,并且自己也放下手机、拿出书或者电脑开始工作。表情暗示是指通过微笑、点头等表情变化来传递信息的一种教育方式。比如,孩子做完一件事后会观察妈妈的表情,如果妈妈露出微笑,孩子便知道自己做对了;如果妈妈眉头紧锁,孩子也会变得紧张起来。

四、实践锻炼法

实践锻炼法是指根据孩子自身的发展要求和社会需求,让孩子通过身体力行参加各种实践活动,在亲身经历、亲身体验中获得技能、才干以及培养良好习惯和品行等的一种家庭教育方法。

实践锻炼对于孩子的成长来说十分重要,也是家庭教育的重要方法之一。任何能力、习惯和品德都不是生来就有、自然而然形成的,而是在具体的实践活动中逐渐习得和养成的。洛克曾表示:"请记住,儿童不是可以用规则教得好的,因为规则总是会被他们忘掉的。你认为什么是他们必须做的,就应该利用一切机会,甚至在可能的时候创造机会,让他们进行不可缺少的练习,使其在他们身上固定下来。这就可以使他们养成一种习惯,这种习惯一旦养成之后,便用不着借助记忆,就能自然而然发生作用了。"①

实践锻炼可以从小进行,其内容十分丰富,包括学习如何走路、穿衣、吃饭等生活自理能力的锻炼,也包括参与家务劳动、工作实习、社会实践等工作进行劳动能力的锻炼,还包括待人接物、社会交往等多种能力的锻炼。家长在运用实践锻炼法对子女进行教育时,需要注意以下几点:

（一）要根据孩子的特点选择合适的实践锻炼任务

家长要根据孩子的年龄特点、实际能力、个性特点和性别等,选择合适的实践锻炼任务。实践锻炼任务的难度要适中,不能过难,使孩子产生畏难情绪;也不能过易,使孩子丧失参与的兴趣。实践锻炼任务可以随着孩子年龄的增长循序渐进地由易到难。

（二）要让孩子明确实践锻炼的目的、意义和方法

家长要让孩子明白为什么要参与实践锻炼,以及如何参与实践锻炼。在实践锻炼之前,家长要对孩子提出明确的要求,在其实践锻炼过程中给予指导。对于年龄较小的孩子,指导要尽量具体、明确,且最好有演示、示范;对于年龄较大的孩子,则可以为其留出创造性实践的空间,不必具体指导,避免孩子产生厌烦情绪。

（三）要正确对待孩子在实践锻炼中出现的问题

实践锻炼的过程并不总是一帆风顺的,孩子往往会遇到一定的挫折、困难甚至失误。家长要积极引导孩子不断战胜困难,舍得让孩子吃苦,避免溺爱孩子、代替包办或者对孩子的失误进行批评、指责等。

五、奖惩激励法

奖惩激励法是指运用表扬和奖励、批评和惩罚两种常用的教育手段,对子女的积极或不良行为提供反馈信息,起到增多或减少该行为的一种家庭教育方法。从心理学角度来看,奖励和惩罚都是一种强化刺激。其中奖励是一种正强化,能调动个体行为的积极性与创造性,使期望和要求的行为得到加强、巩固和推广;惩罚是一种负强化,能降低个体行为的积极性,从而减弱或消除不符合期望和要求的行为。无论是对

---

① 洛克.教育漫话[M].徐大建,译.3版.上海:上海人民出版社,2014:50.

积极行为的奖励还是对不良行为的惩罚,目的都在于对孩子进行激励。奖励和惩罚在家庭教育中互为补充、缺一不可,只有奖励的教育和只有惩罚的教育都是不完备的教育。

(一) 以表扬和奖励为主,并正确使用表扬和奖励

陈鹤琴先生曾表示:"无论什么人受奖励而做善是很容易的。"[①]清代思想家、教育家颜元曾言说过"数子十过,不如奖子一长。数过不改也,徒伤情;奖长益劝也,且全恩"(《颜元集·颜习斋先生年谱卷下》)。尽管奖励和惩罚都能够对孩子起到一定的激励作用,但是奖励的长远效果往往好于惩罚。因此,在家庭教育中家长应该以表扬和奖励为主。

表扬的方式主要有两种:一种是语言表扬,如对孩子积极的行为给予"好""对""值得鼓励""可以"等口头或者书面语言的肯定;一种是非语言表扬,如对孩子积极的行为给予"点头""微笑""竖大拇指"等表情和肢体语言的肯定。奖励也分为物质奖励和精神奖励两种,前者满足的是孩子物质上的需要,后者满足的是孩子精神上的需要。

为了使表扬和奖励更加有效,家长需要注意:一是要及时,即当孩子出现积极行为时立即进行表扬或者奖励,以便更好地帮助孩子建立积极行为和奖励之间的联系。二是要具体,即要让孩子知道自己哪些具体行为是值得表扬和奖励的,而不是笼统地说"好""棒"。比如,表扬孩子"你今天主动帮助邻居关门了,给你点个赞"就比"你今天真棒"效果要好。三是要实事求是、恰如其分,即表扬和奖励要基于事实,既不夸大,也不故意贬低,让孩子觉得真实可信。四是要以精神奖励为主,辅以物质奖励。相比物质奖励,精神奖励对孩子的激励作用更持久、稳定和有力。奖励时要以满足孩子荣誉感、成就感和自我实现等精神层面的需求为主,避免过多使用金钱、食物等物质奖励给孩子带来负面影响。

(二) 谨慎使用批评和惩罚

批评和惩罚是对孩子不良行为的否定评价。当孩子出现撒谎、打架等不良行为时,给予必要的批评和惩罚可以帮助孩子明辨是非、吸取教训,促进其不良行为的改进。批评通常针对的是孩子一般性的错误、缺点和过失,而惩罚则是针对性质和后果更为严重的错误。在程度上,惩罚比批评更加严厉,是强度更高的否定评价。

惩罚主要可以分为两类:自然惩罚和人为惩罚。自然惩罚指的是由孩子错误行为本身所带来的否定评价,如孩子因为忘记带午饭而挨饿;人为惩罚是指人为对于孩子非期望行为给予的否定评价,包含训诫、要求做检查、强制做不愿意的事、限制某种要求的满足等方式,如孩子因为贪玩忘记写作业而被强制取消看电视的时间。

批评和惩罚尽管能够在一定程度上起到改善孩子不良行为的目的,但是如果使用不恰当,其也会起到相反的效果,使孩子产生叛逆心理,甚至对孩子造成伤害,给孩

---

① 陈鹤琴. 家庭教育[M]. 武汉:长江文艺出版社,2013:112.

子留下心理阴影。因此,家长在使用批评和惩罚时一定要谨慎,具体来说要注意以下几点:

(1) 要冷静理智,避免情绪发泄。家长首先要明确批评和惩罚的目的是教育孩子,帮助孩子纠正不良行为,而不是发泄自己的不良情绪。因此,家长在批评和惩罚孩子时一定要保持头脑冷静,控制好情绪,避免自己的不良情绪影响教育效果。

(2) 要注意时间和场合。为了保护孩子的自尊心,家长要避免在大庭广众之下批评和惩罚孩子;为了孩子的身体健康,家长要避免在睡觉前和饭桌上批评、教育孩子。

(3) 要就事论事,不翻旧账。家长要针对孩子当前所做的事情,实事求是地进行批评和惩罚,不要重复唠叨以前的事情。家长还要让孩子清楚地知道自己错在哪里和正确的行为是什么,以便孩子更好地改正。

(4) 要把握好尺度,不可过于严厉,避免体罚。过于严厉的批评和惩罚,甚至体罚不仅可能无法起到预期的效果,还可能导致孩子产生抵触情绪,给孩子留下心理阴影。因此,家长要懂得把握好批评和惩罚的尺度,明白惩罚绝不等于体罚。

(5) 要善于利用自然惩罚。自然惩罚是指在孩子犯错误时不给予人为的惩罚,而是让孩子在其错误所造成的直接后果中体验到不快或痛苦,从而促使孩子改正错误。法国教育家卢梭和英国教育家斯宾塞都主张这种教育方法。他们认为这样不仅可以培养孩子的责任感、独立性,还可以有效避免亲子之间的矛盾冲突,有利于建立和谐的亲子关系。

六、择机而教法

所谓择机而教,是指家长在家庭生活中的每个瞬间,都可以根据具体情境开展家庭教育。家庭教育不像学校教育有明确的教学大纲和教学地点。家庭教育发生在家庭生活中的每一刻,发生在家庭中的每个角落。

(一) 择机而教要求家长能抓住恰当的教育时机

在具体的情境中,儿童更能受到感染,被唤起情绪状态,此时开展相应的家庭教育,往往比单纯的说理更有效果。因此,教育时机就显得非常重要。家长要懂得抓住这样的教育时机,对情境有清晰的认知,并且敏锐觉察孩子的情绪状态。比如,在饭店用餐的时候,孩子觉得这家的饭菜特别好吃,家长就可以带孩子向厨师或服务人员表示感谢,培养孩子的感恩之心;孩子不小心弄坏了超市的东西,也没有工作人员发现,觉得可以"蒙混过关",家长就不能小事化了,而是要主动赔偿,培养孩子的责任心。

(二) 择机而教要求家长不要刻意教育,懂得给教育留空白

择机而教的教育艺术就在于自然发生,顺势而为。因此家长千万不能把择机而教当成一种负担,每时每刻都在想着怎么择机,看到粮食就要告诫孩子珍惜粮食,看到老人过马路就要告诫孩子尊老爱幼……这跟灌输式的说教没有区别,反而会引起孩子的反感。

　　另外,择机而教也不能使用过度,要懂得给教育留空白。在特定情境下,孩子的情绪和感想是自然发生的,家长往往只需要点拨一下,孩子就能明白。过度的教育反而会破坏这种自发感。比如,在观看防疫纪录片时,孩子其实已经产生了对医护人员的敬佩之情,家长可以通过引导孩子说出内心的感受并加以肯定的教育方式,升华孩子的这种感情,而大可不必慷慨陈词,甚至延伸到要求孩子好好学习,物理化都要跟上,将来也能当一名白衣天使这种地步。这样反而破坏了孩子刚刚产生的微妙的情绪状态。

▎拓展阅读 >>>

《家庭教育促进法》提出的家庭教育方法

　　《家庭教育促进法》对家长应当采取何种家庭教育方法作出了框架规定。

　　第十七条　未成年人的父母或者其他监护人实施家庭教育,应当关注未成年人的生理、心理、智力发展状况,尊重其参与相关家庭事务和发表意见的权利,合理运用以下方式方法:

　　(一)亲自养育,加强亲子陪伴;

　　(二)共同参与,发挥父母双方的作用;

　　(三)相机而教,寓教于日常生活之中;

　　(四)潜移默化,言传与身教相结合;

　　(五)严慈相济,关心爱护与严格要求并重;

　　(六)尊重差异,根据年龄和个性特点进行科学引导;

　　(七)平等交流,予以尊重、理解和鼓励;

　　(八)相互促进,父母与子女共同成长;

　　(九)其他有益于未成年人全面发展、健康成长的方式方法。

？理解·分析·应用 📖

1. 孔子所说"其身正,不令而行"(《论语·子路》),指的是哪种家庭教育方法?

2. 使用奖惩激励法时,有哪些注意事项?

3. 开展家庭智育时,需要注意哪些问题?

4. 卢梭曾经说,造成儿童不幸的最可靠的方法就是他要什么便给他什么。请谈谈你对卢梭这句话的理解。

5. 如果你身边有家长不知道如何面对"双减"之后孩子多出来的时间,你会如何建议他们?

6. 三年级的明明去上学总是忘记带自己的课本,经过多次提醒,她依旧忘记带课本,每次都要妈妈去给她送。如果你是这位妈妈,你会怎么办呢? 并说明原因。

7. 小童今年才 3 岁,但是她却十分沉迷于看手机短视频,每次只要家里人拿出手机,她就哭着闹着要玩,否则就撒泼打滚。对此,小童的家长非常无奈。如果小童的家长向你求助,你会建议他们怎么做? 并说明原因。

8. "拔苗助长"是我国一个耳熟能详的寓言故事。"拔苗助长"破坏了家庭教育的哪条原则? 为什么要遵循这条原则?

❓ 拓展阅读指导

1. 赵石屏.家庭教育原理[M].北京:高等教育出版社,2021.

2. 米娜.儿童、家庭和社区:家庭中心的早期教育:第 5 版[M].郑福明,冯夏婷,等译.北京:高等教育出版社,2012.

3. 尼尔森.正面管教[M].王冰,译.北京:北京联合出版公司,2016.

第五章

5

亲子关系：家庭教育的起点与结果

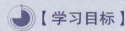【学习目标】

1. 理解亲子关系的定义和特征。
2. 理解亲子依恋的概念和类型，认识亲子依恋对儿童的影响。
3. 理解亲子亲合与亲子冲突的概念。
4. 了解亲子关系对家庭教育的作用机制及影响因素。
5. 掌握建立有效亲子沟通的策略。

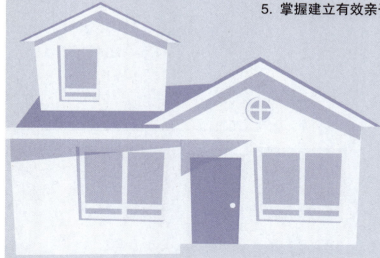

【知识导图】

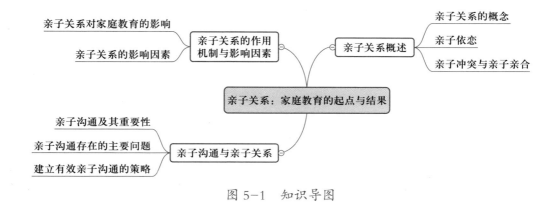

图 5-1　知识导图

【情境链接】

五岁的阿勇把他的玩具铺得满地都是,可现在已经过了游戏时间,要准备收拾好玩具吃饭了。阿勇的爸爸最常采用的沟通方式是"威胁":"我再警告你一次,再不收拾好,你今晚就别吃饭了!"结果换来了阿勇的号啕大哭,以及对爸爸的控诉:"最讨厌爸爸了!"

毫无疑问,父亲自然是有能力对孩子实施"不许吃饭"的惩罚的,但结果可能会导致孩子并不记得自己究竟是因为什么受罚,而只是记住了"爸爸很讨厌,不让我吃饭"。如果爸爸换一种沟通方式,用"建议"替代"威胁",效果可能会更好:"今晚妈妈做了你喜欢吃的菜,要不我们一起把玩具收拾起来,然后去洗手吃饭?"

我们常常会思考的一个问题就是:在教育孩子的时候,父母究竟要如何使用他的"成人权威"? 面对孩子不恰当的行为,父母应该予以制止。但是制止的过程,一方面受到亲子关系的影响,一方面也会影响亲子关系。而这种影响,并不只存在于儿童时期,一直到孩子成年,父母与孩子的关系以及沟通方式,都直接影响着家庭教育的效果。

家庭教育是以亲子互动为中心的教育活动。家庭教育源于家庭关系,而在家庭关系中,最重要的就是父母和子女的关系,也就是亲子关系。亲子关系是父母教育子女的前提与基础,其好坏决定着家庭教育质量的好坏。良好亲子关系的建立离不开有效的亲子沟通,有效的亲子沟通能促进良好亲子关系的发展。在本章中,我们将探讨亲子关系的概念与类型,厘清亲子关系对家庭教育的作用机制,并且深入探讨如何有效开展亲子沟通。

第一节　亲子关系概述

亲子关系是个体来到世间的第一个人际关系，是家庭教育中最为重要的一种关系，在儿童认知发展、人格发展、心理健康和社会适应等方面都发挥着重要作用。

一、亲子关系的概念

亲子关系是一种以血缘关系或抚养关系和共同生活为基础，以抚养、教育和赡养为基本内容，父母与子女之间相互影响、相互作用所形成的一种自然、生活和社会关系的统一体，具有不可选择性、永久性、亲密性和法定性等特点。

（一）亲子关系的定义

关于亲子关系（parent-child relationship）的定义，从不同的学科角度出发有不同的阐释，主要有三种：一种是生物遗传学的定义，指的是亲代和子代之间的生物血缘关系；一种是社会学的定义，指的是父母和子女之间在社会地位、法律、规章制度等方面的社会关系；一种是心理学的定义，指的是父母与其子女（亲生子女、养子女或继子女）之间因互动而产生的特定的情感态度、行为方式等方面的相互关系。

从亲子关系所涉及的主体范围来看，亲子关系的定义可以分为狭义和广义两种。狭义来看，亲子关系的双方是儿童和儿童的亲生父母，有别于养父母与子女的关系（adoptive relationship）和继父母与子女的关系（stepparent-stepchild relationship）等相关概念。广义来看，亲子关系脱离了不同家庭结构，指的是在家庭中对子女负有养育责任的成人（多指父母）与子女的关系。

这里所描述的亲子关系包括父母与子女之间的情感交流和行为交往等，是个体一生中出现最早、持续时间最长的一种人际关系，也是家庭中最基本、最重要的一种关系。

（二）亲子关系的特征

与夫妻关系等家庭人际关系以及师生关系、同伴关系等社会人际关系相比，亲子关系有其自身的本质特征。具体来说，亲子关系主要有以下几个特征：

I. 不可选择性

不可选择性一方面指具有血缘关系的父母、子女是不可以进行选择的。与夫妻关系等家庭人际关系以及师生关系、同伴关系等社会人际关系相比，亲子关系是一种由血统继承联结的人际关系。这种以血缘为纽带的亲子关系的客观事实从子代出生乃至从母体孕育生命时就已经存在了，并且不会因为过继子女、亲子失散、父母未对子女尽抚养义务等原因发生改变。因此，对于个体来说，拥有什么样的妻子、丈夫、老师、同伴等是可以选择的，但是拥有什么样的父母和子女是不可以选择的。父母只要生育儿女，就不能回避与子女的亲子关系；同样，只要个体出生在世界上，就不可能替换掉生身父母。

另一方面，不可选择性指在领养家庭，一般来说都是父母选择领养子女，但是子女很难对父母进行选择,尤其是很小的时候就被领养的孩子,无法选择自己要进入什么样的家庭。不过,领养家庭、重组家庭中的亲子关系的不可选择性相对基于血缘的亲子关系,更加淡化。

2. 永久性

永久性也可以称作"不可解除性"或者"不可改变性",是指父母和子女之间的关系不会因为外力或者其他关系的改变而发生改变。基于血缘的亲子关系是与生俱来的,至死无终,任何外力也无法改变,并受到一定的法律确认和保护。没有血缘基础的亲子关系一旦结成,也同样受法律保护。亲子关系不像夫妻之间的关系那样可以通过法律解除,即使夫妻离异,不抚养孩子的一方依然不能解除与孩子的关系。

3. 亲密性

亲密性是指父母和子女之间有着天然的精神和情感上的相互依存性。一方面,由于血缘关系的存在,亲子之间有着一种天然的骨肉联系。这使得父母和子女之间即使没有共同生活依然在情感上有天然的亲近性。另一方面,由于长期的抚养与被扶养关系的存在,父母和子女之间在共同生活、日常互动中会产生出比其他人际关系更亲密的感情。比如,在抚养、教育子女的过程中,父母会给予子女无私的奉献,对子女产生期待,获得内心的满足感和充实感等;子女在父母的抚养、教育下,会建立起对父母的特殊依恋情感,对父母产生信任、依赖等情感。

4. 法定性

亲子关系的法定性又可以称作"权利、义务的特殊性",是指父母和子女之间有着受到社会道德或者法律约束的特殊的权利与义务关系。一方面,我国《宪法》《未成年人保护法》《教育法》等法律都规定了父母有抚养、教育未成年子女的权利和义务;另一方面,法律也赋予了子女赡养、照料父母的义务。比如《民法典》就明确规定"离婚后,父母对于子女仍有抚养、教育、保护的权利和义务"。可见,亲子之间的权利、义务关系不仅会受到社会道德的要求,更会受到法律的约束。因此,在家庭教育中,父母具有不可推卸的主体责任,承担着抚养、教育、保护子女的义务;同时子女也承担着在物质和精神上赡养、照料父母的义务。

二、亲子依恋

英国精神病学家、心理学家约翰·鲍尔比(John Bowlby,1907—1990)最早提出"依恋"的概念,用来描述婴儿与其看护者之间形成的一种亲密情感的联系。亲子依恋最初被用于判断儿童早期亲子关系的状态,研究的焦点在于婴儿与看护者的依恋状态与互动模式。后来的研究者发现亲子依恋可以用来预测儿童长大后的亲子关系,并且可以根据早期亲子依恋预判儿童成年后对亲密关系的态度。

(一) 亲子依恋的概念

早期关于依恋的研究都是围绕婴儿展开的,近年来,随着依恋理论的发展和广泛应用,人们对它的理解更加深化,同时也围绕青少年和成人进行了广泛的研究,依恋已经逐渐成为衡量亲密的情感关系的指标。

心理学对亲子依恋的研究历经三个阶段：以鲍尔比为代表的第一阶段(20世纪60年代至70年代中期)创建了理论框架；以安斯沃斯(Mary Ainsworth,1913—1999)为代表的第二阶段(20世纪70年代中期至80年代中期)发展了"陌生情境法"并积累了大量观察资料和跨文化资料；20世纪80年代中期以来的第三阶段在研究对象、研究方法和研究内容等方面均有所发展，并且从婴儿转向青少年与成人研究。例如，乔治(C.George)等人于1985年设计了用于测量成人依恋的"成人依恋访谈法"，通过成人对早期依恋经验的回顾和与当下个体发展现状的关系来确定个体的依恋状态。

鲍尔比的依恋理论认为，依恋是至关重要的，它是保障婴儿和物种生存的方法。婴儿必须通过向成人发出依恋行为，才能获取生存资源和情感资源。因此，依恋本质上是个体赖以组织、发动对他人情感的行为系统，是一种融情绪、情感、态度及信念为一体的复杂系统，其进化与发展的基础是未成熟的儿童趋近父母的需要，其生物意义在于依恋能保障个体获得生存资源、关爱、安全感等生存的"必需品"，保障个体生命的延续。

▎学习活动：小组研讨 >>>

英国心理学家西蒙·巴伦－科恩(Simon Baron-Cohen)高度评价鲍尔比依恋理论对早期儿童家庭教育的启示，并且这样描述鲍尔比的依恋理论：

"我想这样来复述鲍尔比的理论：在孩子生命最初的那关键几年，看护者给予他们的东西就好比一罐内心的金子。这个从弗洛伊德的洞见中发展出来的观点认为，如果父母能为孩子的内心注满积极的情绪，就是给了他一件比任何物质财富都要珍贵的礼物。这罐内心的金子是孩子能够携带终生的东西，即使他日后变成身无分文的逃难者或者被其他困境所包围，这罐金子也不会消失。它给人克服困难的力量、从挫折中恢复的本领，以及在其他关系中表达关爱、享受亲密的能力。"[1]

请结合鲍尔比的"依恋"概念，开展小组讨论，谈谈对"一罐内心的金子"的理解。

（二）亲子依恋的类型

安斯沃斯结合鲍尔比的依恋理论，通过"陌生情境法"的实验，提出了四种不同类型的依恋。"陌生情境法"是指在实验室里摆放玩具用以吸引婴儿，然后观察婴儿的行为。期间，婴儿的母亲及陌生人在实验室进进出出，研究者根据婴儿对与母亲的分离、重聚和对陌生人的出现的反应来判断依恋的类型。

---

[1] 巴伦－科恩. 恶的科学：论共情与残酷行为的起源[M] 高天羽, 译. 桂林：广西师范大学出版社, 2018：70.

1. 安全型依恋

安全型依恋（secure attachment）的婴儿会把母亲作为活动和探索玩具的"基地"。婴儿看到有趣的玩具，就会爬向玩具那边，离开母亲，但会不时地回头看看母亲在哪儿。当想要依偎着母亲或得到她的拥抱和安慰时，他们就会爬回母亲身边。如果母亲离开，安全型依恋的婴儿一般会有点悲伤。当看到母亲回来时，他们又会很高兴。对于安全型依恋的婴儿来说，母亲就像他们的一个"安全港湾"，可以为他们提供足够的安全感，支持他们在陌生环境中积极探索。

2. 回避型依恋

回避型依恋（avoidant attachment）的婴儿似乎并没有与母亲之间建立起亲密的情感联系，所以有时他们也被称作"无依恋婴儿"。他们在陌生人面前和在母亲面前的行为几乎一样，他们不在意母亲什么时候离开房间。当母亲回来时，他们也不怎么表现出喜悦之色，甚至会忽视或回避母亲。而无论母亲是否在场，回避型依恋的婴儿都很少有积极的探索行为。

3. 反抗型依恋

反抗型依恋（resistant attachment）的婴儿在母亲离开之前会一直和母亲待在一起，在陌生的环境中他们很少展开探索。当母亲离开时他们会很伤心，但当母亲回来时，他们又表现出生气，有时还会来回推拉。例如，一会儿抱着母亲，一会儿又把她推开。有时即便母亲把他们抱起来也很难安慰他们。

4. 混乱型依恋

混乱型依恋（disorganized/disoriented attachment）是在后期的研究中发现的。这种类型的婴儿在与母亲重聚时表现出矛盾、混乱的行为模式。有些婴儿冷若冰霜、表情茫然、目光飘忽；有些婴儿则左摇右晃或表现出重复行为；还有一些婴儿在母亲试图安抚他们时啼哭不已。

（三）亲子依恋的形成

在早期的亲子关系中，子女与父母建立的密切的情感联系就是亲子依恋。对于婴儿来说，亲子关系更多是一种寻求安全感的过程。当婴儿对安全感的需要能够从父母那里得到满足时，这种依恋行为模式就得到健康发展，从而形成一种安全的情感联结。

亲子依恋是一种双向的关系。父母在孩子出生之前，对这个未曾谋面的孩子是否具有期待和依恋感，也会影响亲子依恋的最终形成。夫妻关系欠佳、对孩子的到来并不期待或者感到迟疑，会影响父母在孩子出生后的养育行为。最理想的亲子依恋，在孩子出生前就存在了。孩子出生之后，父母对孩子表现出的各种需求予以回应，将进一步巩固依恋关系。有研究表明，父母的积极养育和及时回应会让婴儿产生一种名叫"神经递质物"的荷尔蒙，带给婴儿幸福的感觉。[1]

---

[1] 米娜. 儿童、家庭和社区：家庭中心的早期教育：第 5 版 [M]. 郑福明，冯夏婷，等译. 北京：高等教育出版社，2012：23.

亲子依恋的形成需要父母或主要照料人相对固定，并且能够长期照料孩子。如果在婴幼儿时期，婴儿的主要照料人频繁更换，或者生活环境经常更换，则难以形成固定的亲子依恋。

三、亲子冲突与亲子亲合

儿童长大之后，个体意识增强，开始逐渐发展自己的行为模式，跟父母的互动会出现分离与接近两种状态：分离就是与父母关系疏远或冲突，接近就是与父母关系亲近。这两种互动状态被分别称为亲子冲突与亲子亲合。亲子依恋会影响儿童的亲子冲突与亲子亲合状态。亲子冲突与亲子亲合并非绝对对立，而是辩证统一的。

（一）亲子冲突

亲子冲突（parent-child conflict）的概念是从社会学领域引入的，最开始冲突只被用于人与人之间的社交冲突，而后拓展到家庭的场景里。其含义为亲子双方知觉到的目标不一致，从而产生矛盾、摩擦甚至爆发激烈的冲突。

概念提出的伊始，研究者更多认为亲子冲突是由父母对儿童目标的不理解造成儿童不顺从的行为，强调了父母所起的作用。直到后来，研究者才更多关注到儿童在亲子冲突中的独特作用，强调亲子冲突应该是亲子双方相互作用的结果，而不只是儿童不顺从父母的单向问题。柯林斯（Collins）将亲子冲突定义为亲子双方之间发生的不一致，包含外部行为和其他非言语的方式，比如在一些观点上和情绪反应上的不一致等。

一般认为，亲子冲突在青少年早期逐渐增加，在青少年中期逐步稳定，而在青少年晚期，尤其孩子搬离家之后有所下降，呈现一个"倒 U 型"的曲线。到了成年早期之后，亲子冲突虽然有所降低，但仍呈现出其独特之处，如在亲子冲突的内容上，更多围绕物质资源、个人独立、同伴交往以及价值观。随着儿童逐渐成长，其沟通和问题解决能力提升和对于亲子冲突的有效应对策略使得消极亲子关系的消极影响有所减弱。

（二）亲子亲合

亲子亲合（parental cohesion）是亲子关系的另一种互动构成，体现亲子关系的积极方面，主要是指父母与孩子之间亲密、温暖的情感关系，它既可以表现为积极的互动行为，又可以表现为父母与孩子心理上对彼此的亲密感受。奥尔森在其家庭环状模式理论中也使用了亲合概念，并且编制了家庭适应和亲合评价问卷，根据儿童感知到的与父母的联结来测量亲子亲合的水平。

亲子亲合体现着亲子关系的质量，亲子亲合越高，亲子关系越好，但它与亲子冲突不完全是两个对立的维度：家庭中的亲子关系既有亲子冲突，又有亲子亲合，它们体现着亲子关系的不同方面。事实上，青少年与父母的关系经常是冲突与亲合并存的。史麦塔纳（Smetana）等人的一项追踪 5 年的研究揭示，亲子冲突与亲子亲合在青少年时期的发展模式不同，青少年与父母的亲合发展较为稳定，但与父母的冲突变化较大。[①] 因此,近年来,从冲突与亲合两个维度考察青少年时期亲子关系的发展变化成为研究的重要趋势之一。

第二节　亲子关系的作用机制与影响因素

亲子关系是家长与子女之间的人际关系,是天然的、原生的、不可选择的。家庭教育又以亲子互动为中心。家庭教育不是凭空发生的,它的作用起点是亲子关系。亲子关系的各个方面对子女的成长都有直接影响。家庭教育也会反过来影响亲子关系,具体表现在父母的家庭教育方式、子女的行为表现等对亲子关系的影响。因此,亲子关系也是家庭教育作用的结果。

一、亲子关系对家庭教育的影响

探讨亲子关系对家庭教育的影响,主要从亲子关系的三个方面入手:

(一)亲子依恋

亲子依恋对家庭教育的影响主要体现在两个阶段。一是个体在婴幼儿时期,与父母建立的依恋关系将内化为其内部工作模式(internal working model),这一工作模式构成了个体在其他情境下情绪和对外界反应的基础,对个体一生发展具有积极深远的影响。

二是在儿童长大之后,亲子依恋在家庭教育中仍然发挥着重要的作用,并且具有一定的稳定性。当亲子建立了安全型依恋关系后,在家庭教育中家长更可能采取相对温和、信任的教育方式,儿童更愿意主动参与家庭教育。如果亲子建立反抗型依恋关系,为了实施家庭教育,家长可能会采取专制的教育方式,忽略儿童的意志。

亲子依恋类型也直接影响儿童的成长发展。兰森(Ranson)等人通过元分析发现,安全型亲子依恋的儿童积极社会能力发展更好、认知功能发展水平更高、身心健康水平更高。[②] 另外,对父母有安全型依恋的孩子能适应学校的要求。安全型依恋亲子关系往往有以下特征:(1) 开放、敏感和双向沟通;(2) 合作解决问题;(3) 支持儿童的自主探索。从学龄前到小学阶段,亲子依恋往往是比较稳定的,但如果亲子沟通的时间减少,质量降低,或者家庭经历了较严重的变故(如父母之间发生激烈冲突或父母一方去世),亲子依恋也会发生非常大的变化。因此在这一阶段,父母通过亲子沟通,敏感体察孩子的需求并作出反应,可以增加孩子的安全感,从而维持安全型的亲子依恋。

(二)亲子冲突

亲子冲突本身是一种消极的亲子互动形式。虽然青少年时期的亲子冲突有助

---

① SMETANA J,GAINES C.Adolescent-parent conflict in middle-class African American families [J]. Child Development,1999,70(6):1447-1463.

② RANSON K E,URICHUK L J.The effect of parent-child attachment relationships on child biopsychosocial outcomes:a review [J].Early Child Development and Care,2008,178(2):129-152.

于孩子尝试解决自我发展、自主同一性的问题，但它所产生的不良影响也是不可忽视的。有关研究发现，亲子冲突与青少年的学习成绩差、问题行为、犯罪、吸毒、性行为之间存在明显的联系。一项针对北京市 12 所中学的初中生的交叉滞后分析研究显示，初中生亲子冲突的频率和强度与其主观幸福感呈现显著负相关，并且具有跨时段的稳定性，也就是说初中生在感受到较高程度的亲子冲突的同时，也会体验到较低的主观幸福感。①

教育心理学家戴维·保罗·奥苏贝尔（David Pawl Ausubel，1918—2008）等人提出卫星理论（satellization theory）来解释青春期亲子关系的转变与青少年追求自主的过程，这一理论可以很好地解释这一阶段亲子冲突发生的原因。根据该理论，子女如同一颗卫星，在自己能独立自主前，围着核心家庭、父母绕行；进入青春期后，亲子间的卫星关系逐渐被"脱卫星化"（desatellization）取代，青少年逐渐与父母保持距离，直到获得充分自主。在这个阶段中，青少年主要的发展任务如下：(1) 重新卫星化；(2) 试着赢得地位；(3) 对任务进行探索。这一过程对青少年而言非常重要，若亲子双方没有调整好距离，关系就会失衡，从而产生亲子冲突；若亲子间能较好地由卫星化"发展到"脱卫星化，青少年便能较好地完成个体分离化任务并发展其自主性，从而建立较好的人际关系，出现较弱的人际冲突。

亲子冲突对家庭教育是产生积极影响还是消极影响，关键不在冲突本身，而在于冲突之后父母的处理策略。家庭教育以亲子互动为中心，如果亲子冲突之后父母能重新审视与孩子的互动方式，从原本的教育目的出发，与孩子重新建立沟通渠道，冲突反而能成为亲子亲合的契机，从而强化家庭教育效果。而如果父母放任冲突的负面效果一直存在，不予以消除，或者不认为自己需要为亲子冲突承担一部分责任，那么一直存在的亲子冲突会造成亲子关系恶化，原来的家庭教育目的无法达成，甚至造成反效果。

（三）亲子亲合

亲子亲合是衡量亲子关系的一个重要指标，对家庭教育的效果有促进作用。亲子亲合能帮助儿童建立积极的情绪情感，抵御不良因素对儿童健康成长的消极影响。拥有亲密、温暖亲子关系的儿童主观幸福感等积极情绪更高，同伴关系、师生关系等人际关系更和谐，社交能力及社交胜任力更高，外化问题和内化问题更少，自杀的意念更弱。

这是因为在高亲子亲合的家庭环境中，父母与子女之间具有较强的亲密情感联结，儿童能更好地感受到父母对自己的爱、支持与关注，从而能更好地接受父母的教育和指导，并且以家庭为安全基地，充分地去探索外部世界，与他人建立亲密关系。另外，亲子亲合能帮助儿童有效抵抗危险因素的消极影响，是儿童健康发展的重要保

---

① 吴旻，胡思远，周欣然，等.初中生家庭支持、亲子冲突与主观幸福感的相互作用：一项交叉滞后分析[J].中国临床心理学杂志.2021,29(4):808-813.

护性因素。

二、亲子关系的影响因素

良好的亲子关系可以促进儿童的社会化和人格发展,为儿童提高学业成绩、建立和谐的人际关系和形成适应的社会行为等提供良好的基础。不良的亲子关系表现为亲子亲合度低、亲子冲突频繁且处理无效,会使孩子形成撒谎、与父母敌对等消极、回避的行为,以及偏执、自卑等扭曲的心态和个性特征,甚至可能出现攻击和犯罪行为等。

积极的亲子关系应具备以下特征:(1)父母能够尊重孩子,给予孩子必需的帮助;(2)父母能够设法了解孩子,和孩子沟通;(3)父母能采取民主的管教方式;(4)父母之间感情和睦;(5)父母对孩子有爱心;(6)家庭气氛融洽;(7)父母为孩子树立良好的榜样,言行如一,正直、不虚伪。这种归类不仅指出了积极亲子关系的特征,也指出了亲子关系的影响因素,比如父母之间的感情、家庭氛围等。

家庭教育对亲子关系的影响主要表现在家庭教育成员双方的特征(如父母特征、儿童特征)和环境特征等因素的影响。

(一)父母特征

父母的特征会影响父母的教养观念和教养行为等,进而影响亲子关系。父母特征主要包括四个维度:父母的教养方式、健康特质、婚姻状况和父母意识。

1. 父母的教养方式

父母的教养方式是父母在开展家庭教育过程中的观念和行为,具有相对稳定的特点。父母采取怎样的教养方式,会直接影响亲子关系。心理学家麦克比(Eleanor Maccoby)和马丁(John Martin)于1983年根据父母的控制和接纳程度将教养方式分为四种:一是高控制高接纳的权威型教养方式,尊重孩子,同时给予一定的限制;二是高控制低接纳的专制型教养方式,通过限制和规则来教育孩子,强迫孩子服从,忽略孩子的需求,"有教无爱";三是低控制高接纳的放任型教养方式,无条件满足孩子的要求,"有爱无教";四是低控制低接纳的不作为型教养方式,忽视孩子,态度冷漠。

在权威型的教养方式下,父母与子女的关系相对来说更好一些,家庭亲子冲突次数较少,强度也相对不高。在父母温暖而敏感的教养方式下,孩子更容易感受到父母的支持与信任,更容易与父母之间建立安全型亲子依恋关系。在专制型的教养方式下,孩子缺乏独立自主的机会和空间,容易产生抵触心理、问题行为,亲子冲突较为频繁和强烈,孩子与父母容易形成不安全型亲子依恋关系。可见,亲子关系会因父母的教养态度和方式的不同而产生差异。如果想要建立积极的亲子关系,那么父母就要改善自己的教养态度和方式。

2. 父母的健康特质

父母的健康特质主要是指父母的身体和心理健康状况会影响父母教养孩子的功能与效果,从而影响积极亲子关系的建立。首先,从身体健康状况来看,一方面,父亲和母亲的身体健康状况会影响孕前精子和卵子的质量，从而影响胚胎的质量。尤其是母亲在孕期的身体健康状况对孩子的健康有重要影响。如果孕育出不健康的孩子，会给父母和家庭带来沉重的负担，也会进一步影响父母教养孩子的态度和行为，如父母会因为不堪重负厌弃孩子或者因为愧疚而过分宠溺、疼爱孩子等，从而建立起消极的亲子关系。另一方面，孩子出生后父母的身体健康状况也会影响积极亲子关系的建立。如果父母身体健康状况欠佳，可能会疏于对孩子的照顾、忽略孩子的需求等，或者因身体病痛产生情绪问题，采用简单粗暴的方式对待孩子。

其次，父母的心理健康状况，比如追求完美的人格特征，抑郁、焦虑等情绪问题等也会影响积极亲子关系的建立。如果父母拥有健康的人格、积极的情绪、自信乐观的人生态度等，则会在日常活动中将这些积极的信息传递给孩子，也会与孩子有更多、更积极的互动，比如鼓励孩子探索新事物、解决新问题等，从而与孩子建立积极的亲子关系。反之，如果父母心理不健康，比如有抑郁或者焦虑等情绪问题，则会在与孩子的互动中态度和行为不积极，常忽略孩子的需求等。例如，大量研究发现，与非抑郁的母亲相比，抑郁的母亲与孩子之间的交往更加消极，更容易使孩子出现社会交往问题。还有研究发现，父母心理倦怠会直接导致对孩子的忽视和暴力行为。这类父母会使用冷暴力的方式对待孩子，比如，对孩子漠不关心，与孩子缺乏交流，或者使用言语责骂、大吼大叫甚至殴打等暴力方式对待孩子，导致孩子缺乏安全感，出现叛逆行为等，进而导致亲子关系疏离。

3. 父母的婚姻状况

父母的婚姻状况对亲子关系的影响主要体现在两个方面：一是家庭结构，二是夫妻关系质量。首先，父母的婚姻状况不佳可能导致家庭结构发生改变，比如出现离异、单亲家庭或者再婚、重组家庭。与完整家庭相比，在单亲和再婚家庭中比较容易出现亲子关系紧张的状况。比如，在重组家庭中，孩子普遍会在心理和情感上偏向自己的亲生父亲或母亲，较难与继父、继母培养出亲密的情感，甚至对继父、继母有强烈的抵触心理，从而导致亲子关系紧张。其次，父母的婚姻状况好坏往往会体现在夫妻关系质量上，比如婚姻状况不佳的父母往往会出现夫妻关系疏远、紧张等不和谐的现象。夫妻关系质量会直接影响亲子关系质量。夫妻关系越好，亲子关系就会越亲密、和谐。反之，夫妻关系越不好，对婚姻满意度越低，对子女的需求越不敏感，也越倾向于拒绝和忽略子女的需求，从而导致亲子关系疏离。

4. 父母意识

父母意识主要是指父母对于生育、教养子女及亲子关系的态度和看法。强烈的父母意识和明确的角色定位有助于增进亲子互动和交流，从而促进积极亲子关系的建立。如果母亲能够更多地卷入孩子的日常生活，与孩子有更多的交流，那么就会对孩子有更高的接纳程度，从而建立积极的母子（女）关系。比如，在婴儿阶段，母亲与其的频繁接触可以唤起母亲积极的母性意识，从而有助于增进亲子关系。除了母亲之外，父亲也是儿童成长中的重要他人，是孩子与外部世界的联结者，其对家庭的接纳感和责任感等对于积极亲子关系的建立也有重要作用。如果父亲能够与孩子一起玩耍,并保持高度的敏感性,则有利于建立良好的亲子依恋关系。

除此之外,父母的文化程度、职业和家庭的经济地位等也是影响积极亲子关系建立的因素。比如,如果父母面临较大的职业和生活压力,可能会把负面情绪带到养育子女的过程中来,从而影响积极亲子关系的建立。

(二)儿童特征

亲子关系是双向的。因此,除了父母的因素之外,儿童自身的特征也会对亲子关系产生重要影响。

1. 儿童的气质

气质是个体最早表现出来的一种较为明显而稳定的个性特征。儿童不同的气质特征会影响父母与子女的互动,从而影响积极亲子关系的建立。托马斯(A.Thomas)、切斯(C.Chess)等人将儿童的气质分为三种类型:容易型、迟缓型和困难型。他们还通过一系列研究发现,婴儿的气质特征会强烈地影响母亲对婴儿的态度和行为。容易型的儿童从出生开始就喜欢被人抱、亲吻、抚摸,见人便笑,他们更容易得到父母积极、充满爱的回应,也很容易与父母建立积极的亲子关系;困难型的儿童从出生开始就不喜欢被人抱,不容易被安抚,经常会大哭大闹,因此会得到父母消极的回应,更需要父母借助玩具等进行安抚,找到孩子感到安全的交互方式。

▎拓展阅读 〉〉〉

婴儿气质三类型说 [1]

托马斯、切斯等人基于大量的研究,根据其确定九方面气质的表现,将婴儿气质划分为三种类型,如表 5-1 所示。

1. 容易型

这类婴儿约占全体研究对象的 40%。这类婴儿容易适应新环境,也容易接受新事物和不熟悉的人。他们一般生活规律,情绪积极、愉快,对成人的养育活动有大量积极的反馈。

2. 迟缓型

这类婴儿大约占全体研究对象的 15%。这类婴儿的活动水平很低,行为反应强度很弱,情绪总是消极而不愉快的,但又不像困难型婴儿那样总是大声哭闹,而是安静、退缩,逃避新刺激、新事物。他们会随着年龄的增长和成人养育方式的不同而发生分化。

3. 困难型

这类婴儿人数较少,约占全体研究对象的 10%。这类婴儿在饮食、睡眠方面缺乏规律,经常大声哭闹、烦躁易怒、爱发脾气,对新事物、新环境接受很慢,不容

---

[1] 庞丽娟,李辉.婴儿心理学[M].杭州:浙江教育出版社,1993:312-313.

易接受成人的安抚,在养育过程中需要成人极大的耐心和宽容。

托马斯和切斯认为,还有约 35% 的婴儿不能简单划归到上述任何一种气质类型中,他们往往具有上述两种或者三种气质类型混合的特点,属于上述气质类型的中间型或交叉型。

表 5-1 婴儿气质类型及其行为特点

气质特征	气质类型		
	容易型	迟缓型	困难型
活动水平	变动	低于正常	变动
规律性	非常规律	变动	不规律
注意分散程度	变动	变动	变动
接近或回避	积极接近	起初逃避	逃避
适应性	适应性强	适应慢	适应慢
注意广度、坚持性	高或低	高或低	高或低
反应强度	中等或中偏下	很弱	强
反应阈限	高或低	高或低	高或低
心境质量	积极	消极(低落)	消极(烦躁)

2. 儿童的性别

不同性别的子女与父母的相处方式也存在一定差别。有研究者发现,女孩更容易与母亲建立起积极的亲子关系,男孩更容易与父亲建立起积极的亲子关系。相比而言,男孩与父母的冲突更多,亲子关系更消极;而女孩与父母之间的冲突更少,亲子关系更和谐。这可能与父母在针对不同性别的子女时有意或者无意采取不同的教养行为有关。比如,父母在面对女孩时,会更多使用表扬、鼓励和肯定等支持性的语言,更多使用积极情绪词汇和话语对女孩进行安抚等。

3. 儿童的健康状况

儿童的健康状况也会在一定程度上影响父母与儿童互动的态度和方式,从而影响积极亲子关系的建立。如果子女健康状况良好,发育正常,没有生理或者心理疾病,那么父母会有较小的教养压力、经济和精神负担等,在教养过程中会体验到积极的情感,会采用温和、有爱的方式对待子女,这有利于积极亲子关系的建立。相反,如果子女健康状况不佳,比如早产,有生理或者心理缺陷等,父母将承受更大的教养压力,在教养过程中体验更复杂的情绪,比如内疚、焦虑、自责、愤怒等,从而采取不恰当的教养方式,造成亲子关系紧张。

4. 儿童的行为表现

儿童的行为表现(如攻击等问题行为)也会对其与父母的关系质量产生一定的影响。国内外研究一致发现,儿童的问题行为(比如攻击行为、退缩行为和违纪行为等)可以用来预测其随后的亲子关系质量。也就是说,如果现阶段儿童的问题行为越多,其后与父母的亲子关系质量越差,即亲子亲密性越低,亲子冲突越多。安德森(Anderson)及其同事曾经做过一个亲子互动关系的实验研究。他们以 6—10 岁的男孩及他们的母亲为研究对象,然后给每位母亲安排了三个儿童进行互动,其中一个是她们自己的孩子,另外两个是别人的孩子;其中两个是正常儿童,一个是有问题行为的儿童。实验任务是让每位母亲检查和监督儿童的游戏和计算活动。结果发现,母亲对正常儿童的态度是平静而肯定的,对有问题行为的儿童则会采取强制手段。也就是说,儿童的消极行为减少了母亲对他们的支持行为,增加了母亲对他们的不支持行为。

(三)环境特征

亲子关系并不是在真空中发展起来的,而是在一个复杂的环境支持系统中发展起来的。因此,家庭、学校和社会等环境支持系统对积极亲子关系的建立也有重要影响。

1. 家庭支持系统

在儿童早期,父母(尤其是母亲)由于照顾孩子的需要较少外出参加活动,因此影响积极亲子关系建立的环境支持系统主要是家庭,比如配偶、祖辈和亲戚等。一般来说,父母可以从家庭支持系统中获得以下三种支持:一是工具性支持,如获得钱物资助或帮忙照看孩子等;二是信息支持,如获得有关解决问题的指导或建议等;三是情感支持,如在身处困境时获得安慰等。父母获得的工具性支持越多,表扬孩子等积极的教养行为就会越多,有更多的亲子交往和亲子身体接触,比如抱孩子、亲吻孩子等。这是因为工具性支持可以缓解父母的经济和教养压力,减少其对父母角色的消极感受,提高其自我效能感和心理健康水平。父母如果得到的信息支持越多,能够获得的育儿知识、抚养技能等就越多,从而能顺利解决教养子女过程中的问题。父母如果得到的情感支持越多,给予孩子的温情越多,给孩子处理自己事情的权利就越多。可见,父母在教养子女的过程中得到来自家庭的支持越多,其对自己的父母角色和孩子的满意程度就会越高,遇到的教养困难、孤立感就会越少,自我效能感就会越高,积极的抚养行为就会越多,从而有利于积极亲子关系的建立。

2. 学校支持系统

随着儿童年龄的增长,他们开始进入学校学习。此时,学校和教师成为父母教养孩子过程中不可缺少的环境支持系统。学校和教师可以通过召开家长会、进行家访、组织家长学校、举办家长工作坊、开展亲子主题教育活动等多种形式向父母提供各种有关儿童教养的信息,从专业角度帮助家长解决子女教养过程中的问题,帮助家长树立正确的教养观念、掌握科学的教养方法等,开展家校共育。父母如果获得的学校支持多,就会掌握更多的建立积极亲子关系和改善不良亲子关系的技巧和方法。

3. 社会支持系统

除了家庭和学校的支持之外,来自社会服务机构、社会媒体、书籍、网络等社会方面的支持对于建立积极的亲子关系也有重要作用。如果公共健康机构(如家庭教育研究会、儿童健康咨询中心、青少年活动中心)以及社区组织能够定期开展针对父母的家庭教育指导活动(比如家庭教育公益讲座)或者开设提高父母家庭教育素养的课程等,那么将有利于父母增进对子女的了解,掌握与子女建立积极亲子关系的方法。

第三节　亲子沟通与亲子关系

亲子关系是父母与子女的人际关系。亲子沟通则是亲子双方的直接交流。沟通指就信息、情感进行交流,是互相传递意义的过程。有时,亲子沟通是父母为了实施家庭教育而主动采取的;有时,亲子沟通仅仅是一种信息交流。无论是否以家庭教育为目的发起亲子沟通,亲子沟通都是影响家庭教育的重要环节。

亲子关系与亲子沟通是相辅相成的,并且在很多时候,亲子关系与亲子沟通是一体的:亲子沟通的过程和结果,是亲子关系的外化表现。一般来说,亲子关系与亲子沟通是互相促进的,良好的亲子关系有助于亲子沟通的顺畅,而不良的亲子关系则会阻碍甚至斩断亲子沟通;同时,亲子沟通的效果也会影响亲子关系。因此,在探讨亲子关系的同时,我们必须重视亲子沟通的重要作用。

一、亲子沟通及其重要性

沟通(communication)是指人与人之间通过语言、文字和身体语言等符号进行信息传递、信息交流,以促进互相了解的双向互动过程。沟通是人际间发生联系的最主要形式。作为一种社会性动物,人的生存不能缺少沟通,人们通过沟通才能互相了解、互相合作、互相学习、适应环境、共同发展。

亲子沟通(parent-child communication)是家庭沟通中的一种,是一种特殊的人际沟通类型,指的是父母与子女之间在亲缘关系的基础上,在共同创造的独特家庭环境中,基于各自的角色定位和不同的态度、需要等开展交流,以达到相互了解和理解目的的一种双向互动过程。亲子沟通包括言语沟通(运用语言来传递信息)和非言语沟通(运用眼神、表情或身体动作来传递信息)。

▌ **拓展阅读** 〉〉〉

亲子沟通的类型

研究发现,父母在与子女沟通互动时,观念、态度、方式方法不同,会有不同的效果。亲子沟通大致可以分为以下几种类型。[①]

指责型：处于支配地位，只会发现别人的错误，并且只会为自己辩护。

超理智型：采取固执立场，与对方保持一定距离，态度冷静乃至冷酷，用理性控制自我以避免情绪化。

打岔型：试图分散对方的注意，让其感到自己同任何事都无关。

讨好型：懦弱、迟疑，自我贬抑，以此博取对方的同情和支持。

一致型：真实、真诚，在适当的思路下直接传递信息，并为此负责。

一致型父母的情绪或态度常常是愉快的、温和的、自主的、平等的、尊重的、没有防卫的；行为常常是积极的、自信的、同理的、关怀的、肯定的、赞许的；养育出来的儿女，说话的内容、声调、面部表情和身体语言都协调一致，双方都能令对方感到舒服、自在、诚实，让彼此的自尊心极少受威胁。这是亲子之间最理想的沟通与互动。

亲子沟通对儿童发展起重要促进作用。研究表明，亲子沟通与儿童心理行为问题之间有紧密关系。良好的亲子沟通与儿童的自尊、心理健康呈正相关，与青少年的孤独、抑郁以及一些外化行为问题(如抽烟、酗酒、网络成瘾等)呈负相关。[②]也就是说，父母与子女之间的亲子沟通越好，子女心理越健康，越少出现孤独、抑郁等情绪问题和抽烟、酗酒等问题行为。

另外，亲子沟通还有助于儿童的认知发展和学业发展。大量研究发现，高质量的亲子沟通与儿童的学业成绩存在显著正相关，亲子沟通问题与儿童的学业成绩呈负相关。亲子沟通频率越高，儿童的学习成绩就越好、学习信心就越充足。那些学业成绩较差的儿童家庭中所表现出的亲子沟通模式通常较僵化，有关学业内容的沟通较简单，而成绩优秀儿童的亲子沟通则较灵活、开放。这说明积极的、支持性的亲子沟通模式能促进儿童对环境的积极探索，而高控制性的亲子沟通则可能削弱儿童的探索活动。此外，良好的亲子沟通可以改善儿童在学校与教师、同伴的关系，从而提高儿童的学业成绩。

二、亲子沟通存在的主要问题

亲子沟通是家庭生活中的一项重要内容，也是建立和维持亲子关系，实施家庭教育的主要途径，更是反映家庭功能完善程度的重要指标之一。然而，由于各种因素的影响，当前越来越多的家长陷入了亲子沟通的困境。具体来说，目前亲子沟通存在的主要问题有：

（一）沟通频率不够

沟通频率是衡量沟通效果的一个重要指标。然而，目前亲子沟通在频率上远远

① 吴奇程,袁元.家庭教育学[M].3版.广州:广东高等教育出版社,2011:120-121.
② 刘春晖,刘思佳,郭筱琳,等.母亲男孩偏好和亲子沟通的关系:子女性别的调节作用[J].心理发展与教育,2022,38(1):64-71.

不够。很多孩子表示与父母之间"无话可说""很少与父母交流""几乎不与父母交流"，尤其是处于青春期的孩子。《全国家庭教育状况调查报告(2018)》表明，25.1%的四年级学生和21.8%的八年级学生报告"家长从不或几乎不花时间与我谈心"，22.5%的四年级学生和21.2%的八年级学生报告"家长从不或几乎不问我学校或班级发生的事情"，23.6%的四年级学生和19.0%的八年级学生报告"家长从不或几乎不和我讨论身边发生的事情"，34.0%的四年级学生和34.8%的八年级学生报告"家长从不或几乎不和我一起谈论电影或电视节目"。并且，与四年级相比，八年级学生报告家长从不或几乎不进行亲子沟通的人数比例下降，但下降幅度较小，而报告家长几乎每天进行亲子沟通的比例下降幅度较大。例如，八年级学生报告"家长从不或几乎不花时间与我谈心"的人数比例比四年级低3.3个百分点，但报告"家长几乎每天花时间与我谈心"的人数比例比四年级低14.5个百分点。

造成亲子沟通频率低、亲子沟通时间有限的原因主要有：第一，父母工作忙，没有时间或者忽略了与孩子的沟通，长此以往导致亲子关系疏远，孩子不愿意再与父母沟通。第二，孩子学习压力大，挤占了与父母进行沟通交流的时间。不少父母与孩子的交流是在饭桌上进行的，父母很少有时间与孩子一起参加活动、旅行或者进行亲子游戏。第三，还有些特殊家庭，如离异、单亲、重组、留守和流动家庭，由于父母婚姻关系发生变化或者父母长期不在家等，严重缺乏亲子沟通。

（二）沟通内容错位

亲子沟通存在的另一个主要问题就是父母与孩子交流不合拍，即存在沟通内容上的错位。有不少父母在与孩子交流时，除了成绩还是成绩，除了学习还是学习。一项针对高中生的亲子沟通调查发现，孩子与父母之间的亲子沟通内容比较集中，其中父母最关心的是孩子的学业成绩(34.16%)，其次就是一些家庭琐事或新闻事件(23.13%)等，而对孩子感兴趣的一些话题(如恋爱、性、交友、兴趣爱好等)很少提到。[①]

其实，孩子知道学习成绩的重要性，但他们还有自己的兴趣爱好，也希望跟父母经常沟通自己感兴趣的文体明星、历史奇闻、健康保健类的知识。如果亲子沟通的内容完全局限于与学习和与学校相关的事情，而对生活、人生未来、家庭结构等与"学习无关"的内容闭口不谈，那么久而久之，孩子就会觉得父母"除了谈学习就不会说点别的了"，或者觉得父母根本不关心自己，自己只是他们满足自我愿望或炫耀的工具，因此产生厌烦、逆反心理，导致亲子沟通不畅。

（三）沟通态度和方式不恰当

还有些父母在沟通过程中会出现态度和方式不恰当的问题，这主要体现在以下几个方面：

1. 用指责代替沟通

有些父母会通过指责的方式与孩子进行沟通，遇到问题时就大声训斥。比如："你

---

① 高琦璐.高中阶段亲子沟通问题分析与建议[J].中小学心理健康教育,2021(31):70-73.

怎么又把衣服乱丢,你看房间都乱成什么样子了?"此时应采用正向的描述,如:"房间乱了多不方便,你可以收拾一下。"

2. 用命令代替沟通

有些父母在与孩子沟通的过程中习惯采用居高临下的态度,对孩子有过多的干涉或者掌控。比如,有的父母经常说:"今天哪里都不能去,给我在家好好写作业!""那个孩子成绩又差,又爱打闹,不要跟他玩了!"等等。

3. 在过高期望中沟通

有的父母在与孩子沟通的过程中有意或无意把自己未实现的愿望、梦想投射到孩子身上,对孩子期望过高。如"你一定要好好学画画,将来争取上美院""你再加把劲,肯定可以考上北大"等。

4. 在沟通中过于偏执

还有的父母可能由于自己的生活经历,会把一些所谓"经验"偏执地传递给孩子。比如,一位离异的妈妈告诉孩子:"男人没一个好东西,你一定不要上当。"这要求父母需要多审视自己,不能总是将自己有限的认识强加给孩子。

三、建立有效亲子沟通的策略

(一)更新沟通观念

父母的沟通观念是影响亲子沟通效果的重要因素之一。造成亲子之间沟通频率低、沟通内容错位以及沟通态度和方式不恰当等沟通问题的原因之一就是父母的沟通观念陈旧。比如,在传统的观念中,有些父母会认为孩子是自己的附属品,孩子必须听自己的,父母让孩子怎么样,孩子就得怎么样;还有些父母认为孩子太小,而自己拥有丰富的阅历和经验,因此,当遇到问题时,父母总是以"为你好"的名义替孩子做决定,很少与孩子沟通、征求孩子的意见。当孩子对某些事情有不同的意见时,无论孩子有没有道理,父母总是用简单粗暴的办法打断孩子,不让孩子说。要建立良好的亲子沟通,父母首先要更新自己的沟通观念。具体来说,父母需要有以下观念:

1. 重视亲子沟通

有些父母由于没有真正认识到亲子沟通的重要性,在教育孩子时忽视了亲子沟通问题,很少与孩子沟通或者不与孩子沟通。我们常说"父爱不言但厚重如山",是赞扬父爱的内敛和深沉。但这并不是一个值得提倡的方式,父亲还是要尽可能地跟孩子沟通,将爱表达出来。

2. 亲子沟通需要平等

父母与孩子沟通不畅的一个很重要的原因就是没有把孩子当成独立的个体,民主、平等地对待孩子。他们认为的沟通不是沟通,而是说教、命令、宣告结果。父母与孩子之间的地位是平等的,孩子不是父母的附属品,他是一个独立的个体,父母必须尊重这一独立的个体。只有父母和孩子的沟通是民主、平等的,孩子才愿意与父母沟通,亲子沟通才能有意义。

3. 亲子沟通内容要全面

孩子的成长是多方面的，因此亲子沟通的内容不能过于单一，仅仅聚焦在学习方面，还应该兼顾孩子的全面发展。父母除了与孩子沟通学习之外，还应该多关注孩子感兴趣的话题，或者对孩子人生发展有意义的话题，比如人际交往、心理健康、生涯规划、投资理财、性教育等。

4. 亲子沟通的目的不是说教

有些家长只有在需要教导孩子的时候才会想着沟通，或者每次沟通就一定要教育孩子两句。这就导致每次家长开口说话，孩子头疼不已，根本不想跟父母聊。沟通是一件很美好的事情，其目的是拉近彼此的心理距离，共同感受亲子关系的温馨、甜蜜，而不单单说教。

（二）畅通沟通渠道

亲子沟通的一个重要问题就是亲子之间的沟通渠道不畅通。随着社会经济的快速发展，人们生活节奏越来越快，面临的压力也越来越大。父母经常会因为工作太忙而忽视了与孩子的沟通，或者很少有与孩子沟通的时间。为了保证足够的沟通时间，父母可以灵活多样地采用多种沟通方式来畅通沟通渠道。父母可以和孩子一起参加学校、社区等组织的各项亲子活动来进行沟通交流，如和孩子一起参加学校的运动会、文艺表演等。对于有些不适合口头交流的事情，父母还可以采取文字交流方式，比如写书信、便条、日记等。

（三）掌握必要的沟通技巧

除了沟通观念、沟通渠道之外，制约亲子沟通的重要因素还有父母缺乏必要的沟通技巧。很多父母并不是不愿意和孩子沟通，而是不知道如何与孩子沟通。研究发现，父母的沟通技巧（如倾听能力）可以用来有效预测亲子沟通的质量。[1] 因此，要构建良好的亲子沟通，父母还必须具备一定的沟通能力，掌握一定的沟通技巧。

I. 表达的技巧

学会如何表达是建立有效亲子沟通的第一个重要环节。其中"我信息"是在沟通中的一种有效表达方式。所谓"我信息"，是指在沟通时针对孩子制造的问题，父母以"我……"开始强调自己的感受，而不以"你……"开始作任何批评、责备。在使用"我信息"进行沟通时，父母要注意避免使用令孩子感到被指责的情感词语，如生气、失望等，而要多用一些不含指责的情感词语，如害怕、担心、迷惘等。例如，当见到孩子在沙发上跳来跳去时，父母可以使用"我信息"来表达"我很担心你跳来跳去容易跌下来受伤……"，而不是习惯性地用指责来表达"你怎么这么顽皮，跳来跳去，会把沙发踩坏的，快下来！"。"我信息"让孩子不仅能明白父母是为他着想的，也容易理解他的行为对父母产生的影响。我们可以采取"事实—感受—影响"三个步骤来进

---

① 池丽萍. 亲子沟通的三层次模型：理论、工具及在小学生中的应用[J]. 心理发展与教育，2011，27（2）：140-150.

行"我信息"的表达:

(1) 无责备的行为描述,即描述使父母自己觉得困扰、不安的孩子的行为,包括孩子说了什么,做了什么,如"孩子,爸爸／妈妈看到你在沙发上跳来跳去"。

(2) 说出家长自己对孩子行为可能导致的后果的感受,如"爸爸／妈妈很担心你会不小心摔下来受伤"。

(3) 描述对家长的具体、实质的影响,如"如果你受伤了,自己会很痛很难受,爸爸／妈妈也很心疼,而且要耽误工作来照顾你"。

2. 倾听的技巧

学会倾听是建立有效亲子沟通的重要过程和环节之一,它是准确理解信息和有效交流的重要前提。对于父母来说,倾听不仅是一种沟通要求,也是必须要学习和掌握的一种沟通技巧。为了提高倾听的有效性,父母需要做到:

(1) 提前做好倾听准备。比如,选择一个安静的、不受干扰的环境;对自己的倾听对象(孩子)做更多了解;提前安排好自己的工作或者先将工作搁置在一边;等等。

(2) 努力保持倾听过程,即排除倾听过程中的干扰,鼓励孩子继续表达。比如,与孩子保持较近的身体距离,以便拉近心理距离;集中注意力,避免走神和分心;适当使用点头、微笑、"嗯"等作出适当的反馈;避免出现随意打断、东张西望或者假装注意等干扰倾听过程的行为;等等。

(3) 控制倾听过程,即与孩子保持适度的交流使沟通可以深入下去。比如,可以适当提出问题;重复孩子的话以表达共情;使用拥抱、拍肩膀等肢体语言表示安慰;等等。

▌ 学习活动:案例分析 ≫≫

我们每个人也都曾是孩子,在跟父母沟通的过程中必然出现过沟通顺畅或沟通不良的情况。请你回忆一次印象深刻的亲子沟通,将其作为一次沟通案例,详细描述整个细节,并进行分析:

1. 这次亲子沟通的整个过程是怎样的? 前因后果如何?

2. 这是一次良好的亲子沟通,还是不好的?

3. 它令你印象深刻的原因是什么?

4. 如果是一次良好的亲子沟通,你认为其值得借鉴的要点在哪里?

5. 如果是一次不好的亲子沟通,你认为问题出在什么地方? 如果你是父母,你会采取怎样的沟通策略?

▌ 拓展阅读 ≫≫

父母效能训练的"积极倾听"技巧

倾听的技巧很多,其中"积极倾听"是一种在信息传递者和接受者之间建立联系的非常有效的方法。根据父母效能训练(parent effectiveness training)的理论,所谓"积极倾听",是指听者必须试着了解对方的感受,然后用自己的话表达,向对方求证,听者绝不可加入自己的意见、分析、评价和劝告等。不管父母对孩子的行为是否接受,在用语言表达时父母必须将这些情感转变成"建设性的"和"可接受的"语言,而不要用命令、恐吓、教训、忠告、指导、判断、建议、责备、嘲笑、分析、逃避与转移话题等12种阻碍沟通的"不可接受的"语言。

在亲子沟通中,进行积极倾听需要父母做到"停""看""听"三点。所谓"停",是指父母要暂时停止进行中的工作,注视孩子,给孩子提供表达感受的时间和空间。所谓"看",是指父母要仔细观察孩子沟通时的非言语行为表现,包括面部表情、肢体动作等。所谓"听",是指父母要注意倾听孩子说些什么,注意孩子说话时的语调和语速。

在亲子沟通中积极倾听的实施需要遵循五个步骤:(1) 全身心地关注;(2) 倾听事实和感受;(3) 作出理解性的回馈;(4) 表达同理心;(5) 引导孩子说出可能的行为后果,双方一起寻求更好的解决办法。

以下用一个实例来展示积极倾听的五步交流过程。

孩子:如果天天都是周末该多好啊,那我就一直不用去上学了。

家长:哦(放下手头的工作,全身心关注),听起来,你不太喜欢上学。(引导孩子说出事实)

孩子:是啊,我不喜欢每天上学,天天上学,烦死了。

家长:看起来,你很讨厌上学,上学让你很烦恼。(倾听事实和感受)

孩子:对呀,我不喜欢上课,不喜欢做作业,不喜欢老师。

家长:你不喜欢学校里所有的一切,是吗? (作出理解性回馈)

孩子:其实,也不是所有的都不喜欢,有些课、有些老师,我还是挺喜欢的。就是我们的数学老师,我特别讨厌他。

家长:我能感觉到,你现在心里不太好受,说说发生什么事了。(表达同理心,并引导孩子说出事情的缘由)

孩子:上周一交数学作业之前,同桌把我的作业抢过去抄,我很不愿意,但又怕他把作业本撕破了,就勉强让他抄了,在他抄的时候数学老师刚好经过,被逮个正着,老师说我助长同学的懒惰风气,结果我和同桌一起被老师罚抄书10遍。

家长:你被老师冤枉了,心里既委屈又气愤,遇到这样的事,谁都会有这样的感受,我能理解。可如果你从此讨厌这个老师,讨厌做作业,不喜欢上学,可能会有什么后果呢? (引导孩子说出可能的行为后果)

孩子:可能会影响学习,考试成绩下降……

家长:那你想想还有什么更好的方法来解决这个问题呢? (双方一起寻求更好的解决办法)

孩子:嗯,我可以找机会跟数学老师解释清楚,或者……

分析:这段对话表明,家长在反馈中并没有加上自己的想法和感受,而只是倾听孩子的想法和感受,并表达同理心,在积极倾听后,表达了对孩子内心感受的理解,使孩子独立解决问题,对自己负责。

除了表达与倾听的技巧之外,父母还需要掌握如何控制自己的情绪、如何解决沟通中的冲突、如何发起沟通话题等沟通知识与技巧。

❓ 理解·分析·应用 📖

1. 有人说"亲子关系是个体的第一关系",如何理解这句话?
2. 简述亲子依恋的四种类型,以及在"陌生情境法"实验中不同依恋类型婴儿的表现。
3. 如何理解亲子冲突和亲子亲合的关系?
4. 举例说明影响亲子关系的因素。
5. 结合身边的事例,说明构建良好亲子沟通的策略。
6. 一位母亲试图在行驶的车内与儿子沟通在学校跟同学发生矛盾的事件。如果你是这位母亲,选择怎样的沟通地点、沟通时机和沟通技巧会比较好?
7. 妈妈多次告诉孩子,不要把刚从外面穿回家的脏外套丢在沙发上,既不卫生也不美观。请使用"我信息"和"事实—感受—影响"三个步骤来展示亲子沟通场景。

❓ 拓展阅读指导 📖

1. 戈登.父母效能训练手册:让你和孩子更贴心[M].宋苗,译.天津:天津社会科学院出版社,2009.
2. 比格纳.亲子关系:家庭教育导论:第8版[M].郑福明,冯夏婷,译.北京:高等教育出版社,2012.
3. 关颖.家庭教育社会学[M].北京:教育科学出版社,2014.

第六章

家庭互动:家庭教育的重要载体

6

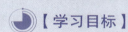【学习目标】

1. 理解家庭互动的概念、特征与作用。
2. 理解家庭互动的类型与原则。
3. 能理解亲子互动的机制,并应用到家庭教育事件处理中。
4. 掌握建立良好家庭互动的方法。

【知识导图】

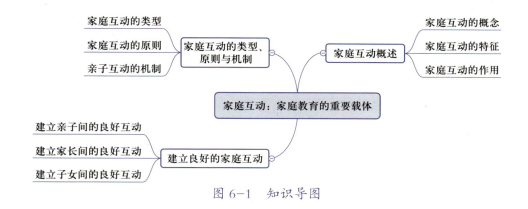

图 6-1　知识导图

【情境链接】

美国有一个专为酗酒家庭中的成年子女所创办的协会（Adult Children of Alcoholics, ACA）。跟其他戒酒协会不一样的是，这些成年人在儿童时代都饱受父母酗酒带来的痛苦，深知酗酒对家庭和子女的负面影响。但他们在自己成年之后，却还是不受控制地走上了自己父母的老路。有研究显示，酗酒者的子女日后成为酗酒者的概率比不酗酒家庭中的子女更大，也极有可能跟酗酒者或其他强迫性人格结婚，因为他们很难跟人建立恰当的亲密关系——在幼年的体验中，他们压根不知道这种亲密的关系和温馨的互动该是什么样。

酗酒问题的代际传递，可以说是家庭互动无法正常发挥作用而导致的恶性循环。酗酒家庭的父母与子女之间的关系可能并不差，尤其父母在宿醉清醒之后，会对子女抱有补偿愧疚之情。但他们缺乏日常的良性家庭互动，父母在酗酒状态下不理智、行为不可预期甚至伤害子女，子女就必须一直承受这种焦虑和不确定，会感受到羞辱和被遗弃。这种感受塑造了子女的早期经验，也影响了其成年后的行为。

通过酗酒家庭的互动，我们也可以看到家庭是一个复杂的动态系统，其成员间的互动无处不在、无时不有，影响着成员的关系和家庭教育的走向。家庭互动是家庭教育的重要载体：家庭互动是所有家庭成员参与的，直接营造了整体的家庭环境与氛围；亲子互动与亲子关系相辅相成；家庭成员的良好互动会增强家庭教育的效果。只有在父母和孩子的良性互动下，家庭教育才能真正发挥良好作用。本章主要探讨家庭互动的概念、特征、作用、类型、原则、机制与建立良好家庭互动的方法，并且分别讨论不同成员间互动对家庭教育的影响。

第一节   家庭互动概述

家庭是一个由夫妻次系统、亲子次系统和手足次系统等不同的次系统组成的复杂系统。各次系统成员之间相互作用、相互影响的动态过程就是家庭互动的过程。家庭成员在互动中相互影响,家庭教育便随之发生。

如果仅有亲子关系,却没有交互作用,关系就会成为一种静态的存在,不会发生实质的发展变化,也不会对个体产生任何影响。只有发生基于良好的亲子关系的互动行为,才能产生实质的家庭教育。良好的亲子关系是家庭教育的起点与结果,而家庭互动则是家庭教育的重要载体。

一、家庭互动的概念

在弄清楚什么是"家庭互动"(family interaction)之前,先要了解"互动"(interaction)的概念。在《现代汉语词典》(第7版)中,"互动"一词是指互相作用,互相影响。根据《社会学词典》的解释,"互动"即相互作用,是指人与人之间的心理交互作用或行为的相互影响,是一个人的行为引起另一个人的行为或改变其行为和价值观的任何过程。[①] 我们认为,互动主要包括以下含义:第一,互动的本质是相互作用、相互影响的动态过程;第二,互动的过程可以发生在不同的层面,比如心理、行为和价值观层面,或者感官、情绪和理智层面;第三,互动可以引起一方对另一方在情绪、行为、价值观等方面的作用。

家庭是社会团体,其成员之间有着复杂的关系,包括夫妻关系、亲子关系、兄弟姐妹关系、婆媳关系、祖孙关系、妯娌关系等。综合"互动"和"家庭"的概念,我们可以得出关于家庭互动的简单定义:在家庭系统中,不同的家庭成员之间在心理、行为、情绪、思想等各个层面相互作用、相互影响的动态过程。比如,家长放下工作和手机,全身心地和孩子进行一次对话;家长和孩子共同阅读一本书、观看一部电影,并分享彼此的看法;家长和孩子一起参与户外体育运动、家务劳动等;或者亲子间的一个微笑、一次拥抱、一句"我爱你";等等。

根据家庭结构和家庭成员关系的不同,家庭互动主要包括以下三种不同的层次:一是父母和子女之间的互动,即亲子互动;二是家长与家长之间的互动,如夫妻互动、婆媳互动等;三是子女与子女之间的互动。在一个家庭内部,最主要的互动关系是亲子互动、夫妻互动和同胞互动。假如把家庭互动比作一个传球游戏,父母与子女之间就像打乒乓球,或者像打篮球、踢足球。在这场游戏中,如果每个人都能够努力地发球、接球、传球,那么游戏就会无比精彩,每个参与者也都能在游戏中获得快乐、成就感,增进技术,获得成长;成员之间的关系也将得到改善,团队凝聚力、活力增强。

---

① 章人英.社会学词典[M].上海:上海辞书出版社,1992:150.

二、家庭互动的特征

家庭在为个体提供丰富互动机会的同时,也为人与人之间的互动作出了一定的限制。作为人际间的一种特殊互动形式,家庭互动具有以下特征:

(一)亲缘性

家庭互动的亲缘性是指家庭互动是基于受法律和习俗保护的血缘关系、婚姻关系等亲缘关系进行的。这也是家庭互动与一般社会组织内的互动的主要区别之一。亲缘性决定了家庭互动的高强度性、高依赖性和高义务性特征。

高强度性特征是指家庭互动需要家庭成员有大量的心理上的投入。比如,在父母与子女的互动过程中,作为"教育者"的父母需要投入足够的感情和精力,给予子女足够的爱与关怀、耐心、信心等,而不是简单粗暴地对待子女。

高依赖性特征是指在家庭互动过程中家庭成员之间尽管偶有紧张与冲突,但具有一定的相互依赖性和归属感。因为这种依赖性和归属感的存在,家庭成员之间的互动并不限于面对面的直接的互动,有时候也可以通过电话、书信等通信方式进行间接的互动。尽管此时互动双方并未在同一空间,但是彼此内心的归属感依然使得家庭互动可以顺利进行,家庭影响继续存在。

高义务性特征是指家庭会赋予参与互动的家庭成员一定的权利和义务。家庭互动的高义务性特征是与高强度性和高依赖性相伴生的。一个家庭成员承担的义务越多,其家庭关系越密切,与家庭成员的互动也越多、越深入;低义务承担者则相反。不同的社会组织、群体中成员互担的义务与互动的强度之间的关联是存在差别的。家庭是一种高强度互动即高义务性的社会组织。

(二)情境独特性

人与人之间的互动基于对环境的界定、解释进行,并赋予环境特定的意义。也就是说,环境(无论是人为创造的还是自发的环境)会影响发生于其中的互动的形式和性质。家庭互动正是在家庭这一不可替代的、无法复制的特定环境中,在家庭成员对家庭情境的共同界定下产生的。

家庭互动的情境独特性体现在家庭成员共同创造了家庭情境,这一情境是独特的、封闭的,有些甚至是不为外界所知的,包含着许多隐蔽成分。人们主观地创造了自己独特的家,每一个家庭成员均赋予自己的家庭独特的含义,依据自己的信念来生活。每一个家庭都是一个独特的世界,有着自己独特的规则。正是每一个具有独特风貌的家庭构成了家庭互动的情境独特性。家庭互动的情境独特性也造就了家庭教育的独特性,使不同的家庭可以培养出不同个性的人。

(三)反应全面性

家庭互动的反应全面性是指家庭中的成员是以一个独特的完整的个人参与互动的,即家庭互动是对完整的个人的反应。所谓完整的个人,指向一个人生命成长过程中的方方面面的特征,包括个性、态度、行为、品德、情感、生命历程等。在家庭互动过程中,这些特征均为互动双方所了解,即互动者相互之间的了解是全面而深入的。家庭互动每次发生,都是成员在这些方面的全面反应,因此,家庭互动往往更容易展示个体最为真实甚至脆弱的一面。而相对于家庭互动的反应全面性,个体在家庭之外往往是从自身的某个方面作出反应的,不需要调动整体,很少需要作出全面的情感、价值观反应。

由于家庭互动的反应全面性,家庭教育对孩子的影响也是全方位的。在亲子互动过程中,孩子的认知、情感、意志和行为等各个方面都会发生或多或少的改变,父母的知、情、意、行等各个方面也会直接或间接地影响孩子。

（四）情感深刻性

家庭互动的情感深刻性是指家庭内人们可以进行深入的交流,互动的范围、性质、形式常常无十分明确的界限。家庭是心灵的港湾,是人们的避风港。每一个家庭成员都可以在家庭中表达自己最真实、最深刻的情感,无须隐藏。与其他组织中的互动不同的是,家庭中的互动通常带有强烈的感情色彩,家庭成员可以表达在公共情境中无法表达或者需要隐藏起来的感情。

尽管家庭内亲密、广泛的交流并不一定都能达成思想认识上的一致,但毫无疑问,家庭互动中的人际交流是较为深入的。朝夕相处的人们能够鼓励相似的态度和感情的发展。家庭互动中更多更深层次的思想情感交流也为家庭成员之间的相互影响提供了更多的机会。同时,家庭互动中深入的情感交流也会给每一位家庭成员带来深刻的影响。比如,在子女年幼时期,父母与其之间深刻的情感交流,无论好坏都会为子女的终身发展奠定底色。

三、家庭互动的作用

从个体发展、家庭功能发挥以及家庭教育实施等不同的角度来看,家庭互动均发挥着重要作用。通过家庭互动,家庭成员的心理、行为、态度和价值观等会发生改变,同时也推动着家庭的发展和家庭教育的实施。

（一）家庭互动影响儿童的发展与社会化

人自出生以来便与社会建立起联系,而与家庭成员的联系是人与外界建立的最初联系。家庭互动,尤其是亲子互动的质量好坏直接影响着儿童的认知、语言、行为、社会性和今后学业水平等多个方面的发展。

心理学家阿德勒认为,儿童的行为问题并不仅仅是儿童表现出来的行为问题,还有更深层次的家庭互动出现了问题。良好的亲子互动可以促进儿童的自主性发展、心理理论发展,还可以预防抑郁和社交焦虑等。良好的夫妻互动可以为儿童提供良好的榜样示范、家庭成长环境,促进儿童的情绪发展、人际关系发展和社会适应等。良好的同胞互动可以降低儿童的焦虑、抑郁、压力和孤独感等内化问题,有助于培养其共情水平、社交策略等。此外,家庭互动质量还决定了个人的一些基本特征,如积极或消极的压力应对方式。那些家庭互动质量高的青少年,会更加频繁地使用积极的方式应对压力,比如直接针对问题找到解决策略;反之,那些家庭互动质量不高的青少年,则更倾向于使用回避、想象等消极的压力应对方式。

(二)家庭互动影响家庭功能的实现

家庭互动除了对儿童发展有重要作用之外,对家庭的发展,尤其是家庭功能的实现也有重要推动作用。首先,家庭互动是构成家庭的基础,影响着家庭功能的发挥。家庭是由以婚姻关系为基础,以血缘关系或收养关系为纽带组成的特殊的社会团体,承担着生产、政治、教育、情感、保护、休息与娱乐、宗教与文化等多种功能。积极的家庭互动可以促进家庭功能的发挥,反之则干扰家庭功能的发挥。例如,如果没有良好的家庭互动,家庭成员之间的关系就会变得疏远,家庭成员将无法从家庭中获得理解、支持、关心与帮助,无法获得安全感、归属感和认同感,也无法面对生活中的难题、化解生活中的烦恼等,那么家庭的情感功能就无法充分发挥。同理,如果父母与子女之间缺乏积极的互动,那么家庭的教育功能、休息与娱乐功能等也将难以实现。

其次,在家庭互动的过程中,会形成一定的家庭互动模式。家庭互动模式会通过代际传递的方式对家庭功能的实现产生影响。积极的家庭互动模式的代际传递,会形成良性循环,对家庭功能的正常发挥、家庭的正常运转起到积极的助推作用。相反,消极的家庭互动模式的代际传递会将家庭带入一个恶性循环,致使家庭问题在无休止的代际叠加中发生裂变,严重破坏家庭结构,阻碍家庭功能的正常发挥。

┃ 拓展阅读 >>>

四种不良的家庭互动模式[①]

良好的家庭互动有利于建立良好的家庭互动模式,有利于家庭成员的身心健康发展。反之,不良的家庭互动则会产生不良的家庭互动模式,导致家庭成员产生一些精神或心理问题。研究发现,在精神分裂症患者的原生家庭中存在四种不良的家庭互动模式:转嫁、三角化、覆盖和对抗。

1. 转嫁

转嫁是指家庭成员在相互作用过程中的责任和压力承担过程,在这一过程中,某一个家庭成员承担了家庭中由无法化解的冲突造成的压力。转嫁主要分为两个方面:一方面是父母不一致的观念和行为引起孩子的冲突的转嫁,另一方面是父母一致将问题归结为孩子自身的转嫁。

例如,母亲要求严格控制孩子的零用钱,父亲虽不表达看法,却偷偷给孩子零用钱,夫妻之间无法达成一致,导致孩子出现行为偏差,并且父母将问题归结为孩子自身。

2. 三角化

三角化是指家庭成员在相互作用过程中,由家庭成员双方冲突引起焦虑,使

[①] 骆敏灵,熊卫,马昱,等.精神分裂症患者原生家庭互动模式的定性研究[J].中国心理卫生杂志,2014,28(11):840-845.

得第三者主动介入或被动卷入。三角化主要包括三个方面：卷入家庭外成员结盟，父母一方和孩子形成的结盟，夫妻假性结盟。卷入家庭外成员结盟形成的三角化指冲突一方因为受到过度的指责，而将家庭外成员卷入冲突之中来缓解指责，从而使得冲突双方之间的问题无法解决。父母一方和孩子之间结盟形成的三角化是指夫妻之间关系疏离，长期处于冲突状态，其中一方和孩子关系纠结，因此，当夫妻出现冲突时，孩子会习惯性地卷入冲突之中。夫妻假性结盟形成的三角化是指在家庭中，父母一方和孩子形成对抗的关系，并且在家庭中处于主导地位，因此当其和孩子处于冲突状态时，另一方基于自己的妥协压制孩子同时提升自己在家庭中的地位，因此看似父母之间形成了结盟，实质上这种结盟只是为了暂时回避冲突。

3. 覆盖

覆盖是指家庭成员在互动过程中，其中一方强制性用自己的想法、观念和要求对另一方进行压制，从而掩盖和回避冲突。覆盖包含对情绪和观念的覆盖。对情绪的覆盖表现为一方在申诉和表达不满时，另一方用自我牺牲、就事论事的态度进行认可或用打岔等方式来屏蔽这种情绪。例如，孩子不堪忍受父母的专制，向父母表达反抗和愤怒，但父母都只用微笑回应，也就是用微笑覆盖了孩子的情绪，导致孩子的情绪得不到关注和处理。

而对观念的覆盖则表现为当一方提出自己的想法和要求时，另一方强制性要求他扭转这种想法和要求并接受另一种观念，因此在互动中表现出坚持己见、不听解释、否定他人，或者将他人和自己不一致的想法与行为标定为某种价值上的判断进行全方位的否定。家庭通过这种方式短暂掩盖和回避了冲突，但是同时也阻断了相互之间沟通的可能，其掩盖的不一致也成为家庭不断滋生冲突的温床。

4. 对抗

对抗是指家庭在互动过程中对于冲突的处理。对抗主要体现为两个方面：一是相互指责和否定的循环对抗，一是见诸行动的对抗。前者表现为在冲突过程中，冲突双方通过冲突事件不断追究责任地相互指责和攻击，并且要求对方作出改变。后者表现为冲突双方在无法化解冲突的情况下，将情绪行动化来攻击对方以掩盖冲突。比如哭泣、暴力、冷战、逃离家庭、提出离婚等。

（三）家庭互动影响家庭教育的实施效果

家庭互动是家庭教育实施的重要载体，家庭教育在家庭互动中发生并产生效果。

1. 良好的家庭互动是家庭教育取得成功的重要前提条件

一方面，家庭教育的起点是良好的亲子关系，即家庭教育想要取得成功，首先要建立良好的亲子关系。而良好亲子关系的建立又离不开良好的家庭互动，尤其是良好的亲子互动。另一方面，家庭教育的实现需要一定的环境作为中介，而良好家庭环境的营造也离不开良好的家庭互动。比如，良好的夫妻互动、婆媳互动等可以为家庭教育营造一个和谐、稳定的家庭心理氛围。

2. 家庭互动是家庭教育的重要载体

家庭教育就发生在家庭互动中，如果没有家庭互动，尤其是父母与子女之间的互动，就没有家庭教育。家庭互动（主要是亲子互动）是家庭教育的重要方式和手段。

比如，如果家长想要实现"让孩子理解什么是爱"这一家庭教育目标，那么就需要在日常生活中经常用语言向孩子表达"我爱你"，经常给孩子一个大大的拥抱，为孩子准备一顿丰盛的晚餐，陪伴孩子看最喜欢的电影，等等。如果家长从来不与孩子互动，比如从来不向孩子表达爱，从来不与孩子讨论身边的事情，从来不花时间与孩子一起参与家庭活动，那么家庭教育就形同虚设。只有在频繁的家庭互动，尤其是亲子互动过程中，孩子的行为、态度和价值观等才会慢慢发生改变，孩子才会逐渐学会如何说话、做事、表达情感等，家庭教育才会悄然发生。

第二节　家庭互动的类型、原则与机制

家庭中随时随地都发生着互动。家庭互动不存在绝对完美的方式或类型，每个家庭都有独特的互动方式，丰富的家庭生活也能增强家庭互动的趣味性和有效性。家庭互动以其独特的机制影响着家庭教育。我们可以根据互动双方的关系对家庭互动进行分类。另外，进行家庭互动需要遵循相应原则，才能保证效果。

一、家庭互动的类型

从家庭教育的角度来看，家庭互动主要可以分为以下几种类型：

（一）控制性互动

根据人际沟通的相关理论，控制性互动是一种典型的非对称性相倚。所谓非对称性相倚，指的是互动一方以对方的反应作为自己行为的根据，另一方则主要对自己的计划作出反应。简单说，就是一方依照自己的计划办事，另一方则看着对方的"脸色"行事。这是一种不平等的相倚，对自己计划作出反应的一方主动把握着互动的方向与速度，而另一方则处于被动、从属地位。

可见，所谓控制性互动，就是指一方始终控制着互动的方向与进程，而另一方只能依据对方的行为作出反应的互动方式。例如，在亲子互动中，控制性互动会表现为父母权利的无限扩大，即父母会过度使用自己作为家长的权利，而忽视了孩子的权利、能动性和主动性，将自己的意愿、想法和感受强加在孩子身上，全面安排孩子的生活，决定孩子的一切，甚至强迫孩子做其不愿意的事情。在控制性互动中，父母还会频繁使用惩罚、包办、替代等方式来教育孩子。

控制性互动是家庭教育中的常见现象。但是，这种错误的互动类型隐藏着极大的危机，因为孩子的成长需要的是支持而非控制。

（二）支持性互动

所谓支持性互动，是指互动的一方基于民主、平等的伙伴关系，尊重、信任、支持和鼓励对方成长的一种互动类型。在家庭教育中，支持性互动体现为：第一，父母站在平等的立场上看待孩子的行为，而不是居高临下地把孩子当作不成熟、不理智的个体，或者把孩子当成自己的附属品；第二，父母会尊重和信任孩子，从孩子的长远发展入手培养孩子的自信心、主动性等；第三，父母会在理解的基础上鼓励和支持孩子的积极行为，对孩子的消极行为作出一定的限制，既让孩子有自由成长的空间，也不一味纵容、溺爱孩子。

支持性互动是家庭教育的较好形式，为家庭教育注入了生机与活力。良好的家庭教育借助于支持性互动展开。

（三）引导性互动

引导性互动是指互动一方通过交谈、讨论、解释等沟通方式来完成与另一方的信息交流的一种互动类型。沟通是引导性互动的一种主要手段。在这种互动行为中，尽管父母和孩子都是互动的重要主体，但是由于父母和孩子在角色上的差异，父母仍然是家庭教育的主导力量，因此父母始终承担着引领孩子的责任与义务。例如，在学习这件事情上，年幼的孩子可能还无法理解学习的意义、认识到学习的重要性等，但是作为父母却可以使用孩子能够听懂的沟通方式来引导孩子的学习兴趣，激发孩子的好奇心和学习动机等，而不是通过其他错误的、粗暴的互动方式强制孩子学习，或者对孩子放任不管。

因此，引导性互动是家庭教育不可缺少的环节，尤其是对于年幼的孩子来说。家庭教育的根本取向就是要引导孩子健康成长。

（四）干预性互动

干预性互动是指互动的一方采用武断、强权、暴力等比较极端的形式与另一方进行行为互动的一种互动类型。在家庭教育中，干预性互动是专制型教养方式的集中体现，即父母过多干涉和禁止孩子的行为，对孩子简单粗暴，通常不尊重孩子的合理需要，不支持孩子的爱好等。与控制性互动不同的是，干预性互动体现的是父母显性的家长意识。

干预性互动是家庭教育发挥良好作用的极大障碍。

二、家庭互动的原则

家庭互动的原则是开展家庭互动的依据，或者家庭互动需要遵循的一些标准、法则。家庭互动需要遵循以下几个原则：

（一）双向互动原则

双向互动原则是指在家庭互动过程中互动双方是相互作用、相互影响的关系，而不是单向决定的关系，要考虑作用结果的复杂性和多变性。比如，在亲子互动过程中，儿童是个能动的信息加工者，他们能在不同的发展水平上，根据自身不同的需要，选择性地接受或排斥家庭和社会环境施加的影响,而不是完全被动接受影响。同时,儿童也会对成人施加影响,改变成人的情绪、教养方式等。除了亲子互动之外,夫妻互动、同胞互动等其他家庭次系统之间的影响也是相互的、双向的。

不过,值得注意的是,强调家庭互动的双向互动原则以及交互作用,并不意味着排斥主导作用。比如,在亲子互动中,强调儿童对父母的影响并不意味着否定父母塑造儿童个性的主导作用。毕竟父母是成熟的个体,是社会价值观、信仰、社会行为的直接传播者和体现者,是儿童成长环境的直接构建者。而儿童尚未形成稳定、独立的人格和行为方式,可塑性和依赖性都很强,他们会根据父母的倾向、反馈随时调整自己的行为,经年累月才能形成自己的独立人格。所以父母与未成年子女的互动,既具有双向性,也具有父母对子女的单向主导性。相对来说,父母与成年子女的互动,往往更具有双向性。

(二) 系统化原则

系统化原则是指在考虑家庭互动时应该把家庭看作一个整体、一个系统,而不是单独的某个部分。因为家庭是由复杂的多个互相依赖的次系统构成的。在次系统中人们的相互作用由家庭参与者创造和保持的规则与模式所调节,每个次系统只有放在整个家庭系统中才能被理解。比如,在亲子互动中,影响儿童发展的不仅仅是母亲,还有父亲、兄弟姐妹、祖父母等不同的家庭成员,以及夫妻系统、同胞系统等其他家庭次系统的互动模式。

总之,家庭是个整体,是个小社会系统,因此家庭互动也应该从家庭整体出发,考虑各种条件和参数,考虑各个成员之间可能发生的种种互动关系。

(三) 社会性原则

社会性原则是指在家庭互动过程中应充分考虑社会文化、社会变革等因素的作用。每个家庭都是社会的细胞,家庭对儿童的影响无不渗透着社会对家庭的影响。因此,家庭互动也会受到各种社会因素的制约。在不同的社会条件下,人们对亲子互动的要求有所差别。例如,在农业和牧业社会,亲子互动更强调培养儿童的合作和服从;在狩猎与渔业社会,亲子互动更强调培养儿童的主见、自信和独立。

此外,即使在同一个社会,一个家庭的生态地位,如家庭宗教、社会阶级、亚文化中的压倒优势的价值观甚至邻居都会影响家庭内的相互作用和儿童发展。家庭教育不是在真空中发挥作用的,家庭互动应坚持社会性原则,考虑多种因素,包括社会文化、社会变革以及父母的个人特征、婚姻关系、工作性质等。

三、亲子互动的机制

亲子互动是与家庭教育直接关联的家庭互动方式。亲子互动的机制可以分为暗示、模仿、感染、撤回爱护、体验结果等几个方面。

(一) 暗示

暗示是指在无对抗条件下,人们对接收到的某种信息迅速无批判地加以接受,并依此作出行为反应。家庭教育中的很多过程都是通过暗示发生的。暗示包括直接暗示和间接暗示两种。直接暗示是指暗示者把某一事物的意义直接提供给受暗示者,使其迅速而有意识地加以接受的一种暗示。这种暗示有时候会导致受暗示者心理上的抗拒和逆反。例如,当孩子帮家长做家务时,父母说"走开,别添乱"就是一种直接暗示。从这个直接暗示中,孩子接收到的信息是"我不被信任""我帮不好忙"等。

间接暗示是指暗示者以其他事物或者行为为中介,将某一事物的意义间接提供给受暗示者,使其迅速而无意识地加以接受的一种暗示。与直接暗示不同的是,这种暗示形式不容易使受暗示者产生逆反心理,因此效果往往更好。比如,当父母希望孩子养成少玩手机的习惯时,不是通过直接告诉孩子"少玩点手机,对眼睛不好",而是通过自己的实际行动给孩子提供榜样示范来进行间接暗示。

(二)模仿

模仿是有意或无意地对某种刺激作出类似反应的行为方式。模仿的内容极为广泛,不限于行为举止,还包括思维方式、情感取向、风俗习惯及个人性格等。

父母是孩子的第一任老师,也是孩子终身的老师。父母的一言一行,无不潜移默化地影响着孩子的成长。因此,父母日常生活中的言传身教,是家庭教育的重要方式。家庭教育对父母来说,首先是自我教育。孩子也是父母的一面镜子。什么样的父母教出什么样的孩子。通过孩子这面镜子,家长可以看到自身的优缺点。

(三)感染

感染是指人们相互影响的一种互动方式,指人们通过某种方式引起他人相同的情绪和行为。感染实质上是通过情绪的传递和交涉发生行为的改变。感染的条件包括:第一,情境的相似性;第二,态度、价值观的相似性;第三,社会地位的相同。家庭往往具备以上特性,因此在家庭互动中充满了感染的现象,家庭教育也正是通过感染而有效发生的。如果父母希望与孩子建立良好的互动关系,那么就必须用自己的真诚和爱感染孩子,奠定亲子互动的情感基础。

(四)撤回爱护

撤回爱护是亲子互动中经常发生的机制,尤其是对年幼的孩子,很多父母会在无意识中表达撤回爱护。比如,父母要制止儿童的某种行为,一直没有效果,就向儿童表达"如果你再不听话,妈妈/爸爸就不爱你了""如果你还不回家,我们就把你丢在这里,不要你了"。孩子会非常害怕父母收回对自己的爱,基本上都能放弃自己的坚持,以维护自己被爱的权利。所以撤回爱护往往成为父母的"杀手锏",基本上能立刻达到目的,却容易降低孩子的安全感。但研究表明,母亲撤回爱护的行为能够显著正向预测孩子的问题行为,面对孩子的不良行为,母亲越是撤回爱护,对儿童的行为改善越不利。[1]

---

[1] 李燕芳,刘丽君,刘丽莎.父、母学历与教养行为对学前儿童发展的影响[J].中国特殊教育,2015(4):76-83.

（五）体验结果

孩子由于各方面的发展限制,往往无法准确认知事情的后果,大部分时候需要由父母规范孩子的行为。体验结果的互动机制就是让孩子自行体验自己行为的结果,尤其是不好的结果,以约束孩子不恰当的行为。比如孩子用餐时浪费粮食,父母的教育无用,还发脾气说再也不吃饭了,那就可以让他适当体验饥饿的感受,自行承担不吃饭的后果,到饥肠辘辘的时候,孩子自然知道低头认错了。

家长在采用体验结果这一互动机制的时候需要注意两点:一是家长的态度一定要坚定,直到孩子意识到错误为止,不能中途妥协;二是家长之间态度必须一致,如果家长意见分歧,孩子便很难形成评价事情好坏的统一标准,也就不能发展成无冲突的价值观。

第三节 建立良好的家庭互动

家庭是一个系统,家庭成员无时无刻不处在互动当中。家庭互动根据对象关系的不同,可以分为亲子互动、夫妻互动和同胞互动。每种互动都对家庭教育产生影响。

其中,亲子互动是家庭教育的重要载体,也是家庭教育得以实现的基础和过程,亲子关系是亲子互动的结果,亲子互动稳固和促进亲子关系。同时,家庭成员的互动尤其是夫妻互动,也为儿童的发展创造家庭氛围。同胞互动是儿童学习同辈交往的基础;不同位序的儿童在同胞互动中的表现会不一样。建立良好的家庭互动,也从这三种互动入手。

一、建立亲子间的良好互动

亲子互动(parent-child interaction)是指父母和子女通过语言、情感、肢体动作和行为等方式进行的双向交流、互动,双方相互影响,并且这种互动相对于其他互动而言,有着深远性、亲情性、长期性、血缘性等特点。

亲子关系是亲子互动的结果表现,亲子互动是亲子关系的动态表达,二者不能等同。另外,亲子沟通是亲子互动的一部分,特指通过语言交流的形式开展的亲子互动,是家庭教育中最常使用的亲子互动方式。除了亲子沟通之外,亲子互动还有亲子活动、亲子陪伴等多种方式。

良好的亲子互动可以促进儿童的认知发展、同伴关系发展,减少其问题行为,也有助于增进亲子之间的了解,促进亲子的情感交流,建立良好的亲子关系。反之,不良的亲子互动往往会导致病态的家庭结构,从而导致家庭教育的失败。

亲子互动的各个方面,包括互动的时间、互动的内容、互动的方式、互动的对象、互动的主动性等会决定亲子互动的质量,直接影响家庭教育的效果。因此,建立良好的亲子互动,需要综合关注亲子互动的主动性、亲子互动的时间和质量、亲子互动的内容和方式几个方面。

（一）发挥父母在亲子互动中的主动性

亲子互动的主动性是决定亲子互动质量的第一个重要因素。良好的亲子互动首先应该表现为父母能够意识到自身在亲子互动中的重要角色，发挥自身在亲子互动中的重要作用，积极主动地发起亲子互动。

1. 父母要积极主动地发起亲子互动

家庭中大多数的亲子互动是由孩子发起的，而父母处于一个相对被动的地位。这是因为父母在参与的过程中并没有意识到自身的重要性，没有意识到自己在此活动过程中发挥着重要的作用，扮演着重要的角色，应该在活动中占主导地位，起主导作用。虽说亲子互动要时刻以儿童为中心，尊重儿童的主体地位，时刻关注儿童，但是家长也应该发挥主导作用。因此，要想建立良好的亲子互动，父母首先需要树立正确的观念，明确自身的责任，认清自身的角色，积极主动地参与到亲子互动的过程中，主动发起互动。

2. 父亲要多参与亲子互动

在大多数家庭中，与孩子互动最多的通常是母亲。与母亲相比，父亲参与亲子互动的主动性不够，比如大多数父亲都不经常陪伴孩子，只是偶尔跟孩子互动。然而，父亲的男性品质对开阔孩子的视野、发展其认知能力与创造能力、协调母亲与孩子之间的关系，都会起到积极而又独特的作用。父亲和母亲应该共同参与亲子互动，发挥彼此在家庭教育中的作用。

（二）保障亲子互动的时间和质量

良好的亲子互动离不开一定时间的保证，即父母需要花时间陪伴孩子。然而，有些父母由于忙于工作等各方面的原因，经常顾不上和孩子互动、交流，无法保证亲子互动的时间。如果亲子互动达不到一定的时间，或者持续的时间较短，则亲子互动的效果无法得到保证。

同时，在亲子互动过程中，光有足够长的时间还不行，还要保证互动质量，父母陪伴孩子要"走心"，知道孩子的心理需求，即孩子希望父母陪着他做什么。父母在亲子互动的时候可以适当运用交流、倾听等技巧，对孩子发出的信号和需求有敏感的回应。

亲子互动切忌"人在心不在"。比如，边工作边参与亲子互动，或者边玩手机边进行亲子互动，孩子喊一声，家长才抬起头回应。这种一心多用的陪伴和互动会适得其反，让孩子感受到父母的漠视、不在乎，对孩子的成长产生负面影响。

（三）丰富亲子互动的内容和方式

时间的付出只是改善亲子互动的一个重要方面，并不是时间越长，亲子互动效果越好。良好的亲子互动还需要选择合适的内容和方式。内容和方式可以综合考虑，也就是开展合适的亲子活动。

在家庭中开展的亲子活动有两类：一类是核心型家庭活动，就是每天都会发生的日常活动，如吃饭、看电视、散步、亲子阅读等；一类是平衡型家庭活动，不是日常生活的必然环节,更多是家庭休闲娱乐功能的体现,如看电影、参观博物馆、远足、外出聚餐等。核心型家庭活动的内容和方式较为固定,但也可以有所改变,增加活动的新鲜感,例如,邀请孩子一起参与某次晚餐的大制作,定期安排一次家庭主题亲子阅读,等等。平衡型家庭活动则比较多元丰富,可以根据儿童的发展状况、兴趣爱好来安排。家长要搭配开展两类亲子活动,促进亲子互动的效果。

▎学习活动：小组研讨 >>>

　　随着社会的发展,越来越多的双职工核心家庭面临较大的育儿压力。这类家庭缺乏一定的育儿支持,父母双方要在繁忙的工作和家庭教育之间寻求平衡。

　　假设现在有这样一个家庭:父母双方都是公司白领,经常加班,但基本能保证周末双休;他们喜欢旅游、露营、拍照,有一个上小学三年级的女儿。工作日的时候一家三口很少在一起吃一顿饭,女儿要么在学校吃,要么晚饭跟爸爸或者妈妈吃,甚至有时只能自己点外卖;到了周末,父母虽然总是待在家里陪着女儿,一般也都是忙自己的事情。女儿总是抱怨爸爸、妈妈不理自己,不陪自己说话。

　　请开展小组研讨,共同为这个家庭设计一份家庭活动清单,并列举设计理由。可以从核心型家庭活动和平衡型家庭活动两个方面出发进行综合设计,帮助这对父母提高亲子互动的质量。

二、建立家长间的良好互动

　　家长互动的类型根据家庭成员和家庭结构有所不同。最根本的家长互动是指夫妻互动,另外还有婆媳互动、祖辈与父辈的互动等。

(一) 夫妻互动

　　夫妻互动(husband-wife interaction)是家庭生活的"主轴"。家庭生活的许多方面都是在夫妻互动之中展开的。良好的夫妻互动是家庭教育成功的关键。良好的夫妻互动、融洽的夫妻关系不仅可以为子女成长树立良好的榜样,还可以营造良好的家庭教育氛围。建立良好的夫妻互动,可以从以下几个方面做出努力:

　　1. 减少消极的沟通行为

　　在影响婚姻质量的众多因素中,夫妻之间的沟通行为被认为是关键因素。夫妻之间的消极沟通行为(威胁、控制、命令等)能够用来预测未来两年中婚姻满意度的下降。[1] 因此,建立良好的夫妻互动首先应该减少消极的、破坏性的沟通互动行为。

　　夫妻之间常见的消极沟通行为有以下几种:

　　(1) 支配性沟通:采用威胁、命令等方式让对方对自己唯命是从、百依百顺,而很

---

[1] 琚晓燕,李晓敏,谢庆红,等.新婚夫妻互动行为对婚姻质量的即时效应和状态效应[J].心理与行为研究,2015,13(2):162-170.

少考虑对方感受的一种沟通方式。如"我告诉你……""你要……""你应该……""你必须……""你别啰唆……"等。

（2）攻击性沟通：使用侮辱、轻视、讽刺等伤害性的语言指责、批评对方，使对方身心受到伤害的一种沟通方式。如"你真笨、没用""你无能""你越看越令人讨厌""我早知道就不应该娶（嫁）你这个……的人"等。

（3）被动性沟通：拒绝或不愿意沟通，不愿意听对方表达情感或思想，或者采用"冷暴力"的一种沟通方式。比如，在处于生气、愤怒等情绪状态下对对方发起的沟通保持沉默，只使用"摆臭脸""翻白眼""甩手"等表情或肢体语言，只给出一些敷衍性的回答，如"还行""哦""嗯""随便"等。

2. 增加积极的卷入行为

在建立良好的夫妻互动关系中，比起消除或减少争吵等消极行为，增加"温暖支持""表达赞赏"等积极卷入行为、妥善解决夫妻冲突更重要。根据戈特曼（John Mordecai Gottman）的"平衡理论"，在夫妻互动中，消极行为并不可怕，只要同时伴随积极卷入和积极情感表达，就可以平衡指责、敌意等消极行为的影响。[①] 建立良好的夫妻互动，可以增加以下积极的卷入行为：

（1）给予对方鼓励与支持。在日常生活中，可以多用鼓励性的话语，给予对方肯定和支持，共同促进家庭发展。需要说明的是，鼓励不是施加压力，一定是在充分尊重对方选择的基础上，在对方心甘情愿做一件事情时，送上适当的肯定话语，表现出欣赏和赞美。

（2）陪伴对方共同活动。婚姻不是一味地索取，而是需要经营和陪伴的。婚姻不是一个人的独角戏，需要夫妻双方同时投入精力，共同演绎。两个人因为爱而共同生活，生活中却不仅仅只有夫妻二人，而是涉及两个人的家庭、两个人的朋友圈，这些都需要时间和精力去经营。

（3）保持适当的亲密接触。夫妻之间还应有适当的亲密接触，建立亲密的夫妻关系。肢体接触是人类沟通情感的方式之一，适当的肢体接触也是表达爱的有力工具。需要注意的是，表达爱的亲密接触不只是性生活一种，牵手、拥抱、亲吻、抚摸也都是，应和配偶讨论，喜欢的是哪一种，而不应强迫对方发生亲密接触。

▋ 拓展阅读 〉〉〉

有效的夫妻沟通技巧[②]

在夫妻的相互冲突中，如果能以沟通为核心，则冲突的解决会变得具有建设性。有效的夫妻沟通技巧有以下六项基本要素。

---

① GOTTMAN J M.The roles of conflict engagement, escalation, and avoidance in marital interaction: a longitudinal view of five types of couples［J］. Journal of consulting and clinical psychology, 1993, 61（1）:6-15.

② 李燕，吴维屏. 家庭教育学［M］. 杭州：浙江教育出版社，2009:296.

维持安全的气氛：夫妻两个人都必须有心理上的安全感，既不会受对方威胁，也不会威胁对方，相互间不必担心要受责怪。

能当一位聆听者：多聆听对方的倾诉，会提高夫妻关系的品质，沟通的障碍常常是说得太多，而听得太少。

自我表露：只有夫妻有意愿与对方分享情感、思想与行为，双方才有沟通的可能，也才能增进彼此情感的交流。

建设性地解决问题：夫妻间意见相左、争辩、冲突在所难免，但是在冲突发生时，必须以解决问题为中心，建设性地解决冲突。

赞美与认可：能给予对方赞美、鼓励、认可，对对方的贡献表示感激。

以关怀的态度讨论事情：家庭与婚姻中的一些事情难免会带来焦虑与不安，但以关怀、爱的态度去面对并共同讨论，则有助于问题的解决；同时夫妻间能基于爱与关怀讨论切身的事情，也较容易增进感情。

（二）其他家庭成员互动

建立家长间的良好互动，除了建立良好的夫妻互动，也要注意家庭中家长之间的其他互动。比如，在主干家庭中，良好的婆媳互动对家庭的和睦发展起着重要的纽带作用。融洽的婆媳关系可以为下一代的婚姻带来积极影响，促进家庭的良好发展；而紧张的婆媳关系会引发各种家庭矛盾，影响家庭教育的效果。建立良好的婆媳互动，首先要改变传统的老旧思想，给予对方足够的尊重和信任，并注重沟通，学会换位思考，避免因一些细节而发生矛盾。其次，身兼儿子与丈夫双重角色，丈夫在缓解婆媳矛盾方面要发挥良好中介的作用，肯定母亲的同时也善于为自己的媳妇说话，多给予双方情感上的慰藉，以消除双方心理上的屏障。最后，婆媳双方拉开距离，分开居住，也是对婆媳良好互动关系的一种维护，可以减少很多不必要矛盾的发生。

再如，祖辈与父辈的和谐相处也会影响家庭教育的效果，如果存在教养冲突，会对孩子产生不利影响。因此，双方要互相理解和尊重，祖辈要做到有边界感、避免固执己见，父辈要保持独立、学会换位思考，双方要平等沟通，尽量避免正面冲突。特别是在隔代教育问题上，一方面，祖辈要注意接受新思想、学习新知识，尽量用现代科学知识抚养、教育孩子，分清爱和溺爱的界限。另一方面，父母要多陪伴孩子，承担起家庭教育的责任，避免将孩子完全交给祖辈家长抚养、教育。当双方出现分歧时，要做好沟通协调，避免互相指责和抱怨，努力保持家庭教育的一致性。

三、建立子女间的良好互动

建立子女间的良好互动主要是指建立良好的同胞互动（sibling interaction），即两个或两个以上的兄弟姐妹之间从意识到对方存在的那一刻起，通过身体的、言语的和非言语的交流来分享与彼此有关的知识、观点、态度、信念和感受的所有互动。研究发现，积极的同胞互动，如帮助、照顾、建议、支持和分享等有利于提高儿童的社会情绪理解能力、亲社会能力和冲突解决能力，进而增加其亲社会行为，降低内化和外化问题行为；还可以促进个体的自我发展，如提高儿童的自尊水平、自我概念和自我调节能力等。[①]这是因为同胞互动通常伴随生气、沮丧、妒忌、骄傲、快乐等许多情绪，这些情绪反应为儿童的情绪发展提供重要的环境，有利于儿童学习识别、表达和调节情绪，帮助儿童预测特定情境中他人的情绪反应，利用他人的情绪反应与之建立联系并影响他人。

（一）营造平等的家庭环境

根据生态系统理论，同胞的出生意味着新的家庭生态环境的诞生。家庭的这种变化无论是对年长子女还是对年幼子女来说，都会造成心理上的不适应。另外，由于在我国传统文化中存在"长兄为父""长姐如母"等思想观念，家庭中年长的子女往往会承担更多的责任和义务，受到父母的差别对待，如被分配更多家务、被要求礼让年幼同胞等，从而引发同胞冲突、同胞隔阂。因此，要建立积极的同胞互动，父母需要有意识改变对子女的区别对待，营造平等的家庭环境。

1. 建立家庭会议制度，构建积极的同胞角色

父母通过建立家庭会议制度形成平等包容的家庭氛围，让每位家庭成员都有同等的参与权，为子女成长创造良好的家庭生态环境。在家庭会议中，父母要为每个子女设立相应的角色，不能任由子女一味保持沉默等。比如，学龄期的子女可以轮流做家庭会议记录，年纪较大的子女可以轮流主持家庭会议，每个人都要在家庭会议上发言，等等。

2. 尊重同胞的个体差异

父母要客观看待子女的年龄特征差异，根据不同子女的身心发展阶段和特点，采取差别化的原则，不断调整自己的家庭教养方式。要保持合理的同胞差异性，父母应该积极主动倾听子女的声音，创设社会交往环境，增加同胞之间直接互动的时间与空间，教导他们"兄姐""弟妹"角色的各种规范和行为方式，将积极的同胞观念融入子女的意识。

3. 注重培养子女的共情能力

共情能力对于建立积极的同胞互动、促进同胞亲密、减少同胞隔阂有重要作用。个体共情能力越高，越能保持更高的认知功能和更好的情绪情感，较好地理解他人的观点。因此，家庭教育要注重培养子女的共情能力，引导他们理解同胞的真实想法与情感，学会换位思考，减少同胞冲突，营造良好的同胞关系。

4. 保持适当的同胞年龄差

年龄差对同胞亲密具有显著的负向影响，对同胞隔阂具有显著的正向影响。年长子女与年幼同胞的年龄差距越大，越容易产生同胞隔阂。一方面，过大的年龄差会

[①] 赵凤青，俞国良. 同胞关系及其与儿童青少年社会性发展的关系［J］. 心理科学进展，2017，25(5)：825-836.

导致同胞之间在认知能力、成熟程度、个体精力、价值观念、思想意识、行为方式、兴趣爱好等方面存在明显差异,从而导致同胞隔阂的产生。另一方面,当面对一个年龄差距较大、需要得到更多照顾的年幼同胞时,年长子女在心理上会受到一定的冲击和影响,难以适应同胞的出现,从而对同胞产生情感冷漠和疏远,增大同胞之间的心理距离,影响积极同胞互动的建立和亲密同胞关系的形成。

(二)妥善处理同胞冲突

同胞关系最大的问题,就是同胞冲突。冲突本身并不可怕,但父母的处理往往会带来更为深刻的影响。俗话说"手心手背都是肉",父母在处理同胞冲突时会顾虑甚多,很难理智地作出决策。因此,要建立积极的同胞互动,父母还需要根据实际情况,采取适当的处理策略,建设性地解决同胞冲突。

I. 孩子中心策略

孩子中心策略(child-centered strategies)是指父母帮助孩子相互交流,表达他们各自的立场,并通过协商、推理、和解的方式去解决问题,从而消除冲突。在孩子中心策略中,调解是效果最好的干预同胞冲突的方式之一。调解分为四步,详见表6-1。研究发现,父母的调解能使孩子更好地理解同胞的立场。父母应鼓励孩子使用更具建设性的冲突解决策略,包括冷静地说话、分享观点、倾听同胞的声音、解释行为、道歉、提出解决方案。有研究发现,相比控制组,调解组家庭(父母使用调解方式干预同胞冲突)中的孩子能使用更具建设性的冲突解决策略,并经常与同胞相互沟通,通过和解的方式解决冲突。[①] 其实,干预并不一定要等到冲突发生时再进行,干预也包含预防的成分。父母应尽量在孩子的成长中培养沟通和冲突解决能力,以减少同胞冲突的发生。

表6-1　调解四步 [②]

步骤	内容
第一步	调解人制订基本规则和行为准则,以避免冲突升级和减少敌对的可能性
第二步	调解人在调解过程中发现引起冲突的问题。只有明确问题,集中讨论,才能让冲突双方在解决问题上取得进展
第三步	调解人试图促进冲突的双方之间相互理解并建立移情
第四步	调解人鼓励冲突的双方提出可能的解决方案,并从中选择双方都能接受和实现的解决方案

① SMITH J,ROSS H. Training parents to mediate sibling disputes affects children's negotiation and conflict understanding [J]. Child development,2007,78(3),790-805.
② ROSS H S,LAZINSKI M J. Parent mediation empowers sibling conflict resolution [J]. Early education and development,2014,25(2),259-275.

2. 控制策略

控制策略(control strategies)是指父母解决同胞冲突不是从理解孩子的角度出发，而是通过惩罚、威胁、取消特权或其他控制行为来消除冲突。控制策略并不是一种合适的干预方式，存在"治标不治本"的可能，尽管可以当下控制住冲突局面，但会造成后续更严重的同胞冲突和敌对。对于低龄儿童来说，父母的控制策略不能够帮助他们学到有效的冲突解决策略，后续与同胞产生冲突，他们依然不知道如何解决；而对于处于青春期的青少年来说，他们具有高自主需求，渴望与父母平等地互动与交流，父母采取控制策略可能会引发其逆反心理，甚至可能会影响亲子关系。

3. 不干预策略

不干预策略(nonintervention strategies)是指父母不干预同胞间的冲突，或者让孩子们自己解决冲突。根据阿德勒的个体心理学理论，同胞之间的冲突源于嫉妒和争夺父母的注意与关爱，而父母的不干预不会被同胞视为偏爱其中一方，从而避免了同胞间因争夺父母注意与关爱而引起的冲突。但不干预策略不是在每种情况下均适用的，父母的不干预策略不利于孩子们在冲突中学习交流沟通的技巧和冲突解决策略，故而当同胞冲突再次发生时，孩子们缺乏合适的冲突解决方式，同胞冲突可能会加剧。不干预策略可能更适用于已经获得所需社交技能的青少年和成年同胞。因此，针对孩子间的冲突，父母需要根据冲突的动机、孩子们的年龄以及孩子们的认知发展能力等相关因素去综合考虑是否应该干预孩子之间的冲突。

父母应当根据实际情况灵活地运用以上三种策略去干预同胞冲突，而不是古板地套用某一种策略。如果同胞间只是吵架，建议让他们自行沟通协商。但要注意，不介入不表示不关注，适当的关注还是必要的。如果同胞间冲突升级为打架，爆发严重的肢体冲突时，父母就一定要介入了，可以先使用控制策略使冲突双方冷静下来，然后再找机会对此次冲突进行调解。冲突可以是积极的，也可以是消极的，关键在于对它怎么处理。适量的冲突可以保持一个家庭的活力，如果能建设性地解决冲突，可以提高孩子们情绪处理、社会交际以及问题解决能力。

▌学习活动：案例分析　》》》

小花今年 6 岁了，最近妈妈生了二胎。有邻居逗她说："妈妈有了小弟弟，就不要你了。"小花听后很生气，于是趁妈妈不注意的时候偷偷地用手掐弟弟，还故意用力拍打弟弟。对此，妈妈严厉批评了小花几次。结果，小花非但不改，反而变本加厉地欺负弟弟。

请根据此案例展开分析：

1. 小花妈妈的做法正确吗？

2. 假如你是小花妈妈，你觉得可以怎么帮助小花和其弟弟建立良好的互动？

？ 理解·分析·应用

1. 请简要说明家庭互动的重要作用。

2. 家庭互动的类型有哪些？

3. 如何建立良好的亲子互动？

4 建立良好同胞互动的方法有哪些？

5. 有人说"良好的夫妻互动是父母送给孩子最好的礼物"，请问你如何理解这句话？

6. 雨过天晴后，小明和妈妈一起下楼玩耍。看见地上有一摊水，小明兴奋地跑过去踩起水来。妈妈提醒："小明，别踩了，鞋子全湿了。"小明好像没有听见似的继续踩水。妈妈无奈，只好严厉地说："小明，别踩了，再踩妈妈就不喜欢你了。"请问，小明妈妈使用的是哪一种亲子互动机制？举例说明亲子互动有哪些机制。

？ 拓展阅读指导

1. 盖冈.如何高质量地陪伴孩子[M].徐晓雁，译.北京:新星出版社,2016.

2. 阿德勒.自卑与超越[M].曹晚红，译.北京:中国友谊出版公司,2013.

3. 郑立峰.家庭系统排列:重建家庭秩序,让爱自然流动[M].北京:化学工业出版社,2017.

第七章

7

家庭文化：家庭教育的价值体系与传承

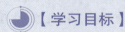【学习目标】

1. 理解家庭文化的概念。
2. 理解家庭文化的构成，以及它们之间的关系。
3. 了解家庭文化的特征。
4. 知道建设各种家庭文化的方法。
5. 理解中国优秀传统家庭文化传承的时代意义和新时代家风与家训建设的路径。

【知识导图】

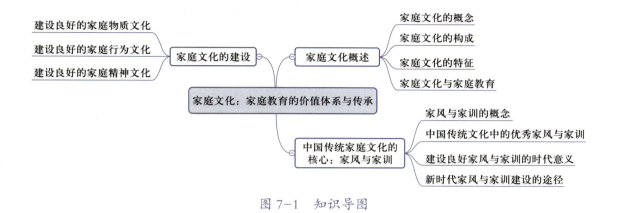

图 7-1　知识导图

【情境链接】

2018 年，习近平总书记在同全国妇联新一届领导班子成员集体谈话时形象地描述了我国优秀传统家风文化的影响："'正家，而天下定矣。'古时，那些子孙多贤达、功业多卓著的名门，无不与其良好家风的传承息息相关。北宋杨家兴隆三代，将帅满门，人人忠肝义胆、战功卓著。究其缘由，不由让人感叹'杨家儿孙，无论将宦，必以精血肝胆报国'之家风的分量。"

类似杨家将热血报国的家风，在我国历史上还有很多很多，共同构成了我国辉煌的家风与家训文化，奔涌在血液深处，成为如今中华儿女的精神底色。党的二十大报告也强调要"弘扬中华传统美德，加强家庭家教家风建设"。家风和家训是家庭文化的一部分。家庭文化是家庭基于亲子关系和家庭互动长期积累的精神财富，是家庭教育的价值体系，也是传统文化在家庭教育中的传承体现。

家庭文化不是形而上的口号，而是落实在物质、行为和精神三个层面，渗透在家庭生活的方方面面。家庭文化是团结家人的凝聚力，是引导子孙的价值导向，也是构成社会风气的基础。认识家庭文化、建设家庭文化，了解我国优秀的传统家庭文化，是开展家庭教育的重要方面。

第一节　家庭文化概述

家庭文化是在家庭中产生的，从属于社会文化的亚文化，由家庭物质文化、家庭行为文化和家庭精神文化三个方面共同构成，具有鲜明的社会性、凝聚性和时代性特征，对每一位家庭成员都具有规范、感染、熏陶和教育的作用。

一、家庭文化的概念

首先我们要知道什么是"文化"。尽管古今中外对"文化"一词的理解不尽相同，但是总体来说有两种观点：一种是广义的文化，一种是狭义的文化。广义的文化是指人类改造客观世界和主观世界的活动及其成果的总和。它是人类所特有的现象，是人类区别于动物的标志之一；也是人类在后天的社会环境中经由学习、生活和创造得来的，并为一定社会群体所共有的一切事物。狭义的文化是指一定社会群体习得且共有的一切观念和行为。它与广义的文化最大的区别是剥离了"物"的成分，即把文化更多地看成一个受价值观和价值体系支配的意识符号系统。

在社会大文化系统中，但凡有组织、有人类的集合，便可以有文化，例如企业文化、校园文化、社区文化等。其中，家庭文化也是社会文化的有机组成部分，是一种产生于家庭、在社会大文化系统中占有独特地位和作用的文化分支。根据文化的定义，目前学界对于家庭文化的界定也有广义和狭义两种倾向。广义的家庭文化是指家庭成员在长期的共同生活中所形成的有关家庭物质生活和家庭精神生活的思想观念、价值取向和行为准则，是对家庭成员共同的物质文化生活的环境、氛围、方式等方面的反映，是家庭物质文化和家庭精神文化的总和，是社会文化的重要组成部分。[1] 狭义的家庭文化单指家庭精神文化，即家庭所形成的具有自身个性的思想价值观念、道德行为准则等，是社会意识形态在家庭生活中的表现。[2]

本书所指家庭文化是一种广义的概念，即家庭文化是以家庭为单位，以家庭成员为主体，由家庭全体成员共同构建的物质文化和精神文化的总和。家庭文化是家庭成员共同意志的体现，是一个家庭世代承继过程中形成和发展起来的，较为稳定的生活方式、生活作风、传统习惯、家庭道德规范以及为人处世之道等。家庭文化无时不在、无时不有，体现在家庭的衣食住行等各个方面，也体现在家庭成员的行为上和观念上。

二、家庭文化的构成

根据文化要素的一般分类方法，家庭文化主要可以划分为三大构成部分：家庭物质文化、家庭行为文化和家庭精神文化。

---

① 孙传远. 家庭文化与家庭教育［M］. 上海：上海远东出版社，2021：5.
② 王恒生. 家庭伦理道德［M］. 北京：中国财政经济出版社，2001：76.

（一）家庭物质文化

家庭物质文化是指为家庭成员提供衣食住行的物化环境，是家庭成员选择和创造的实物形态的文化样态，也称为"器物文化"或"表层文化"。它是家庭成员为解决自己的生存与发展问题，在参与各种家庭生活的活动中创造并积淀下来的物质文明成果，如家庭的住房装饰、饮食、服饰、日用品、文教医疗用品、设施设备等。有的家庭整洁，装修简单、大方，物品摆放整齐、有序，处处体现出一种简约之美；有的家庭装修奢侈、豪华，摆放了各种华丽的家具、陈设、装饰画等，处处体现出一种奢华之美。那么这两种家庭便体现出了完全不同的家庭物质文化。前者注重简约，后者则注重奢华。

（二）家庭行为文化

家庭行为文化是指家庭成员在处理各种家庭关系过程中的行为方式和关系倾向，是家庭运作和成员活动本身构成的文化，也称为"制度文化"或"中层文化"。它是家庭成员参与社会生活、家庭生活时所表现出来的较为稳固的做事方式，是家庭精神文化的行为外化。

通常来说，家庭行为文化包括家庭行为制度以及家庭生活方式、生活习惯、道德行为规范等。有的家庭在空闲时喜欢一起读书，有的家庭喜欢在一起看电视，而有的家庭则喜欢一起外出运动。这三种家庭在空闲时间选择的休闲娱乐方式就体现了不同的家庭行为文化。我国古代的家训、家规、戒律等大都是对家族成员行为的约束和规定，也是家庭行为文化的集中体现。

（三）家庭精神文化

家庭精神文化是凝聚家庭群体的内在情感机制，是家庭成员的主观意识活动，是建立在物质文化和行为文化基础上的精神现象，也称为"意识文化"或"深层文化"。通常来说，家庭精神文化包括家庭成员的思想信念、价值观念、道德观念、心理素质、精神面貌、情感兴趣以及家风等。

家庭精神文化是认知、价值、审美的有机统一，同时又以价值为核心，主要表现为家庭的道德观、爱情观、婚姻观、生育观和教育观等价值倾向，以及与之相统一的知识结构、审美取向。比如，有的家庭提倡恋爱自由，不干涉子女的婚恋选择，认为"婚姻要以爱情为基础"；有的家庭认为婚姻应该"门当户对"，好的婚姻要建立在物质基础上。这便体现了两个家庭在爱情观和婚姻观方面不同的家庭精神文化。

家庭文化是一个从物质文化到行为文化，再到精神文化不断提升、不断循环的动态发展的有机统一体。其中，家庭物质文化是家庭文化的底层建筑，是家庭文化存在与发展的物质基础，制约、限定了其他两种文化形态的发展方向和发展水平；家庭行为文化往往受家庭物质文化的制约，是家庭精神文化的集中表现，是家庭文化的主体和重心所在，也是判断一家人的家庭文化的依据；家庭精神文化处于家庭文化结构的核心，是对家庭行为文化和家庭物质文化的直接或间接反映。综上所述，家庭精神文化是核心，家庭行为文化是主体，家庭物质文化是基础。

三、家庭文化的特征

（一）社会性

家庭文化的社会性是指家庭文化与社会文化之间是相融相通、相互交流、相互影响的关系。一方面，社会文化会通过自然、政治、经济、法律等多种途径影响和制约家庭文化的发展和变迁。另一方面，家庭文化以其特有的形态作用于社会文化，促进社会文化的丰富和完善。不同的家庭因为家庭成员年龄、文化、职业和兴趣等的不同呈现出不同的文化，形式多样的家庭文化使得社会文化也呈现出多元化的特点。"家是最小国，国是千万家"，这句话既道出了家国同构、家国相通的意思，也说明了家庭文化与社会文化相互依存、相互制约的道理。

（二）凝聚性

家庭文化的凝聚性是指家庭文化具有促进家庭成员感情融洽、增强家庭凝聚力的特征。家庭文化中的一些重要价值观念被家庭成员认同之后会起到纽带的作用，将不同的家庭成员紧密联系在一起，使家庭在团结互助中变得更加和谐、美好。俗语有云："不是一家人，不进一家门。"这句话也可以理解为家人之间普遍具有一定的文化认同。

（三）时代性

家庭文化的时代性是指家庭文化是与时代发展相适应的，会随着社会的发展与时俱进。由于家庭随着社会的发展而发展，因此家庭文化也是时代的产物，体现了时代的精神。

家庭文化的时代性特征决定了其在不同的社会发展阶段具有不同的内涵意蕴。例如，在我国封建社会时期，由于受儒家思想影响，大多数家庭是聚族而居的，崇尚尊祖孝宗、夫为妻纲、父为子纲的家庭伦理，家规庞大、冗杂且严苛。随着社会的发展，家庭结构日益核心化，进入了小家庭时代，当代家庭文化也随着时代发展发生了明显的变化。比如，当代家庭文化更崇尚张扬个性、夫妻平等、相互尊重、权利平等、价值观念多元。从传统家庭文化到当代家庭文化的这些变化都说明了家庭文化会与时俱进。

四、家庭文化与家庭教育

家庭文化不是一天两天形成的。比如新婚夫妇来自不同家庭，带着不同的家庭文化走到一起，需要经过共同生活的磨合，才能形成属于这个核心家庭的家庭文化。家庭文化是在家庭发展过程中长期积累形成的，甚至经由几代人的努力才凝聚成形。

由此我们可以看到家庭教育与家庭文化的关系：家庭教育以静态的亲子关系为起点，经过家庭互动实际发生，亲子双方获得了某种积极或消极的发展，亲子关系产生变化。这一过程循环往复、不断积淀，形成一种较为固定的、具有该家庭特色的模式，在物质、行为和精神方面凝练成了独特的价值体系，也就是家庭文化。因此，家庭文化是家庭教育的价值体系，可以通过家庭教育的代际传递传承下去。

（一）家庭教育观念是家庭文化的直接体现

家长的教育观念受到家庭文化、家长自身的经历、家长所接受知识的影响。尤其是家庭文化，它会直接影响到家长在家庭教育上的价值取向，并在其教养态度和行为上表现出来。如有的家庭信奉"父为子纲"的旧文化观念，家长多采取专制型教养方式和打骂等教育行为；有的家庭信奉独立平等的文化观念，家长就会形成民主、平等的教育观念，尊重孩子的发展规律，使孩子身心健康得到和谐发展。

（二）家庭文化制约着家庭教育内容和方法的选择

家庭文化制约着家庭教育内容和方法的选择。一方面，家庭教育内容受到家庭文化和家庭教育观念的影响，家长倾向于将孩子培养成怎样的人，就会选择相应的家庭教育内容。例如，封建社会的手工匠人，其子女往往没有其他生涯选择，父辈的教育观念就是将子女培养成跟自己一样的手工匠人，传承自己的技术、资源，家庭教育的内容就是工匠技术。又如现代社会，有的家长认为高学历才能改变命运，这种教育观念势必导致家庭教育内容向智育倾斜；有的家长认为孩子开心快乐就好，家庭教育内容就会偏向游戏、娱乐等活动；有的家长认为培养孩子的独立性最重要，那么家庭教育内容就可能更多涉及劳动教育、体育教育等。

另一方面，家庭文化也制约着家庭教育方法的选择。家长选择更加严厉、带有惩戒性的教育方法，或者选择和风细雨、择机而教的教育方法，或者根本不采用任何教育方法、一味宠溺孩子，都源于其所具有的家庭教育观念和家庭文化的倾向性。另外，在儿童发展的不同时期，是否采取不同的教育方法，也体现了这个家庭是否具有开放、积极、不断学习的家庭文化。

（三）家庭文化影响着家庭教育的效果

家庭教育有一个突出的特点，就是家庭教育和家庭生活的一致性。家庭生活发生在家庭文化之中，又经过时间的积累进一步塑造家庭文化。一方面，家长教育子女的实践过程，是在家庭日常生活中进行的，家庭文化通过塑造家庭生活，影响家庭教育的效果。例如，一个行为文化刻板的家庭，家长给孩子设置了很多规则，孩子容易形成自卑、畏首畏尾、不敢探索的性格。

另一方面，家庭文化本身就是一种潜在的教育因素，时时刻刻都对孩子的身心发展起着潜移默化的作用。家长改变一时的家庭教育方法，可能都抵不过家庭文化经年累月的浸润作用。比如，长期被规则束缚的孩子，等到长大后家长发现他不像其他孩子那么落落大方，此时再要求孩子突然变得勇敢、积极，也不可能在短期内实现。

因此，家庭文化是家庭教育的价值体现，影响家长的家庭教育观念、家庭教育内容和方法的选择，并对家庭教育效果产生影响。

▌ 学习活动：案例分析 》》》

布雷克是一位事业有成的医生，但他的履历上将永远有一笔无法抹消的"不良记录"：酒驾。原来，布雷克读医科大学时因为一次轻微的酒驾被抓了现行。他知道这个记录将对自己的职业生涯有毁灭性的打击，于是他第一时间想着赶紧抹去这份记录：花 5 000 美元雇一个律师，坚持在法庭上"不认罪"。律师也保证像他这种自身没有前科、酒驾情况轻微、没有造成危害的案子，当事人只要坚持"不认罪"，法庭大概率会将其降级为"鲁莽驾驶"，甚至完全销掉这个记录。布雷克也这么做了，向律师支付了酬金，正装出席听证会。

但是在坐上证人席的那一刻，布雷克无论如何都说不出那三个字："不认罪。"他想起了父亲从他年幼时就一直强调的诚信的重要性："撒谎是得不偿失的，它会让事情变得更糟糕。"虽然父母也有各种缺点，比如常年酗酒，但是他们一直教导他做一个坦诚的人活下去。

布雷克最终没有撒谎，他认了罪。在往后的生活中，他也坚持在履历中如实填写这项"罪名"，并因此不得不频繁参加相关课程的学习，定期接受酒精成瘾的心理测评，这让他的从医之路比普通人更为艰辛。但他从不后悔："现在我自己几乎不喝酒。……我认为，……我勇敢地承认了自己的错误，这件事将我带上了另一条路。"

请对以上案例进行分析：

1. 在这个案例中，一个良好的家庭精神文化的传承是如何抵消不良的家庭行为的影响的？

2. 如果没有诚信的传承，布雷克的人生会是怎样的？

第二节　家庭文化的建设

良好的家庭文化既能够从正面引导儿童形成正确的世界观、人生观、价值观以及为人处世、与人交往应当遵循的道德规范，也有利于儿童在不同环境中有效抗衡和抵御各种消极文化与不良社会现象的诱惑与腐蚀。家长是家庭文化的创造者和传播者，建设良好的家庭文化是每一位家长的重要责任。

一、建设良好的家庭物质文化

衣、食、住、行等家庭物质文化是儿童成长的物理环境，是家庭文化存在与发展的物质基础，对儿童的身心健康起着潜移默化的熏陶作用。家长可以从以下三个方面入手建设良好的家庭物质文化：

（一）营造优美的家庭居住环境

家庭居住环境作为家庭成员的生活空间，既直接影响着子女和其他家庭成员的生活、学习、工作和身心健康，也像一面镜子反映了这个家庭的精神世界。俗话说："室雅何须大，花香不在多。"尽管由于每个家庭经济水平、住房条件不同，家庭居住环境的营造并没有一个完全统一的标准，但是营造优美的家庭居住环境仍然有一些基本的要求。

1. 布置得体

布置得体指的是室内家具及其他陈设与家居面积协调、恰到好处。如果房间面积小,家具就要相对地小一些,少一些,实用一些,摆放集中一些。比如,可以采用组合式或折叠多用的家具;将橱柜、椅子、桌子等家具尽量集中在一定范围内,以便留出更多的活动空间,同时保证家庭成员学习、生活和工作的方便。此外,还要考虑家庭中装饰品,如画、盆景等如何摆放,以及选择何种色彩等,使整个家庭色彩看起来和谐统一,给人美感。

2. 整齐干净

整齐干净的居住环境既可以保障家庭成员的身体健康,也可以给人舒适、亲切之感,营造和谐的家庭氛围。相反,杂乱污浊的居住环境不仅不利于家庭成员的身体健康,还容易使人心情烦躁,养成松懈、懒散的不良习惯。

3. 空气流通

室内空气污染程度常常比室外空气污染严重得多。美国环境保护署一项历时5年的调查结果显示,许多民用和商用建筑内的空气污染程度极高,是室外空气污染的数倍至数十倍,有的甚至超过100倍。可见,家长需要重视家庭空气污染。布置得体、整齐干净是有形的,空气流通是无形的。为了孩子和其他家庭成员的身体健康,一定要注意保持室内空气清新,比如定时开窗通风,不在家里抽烟等。

此外,还需要注意保持合理的室内采光、照明和合适的干湿度等。

拓展阅读 >>>
家庭室内环境影响孩子的健康成长 [①]

瑞典心理学家丹尼尔做了一个实验,在实验中,一个房间布置淡雅、色彩悦目,播放着轻柔的抒情音乐;另一个房间则装饰刺目,播放着令人躁动不安的乐曲。当实验对象(10～15岁的孩子)在第一个房间待上一会儿后,就产生了一种恬静的感觉;而在第二个房间待上一会儿后,就产生了烦躁的感觉。当实验主持人分别向不同房间的孩子提出一个具有挑衅性的问题时,第一个房间的孩子表现得较为理智,甚至用幽默的话语来回敬对方;第二个房间的孩子则往往控制不住自己,用脚踢门甚至破口大骂。

(二) 为孩子打造一块"自由领地"

让孩子拥有一块可以自由支配的空间有助于他们从小形成自主意识,逐步培养自理能力、劳动习惯和创造能力。如果家庭条件允许,家长可以为孩子提供一个安静、独立的房间,作为孩子的"自由领地"。如果家庭条件有限,没有办法为孩子提供一个

① 黄河清. 家庭教育学[M]. 上海:华东师范大学出版社,2014:78.

独立的房间,家长也应该尽可能设法让孩子有一点可以自由支配的地方,比如提供小睡床、小书桌、小书架、小玩具箱等。

为了尽可能发挥"自由领地"的作用,家长应该尽量保证孩子的小空间不受干扰,在给予孩子一定指导的基础上切忌包办代替。"自由领地"的摆放、打扫、整理等,应该尽量让孩子自己独立进行,或者让孩子在家长的指导下逐步参与。如可以让孩子自己整理床铺,收拾书桌、文具,整理玩具箱等。

(三)管理好家庭文化设施

家庭文化设施包括报刊、书籍、电脑、音像设备和乐器、游戏器具、体育器械等。一般来说,家庭文化设施既要满足子女在家庭的休息、娱乐需求,更需要在子女学习和全面发展中发挥作用。

1. 丰富书刊

在家庭中建立小"图书馆"或图书架、图书角,并逐渐增加其藏书量,不仅可以把孩子的注意力吸引到课外阅读上来,丰富孩子的知识、开阔孩子的视野、陶冶孩子的情操、净化孩子的心灵,还有助于推动成年人的继续学习和提高家庭文化生活的品位。家长可以根据不同年龄段孩子的特点,为孩子选购类别多样、内容健康的书刊,并成为孩子读书看报的榜样。

2. 控制电视观看

目前,电视已经成为孩子业余生活不可或缺的媒体之一。好的电视节目,合理控制电视观看时间,可以给孩子带来欢乐,开阔孩子的视野。反之,沉迷于电视则会给孩子的身心造成损害,甚至使孩子患上"电视病",比如肠胃功能紊乱、视力减退、肥胖等。因此,家长需要合理控制孩子的电视使用:第一,帮助孩子选择合适的电视节目;第二,注意控制孩子看电视的时间,并以身作则;第三,定期抽时间和孩子一起看电视,利用电视节目加强亲子沟通,培养孩子的表达能力。

3. 引导安全上网

随着科技和时代的发展,互联网已经成为孩子学习、娱乐和生活中不可缺少的媒介之一。然而,网络对于儿童来说是一把双刃剑。家长需要高度重视子女的网络使用问题,保证孩子安全上网。具体来说,家长要提醒子女注意以下问题:第一,注意网络安全,不在互联网上公开自己和家人的姓名、电话、家庭住址、密码等个人隐私和重要信息,不要轻易相信网络上的陌生人,不要接受陌生人发送的数据文件,不单独会见网友等;第二,健康上网,管理好网络使用时间,注意调节视力,保持正确坐姿,不浏览黄色网页。

二、建设良好的家庭行为文化

良好的家庭行为文化可以对子女的道德、行为和习惯等起到约束、规范和暗示作用,帮助子女养成良好的道德品质、行为习惯和为人处世之道。

（一）营造健康文明的家庭生活方式

家庭生活方式是指家庭成员在家庭生活方面的追求倾向和行为方式,包括家庭消费方式、休闲娱乐方式、家庭生活管理等。营造健康文明的家庭生活方式,以下几个方面尤其重要:

1. 建立良好的饮食习惯

家长可以从以下两个方面,帮助孩子建立良好的饮食习惯:第一,保障饮食卫生,比如,不暴饮暴食、定时定量进食,家长以身作则戒掉抽烟、喝酒等不良习惯,饭前洗手,不吃过期、变质食物。第二,注意食物营养,比如,根据孩子的成长需要合理搭配饮食,不盲目使用保健品、营养品,防止孩子挑食、偏食,改善烹饪方式以防止营养流失。第三,形成和谐的饮食氛围,比如,不在饭桌上批评、责骂孩子,不边吃边玩手机、看电视。

2. 建立合理的作息制度

健康合理的作息制度不仅有利于孩子的身体健康,也可以帮助孩子建立秩序感,提升孩子自主规划、自我管理的能力。家长可以从以下两个方面,帮助孩子建立健康合理的作息制度:第一,培养健康的生物钟,如帮助孩子养成早睡早起的生活习惯,不熬夜、不赖床;第二,合理安排学习与生活,如让孩子学会通过制订每日计划等方式安排好每天的生活,按计划、有规律地开展学习、游戏、运动、休息、阅读等活动。

3. 养成文明的言行举止

文明的言行举止有助于孩子人际关系的融洽和良好家风的形成,更有利于帮助孩子从小养成良好的品德和行为习惯。家长可以从以下两个方面,帮助孩子养成文明的言行举止:第一,注意语言文明得体,即帮助孩子学会使用"您好""请""谢谢"等礼貌用语,并注意说话的态度、方式,不讲粗话、脏话,不恶语伤人等;第二,注意举止优雅得体,如注意坐姿、站姿优雅,不跷二郎腿、抖腿等,不使用侮辱人的手势、身体姿势等。

4. 丰富闲暇文化生活

合理的闲暇文化生活有助于孩子个性的自由充分发展,有助于孩子的自我教育、身心健康、人际交流,还可以帮助孩子完善知识结构。因此,丰富家庭闲暇文化生活,增加孩子家庭休闲的时间和空间,让孩子从题海中解放出来,走进图书馆、运动场、大自然的怀抱和社会大课堂等是很重要的。丰富闲暇文化生活,家长要注意:第一,增强闲暇生活的自主性,即把自主权和支配权交给孩子,不随意占用孩子的闲暇时间,充分发挥孩子的主体性;第二,培养健康的情趣,即在增强自主性的基础上加强对孩子的积极引导,让孩子明白应该如何安排时间,比如,除了看电视、玩游戏之外,还可以阅读书籍和报刊、做手工、搞科学小制作,除了在户外跑跳,还可以观察大自然、观察昆虫和植物的生长变化;第三,提高驾驭闲暇生活的能力,即在给予孩子自主权的同时,帮助孩子养成自主管理、合理安排的能力,保持正常的生活节奏。

5. 养成合理的家庭消费方式

家长可以从以下几个方面,帮助孩子养成合理的家庭消费方式,做好家庭经济管理:第一,养成勤俭持家的家风。俗话说"由俭入奢易,由奢入俭难"。勤俭持家一直是中华民族的传统美德。勤俭持家的家风,有助于孩子在耳濡目染中养成勤俭、不铺张浪费的好习惯。第二,养成合理消费的习惯。即在勤俭持家原则的基础上将家庭消费的重点放在满足正常的物质生活和精神生活需要上,不盲目消费、超前消费或者进行高档消费、炫耀性消费等。第三,注重民主管理。即家长要发挥民主作风,引导孩子参与家庭消费管理,比如就家庭购物计划、如何省钱、如何选择礼物等让孩子发表意见,或者让孩子充当"家庭财务官"等角色。

(二) 打造家庭行为制度与家规家训

制度与规则是对行为的约束。打造家庭行为制度和家规家训,就提倡的行为、不允许的行为作出明确的规定,既能培养儿童的规则意识,也能帮助儿童形成良好的行为习惯。

家庭行为制度的内容可以是家庭生活方式的方方面面。可以是关于作息、运动、饮食、休闲、风俗、阅读和学习的制度,如规定每两周要实现一次家庭外出聚餐;也可以是家庭互动中的"允许与禁忌",如列举爸爸、妈妈不能对孩子说的话和孩子不能对爸爸、妈妈说的话,饭桌上不许聊学习成绩等;也可以是家长为了约束儿童的行为制订的规矩,如不能不经允许在外过夜,外出游玩不得晚于晚上 10:00 返家等。

(三) 营造和谐的家庭人际关系

家庭人际关系是基于亲缘、血缘、法律关系所形成的一定范围内的亲属之间的关系,表现为不同家庭成员之间的不同联系方式和互助方式,是联结家庭成员之间的纽带。良好的家庭人际关系有助于防范和规避社会外部带来的不利影响,提升家庭教育质量,促进家庭自身的发展和稳定。

在静态的家庭人际关系中,夫妻关系是核心。建立良好的夫妻关系是建立良好的家庭人际关系、保证家庭生活正常发展的先决条件。下面将主要从建立和谐的夫妻关系角度阐述如何建立良好的家庭人际关系。

夫妻关系是指生理成熟的男人和女人以婚姻为纽带结为一体,各自以自己所能帮助和成就对方需要的家庭主要人际关系。夫妻关系包括夫妻人身关系(又称法律关系)、财产关系和依恋关系(又称爱情关系)。根据以上夫妻关系的定义,良好的夫妻关系可以从以下三个方面建立:

1. 建立平等的夫妻人身关系

建立平等的夫妻人身关系主要包括:第一,夫妻在婚姻中享有平等的地位,互不隶属,不支配对方,不受对方支配。第二,夫妻双方都享有姓名权,有使用自己姓名的权利,且平等享有对子女姓名的决定权,子女可随父姓,亦可随母姓,还可姓其他姓。第三,夫妻双方有同居义务,平等享有住所选定权,可从夫居,也可从妻居,还可以选择另外的住所居住。第四,夫妻双方均享有人身自由权,都有正常参加工作、学习和社会活动的自由,夫妻一方不得加以限制和干涉。第五,夫妻都有忠于对方的义务,禁止家庭暴力、虐待和遗弃。

2. 建立平等的夫妻财产关系

建立平等的夫妻财产关系主要包括:第一,夫妻双方拥有平等的财产所有权。夫妻财产的所有权包括夫妻一方的财产所有权和夫妻双方共同的财产所有权。夫妻可以约定婚前财产和婚姻存续期间所得财产是各自所有还是共同所有,或者部分各自所有、部分共同所有。夫妻双方对共同所有的财产有平等的处理权。第二,夫妻间有互相扶养的义务。如若一方不履行扶养义务,夫妻中需要扶养的一方,有要求对方付给扶养费的权利。第三,夫妻间有相互继承遗产的权利。夫妻一方死亡后,生存的另一方可依法继承死者的遗产。

3. 建立相亲相爱的夫妻依恋关系

良好的夫妻依恋关系应该是互相理解、互相扶持,共同成长、共同进步的。建立良好的夫妻依恋关系需要注意:第一,夫妻之间相互尊重。我们可以看到很多形容夫妻关系的词汇,如"相敬如宾""举案齐眉""琴瑟和谐"。真正的相互尊重体现在生活的方方面面,如尊重对方的隐私、尊重对方的工作、尊重对方的父母朋友、尊重对方的意见与看法、尊重对方的性格与习惯等。第二,夫妻之间相互成就。结成婚姻是两个人为了都能成就更好的自己,因此夫妻需要互相支持、鼓励,共同进步,面对逆境也有攻克难关的勇气与团结。夫妻只有抱持这样的理念,才能营造出和谐的家庭人际关系,为孩子提供融洽的情感氛围。

除了夫妻关系,其他的家庭人际关系也非常重要。在主干家庭中,家庭人际关系还有婆媳关系、翁婿关系、祖孙关系,例如,丈夫要在婆媳关系中扮演好调解者与润滑剂的角色,帮助妻子与母亲明确各自的家庭分工,遇事不退缩。在联合家庭中,家庭人际关系还有妯娌关系、姑嫂关系、叔嫂关系等,孩子之间还会有堂表兄弟姐妹关系等,这就需要家长能认识到在日常生活中总难避免摩擦,抓大放小,把住原则;更多关注孩子的人际交往体验,不在孩子面前展现成人之间的冲突纠葛;等等。

三、建设良好的家庭精神文化

家庭精神文化是家庭文化的核心。良好的家庭精神文化对家庭成员的价值观具有积极的导向作用。家庭精神文化主要包括以下内容:

(一)家庭观

树立正确的家庭观包括两方面。首先要重视个人价值。传统的"家族本位"的家庭道德观,强调绝对服从、个体牺牲和奉献。这种家庭道德观严重忽视了个人利益,抹杀了个人价值。实际上,家庭中的每个人都有独立自主的人格,都有自己的价值。家长需要尊重子女的成长需要,让其发挥自己的个人价值。

其次要努力实现家庭成员人人平等。传统观念中强调等级、尊卑观念,造成家庭成员之间严重不平等。比如,传统"孝"的观念倡导子女对长辈要做到绝对服从,造成了子女和长辈家庭地位的不平等；"三从"的伦理观念要求女性未出嫁之前从父，出嫁之后从夫，夫死之后从子，造成女性在家庭中地位不平等。在家庭之中，每个人都应该是独立的个体，家庭成员之间应该是平等的、分立的关系，而不是附属关系。

（二）两性观

两性关系是构成家庭的基础。在封建社会女性是被压迫、被奴役的对象，没有政治权利，没有独立的人格，思想和行为都受到了束缚。正确的两性观应该是男女平等的，即无论是在家庭中还是在社会中，女性都应当与男性享有平等的权利，受到公正的对待。这既表现在对夫妻双方的观念上，也表现在对不同性别子女的观念上。

（三）婚姻伦理观

婚姻是家庭的起点和基础，是维持家庭稳定的纽带。正确的婚姻伦理观对于维持婚姻关系、家庭关系的和谐稳定等都有重要作用。在我国封建社会，个体无法自主抉择婚姻，没有男女平等、自愿的基础，而是取决于父母之命和媒妁之言。正确的婚姻观应该提倡恋爱自由、结婚自由、离婚自由。即婚姻必须充分尊重个人意愿，使个人有自主选择婚姻对象的权利。只有建立在自愿、平等基础上的婚姻才是和谐的婚姻，才会是稳定长久的婚姻。此外，夫妻双方都应该在性道德上履行忠诚、忠贞的道德义务，承担各自的家庭责任，对婚姻负责，约束自身的行为，杜绝婚姻中的不道德行为。

（四）孝悌观

孝是中华民族的传统美德。封建社会的"孝"文化带有浓重的政治色彩和宗法色彩，例如，子女不能忤逆父亲，只能一味地服从，否则被视为不孝；如果不能承担起绵延子嗣的责任，也被视为不孝。正确的孝悌观应该剔除封建"愚孝"思想，提倡"孝"是平等的，即孝是建立在父母与子女双向互动基础之上的。不管父母如何苛待子女，子女都要孝顺父母，这是"愚孝"，是不可取的。另外，"孝"应该是自发的、理想的，是出自子女内心自发的需求，是建立在早期安全的亲子依恋基础上的，是以爱为基础的。

（五）良好家风

家风是家庭精神文化的集中体现，是中华优秀传统文化的重要内容。在现代社会，传承优秀的家风，或者一家人共同创造自己的良好家风，都是打造家庭精神文化的重要内容。

▌ 学习活动：小组研讨 ≫≫

家庭抗逆力是指家庭共同对抗外界挫折和压力的能力。具有高抗逆力的家庭能够更好地帮助成员克服危机、走出逆境。其中，共有的信念系统是家庭培养抗逆力的强大力量，涵盖了价值观、信念、态度等，并且塑造了家庭的规范、认同和仪式。

请从家庭文化的角度,结合对家庭抗逆力的自主学习,探讨:为什么家庭共有信念系统能够帮助家庭成员对抗逆境和压力?

第三节 中国传统家庭文化的核心:家风与家训

在我国古代,家庭对个体的家庭教育主要通过家风与家训得以实现和传承。家风是家庭精神文化的凝练,指导家庭教育的价值观;家训是家庭行为文化的体现,是家庭教育重要的行为内容。二者从精神与行为层面共同构成了我国传统家庭文化的核心。

家风与家训是中国文明的特有产物,是中华优秀传统文化的重要内容。家风与家训不仅体现了当时社会的价值观念,也承载了每个家庭独有的文化与风气,是华夏五千年文明的宝贵财富。习近平总书记曾指出:"希望大家注重家风。家风是社会风气的重要组成部分。家庭不只是人们身体的住处,更是人们心灵的归宿。家风好,就能家道兴盛、和顺美满;家风差,难免殃及子孙、贻害社会,正所谓'积善之家,必有余庆;积不善之家,必有余殃'。诸葛亮诚子格言、颜氏家训、朱子家训等,都是在倡导一种家风。"①

因此,开展新时代的家庭教育,既需要对中华传统文化中的优秀家风与家训进行解读与传承,更要发挥家风与家训的有效作用,注重打造符合社会主义核心价值观的新时代家风与家训。

一、家风与家训的概念

广义的家风与家训可以追溯到原始社会,以血缘关系为基础的部落与氏族作为"大家庭",需要通过特定的信仰、对动植物的图腾崇拜、祭祀歌舞来凝聚力量,抵抗外族。这些信仰与崇拜可以说是最早的家庭文化,而具象化的图腾、歌舞、祭祀传统等,可以理解为最早的家风与家训。

到了奴隶社会,部落瓦解,氏族纽带解体,出现了各式各样的个体家庭,也随之诞生了真正意义上的家风与家训。中国古代社会的学校教育并不普及,主要由家庭教育来承担个体的启蒙任务,因此,中国传统文化中的家风与家训,是指在开展家庭教育的过程中,父母(主要是父亲)的价值取向、教育方式、教育目标、行事作风的集中体现。

(一)家风的概念

据考证,西晋文学家潘岳作的《家风诗》,第一次明确提出了"家风"的概念。《世说新语》载,夏侯湛以《诗经·小雅》中的篇名作诗,称为《周诗》,潘岳看过之后认为"此非徒温雅,乃别见孝悌之性……遂作《家风诗》"。也就是说,这些诗歌不仅写得温

---

① 习近平.论党的宣传思想工作[M].北京:中央文献出版社,2020:283.

和高雅，而且反映了孝顺友爱的性情。

潘岳不仅在题目中写明"家风"二字，其诗歌本身也是对家风内容和建设途径的阐释："日祗日祗，敬亦慎止。靡专靡有，受之父母。鸣鹤匪和，析薪弗荷。隐忧孔疚，我堂靡构。义方既训，家道颖颖。岂敢荒宁，一日三省。"这一发源也得到了后世史料的佐证。南北朝庾信有言："潘岳之文采，始述家风。"《永乐大典》中亦有"潘岳词赋，先述家风"的阐述。因此，可以说，潘岳的《家风诗》是"家风"这一概念在我国被明确提出的标志。

不同领域和学者对家风作出了不同阐释。据《中国近代社会辞典》的解释，家风是一种"在家长或主要家庭成员影响下，自然形成、潜移默化的传统习惯和生活作风"①。《现代汉语词典》（第7版）解释家风为"门风"，"门风"是指"一家或一族世代相传的道德准则和处世方法"。"家门"是家族的象征，所以有"家门不幸""家门荣光"等词语。曾钊新较早对家风进行界定："家风又叫门风，是一个家庭在世代繁衍过程中逐步形成的较为稳定的生活作风、生活方式、传统习惯、道德规范和为人处世之道的总和。"②从心理学角度来看，家风是一种"精神文化"，是一个家庭的所有成员共有的生活习惯、思维方式及言行表现的总和，也是家庭成员品格、文化素养、道德情操、人际关系的具体体现。

从当代家庭教育的角度来看，我们认为家风是一个家庭或家族在长期的生活中逐步形成的被家庭与成员认可并共同遵守的生活方式、行为作风、价值取向、精神追求等方面的综合。家风属于家庭精神文化，是家庭文化的核心之一。因此，家风同家庭文化一样，具有社会性、凝聚性与时代性等特征。

（二）家训的概念

"家训"一词最早出现在《后汉书·边让传》中："窃见令史陈留边让，天授逸才，聪明贤智，鬓龀夙孤，不尽家训。"东汉末年，议郎蔡邕向大将军何进推荐边让，说边让天纵奇才，即使幼年失去了父母、没有得到父母的教导，依旧非常智慧、贤达。此处的"家训"便是指父母的训导与教诲。《辞海》（第7版）解释"家训"为："1. 父母对子女的训导。2. 父祖为子孙写的训导之辞。"这有两层含义：一是行为上的训导和教育，二是文本上的训诫之辞。

《中国大百科全书》"家训"词条释义为："中国古代家族用来训诫、约束、规范其成员行为的道德说教和规劝。又称家教、家诫、家仪、家约、庭训、内训等。是家族经过长期生活实践而总结制定，其主旨是推崇忠孝节义、教导礼义廉耻。自汉初起家训著作逐渐丰富。"由此可见，家训不仅是意识形态或行为文化，更形成了一种文学，成为我国传统文学的一部分。所谓文以载道，家训以文学的形式对传统家庭文化进行阐释与传承。也因此，家训的表现形式多种多样，包括规章、条例、诗词歌赋、散文、格

---

① 乔志强. 中国近代社会辞典［M］. 太原：山西高校联合出版社，1994：47.
② 曾钊新. 论家风［J］. 社会科学辑刊，1986（6）：37—40.

言警句、家书等。

家训文学并非历来就有,而是家训经历了从口头训诫到建章立制的变迁的结果。先秦家训停留于口头说教。两汉时期从训诫活动发展到文献形式,开始付诸笔端,产生了承载家庭文化的家书、只言片语的规则,并逐渐发展到产出系统的家训文本和书籍。六朝时期家训的内容则从非规范性家训发展到规范性家训,其中非规范性家训是针对一人一事的训教,针对性强、目标明确、性质单一,有具体的原因、内容,甚至结果,是家庭教育对个体培养目标的体现;规范性家训则具有普遍意义,不仅针对一人一事,而着眼于个体的一生追求、一个家族的世代绵延,更具有箴言、格言的意味,因此也更容易形成文献。

不同学者对家训概念的理解虽各有侧重,但整体比较统一,基本都认为家训是我国传统家庭教育文化的重要形式,是对家族成员的约束、教导与训诫,重点体现了对行为的规诫。例如,王长金在《传统家训思想通论》中指出"家训是我国传统家庭教育中特殊的形式,是我国古代家庭、家族长辈为教育子孙而专门撰写的文献"[1]。徐少锦、陈延斌在《中国家训史》一书中指出,家训"主要是指父祖对子孙、家长对家人、族长对族人的直接训示、亲自教诲,也包括兄长对弟妹的劝勉、夫妻之间的嘱托。后辈贤达者对长辈、弟对兄的建议与要求,就其所寓的教育、启迪意义来说,也不可忽略"[2]。这一概念认为家族中长辈对后辈的教导都可以是家训,而不仅是父母对子女。

从现代家庭教育的视角,我们认为家训是在家庭或家族中,由父母或其他长辈对子孙后代或其他家族成员进行的训诫、教导与规劝,以及由此形成的行为规范和制度文化。家训主要有训诫活动和训诫文献两种表现形式,内容涵盖自我修养、为人处世、家庭管理、学业事业、人生追求等多个方面。中国传统家庭文化中的家训,具有权威性、约束性和局限性,而作为条例规范的家规、家诫,有时更具有强制性和惩戒性。

(三)家风与家训的关系

在中国传统家庭文化中,家风与家训可以说是"神"与"形"、"道"与"术"的关系。家风是家庭文化的凝结,指引着家庭的道德和价值方向;家训则是家风的具象化体现,用口头语言或书面语言明确告诉家庭成员,在这个家里,应该如何行事,是行为文化的体现。

因此家风具有更上位的概念,是家训的顶层设计和精神基础;家训是家风得以实现的具体方法和手段,也是家风在行为层面的具体表现。有什么样的家风,就会诞生什么样的家训。不管家庭成员是否能意识到,每个家庭都有自己的家风和家庭文化,但并非每个家庭都能将家风提炼成家训。

---

① 王长金.传统家训思想通论[M].长春:吉林人民出版社,2006:1.

② 徐少锦,陈延斌.中国家训史[M].北京:人民出版社,2011:1.

（四）传统家风与家训的功能

1. 达成家庭教育的目的

家风与家训最基础的功能便是对家庭成员进行训诫与教育，对子孙后代提出明确的规范和准则，以达成家庭教育的目标。

2. 传播家庭教育的内容

汉代以后，儒学成为封建社会的正统思想，推行儒学仅仅依靠官学、私塾、书院等学校教育机构是远远不够的，还依赖家风与家训等民间自发的教化形式，从而促进儒学大众化、世俗化。家训文学史可以说就是儒家道德伦理的汇编。而经典儒家典籍，例如"四书五经"，就含有相当一部分的家风与家训内容，并且常常成为后世家风与家训的引用来源。颜之推在《颜氏家训·勉学》中说："士大夫子弟，数岁已上，莫不被教，多者或至《礼》《传》，少者不失《诗》《论》。"他认为士大夫家的子弟尚需勤奋学习，学得多的能读到《礼记》《左传》，学得少的也能读到《诗经》《论语》，所以他要求子孙"明'六经'之指，涉百家之书"，足见颜之推对研读儒家经典书籍的重视。而《袁氏世范·睦亲》开篇便直接引用了《论语》原文："孔子曰：'事父母几谏，见志不从，又敬不违，劳而不怨。'"要求子女可以对父母进谏，但不能强求父母改变意志，也不能有抱怨之心。

3. 巩固家庭教育的效果

中国古代是家国同构的政治体制，家族或家庭就是一个微型的"国"，国以君为纲，家以父为纲，二者遵循同样的道德伦理和价值追求。为了实现这种统治的绵延不绝和长久稳固，国家需要国法，而家庭就需要"家法"。这种"家法"往往表现为家风与家训。尤其是在庞大的士大夫家族，家风与家训就是维持家族运转、规范成员行为的重要依据。例如，司马光的《家范》对家庭成员及其亲属之间的关系进行了详尽的分类，并依照儒家的纲常礼教对家庭成员各自应当奉行的行为准则作出规定，旨在促进家庭成员之间的和睦团结；同时也规定了惩罚措施，来教导成员遵守家训，警戒错误行为。而有"江南第一家"之美誉的郑氏家族，横跨宋元明，历经三百余年，人口鼎盛时期有三千余人，这么庞大的家庭组织之所以能够生生不息、人才辈出，很大程度上得益于《郑氏规范》对家族事务事无巨细的明确规定。《郑氏规范》内容广泛而又细致，使子弟教育、家政管理都有章可循、有据可依，最大限度地维护了家族的和谐稳定。在郑氏子弟中，贤人辈出、多有建树，郑氏家族内也形成了忠孝、勤俭、廉洁、宽厚、和睦等优良的家庭美德。

同时，中国古代个体与家族或家庭的关系十分紧密，不可分割。个体的兴衰荣辱与整个家族息息相关。一人成名，封妻荫子；一人犯罪，株连九族。因此，家族需要通过家风和家训对成员进行符合统治阶级意愿的教化，不仅是为了家族的繁荣稳固，也是对家族毁灭或衰败的规避。对于达不到教化目标的成员，家族有权进行惩戒，甚至将其逐出门第，通过关系切割来保全家族。

二、中国传统文化中的优秀家风与家训

家庭文化是家庭教育的价值体系。作为家庭文化的核心，家风与家训原本就是在一代又一代家族成员的传承过程中不断发展并沉淀下来的。中国传统文化中的家风与家训卷帙浩繁，经过了时间的洗礼，流传至今。其中有十分优秀的家风与家训，是中华民族独有的文化瑰宝；同时也有相当一部分糟粕，与当代家庭教育的内容和目标背道而驰。有学者认为，传统家训文化的糟粕主要体现在以下四个方面：在家庭关系上的尊卑观念、对待妇女上的性别歧视、在择业上的重农轻商以及严重的封建迷信思想。

对中国传统文化中的家风与家训进行解读时，应当抱有一种积极的历史观，允许其在特定的历史范畴之下，存在一些局限，不可全部摒弃，也不能妄自菲薄。我们必须承认，传统文化中服务封建专制统治的家风与家训，精华与糟粕并存。随着时代的发展、人权意识的觉醒，我们对家风与家训应当同样抱持"取其精华，去其糟粕"的辩证观，不能说这是封建时代诞生的东西，就一棒子打死；也不能因为追寻个体的自由，而将个人与家庭摆在敌对的位置上，反对家风与家训的建立。相反，家风与家训能在中华大地上流传千年，甚至形成一种特殊的文学体裁，说明其具有旺盛的生命力。我们应当从中吸取符合社会主义核心价值观与时代进步要求的部分，加以弘扬和继承。

从内容上看，中国传统文化中的优秀家风与家训主要根据儒家"修齐治平"的思想，对修身、治家、处世进行了明确的规定。

（一）修身

"修身"意即修养身心，目的是提高自身道德修养，以达到"内圣"之境界。修身不仅是处世立命之本，也是齐家治国之基。我国古代家庭教育深受儒家思想渗透，诸多家训开篇就以儒家"修齐治平"思想作为核心内容，将教导子女学会做人、培养子女完善人格作为教育的首要目标。

1. 志存高远

诸多家训把立志作为教导子孙修身立命的重要途径，认为做人首先要有志气，而后才有可能成就一番事业；反之，没有树立远大志向，人生就会碌碌无为，失去生活的目标，最终沦为庸人。"竹林七贤"之一嵇康在《家诫》中说："人无志，非人也。"诸葛亮在《诫外生书》中说："志当存高远。"

2. 读书治学

读书治学是儒家文化的重要传播方式，也是个人价值实现的重要途径。欧阳修在《诲学》中引用《礼记》中的话："玉不琢，不成器；人不学，不知道。"左宗棠告诫侄儿癸叟说："人生读书得力只有数年。十六以前知识未开；二十五六以后人事渐杂，此数年中放过，则无成矣，勉之！"[1]朱熹也曾劝学道："少年易老学难成，一寸光阴不可

---

[1]　左宗棠.左宗棠全集：诗文·家书[M].刘泱泱，等校点.长沙：岳麓书社，2014：7.

轻。未觉池塘春草梦,阶前梧叶已秋声。"(《劝学诗》),读书的黄金时光,一旦错过便再难挽回。清康熙帝在《庭训格言》中也教导皇子:"凡人进德修业,事事从读书起。"强调读书是每个人修身养德的起点。

南朝梁的王僧孺一家就是以诗书传家的典范。其先祖王朗为《周易》《春秋》等多部典籍作传,并有奏议论记各类著作传世;王肃为《尚书》《诗经》等作诠解,修订父亲王朗所作的《易传》,并有关于朝廷典制、郊祀、宗庙、丧纪等的作品百余篇。王僧孺热爱古代典籍,家中藏书上万卷,且大多是珍藏本,与沈约、任昉并称为南朝梁三大藏书家之一。他年轻时专心读书,文辞逸丽且知识广博,文采学识常为士友所推崇,有《十八州谱》《百家谱集抄》《东南谱集抄》等多部著作流传后世。

3. 慎独内省

古人强调修身要一以贯之,无论是否处于别人的围观之下,不管是在家庭隐私环境还是在公共环境,都要保持一贯的行事作风。尤其是独处的时候,最容易违反先贤教诲,露出本性。《礼记·中庸》有言:"君子戒慎乎其所不睹,恐惧乎其所不闻,莫见乎隐,莫显乎微,故君子慎其独也。"这段话强调君子独处时也要保持道德操守,慎独被认为是修身的最高境界。内省是人的心理活动方式,即思考、反省自我行为与言语是否符合道德规范,"见贤思齐焉,见不贤而内自省也"(《论语·里仁》)即为此意,同样也是一种提高道德修养的途径和方法。袁采从家庭关系的维护方面指出自我反省的重要性,在《袁氏世范》中指出:"人之父子,或不思各尽其道,而互相责备者,尤启不和之渐也。若各能反思,则无事矣。……贤者能自反,则无往而不善;不贤者不能自反,为人子则多怨,为人父则多暴。然则自反之说,惟贤者可以语此。"他指出为人父者和为人子者都应当时常反思而不应互相责备,只有这样才能使家庭更加和睦。

(二) 治家

修身立命是个体自我的塑造,强调自我的实现。在此基础上便是治理家庭、结交朋友,强调入世价值。传统家训文化几乎都有教导子孙如何治家的言论,因为这是古时家庭教育的重要目的:家族稳固,长治久安。也因此出现了不少为世人称道的家风、家训。

l. 和睦孝悌治家

"和"文化是中华传统文化的精髓之一,也是古人所追求的治家理念。南宋陆九韶说:"一家之事,贵于安宁和睦悠久也,其道在于孝悌谦逊。"(《居家正本制用篇》)但这种"和"不是出于内在需求达到,而是通过封建礼教约束达成的。首先,有关父子关系的传统家训,既注重长辈对子女的抚养和教育,更注重子女对长辈行"孝"。袁采在《袁氏世范》中说"父母于其子婴孺之时,爱念尤厚,抚育无所不至……父母方求尽其慈,子方求尽其孝",然而即使父母无微不至地照顾子女,"子虽终身承颜致养,极尽孝道,终不能报其少小爱念抚育之恩",子女终身也不能够报答父母的养育之恩,更何况是那些不尽孝道之人呢。其次,兄友弟恭意即兄长要关照、爱护弟弟,弟弟要尊敬、爱戴兄长。关于兄弟之间的关系,《颜氏家训·兄弟》有过一番详细而又深情的阐述:"兄弟者,分形连气之人也。"兄弟是身体分开,但是血气相通的人,在他们年少的时候,"食则同案,衣则传服,学则连业,游则共方",因此尽管其中有兴乱作害之人,也"不能不相爱也",并列举了许多兄弟间相亲相爱的事例。

2. 勤俭持家

勤俭向来是治理家庭的重要法则。古代社会生产力低下,看天吃饭,温饱无常,勤俭一直是从上至下推崇的生活方式。李世民在《帝范·诫盈第七》中就指出俭对于君主的重要性:"夫君者,俭以养性,静以修身。俭则人不劳,静则下不扰。"在《帝范·崇俭第八》开篇中又说道:"夫圣世之君,存乎节俭。"司马光的那句"由俭入奢易,由奢入俭难"(《训俭示康》)在诸多家训中被直接引用。清初名臣汤斌曾教导儿子要节俭,自己也是身体力行,他赴任之时,穷得连迎接的官吏都以为他是平民,这种勤俭持家的作风为汤斌赢得了百姓的爱戴。

(三) 处世

中国人重视人际关系、人情往来,为人处世自古以来便是十分重要的人生哲学内容。在古代家训中,父母长辈就子孙晚辈的处世哲学也进行了总结,主要有以下几种思想。

1. 谦让

谦让、忍让其实也是基于"以和为贵"处世思想的。有的家训认为谦让就是不欺人、不负人,如许相卿的《许云邨贻谋》说:"宁人欺,毋欺人;宁人负,毋负人。"有的认为谦让就是与人相处要有包容之心,如孙奇逢在《孝友堂家训》中说:"与人相与,须有以我容人之意,不求为人所容。"并且引用"颜回犯而不校""孟子三自反""韩信受胯下之辱"的历史事例教导子孙与人相处要练就宽容别人的雅量和气度。袁采在《袁氏世范》中说:"人言:'居家之道,莫善于忍。'"但是只知道一味地迁就而不懂得忍让的道理所在,反而会失去更多,故而袁采进一步解释说在别人一再冒犯自己的时候,应当明白对方是因为"不思尔""无知尔""失误尔"还是因为"所见者小尔",随时解决问题,而不使矛盾堆积于心,这样才是"善处忍"。

2. 诚信

古代家训深受儒家文化影响,在其具体内容中深刻体现了"诚信为本"的思想,将具有诚信品格作为对子女立身处世的基本要求。例如,南宋著名经学家胡安国在《与子寅书》中说:"为政必以风化德礼为先,风化必以至诚为本。"清人陈宏谋在《与四侄钟杰书》中嘱咐侄子与人交往"不可套话太多,多则涉于油滑而不真矣",待人接物应当懂得"惟诚朴为可久耳"!

3. 谨慎

古代家训其实不推崇冒险精神,认为人应该回避危险的地方,这与儒家文化"未知生,焉知死?"(《论语·先进》)的论调有关:已知的生命只有这一次,并不知道死后的世界,所以要珍惜生命。所谓"君子不立于危墙之下""小心驶得万年船",交友也是如此,跟危险的人做朋友,往往会被带入歧途。因此古代家训中也不乏教导子弟谨慎交友的言论。清人张履祥在《训子语》中说："至于师友……择之又择，慎之又慎。"曾国藩在写给其弟弟的信中嘱咐："择友则慎之又慎。……一生之成败，皆关乎朋友之贤否，不可不慎也。"（《致澄弟温弟沅弟季弟》）

三、建设良好家风与家训的时代意义

家风与家训作为我国传统家庭文化的核心，从整体上看已经形成了符合儒家思想的完整体系，成为重要的文化宝藏传承下来。家风与家训虽然诞生于封建社会，却并不是封建社会所独有，优秀的传统家风与家训仍然可以在新时代发挥重要作用；而新的家庭教育也可以创造符合时代风尚的新家风与家训。只要家庭存在、家庭教育存在，家庭关系依然需要调节、经营，家风与家训就有存在的天然基础和现实意义。[①]

（一）明确价值导向与行为准则，实现家庭教育目标

家风与家训本身就是一种价值导向与行为规范，尤其是家训。所谓"没有规矩，不成方圆"。良好家风与家训的建立对塑造儿童的价值观、规范儿童的品行、完善儿童的人格具有重要作用。

1. 良好的家风与家训可以塑造儿童的价值观

家风可以通过父母的榜样示范和家庭氛围，以潜移默化的方式影响孩子的价值观。心理学家班杜拉的社会学习理论指出，观察学习、模仿学习是人类学习与社会化的重要方式，对于未成年儿童更是如此。父母在家庭中自觉遵从家训，儿童就算不明白其价值与含义，也会在日积月累的感染与实践中逐渐内化，从而形成正确的价值观。

2. 良好的家风与家训可以规范儿童的品行

家风与家训的内涵之一就是共同认可、自觉践行的行为准则，甚至可以通过对具体言行的规范，来明确儿童行为的"边界"，促进儿童养成良好的行为习惯。例如，如果一个家庭形成了节俭的家风，对浪费粮食有明确的训诫，那么孩子就会养成珍惜粮食、每餐都坚持"光盘"的良好习惯，出门吃饭根据实际情况点菜，如果吃不完主动打包等。

3. 良好的家风与家训可以完善儿童的人格

家风与家训包含的内容很广，既强调"成才"，更强调"成人"。优良的家风作为强有力的"堡垒"，既能够避免家庭内部出现重智轻德、盲目溺爱的现象，又可以抵御来自外界的拜金主义、消费主义等不良社会风气的影响，对儿童人格的完善起到非常重要的作用。另外，良好的家风也能促进家庭成员主动营造和谐的家庭氛围，让儿童在民主、自由、积极、亲密、安全的家庭环境中成长。

（二）打造家庭文化，提升家庭教育成效

随着时代的发展，家庭结构也在发生巨大的变化。庞大的家族一去不返，"小而

---

① 安丽梅. 传统家训与中国古代社会教化［M］. 北京：社会科学文献出版社，2021：241.

轻"的家庭成为我国社会的基础细胞。依靠大家族、大家长直接制定、传承家风与家训的古老方式不再适用。厚重的家风与家训逐渐淡化，影响越来越小，核心家庭更多依赖父母自身的经验知识和相互的磨合来实施家庭教育，年轻的父母从头摸索，可能会走不少弯路。

因此，建立良好的家风与家训，不仅是对子女的训诫，也是对家长行为的规范。没有家风与家训的家庭，可以通过有意识地打造家庭文化，提炼家风与家训，明确家庭成员共同遵守的准则，父母、子女一视同仁，从而提升家庭教育成效。已有家风与家训传承的家庭，也可以根据家庭结构的变化、家庭现有成员的志向，促成家风与家训的"进化"。

（三）有助于培养新时代社会文明风尚

家风正，则民风正。民风正，则社会风尚正。如果每个家庭都能建立、践行符合社会主义核心价值观的家风与家训，那么在某种意义上社会价值体系在家庭中得到落实，这种落实又可以进一步影响整个社会的风气，从而培养新时代的社会文明风尚。

（四）弘扬中华优秀传统文化，增强文化自信

无论家庭结构如何变迁，无论身在国内海外，中国人的根永远都是深深埋在中华文化的土壤里的。儒家文化的"仁义礼智信"至今仍有广泛影响，"积财千万，无过读书"（《颜氏家训·勉学》）、"非淡泊无以明志，非宁静无以致远"（《诫子书》）等脍炙人口的家训仍是我们不断传诵的智慧格言。家风与家训是中华优秀传统文化的特有形式，在新时代建立良好的家风与家训，不是尊古卑今，而是用这一古老的形式装载新时代的家庭教育观念和社会价值观念，使中华优秀传统文化得以发扬光大，增强民族文化自信。

四、新时代家风与家训建设的途径

（一）有意识地提炼总结家风与家训

其实，无论家业大小、显赫与否，只要有自己为人做事的原则，有自己立身处世的根本，那么这个家庭就有自己的家风。只是很多时候我们没有意识到这一点。因此，每个家庭都应该有意识地去提炼、总结自己的家风与家训。具体可以从以下四个方面入手：

1. 家庭活动

有什么样的家庭活动，就可以提炼出什么样的家风与家训。比如，喜欢阅读的家庭，可能会经常开展亲子阅读、夫妻共读，就可以据此提炼出崇尚文化的家风，并通过家训对子女做阅读、做人的引导；喜欢运动的家庭，就可以"生命在于运动"为家风，归纳出"每天运动30分钟；在情绪低落的时候可以先运动、再哭泣"等家训。

2. 家庭氛围

一个家庭的氛围也蕴含着这个家庭的家风。比如，以礼相待的家庭氛围中，成员

互动不是毫无边界和隐私的,而是礼貌往来的,"礼文化"就可以作为家庭的家风,家庭可以建立具体如何做到"以礼相待"的家训。父母亲子平时相处的模式、三代或四世同堂的家庭形态,都可以成为提炼家风与家训的来源。

3. 家长的教养方式

可以从家长已有的教养方式中提炼家风与家训。比如,在崇尚民主的家庭中,子女应当具有相应的家庭事务参与权与决策权,"每周一次家庭会议,重要事项需在家庭会议上解决"等具体条款,就可以写入家训。

4. 家族传承

可以通过对祖辈、高祖辈的研究、了解,看看这个家族是否有一以贯之的家风与家训、特色、价值观等流传下来,这些传承也是最好的家风与家训素材。比如革命之家,爷爷、奶奶都曾参与过抗日战争、解放战争,家族传承着红色文化,就可以根据爷爷、奶奶的事迹提炼家风与家训,教导子孙爱党爱国、自强不息。

需要注意的是,在现代家庭中建立家风与家训,不需要模仿传统大家族的文献形式,铺陈开去,一味求全责备,甚至建立出一套完整的价值体系和行为准则。这种刻意建设的家风与家训往往会变成一纸空文:所有家庭成员都知道这很对,但很难做到。只需要找到这个家庭精神文化中最核心的部分,全家人能够共同遵守、贯彻一生就可以。良好的品行往往可以迁移,在某一方面做到极致也是一种成功。例如,以"诚信"为家风,以"任何情况下都不能说谎、答应别人的事情就要做到"为家训,看起来很小、很细,但若能全家践行、贯彻始终,也是一种非常有力量的优秀品质。

学习活动：小组研讨 >>>

请以"我家的家风家训"为主题,开展小组研讨,分享每个人的家风与家训:

1. 你的家庭中是否有成型的家风与家训？ 是什么？ 它是如何传承下来的？

2. 如果没有成型的家风与家训,那家庭中的哪些活动、风气或者氛围可以作为家风与家训？ 请进行提炼。有条件的话,可以将你的想法分享给自己的家人。

3. 如果你将来组建家庭,你最希望子女传承下去的家风与家训是什么？ 为什么？

(二)认真践行家风与家训

提炼、总结家风与家训之后,需要全家人践行,才能让家庭文化真正内化为个体的优秀品格,影响家庭教育的成效。

1. 父母是践行家风与家训第一人

所谓"养不教,父之过"。作为孩子最重要的成长导师,在家风传承中,家长的言传身教很重要。家长要"先育己,再育子"。其中,身教的作用要大于言传。心理学研究表明,随着儿童的年龄增长和生活环境的变化,父母的行为习惯等隐性特征对孩子的影响比外在的语言管教更为明显。因此,家长想要建设、传承怎样的家风与家训,就要用相应的行为约束自己。

2. 在多样化的家庭活动中践行家风与家训

多样化的家庭活动可以增强教育的趣味性,激发孩子的主动性和积极性,避免家庭教育陷入刻板说教的误区。家庭活动在某种意义上也是一种情境教育,家庭成员能否在家庭活动中践行家风与家训,也可以用来检验家庭教育的成果,便于家长及时调整教育策略。

3. 讲好"我的家风家训"故事

将家风与家训的内涵阐释、践行过程中的趣事通过讲述的形式进行总结,能够深化家庭成员对家风与家训的认识,有助于成员反思自己的言行,同时还能达成情感上的高度认同。在临床心理咨询的观点中,个体对一件事的印象和评价,完结的仪式比过程性感受更重要。因此,父母可以和子女一起回顾家风与家训从有到无的过程,家风与家训是如何产生的,传承了哪些优秀传统文化,为什么我们都认为家风与家训很重要,这是家风与家训建立完成的仪式。在实践过程中,家庭成员是如何遵守家风与家训的,违反家风与家训时又是如何处理的,这些微小事件都可以成为故事素材。父母可以和子女一起,将其写成文章、演讲稿,做成相册、记录视频。父母还可以鼓励子女用这些故事参与学校、社区举办的家风与家训活动,有助于增强子女的家庭自豪感和社会责任感。

(三) 家校社合作倡导新时代家风与家训

新时代家风与家训构建,不仅仅是个人、家庭的私事,学校和社区在这一过程中也扮演着参与者的角色。学校教育和社会教育与新时代家风与家训构建具有内在的一致性和价值追求的同归性。学校和社区在新时代家风与家训构建的过程中可以发挥参与者的作用,在育人理念、教育方式、教学方式等方面渗透新时代家风与家训,进而实现家校社协同育人的目的。比如学校可以将"家风家训文化"纳入家长学校课程体系,带领大家认识优秀传统文化中的家风与家训,帮助家长有意识地建立家风与家训的观念;学校和社区都可以定期开办"家风文化节""社区家风大家谈",鼓励学生、家庭讲好自己的家风与家训故事;举办"家风家训大赛",请大家为喜欢的家风文化、家训文本投票;还可以通过举办家庭联谊活动、社区才艺展示活动、亲子活动等,为家庭提供展示家风与家训的平台和机会,并实现家庭与家庭之间的互动交流。

理解·分析·应用

1. 家庭文化由哪三个部分构成?互相之间的关系是什么?
2. 简要说明家庭文化与家庭教育的关系。
3. 简要阐述家风与家训的关系。

4. 在我国传统文化中,家风与家训的作用是什么? 其历史局限性体现在哪里?

5. 如果家庭中有一位刚刚升上小学的小学生,你会如何建设家庭物质文化?

6. 请结合自己的家庭实际,列举在现代新家庭中打造新时代家风与家训的途径。

拓展阅读指导

1. 中共中央党史和文献研究院.习近平关于注重家庭家教家风建设论述摘编[M].北京:中央文献出版社,2021.

2. 安丽梅.传统家训与中国古代社会教化[M].北京:社会科学文献出版社,2021.

3. 赵伯陶.中国传统家训选[M].北京:人民文学出版社,2018.

第八章

不同发展阶段儿童的家庭教育

8

【学习目标】

1. 了解胎儿、婴儿、学前儿童、小学儿童、中学生身心发展的基本规律。
2. 理解在儿童不同的发展阶段家庭教育的主要任务。
3. 能够针对儿童在不同发展阶段可能出现的问题,提出一定的家庭教育策略和建议。

【知识导图】

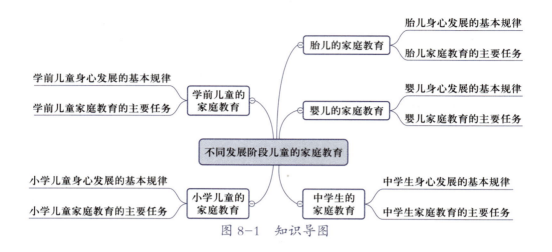

图 8-1　知识导图

【情境链接】

　　朋友圈似乎有一个现象:父母最喜欢在孩子上小学中年级之前"晒娃",特别是孩子还很小的时候,乖巧、可爱、听话,让人心里暖暖的。但是孩子一旦长大,"麻烦"事越来越多,父母就不那么爱"晒娃"了。尤其是孩子到了青春期,变得不那么听话的时候,父母常常挂在嘴边的一句话就是:"你这孩子怎么变成这样了,你看看你以前多乖啊!"

　　其实父母一点都没说错:孩子变了。但是这种变化,不是消极的"变坏",而是正常的发展,是孩子在不同的年龄段普遍会出现的变化,是他们自己成为独立个体的宣言。如果父母意识不到这点,就会给孩子贴上了"学坏"的标签。

　　现代家庭教育的一大重要原则,就是"儿童本位",父母要看到孩子作为一个人类个体必然经历的成长、变化。现代心理学已经有充分的证据显示,孩子在每个发展阶段,都有不同的身心发展规律和特征。了解不同发展阶段儿童的身心发展规律,家长才能够真正做到"儿童本位"、读懂孩子,根据规律采取相应的家庭教育,抓住关键期促进孩子德智体美劳的发展,懂得孩子情绪失控、"叛逆"、说谎等看似反常行为的背后的原理,而不是简单归结为孩子的品德问题。本章将从胎儿时期说起,一直到青春期,介绍各个阶段儿童身心发展的基本规律和家庭教育相应的主要任务。

第一节 胎儿的家庭教育

胎儿期是指从受孕(受精卵)开始到婴儿出生的这段时期,大约为 280 天(以 28 天为一个孕月,共 10 个孕月)。这个时期是个体生理和心理发展的第一页,是儿童后期发展的基础和前提,对于个体一生的发展有着重要意义。这个时期,家长掌握一定的家庭教育知识,对于孕妇和胎儿的身心健康均有促进作用。

一、胎儿身心发展的基本规律

出生前,胎儿在母体子宫中生长发育,速度惊人、过程复杂。总体来说,胎儿在子宫内的发展规律可以概括为身体发育和心理发展两个方面。

(一)身体发育规律

胎儿在子宫内生长发育主要经历了三个具有里程碑意义的生物学阶段:

1. 胚种阶段

胚种阶段(germinal period)即从卵细胞受精后的大约 2 周时间,是受精卵准备植入子宫的阶段。这个阶段,如果受精卵可以避免风险,成功植入子宫内壁,则标志着怀孕成功。之后,囊胚不断通过细胞分裂长大,其细胞群逐渐分化为不同的层次。

2. 胚芽阶段

胚芽阶段(embryo period)即受精卵植入子宫之后的 2~8 周,是植入子宫的受精卵开始形成主要器官结构的阶段,也称胚胎期。处于胚胎期的胎儿,神经系统、心脏、眼睛、耳朵、胳膊、腿、牙床、味觉器官和外生殖器等人体的主要器官都在形成。此时胎儿的生长发育很容易通过母体受到外界环境的影响。如果有害物质进入胚胎,将会产生永久性的、不可逆转的损伤。

3. 胎儿阶段

胎儿阶段(fetus period)即从 8 周后一直到婴儿出生的这段时间,是胎儿所有器官和机能形成并趋于成熟的阶段。在这个时期,胎儿的肌肉系统、神经系统、免疫系统、消化系统和呼吸系统等均在不断完善。大约到第 38 周后,胎儿各项器官和功能已基本发育成熟,具备在体外"独立"生存的能力。此时,胎儿将随时从母体中分娩排出,成为新生儿。

(二)心理发展规律

胎儿的感觉系统在体内逐渐发育。神经系统是心理活动的基础,胎儿要等到神经系统发育成熟,才有心理活动。

1. 感觉系统

胎儿感觉系统的发育主要包括味觉、触觉、听觉、嗅觉和视觉等,且不同的感觉系统发展速度有所差异。大约从三个月开始,胎儿的味觉系统就已经发育成熟,并且相当敏锐,还表现出明显的对果糖、蔗糖等甜味的偏爱。胎儿在第 49 天已经具有初步的触觉反应,在第 4~5 个月时已初步建立了触觉反应,比如吮吸反射、防御反射和抓握反射等先天的无条件反射。大约从 5 个月开始,胎儿的听觉系统逐步发育成熟,胎儿具备基本的听觉能力,对言语和音乐具有一定的感知能力,并表现出对母亲声音的特别偏好。这为胎教的进行提供了前提条件和可能。胎儿的嗅觉系统从怀孕大约 30 天开始萌生和发育,到妊娠末期(第 7~8 个月)时基本发育成熟,胎儿具备初步的嗅觉反应能力,能大致区分不同的气味。胎儿的视觉系统大约从 23 周开始发育,直到出生时仍未完全发育成熟,是胎儿发育最慢的感觉系统。直到出生时,胎儿依然是"近视"的,只有到出生约 6 个月时他们才能够像成人一样看清事物。

2. 神经系统

胎儿的神经系统在胚种阶段并没有形成,而是从胚芽阶段开始发育,并一直延续到出生前在妊娠末期达到成熟。在胎儿阶段,新的神经增长速度会达到每分钟约 300 万个神经细胞。到出生时,胎儿大脑约有 1 000 亿个神经细胞,大脑重量约是成人的四分之一。随着胎儿神经系统的发育,胎儿开始了运动。在怀孕第 4~6 个月时,胎儿的运动较为明显,并且母体也能感觉到胎儿的运动。

二、胎儿家庭教育的主要任务

胎儿期是个体发展的开端,是个体未来生理和心理发展的基础阶段。这个阶段的生命体还非常脆弱,容易受到母体的营养、情绪状态和外界环境等众多因素的影响。为了促进胎儿的身心健康发展,家长在这个阶段面临的家庭教育主要任务有:

(一)转变角色,做好为人父母的准备

"升级"为父母是人生的一项重大变化,会给准妈妈和准爸爸带来一系列心理变化。孩子即将到来前,准父母们的心情通常是既激动又忐忑,一方面对新生命的降临充满期待,另一方面又会感到焦虑、不安、担心,甚至害怕。准妈妈们通常会面临巨大的心理压力。有的准妈妈会对自己能否胜任母亲这一角色产生焦虑和情绪困扰,如她们会问自己:"我会是个好妈妈吗?""我能照顾好宝宝吗?"有的准妈妈还会因为胎儿健康、家庭经济状况和家庭关系等产生心理压力。比如,担心胎儿是否健康,担心自己身材是否会走样,担心产后孩子无人照顾,担心分娩影响工作,等等。同时,准爸爸们也会有心理上的不安,如为妻子的分娩、孩子的健康和家庭经济状况担忧等。

如果在这个阶段,没有做好充分的心理准备,可能出现家庭关系紧张、产妇抑郁、胎儿发育异常等多种问题。准父母的心理健康状况,尤其是准妈妈的情绪状态会影响胎儿的健康。如果准妈妈情绪焦躁或者有过度的情绪波动,则可能导致孩子出现唇裂、腭裂、身材矮小、抵抗力差、神经质等身体和心理健康问题。因此,孕期 280 天既是胎儿孕育的过程,也是准父母完成心理建设、做好为人父母准备的过程。准父母尤其是准妈妈一定要调节好自身情绪,以成熟、理性的心态迎接新生命的诞生。具体来说,准父母可以通过以下途径做好心理准备:第一,加强自身学习,即通过主动学习了解如何成为好父母,提前掌握婴儿养育的相关知识,增强自己的角色胜任力。第二,

寻求外界支持,即通过寻求家人、朋友、托育机构、医疗机构等"过来人"或者专业人员的帮助来缓解将为人父母的恐慌。比如,准妈妈可以通过网络与其他准妈妈一起交流孕期心得、体会来缓解自己的焦虑、担忧;也可以通过加强与准爸爸的沟通来释放内心的压力;等等。

在这个特殊阶段,准父母们除了需要做好心理准备之外,还需要做好家庭经济准备,评估家庭经济状况,维持收支平衡;做好环境准备,重新安排家庭居住环境,以适合孩子的生活和发展。

(二) 做好妊娠期的家庭保健

除了做好心理准备之外,准父母还需要做好妊娠期的家庭保健,确保胎儿身心健康发展。

l. 合理膳食,加强营养保健

孕期母亲的营养与胎儿的发育有着极为紧密的关系。加强营养保健无论是对孕妇本身还是对胎儿的生长发育都有十分重要的作用。如果孕妇的营养供应不足,不但孕妇容易得病,而且所生的婴儿也常常比较瘦小,容易感染疾病,造成先天不足。如果准妈妈抱着"一人吃,两人长"的想法来安排每日饮食,吃得过多,那么过剩的营养不仅会导致准妈妈自身肥胖,增加患妊娠期糖尿病、高血压等疾病的风险,还容易形成巨大儿,增加难产的危险。因此,孕期需要进行合理膳食。具体来说,需要注意以下三点:一是要完善营养结构,即保证足够的碳水化合物、蛋白质、脂肪、矿物质、维生素和膳食纤维的摄入;二是根据孕周合理补充营养素,比如在孕早期每天补充 400 微克叶酸,在孕中晚期根据需要逐步补充钙、铁、锌、镁等营养剂;三是限制或避免烟草、酒精、咖啡、腌制品等不健康食物的摄入,以免对胎儿造成不可逆的损伤。

2. 定期进行孕期检查

定期进行孕期检查是做好妊娠期家庭保健的重要内容之一。孕妇定期到医院进行孕期检查,一方面能及时了解胎儿在宫内的发育情况,发现胎儿可能存在的发育问题,并进行干预;一方面可以及时了解孕妇本身的健康情况,比如孕妇是否存在糖尿病、高血压、前置胎盘等妊娠并发症,做到早发现、早治疗。此外,定期进行孕期检查还可以消除孕妇对分娩的恐惧心理和不必要的顾虑,增强孕妇的信心和自我保健能力等。

3. 优化胎儿生长环境

胎儿阶段的生长发育极易受到外界不良环境的影响,比如随意用药或者环境污染等都会造成胎儿某些器官的发育异常,甚至引起流产、死胎等。从胚芽阶段起,胎儿的器官发育就开始受到外界环境的影响,比如心脏结构在 2.5—6.5 周时最容易受到外界影响,胳膊和腿的结构性发育在 3.5—8 周时容易受到外界影响,眼睛的发育在 3.5—8.5 周时会受到外界影响等。因此,准父母需要优化胎儿生长环境,避免胎儿受到有害物质的伤害。

（1）要避开有害环境

孕妇应该避开以下四类有害环境：一是含有有害化学物质的环境，比如含有化学物质汞等的环境，化学物质汞可能导致胎儿智力迟钝或失明。因此，孕妇应该避免入住新装修的、未经通风处理的房屋。二是有辐射的环境，尤其是电离辐射的环境，如X射线等。此外，孕妇还要少接触电脑、手机、打印机、复印机、大功率电器等含有电磁辐射的物品。三是空气污染严重的环境，比如孕妇应该避免或减少在PM2.5超标的污染天气情况下外出活动，或者戴好口罩，做好防护。四是高温的环境。高温的环境可能会增加胎儿神经管道受损的可能性。因此，孕妇应该注意在洗澡时避免使用温度过高的水。

（2）要加强孕妇自身的健康防护

风疹病毒会导致胎儿盲、聋、脑损伤或患心脏病，梅毒会导致胎儿智力迟钝、耳聋或患上脑膜炎，抗抑郁的百忧解（prozac）和左洛复（zoloft）等处方药会引起胎儿的呼吸道问题、增加胎儿早产的风险等。可见，疾病和药物对胎儿的生长发育有重要影响。因此，除了避开有害环境之外，孕妇还应该做好自身健康防护，避免因为生病、用药等导致胎儿发育异常。

（三）开展科学胎教

胎儿阶段，其听觉、触觉、视觉等能力均已经开始发育甚至发育成熟，这是开展胎教的生理基础。科学合理的胎教可以促进胎儿感觉器官和功能的发育，促进胎儿智力、情绪等的发展，为其以后接受教育打下良好基础。然而，胎教不可盲目进行，要讲究方式方法。具体来说，准父母可以根据胎儿的发育情况，开展以下三种不同类型的胎教：

1. 音乐胎教

从大约孕16周开始，准父母就可以进行音乐胎教了。这也是最常见的一种胎教方式。音乐胎教不仅可以促进胎儿听觉能力的发展，还可以培养胎儿的音乐素养，同时还可以调节孕妇的情绪。准妈妈可以选择一些轻柔、温和、舒缓、明快且具有一定规律性的音乐给胎儿听，如大自然的声音、流水声、钢琴曲、古典音乐等。此外，准妈妈也可以选择一些自己喜欢的音乐。因为孕妇的好心情对于胎儿来说也是一种胎教。每天，准妈妈可以选择1~2个固定的时间，开展约20分钟的音乐胎教，如在胎儿比较活跃的早晨或者睡前。

在进行音乐胎教时，要注意控制音量，不要选择过大的音量或者嘈杂刺激的音乐。因为此时胎儿的听觉系统比较脆弱，过大的声音以及过高的音频会对胎儿的听力造成损伤。

2. 语言胎教

从大约孕20周开始，准父母就可以进行语言胎教了。此时，胎儿的听觉已经发育得比较成熟了，胎儿已经能够分辨不同的声音，具有一定的偏好。进行语言胎教时，准父母可以与胎儿分享今天的天气怎么样、自己的心情如何、自己看到的一些美好事物等。此外,准父母还可以选择一些优美的文章、故事、古诗词等读给胎儿听。

需要注意的是,进行语言胎教时准父母应该遵循胎儿生理发展的规律,选择胎儿睡醒的时候,且时间不宜过长。对于胎儿来说,他们绝大部分时间是在睡眠中度过的。随时随地进行胎教可能会打扰他们的睡眠,影响他们的生长发育。因此,准父母最好每天选择固定的时间、固定时长进行语言胎教。比如,根据胎儿的活动规律,每天晚上睡觉前开展半小时左右的语言胎教。

3. 抚摸胎教

胎儿的触觉系统发育得很早,也很灵敏。从大约孕 20 周开始,准妈妈就可以进行抚摸胎教了。通过抚摸,准妈妈可以和胎儿进行沟通,并对胎儿产生触觉上的刺激,促进胎儿神经和大脑的发育。准妈妈可以在每天早晚各进行 1 次抚摸胎教,每次 5~10 分钟。方法是一边用手在腹部轻轻抚摸,一边与胎儿说话,加深彼此的感情。

需要注意的是,进行抚摸胎教时,准妈妈应该按照一个方向抚摸,而不要来回或者绕圈抚摸,避免造成胎儿脐带绕颈。另外,抚摸胎教不宜开展得太早或者太频繁,因为在孕早期胎儿还没有在子宫内稳定下来,经常抚摸可能会引起流产,在孕晚期过多抚摸可能引起宫缩频繁,造成早产。

第二节　婴儿的家庭教育

婴儿期是指从出生到满 3 周岁的这段时期,即 0~3 岁阶段。婴儿期是儿童生长发育的“第一加速期”,婴儿的生理和心理都处于飞速发展状态。了解这个阶段儿童的身心发展规律是开展家庭教育的重要前提。

一、婴儿身心发展的基本规律

婴儿期是儿童生理和心理发展的关键时期。婴儿的身心发展主要包括生理发展、认知发展、情绪与社会性发展三个方面。

(一)生理发展

生理发展是心理发展的物质基础。下面将主要从神经系统和大脑的发展以及动作的发展两个方面阐述婴儿的生理发展规律。

1. 神经系统和大脑的发展

认知神经科学的研究发现,无论是从大脑的结构还是从功能来看,3 岁以前都是人类大脑发育最快的时期。

从大脑重量的发展来看,新生儿在出生的第一年大脑重量增长最快。新生儿的大脑重约 390 克,约为成人脑重的三分之一;九个月时约为 660 克,约为成人脑重的二分之一;三岁左右时,约为 1 100 克,约为成人脑重的三分之二。从大脑体积的发展来看,新生儿满月时体积约为 350 立方厘米;六个月时体积达到 700 立方厘米,约为成人脑体积的二分之一;2 岁时达到人脑体积的约四分之三;3 岁时已经快接近成人大脑的平均体积。

婴儿大脑结构的发展决定了其机能的发展。从功能来看,婴儿的大脑神经元细胞具有很强的可塑性,即使受到损伤也能通过学习、训练等获得一定程度的修复。婴儿的大脑皮层兴奋过程比抑制过程更占优势,并且大脑皮层兴奋还处于弥散状态,因此只要触动新生儿身体任何部位都会引起其手和足等的乱动。随着大脑的发育,婴儿的大脑左右两半球的功能开始出现分化,分别控制不同的功能。大脑的左半球控制着身体的右侧,负责语言、逻辑、细节、理性等功能;大脑的右半球则控制着身体的左侧,负责空间、音乐、艺术、形象等功能。

2. 动作的发展

尽管不同的婴儿之间由于先天条件和后天环境的不同,动作发展速度有快有慢,但是总体而言其发展是按照一定的规律和特点有秩序地进行的。

婴儿的动作发展主要遵循三个原则:(1) 头尾原则,即婴儿的动作发展遵循从上到下,从头到脚的顺序。也就是说,婴儿最先发展的动作是头部动作,如抬头、转头;其次发展的动作是躯干动作,如翻身、坐;再次发展的是上肢动作,如用手抓东西等;最后发展的是下肢动作,如爬、站、走和跑等。(2) 近远原则,即婴儿的动作发展遵循从身体的中心逐渐到肢体末端的顺序。也就是说,越是靠近躯干的部位,动作发展得越早。比如,上肢的动作发展顺序是:肩—上臂—手肘—下臂—手腕—手掌—手指;下肢的动作发展顺序是:臀髋—大腿—膝关节—小腿—踝关节—脚—脚趾。(3) 大小原则,即婴儿的动作发展遵循先发展大幅度的粗动作,后发展小幅度的精细动作的顺序。比如,出生不久的婴儿只会挥舞着手臂或者蹬腿,还没有办法准确地用手抓取物体。随着年龄的增长,婴儿将逐渐学会用手拿奶瓶、抓杯子、捏勺子等动作。

(二) 认知发展

婴儿的认知发展包括感知觉、语言、记忆、思维等多个方面。

感知觉是儿童最早发生,也是最早成熟的心理过程。刚刚出生的婴儿并不是对外界一无所知的,而是具备了较好的视觉、听觉、味觉、触觉等感觉能力,并能够通过感觉探索外部世界。比如,他们能够分辨简单的颜色刺激;能够分辨不同方位的声音,也能够分辨声音的强度、音高以及持续时间等;拥有非常发达的味觉系统,这一点甚至超过成人;能够通过口腔触觉来辨别物体的形状、质地等。在感觉的基础上,他们的空间知觉和时间知觉等知觉能力也在逐渐发展和完善。例如,他们能够分辨一些简单的图案和形状,获得了形状恒常性,也表现出一定的时间知觉。

语言是婴儿认知发展的核心内容之一,是婴儿在发展过程中掌握的最复杂的符号。语言是在婴儿听觉系统、发音器官和大脑神经中枢发展成熟的基础上逐渐发展建立起来的。婴儿语言的发展主要分为两个阶段:(1) 语言发展的准备阶段(0～1岁)。这个时期的婴儿对语音尤其敏感,他们的语音感知能力和语音分辨能力也基本发展成熟,他们逐渐从咿呀学语,发出"嗯嗯啊啊"的声音,到开始能够听懂大人所说的话。(2) 语言发展阶段(1～3岁)。这是婴儿掌握词汇、语法规则的关键时期,也是婴儿语言理解和语言表达能力飞速发展的阶段。在这段时间里面,婴儿每年会以不同的速度掌握大量的词汇。到 3 岁末时,他们大概能掌握近 1 000 个词。[①] 当婴儿词汇量快速增长时,他们掌握的词的种类也在逐渐增多。在这个阶段,婴儿掌握最多的是名词,其次是动词,最后是其他种类的词语,比如代词、形容词、副词、连词等。婴儿真正开始学会说话将经历单词句、双词句、简单句、复杂句四个阶段。

婴儿期是儿童记忆发展的第一个高峰期。他们的机械记忆能力比较发达,且具有相当大的潜能。他们记忆的再现和回忆能力也有很大发展,表现为喜欢做藏东西的游戏。在语言产生之后,他们获得了符号表征能力。3 岁之前,他们还获得了延迟模仿能力。这是婴儿记忆能力逐渐走向成熟的一个标志。

婴儿期是儿童思维发生或萌芽的阶段。1 岁前的婴儿只有对事物的感知,基本上还没有思维。1 岁以后,在活动过程中,在表象和言语、动作等发展的基础上,婴儿的思维开始萌芽和初步发展。此时,婴儿的思维属于直观行动思维,具有自我中心性、泛灵论等特点,即需要依靠具体形象来进行思考。比如,他们能分辨物品的大小、多少,懂得要数量多的糖果、大的苹果等,但是还不能脱离具体的事物来理解"一""二"等数的概念。

(三) 情绪与社会性发展

婴儿情绪与社会性的发展也很迅速,这为其未来适应社会环境、成为社会成员打下了良好的基础。

在与照顾者的相互交往过程中,婴儿会表达自己的情绪,作为基本的交往信号。例如,婴儿出生不久就有了愉快、厌恶、悲哀、惊奇等情绪表现,会因为生理需要得到满足而感到愉快,或者因为身体不舒服(如饿了、尿了)而感到不愉快。他们也学会了辨别他人的情绪和表情,并对照顾者不同种类的情绪(如愉快、悲伤、愤怒等)作出不同的反应。与此同时,婴儿开始与亲密照顾者建立重要的情感联系——依恋,并开始出现了"陌生人焦虑"和"分离焦虑"。总之,随着年龄的增长,婴儿的情绪体验和情绪反应逐渐变得丰富、复杂,他们出现了同情心、责任感等道德情感。

对于 0~3 岁的婴儿来说,他们最经常、最主要的接触对象是父母,尤其是母亲。母亲是婴儿生存、发展的第一重要他人,是婴儿社会性发展的重要基础。在与父母的交往过程中,婴儿习得了最初的社会交往技能,积累了初步的社会交往经验,如如何主动发起交往、参与交往、维持交往、解决交往中的矛盾冲突等。

在社会交往过程中,婴儿还发展出了帮助、安慰、分享、合作和谦让等亲社会性行为,以及攻击、侵略等反社会性行为。比如,当一个 1 岁多的婴儿在吃东西时,妈妈在旁边说:"给我吃一点,好不好?"他便会将手里的东西递给妈妈。随着社会交往的深入,以及认知能力的发展,他们会表现出越来越多的亲社会性行为,如一起玩游戏、分享玩具等。

[①] 林崇德. 发展心理学[M]. 2 版. 杭州:浙江教育出版社,2019:191.

二、婴儿家庭教育的主要任务

诺贝尔经济学奖得主詹姆斯·赫克曼(James Heckman)发现,早期教育是人力资本投资回报率最高的时期,投资越早,回报率越高。这一投资回报趋势被称为"赫克曼曲线"(图8-2)。为了促进婴儿的健康成长,家长有必要抓住这个人生关键时期开展家庭教育。根据婴儿身心发展的基本规律,婴儿阶段家庭教育的主要任务有:

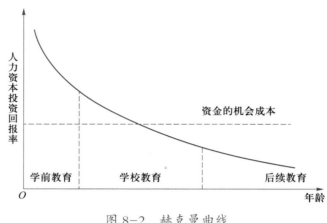

图 8-2　赫克曼曲线

(一) 科学喂养,促进婴儿身体健康发育

充足的营养和睡眠是保证婴儿身体快速发展的前提条件,因此婴儿家庭教育的首要任务是进行科学喂养。

对于0~3岁的婴儿来说,尤其是1岁以内的新生儿来说,其主要任务就是吃好、喝好、睡好。充足的营养不仅可以为婴儿大脑发育提供足够的"养料",也可以为婴儿身体发育提供物质基础。对于婴儿的喂养来说,一般建议以世界卫生组织倡议的母乳喂养为主。因为母乳的营养比配方奶好,且更容易被婴儿消化吸收。母乳中富含铁、维生素C和维生素A等营养物质,还含有帮助婴儿抵抗疾病的抗体,可以有效降低婴儿各种传染疾病的发生率。此外,母乳喂养还有利于建立良好的早期母婴依恋关系,帮助母亲获得角色认同。对于6个月以上的婴儿,为了保证足够的营养摄入,还需要适量添加辅食。最后,需要注意的是要防止过度喂养造成的营养过剩给婴儿身体带来的损害,如肥胖、早熟等。

由于婴儿的神经兴奋过程还比较弱,除了保证足够的营养之外,婴儿还需要大量的睡眠。不同年龄段的儿童需要的睡眠时间不同。比如,新生儿每日平均需要约22小时的睡眠时间,1岁儿童每日平均需要14~15小时的睡眠时间,3岁儿童每日平均需要12~13小时的睡眠时间。

(二) 帮助婴儿建立良好的生活习惯

良好的生活习惯不仅可以为孩子的健康发展奠定基础,还可以为孩子一生的发展奠定基础。婴儿期是儿童行为习惯养成的关键时期。培养良好的生活习惯包括养成良好的饮食习惯、睡眠习惯、如厕习惯和生活卫生习惯等。

1. 饮食习惯

良好的饮食习惯,比如定量进餐、不挑食、不偏食、专心进餐等不仅可以保证婴儿正常生长发育所需的各种营养,防止生长发育迟缓、营养不良,也可以预防婴儿超重和肥胖的发生,让孩子终身受益。为培养婴儿良好的饮食习惯,家长要避免不恰当的喂养方式,主动了解正确的喂养知识和方法。此外,家长还可以通过行为示范,营造良好的进餐物理和心理环境,给予婴儿更多主动权,采用强化等多种方法帮助婴儿养成良好的饮食习惯。

2. 睡眠习惯

随着年龄的增长,婴儿会在出生后 6 周至 3 个月的时间内形成相对稳定的昼夜节律。因此,大约从 3 个月开始,家长们就可以有意识地对婴儿的睡眠进行训练,培养婴儿良好的睡眠习惯。家长可以帮助婴儿建立规律、稳定的昼夜节律,比如让婴儿在固定的时间、地点入睡,什么时候睡觉、睡多久等都要基本固定,形成规律。家长还可以根据孩子的年龄特点和个性差异,循序渐进地帮助孩子养成独立自主睡眠的习惯。比如,可以在 1 岁之前,先尝试分床睡,培养孩子独立睡眠的习惯,从 1 岁以后开始尝试分房睡。

3. 如厕习惯

如厕是一件比较私密的事情。如果可以帮助婴儿从小学会控制自己的大小便,养成自主如厕的良好习惯,不仅可以让婴儿从小懂得什么是隐私、如何保护自己的隐私,还可以充分尊重孩子的自主权,避免孩子与父母因为如厕发生冲突。另外,良好如厕习惯的养成对于婴儿形成自我意识、形成性别意识、进行人际交往和适应未来学校生活也有重要意义。家长可以在婴儿生理成熟的基础上,以儿童为本,理性、耐心地对婴儿进行大小便训练。比如,抓住 1.5~2 岁这个关键时期,合理利用游戏、鼓励等策略帮助婴儿养成良好的如厕习惯。

4. 生活卫生习惯

除了帮助婴儿养成饮食、睡眠、如厕习惯之外,家长还需要帮助婴儿养成良好的生活卫生习惯,如勤刷牙、勤洗澡、勤剪指甲、饭前便后洗手等。

(三) 科学早教,促进婴儿早期智力发展

婴儿期是儿童早期智力开发的关键时期。科学进行早期教育可以促进婴儿早期智力发展,起到事半功倍的效果。反之,野蛮、过度的早期教育则可能损害婴儿的身心健康。

1. 丰富早期经验,促进婴儿大脑发育

婴儿期是大脑神经元可塑性最强的时期。此时,大脑就像一个大胆的"剪裁师",只有被经常刺激的神经元和突出能存活下来,而不经常被刺激的神经元细胞所联结的突出就会被剪掉。因此,促进婴儿大脑发育,关键是要提供足够的环境刺激,增加孩子的早期体验,提供丰富的而不是剥夺的环境。针对刚出生的小动物的脑神经研

究显示,相比在隔离环境中长大的小动物,在物理刺激和社会刺激丰富的环境中长大的小动物,大脑有更密集的突触联系。[①]

为婴儿提供丰富的早期经验,家长要给予孩子多看、多听、多咬、多抓、多触摸等接触外界环境的机会;要创设丰富多彩的、充满刺激的家庭环境;要与孩子进行丰富的亲子游戏等。需要注意的是,家长需要给儿童提供充足的环境刺激,而不是过度的刺激,避免过犹不及。因为给孩子过度的压力,效果往往适得其反,会对孩子的智力发育造成不利的影响,影响其大脑潜能开发。

拓展阅读 >>>

罗森茨威格的老鼠实验

20世纪60年代,美国生物心理学家罗森茨威格和他的同事曾做过一个实验。他们挑选了同一窝老鼠,分别在三种环境中喂养,测试环境对老鼠大脑发育的影响。

第一组:标准环境

三只老鼠被关在铁笼子里一起喂养,空间足够大,总有适量的水和食物。

第二组:贫乏环境

老鼠被单个地隔离起来,身处在三面不透明的笼子里,光线昏暗,几乎没有刺激。

第三组:丰富环境

老鼠们一起被关在一个大而宽敞、光线充足、设备齐全的笼子里,内有秋千、滑梯、小桥及各种"玩具"。

经过几个月的环境"培养"后,罗森茨威格发现,处于"丰富环境"中的老鼠最"贪玩",处于"贫乏环境"中的老鼠最"老实"。之后,他们对老鼠的大脑进行分析,结果显示,在"丰富环境"中的老鼠比在"贫乏环境"中的老鼠神经突触大50%。也就是说,在"丰富环境"中的老鼠比"贫乏环境"中的老鼠大脑发育得更好。

2. 创设安全、可自由探索的环境,促进婴儿动作发展

婴儿的智力发展与动作发展紧密联系。动作的发展可以扩大婴儿的认知和交往范围,从而促进婴儿智力发展。在养育婴儿过程中,有些家长为了避免孩子受到伤害,存在过度保护的问题。例如,当婴儿学习爬行和走路时,由于担心孩子磕磕碰碰,就将孩子抱起来。这些做法都不利于婴儿动作的发展。为了促进婴儿动作的发展,家长需要给孩子提供一个尽可能大一些的、安全的、可供自由探索的空间。比如,可以适当改造一下自己的家,给门装上安全围栏,给插座装上安全罩,给尖锐的桌角包上海绵等,将家改造成儿童安全房。如果条件不允许,也可以只改造部分房间。在儿童

---

① 贝克. 婴儿、儿童和青少年:第5版[M]. 桑标,等译. 2版. 上海:上海人民出版社,2014:219.

安全房里,还可以放置一些可供婴儿自由攀爬、翻滚的玩具,如小型滑梯等,促进其大动作的发展。

除此之外,家长还可以充分利用户外运动、家庭亲子游戏等多种方法促进婴儿动作发展。比如,和孩子一起拍皮球、踢足球、投篮;还可以和孩子一起跳绳、跳房子,或者爬楼梯。

3. 激发交流需求,促进婴儿语言发展

语言是思维的翅膀,是高级思维的工具,是婴儿智力发展的重要内容之一。通过语言,婴儿可以建立概念,获得初步的具体形象思维能力,同时语言也能为抽象逻辑思维能力的产生奠定基础。语言的发展可以促进思维的发展,尤其是促进抽象逻辑思维的发展。

婴儿期是语言发展的关键时期。婴儿的语言不是凭空获得的,而是在与人的互动、交流中逐渐掌握的。为了促进婴儿的语言发展,家长要注意激发孩子的交流需求和愿望,尽可能给予孩子进行语言互动和交流的机会。比如,家长可以多带婴儿外出见识不同的人,激发其与人交流的愿望。不过,需要注意的是,不应该强迫婴儿与陌生人交流,也不应该采用批评或者惩罚的方式。家长还可以和孩子玩指认物品的游戏,帮助孩子积累日常生活中的词汇。例如,可以在给孩子喝奶的时候,跟孩子说"牛奶";也可以一边指着爸爸的照片一边跟孩子说"爸爸"。出去玩的时候,看到身边的物品,也可以随时跟孩子玩"这是什么"的游戏。

此外,家长还可以选择一些合适的早教读物,例如动物卡片、水果卡片、绘本等,帮助婴儿积累词汇,促进婴儿的语言发展。

（四）建立良好的早期亲子依恋关系,促进婴儿情绪与社会性发展

亲子依恋关系,尤其是母婴依恋关系是最早也最重要的社会关系,对于婴儿情绪与社会性的发展有重要意义。良好的亲子依恋可以为婴儿建立最初的信任感和安全感,为婴儿的健康成长提供一种"心理免疫力",让婴儿未来更容易在学校取得更好的表现,拥有更积极的情绪和较强的情绪调节能力,收获更多亲密、持久、融洽的人际关系,以及保持身体和心理健康状况良好。

抚养者能否对婴儿发出的信号作出及时有效的回应是影响他们之间依恋关系发展的重要方面。如果抚养者,尤其是母亲能够对婴儿发出的各种信号、需求非常敏感,并且能够及时有效地作出反应,那么就可以增强婴儿和抚养者之间的亲密关系。简单说就是敏感的家庭养育方式有利于婴儿安全型依恋关系的建立。一位敏感的母亲通常应该做到以下四点:一是敏锐觉察到孩子发出的各种信号,二是及时恰当地给出回应,三是能够尊重孩子的自主性和独立性,四是理解和接纳孩子的情绪。

（五）帮助婴儿做好入园前的准备

3岁左右,婴儿逐渐成长为幼儿,开始离开父母,进入幼儿园进行集体生活,这时可能会出现分离焦虑,还有些幼儿可能会在作息时间、生活自理、师生沟通、同伴交往、规则遵守等方面出现诸多不适应。为了帮助婴儿尽快适应未来幼儿园生活,家长有必要帮助婴儿提前了解幼儿园生活,助其做好入园准备。具体来说,家长需要帮助婴儿做好物质和心理上的准备。比如,家长可以在入园前带领孩子参观、熟悉幼儿园,结识幼儿园的老师、同学等;还可以利用看绘本、讲故事、做游戏等方式帮助孩子了解幼儿园生活,锻炼孩子的生活自理能力;等等。最重要的是,家长需要和孩子建立良好的亲子依恋关系,帮助孩子克服分离焦虑。

第三节　学前儿童的家庭教育

学前期是指儿童正式进入学校以前的一个时期,即3~6岁,也被称作幼儿期。幼儿期是生理和心理发展的关键期,幼儿的感觉、知觉、思维、语言、记忆等在这一时期都出现了质的飞跃。了解这个时期儿童的身心发展规律有利于做好学前儿童的家庭教育工作。

一、学前儿童身心发展的基本规律

与婴儿相比,学前儿童(又称幼儿)的身心各方面都发生了许多质的飞跃。幼儿的生理机能,尤其是神经系统在不断发展、成熟和完善。幼儿的认知、情感与社会性也过渡到了新的、更高的发展阶段。

(一)生理发展

幼儿的生理发展不仅体现在身体各部分比例逐渐接近成人上,更表现在神经系统的发展上。随着年龄的增长,在3岁以后幼儿的神经系统进一步发展,并突出表现在大脑结构的不断完善和大脑机能的进一步成熟两个方面。

从大脑结构的发展来看,3~6岁幼儿的大脑主要发生了以下三个方面的变化:(1)基本完成脑重的增长,即从3岁时的约1 100克(约为成人脑重的三分之二)增长为6岁时的约1 280克(约占成人脑重的90%)。(2)基本完成神经纤维的增长及其髓鞘化,即从婴儿时期脑的低级部位(脊髓、脑干)开始髓鞘化发展为几乎所有大脑皮层传导通路均已完成髓鞘化,包括与智力活动相关的额叶、顶叶等。(3)整个大脑皮质基本发育成熟,即到幼儿末期(六七岁),整个大脑皮质中发育最晚的额叶也基本发育成熟。

从大脑机能的发展来看,3~6岁幼儿的大脑主要发生了以下三个方面的变化:(1)兴奋和抑制的神经过程均不断增强,且二者日渐趋于平衡。其中,兴奋过程增强表现在幼儿睡眠的时间比婴儿减少了;抑制过程增强表现在幼儿可以逐渐学会控制、调节自己的行为,冲动性行为减少了。但总体而言,幼儿时期大脑的兴奋过程仍然强于抑制过程,幼儿还不能长时间控制自己的行为。(2)条件反射更容易建立,且更持久。因此,与婴儿相比,幼儿学习新知识的速度更快,且学会后记得更牢固,更不容易遗忘。(3)大脑单侧化现象明显形成。尽管大脑单侧化现象始于婴儿期,但是明显形成是在幼儿期。此时,大脑左右半球的优势已经明显形成,幼儿基本形成了自己的优势手。

（二）认知发展

在神经系统发展的基础上，幼儿的语言、感知觉、思维和记忆等认知能力的发展均出现了质的飞跃。

1. 语言发展

同婴儿相比，幼儿的语言能力有很大发展，这主要体现在：幼儿获得了更正确的语音，发音的正确率随着年龄的增长逐渐提高，错误率则逐渐下降；掌握了更丰富的词汇，已经掌握了基本的口语词汇，能够使用名词、动词和形容词等不同的词类；掌握了更复杂的语法结构，获得了更强的语言表达能力，可以说出较长的、完整的、带有修饰词的语法正确的句子，甚至可以说出一些疑问句、感叹句等。

2. 感知觉发展

随着幼儿语言、思维的发展，其感知觉也表现出了新的特点。从感觉的发展来看，幼儿的各种感觉更加完善，其中视觉和听觉的发展越来越占主导地位。这个阶段的幼儿已经具有精确辨别细微物体或远距离物体的能力，比如他们可以辨别红、橙、黄、绿等不同的颜色。此外，幼儿听觉的感受性、运动觉的细致性和准确性等均有所增强。

幼儿知觉的发展主要表现在空间知觉和时间知觉的发展上。在空间知觉方面，幼儿辨别形状的能力逐年提升，逐渐能区分方位，能分清熟悉的物体或场所的相对远近等。在时间知觉方面，幼儿已具备初步的时间观念，但需要和具体的生活活动相联系，时间知觉总体发展水平较低，既不准确也不稳定。

3. 思维发展

随着活动范围的扩大和语言的丰富等，幼儿的思维能力也逐渐发展起来。幼儿思维的主要特点是具体形象思维占优势，抽象逻辑性思维开始萌芽。所谓具体形象思维，即幼儿的思维主要是凭借事物的具体形象或表象来进行的，而不是凭借对事物的内在本质和关系的理解，如概念、判断、推理来进行的。这个时期，幼儿思维的典型表现是不可逆性、自我中心性和刻板性。所谓不可逆性，是指对关系的认识是单向的、不可逆，比如，可以理解"我有一个同学叫彤彤"，但是不能理解"彤彤有一个同学是我"。所谓自我中心性，是指幼儿只能站在自己的角度，以自己为参照来理解他人，比如，会认为因为"我喜欢红色"，所以"妈妈也喜欢红色"。所谓刻板性，是指当幼儿将注意力集中在某一方面时，便不能把注意力转移到另一方面，比如，只能注意到杯子的高度，不能注意杯子的宽度。

4. 记忆发展

幼儿记忆的发展主要有以下四个特点：一是以不随意的形象记忆为主，有意记忆初步发展。此时，幼儿的记忆内容和效果很大程度上依赖外部对象的特点和他们的兴趣。比如，直观的、形象的、具体的、鲜明的事物更容易引起他们的无意记忆，他们熟悉的、感兴趣的事物更容易被记住。二是以机械性记忆为主，意义记忆逐步发展。幼儿习惯采用简单重复的机械记忆方法来记忆，还不太能依靠对事物的理解进行记忆。三是易记易忘。由于神经系统容易兴奋，幼儿通常记得快，也忘得快。四是记忆不准确。幼儿记忆的完整性较差,经常出现脱节、颠倒顺序、遗漏等记忆错误的现象。

(三)情绪与社会性发展

随着生理和认知的发展,幼儿的情绪与社会性发展也过渡到了一个新的、更高的阶段。

1. 情绪发展

幼儿情绪的发展主要有以下几个特点:一是情绪的社会化。婴儿的情绪更多与生理需要(如吃、喝、拉等)是否得到满足相关联,而幼儿的情绪逐渐过渡为与社会性交往、社会性需要是否得到满足相关联,如是否被喜欢、被重视、被关爱等。二是情绪的丰富化与深刻化。与婴儿相比,幼儿出现了自豪感、羞愧感、委屈感、同情感、嫉妒感等更丰富、深刻的情绪体验。三是情绪的自我调节化。与婴儿相比,幼儿的情绪调节能力明显增强,这体现在他们情绪的冲动性逐步降低,情绪的稳定性逐步提高,情绪的内隐性增强等。比如,幼儿园小班的儿童就已经学会隐藏自己的感情,对不喜欢的人会假装微笑等。

2. 社会性发展

在社会交往方面,随着幼儿活动范围的扩大,他们有强烈的参与成人交往和社会生活的愿望。但是,由于其交往能力、知识经验等还比较有限,因此游戏成了他们参与社会生活的主要方式。在游戏中,他们可以体验成人的社会活动,领会人们之间的相互关系。

幼儿最早的、最主要的交往对象是父母。一方面,父母的行为、言语、态度等可以为幼儿提供观察和模仿的范本;另一方面,父母也可以根据一定的社会准则、规范向幼儿直接传授社会交往有关的知识和技能。除了与父母的交往之外,随着幼儿进入幼儿园,他们的同伴交往也日益增多。游戏是幼儿进行同伴交往的主要方式。幼儿倾向于与自己年龄相仿、能力相近的同伴一起游戏。在与同伴的游戏中,幼儿逐渐学会了与他人合作、协商等社会交往的技能,也学会了控制自己的侵犯性行为。此外,进入幼儿园后,幼儿与教师的交往也日益增多。此时,幼儿更容易受到教师的评价、奖励与批评、表扬与惩罚等的影响。

在社会交往中,幼儿的一个显著特点是模仿性,即对他人的行为及其特点有选择地进行重复或再现。幼儿经常会观察模仿父母、老师或者同伴,说和别人相似的话或者再现别人做过的行为、动作,比如学着父母的样子指着对方说:"真淘气!"除了模仿身边熟悉的人,幼儿还会模仿电视中的角色。幼儿模仿主要有两种形式:一是即时模仿,即在观察到被模仿者的某种行为之后立即模仿,如看到一个孩子玩积木后立即学着搭积木;二是延迟模仿,即在观察到被模仿者的某种行为之后经过一段时间的间隔才重复出现该行为,如看完妈妈拿眉笔画眉一周后也拿着眉笔学着妈妈的样子画眉。

此外,幼儿自我意识也有了显著发展,并理解了"我的"这个词的意义。他们逐渐开始想要摆脱成人的保护,寻求独立做一些事情。比如,他们会经常说"这是我的妈妈""这是我的玩具";拒绝家人帮忙,想要自己穿衣服、喝水、打扫卫生。

二、学前儿童家庭教育的主要任务

做好学前儿童的家庭教育可以帮助幼儿在语言、思维、记忆、情绪、人际交往等方面打下良好基础,为幼儿的一生发展奠定基础。根据学前儿童身心发展的基本规律,这一时期家庭教育的主要任务有:

(一)促进语言、思维、记忆等认知能力的发展

在学前阶段,促进幼儿语言、思维、记忆、注意、观察、想象等认知能力的发展可以为幼儿顺利开始小学阶段的学习和生活奠定基础。

3~6 岁是儿童语言能力,尤其是口头语言发展的关键时期。家长应该遵循幼儿语言发展的基本规律,帮助幼儿掌握正确的语音、丰富的词汇以及语法结构等,帮助幼儿通过口头语言准确、熟练地表达自己的思想。家长可以为幼儿提供丰富的语言刺激,丰富幼儿的生活经验,为幼儿学习语言营造宽容的环境、树立良好的榜样示范等。比如,多和孩子进行语言交流,多和孩子一起进行亲子阅读或者口头语言表达的训练,等等。此外,幼儿在发展口头语言的基础上,还可以循序渐进开展书面语言的训练。

学前阶段,幼儿的思维以具体形象思维为主,抽象逻辑思维开始萌芽。一方面,家长要充分利用幼儿具体形象思维的优势,保护孩子的好奇心、想象力等。比如,当孩子表达"玩具小兔该睡觉了"时,家长要理解和尊重孩子思维的"泛灵论"特点,不要简单粗暴地干涉孩子。此外,家长还可以借助童话故事、寓言故事等有意识地发展幼儿的具体形象思维能力。另一方面,家长可以利用生活、学习和游戏等方式,有意识地引导孩子对事物进行分析、综合、比较、概括等,为幼儿抽象逻辑思维能力的发展奠定基础。

幼儿的记忆以不随意的形象记忆、机械性记忆为主,幼儿开始学会使用一些简单的记忆策略。家长要善于利用幼儿的记忆优势,有意识运用图画、歌曲等发展其形象记忆和机械性记忆能力。同时,家长也可以有意识培养幼儿的有意记忆、理解记忆能力,以及帮助幼儿掌握一些简单的记忆技巧。需要注意的是,由于神经系统容易兴奋,幼儿容易出现记得快也忘得快,或者脱节、颠倒顺序、遗漏等记忆错误的现象,家长要对孩子的错误保持宽容态度。

此外,家长还可以有意识发展幼儿的注意力、观察力和想象力等,比如,通过游戏、学习和劳动等活动来培养幼儿的有意注意能力,以及注意的稳定性等。

(二)注重培养独立性

在 3~6 岁阶段,儿童的自我意识显著发展,并会出现人生的第一个"反抗期"。这个时期的儿童,已经理解了"我的"这个词的意义,并努力想要摆脱父母,自己做主。他们喜欢对成人说"不""不要""我来"等。这些看似"叛逆"的行为,其实都是培养幼儿独立性的良机。

培养幼儿的独立性,关键是家长要鼓励、支持孩子独立自主做事情,即当孩子想要自己做事情时,不要压制孩子的意愿,而是努力提供力所能及的帮助。比如,当妈妈在给孩子穿衣服时,孩子想要自己穿,那么妈妈则可以放手让孩子去尝试。此时,家长可以充分利用幼儿的模仿性特点,通过榜样示范法向孩子展示正确的穿衣服方法,然后让孩子模仿自己的行为。当孩子出现错误时,则给予孩子一些帮助,比如,帮助孩子系扣子,然后让孩子学着自己系扣子。总之,家长可以充分利用生活中的具体事情来培养幼儿的独立性,比如在吃饭的时候配备孩子专用的碗筷、桌椅,让孩子自主进餐。

培养具有独立性的孩子,家长还需要给予孩子更多选择的机会,比如,穿衣服时可以询问孩子"你要穿红色的还是黄色的?";给予孩子更多独立思考的机会,比如当孩子询问"为什么"的时候,不要着急告诉孩子答案;还应该摒弃培养"乖孩子"的观念,鼓励孩子表达真实的自我,而不是一味迎合他人的要求;等等。

(三)注重培养情绪调节能力

3岁之前,儿童受大脑发育的制约,情绪还比较外露,无法对自己的情绪进行有效调节。3~6岁期间,儿童控制情绪冲动的重要脑区额叶基本发育成熟,大脑的抑制功能也显著增强。这些都为幼儿学会控制、调节自己的情绪和行为奠定了基础。因此,学前期是培养儿童情绪调节能力的重要时期。家长应该抓住这个关键时期培养孩子的情绪调节能力。

培养幼儿的情绪调节能力,家长首先要帮助孩子学会了解和认识自己的情绪。比如,家长可以借助绘本、故事、游戏等告诉孩子生气是什么样的、身体会有什么样的变化等。其次,家长要有意识地帮助孩子学会表达和管理自己的情绪。家长可以教给孩子一些调节情绪的具体策略,比如转移注意力、运动、倾诉等。比如,当孩子生气时,家长可以引导孩子暂时离开让自己生气的环境,去做一些自己喜欢的事情。最后,培养幼儿的情绪调节能力,家长还需要营造良好的家庭情绪氛围,保持自身情绪稳定以树立良好的情绪调节榜样,积极回应孩子发出的情绪信号等。

(四)积极开展早期性别认同教育

3~6岁是儿童性别认知发展的一个重要时期。这个时期的孩子,已经对性别有了稳定的理解,并且获得了性别恒常性。他们知道小男孩以后会变成男人,做爸爸;小女孩以后会变成女人,做妈妈。并且,一个人的性别并不会随着情境或者个人愿望而改变。比如,一个女孩子即使今天剪了短头发,她依然是女孩子,不会变成男孩子。因此,学前期是对儿童进行性别认同教育的关键时期。良好的早期性别认同教育不仅可以帮助孩子建立更好的自我认知,还可以避免孩子出现性别角色错乱、同性恋、异装癖等问题。

开展早期性别认同教育,家长首先可以帮助孩子认识不同的性别以及他们的角色,如男孩子是怎么样的、他们有什么特点、他们未来会变成什么样子等。其次,家长要帮助孩子悦纳自己的性别,比如通过语言肯定的方式帮助孩子确认自己的性别:

"小男子汉真勇敢！"此外，家长还可以借助一些性教育绘本，帮助孩子克服性别刻板印象，最终建立性别认同。

（五）建立规则意识

3～6岁儿童进入了规则的敏感期，对规则有了更深刻的认识，他们逐渐开始理解为什么有这样那样的规则，应该怎样才能够不被惩罚。接触到陌生的人或者环境的时候，他们也会观察和尝试各种行为，并且通过了解行为的后果来寻找规则的边界。在生活中，儿童看似故意的"淘气"行为其实都是在探索规则和边界。帮助孩子建立规则意识不仅可以帮助孩子更好地适应幼儿园生活，还可以帮助孩子更好地进行人际交往、适应未来社会。

首先，家长要帮助孩子明确规则和界限，即在保证孩子自由成长的前提下，让孩子意识到哪些事情是必须要遵守的。比如，家长可以和孩子一起制订家庭的规则，并共同遵守。在制订规则的时候，要注意规则不宜过多，并且要用孩子能够听懂的方式来表达规则。比如，用"你生气了，可以打毛绒玩具或枕头，但不可以打妈妈或者奶奶"来代替"不允许乱发脾气"。其次，家长要注意保持规则的一致性，避免朝令夕改。在不同的时间、地点和情境下，家长对孩子的要求，以及对同一种行为的反应要保持一致。

（六）做好入学前的准备工作

6岁前后的儿童正处于从幼儿园向小学过渡的关键时期。由于幼儿园和小学在教学内容、教学方式、学习要求、人际关系等方面均存在明显差异，因此从幼儿园到小学的质的转变可能会给孩子带来各种不适应。提前做好充分的入学准备工作，可以帮助孩子更好地适应小学生活，规避其未来在学校生活中可能面临的各种发展风险。

帮助孩子做好入学准备，家长可以利用绘本、故事帮助孩子提前了解小学生活，帮助孩子克服对小学生活的恐惧；还可以直接带孩子到小学参观，让孩子熟悉小学的校园环境。此外，更重要的是，家长要提前培养孩子上小学需要的各项能力，比如学习能力、语言表达能力、社交能力、生活自理能力等。家长还可以帮助孩子做好入学前的物质准备，如书包、文具等。

第四节　小学儿童的家庭教育

小学阶段是儿童正式开始学习活动的时期，即6～12岁阶段，又称学龄期。小学阶段是儿童完成幼儿到小学生角色转换的重要时期。了解这个时期儿童身心发展的基本规律有利于家庭教育工作顺利开展。

一、小学儿童身心发展的基本规律

小学儿童正处于幼儿期向青春期过渡的关键时期，其身心发展的基本规律就是同时具备幼儿期与青春期儿童的发展特点。下面将主要从生理发展、认知发展、情绪与社会性发展三个方面阐述小学儿童身心发展的基本规律。

(一)生理发展

进入小学阶段后,儿童的生理处于平稳而持续的发展中。其中,神经系统,尤其是大脑的发展是小学生顺利完成各个年级学习和生活的生理基础。下面将主要从大脑结构和大脑机能两个方面阐述小学儿童的生理发展规律。

从大脑结构的发展来看,幼儿期之后,大脑脑重的增长相当缓慢。整个小学阶段,小学生的脑重从幼儿时期约为成人脑重的 90%(约 1 280 克)发展为达到成人脑重的平均数(约 1 400 克),大脑中负责注意力和自我控制的额叶皮层体积明显增大。此外,小学儿童大脑皮层发育存在性别差异,其中男孩的额叶发育速度比女孩慢,因此小学男生比女生冲动、调皮。

从大脑机能的发展来看,小学儿童大脑的兴奋机能和抑制机能较幼儿时期都进一步增强,不过兴奋和抑制的平衡性与青少年和成年人相比还较差。因此,过分的兴奋容易使小学生大脑产生疲劳,过分的抑制也会引发不必要的兴奋。比如,过重的学习压力会使小学生大脑超负荷兴奋,长时间要求低年级小学生坚持学习枯燥、无趣的内容会使他们变得烦躁不安。此外,在神经系统结构发展的物质基础上,以及在小学学习和生活的要求(如上课坐好、保持安静、不乱动等)下,小学生大脑皮层抑制性条件反射迅速发展。这使得小学生能够更好地支配自己的行为、从事学习活动。

(二)认知发展

小学儿童在入学后,在各种各样学习和实践活动的促动下,其感知觉、思维、注意和记忆等认知能力均得到了迅速的发展。

1. 感知觉发展

在教学活动的影响下,小学儿童的感觉和知觉能力均有所提高。从感觉发展来看,小学生的差别感受性、视觉调节能力、言语听觉敏度等均显著提高,这使得他们可以更细致地分辨不同的颜色、不同的语音等,从而可以顺利完成绘画、音乐、语文和英语等不同学科的学习任务。从知觉的发展来看,小学生的形状知觉、方位知觉、距离知觉和时间知觉等也有了很大发展,这使得他们可以更好地分辨形状、左右方位、远近空间距离和"小时""星期""天"等时间单位。

2. 思维发展

总体来说,小学生的思维已经具备可逆性、守恒等特点,并初步掌握了逻辑思维,但仍然以具体思维为主。因此,小学生对纯粹的逻辑推理会感到困难,有些问题在具体事物的帮助下可以顺利解决,但是在纯粹口头叙述的条件下就无法解决或感到困难。此外,小学阶段是儿童思维发展的转折期,即从具体形象思维向抽象逻辑思维转变的过渡时期。这个时期思维发生"质变",大约从三年级开始,且存在不平衡性。即尽管在整个小学阶段儿童的抽象逻辑思维水平都在不断提高,但是具体到不同的思维对象、不同学科、不同教材的时候,又表现出很大的不平衡性。比如,他们掌握整数的概念和运算方法后,面对分数概念和分数运算又会觉得困难。

3. 注意发展

和幼儿相比,随着大脑额叶皮层的迅速发展,小学儿童的注意力有了进一步的发展,其注意的持久性和稳定性均有所提高。但是总体而言,小学儿童集中和控制注意力的能力仍然较弱,容易受环境的干扰。一般来说,7~10岁的儿童可以连续集中注意力20分钟,10~12岁的儿童可以连续集中注意力25分钟,12岁以上的儿童则可以连续集中注意力30分钟以上。小学儿童容易被新奇、有趣、鲜艳的事物吸引,注意力分配能力弱,"一心二用"较困难。

4. 记忆发展

随着思维的发展以及学习活动的要求,小学儿童记忆的有意性、意义性和抽象性等均在不断发展。小学生的记忆已经从学前期的无意记忆占主导地位发展为有意记忆占主导地位,不过小学生仍然需要大量依靠无意记忆来积累知识。随着知识经验的丰富,以及言语、思维和理解能力的发展,小学生的记忆从机械性记忆占主导地位逐渐发展为意义记忆(或理解记忆)占主导地位,不过小学生的机械性记忆能力仍然很强,可以好好利用。随着年龄的增长和年级的增高,小学生的抽象记忆能力逐渐发展起来,但整个小学阶段仍然以具体形象记忆为主。比如,对于小学生而言,记忆某个画面或具体的事物比记忆文字要容易。此外,和学前儿童不同的是,小学儿童学会了主动使用简单的记忆策略。比如,低年级儿童学会了分类、组块的复述策略,高年级儿童在成人的指导下会使用精细加工策略。

学习活动:小组研讨 >>>

孩子步入学龄期,家长对孩子学业问题的关注往往会被提到一个新的高度,甚至早在小学低年级就开始出现"鸡娃""内卷"现象。不少家长会利用课余时间让孩子学习新知识,比如背诵课文、新单词、做数学题、超前学习中年级的知识,或者要求孩子放学后读书、做功课满多少小时,生怕孩子输在"起跑线"上。

请就此现象开展小组研讨,并形成一份课堂教学内容大纲:

假设你是小学低年级的班主任老师,班上就存在这样一些特别"内卷"的家长,给一些学生造成了较大的学习压力,甚至产生了厌学心理。请设计一堂家庭教育指导课,向家长讲授小学生认知发展的特点,让家长意识到孩子的发展水平与家长的要求并不匹配,要遵循孩子的发展规律来开展家庭教育。

(三)情绪与社会性发展

与学龄前儿童相比,小学儿童的情绪情感内容更加丰富,体验更加深刻。随着社会交往的深入、社会生活的丰富,他们逐渐发展出了更高级的情感,如道德感、理智感、美感等。此外,小学儿童的情绪调节和自我控制能力相比幼儿更强了。这使得小学儿童的情绪稳定性进一步增强,情绪冲动性减弱,使他们可以更好地适应小学学习和生活。但整体而言,小学儿童尤其是小学低年级的儿童的情绪调节能力还比较有限,仍需要教师和家长等成人指导、帮助其调节和控制情绪。

与学前儿童相比,小学生的社会交往更为广泛和深入。同伴关系、师生关系和亲子关系构成了小学生社会关系的主要内容。进入小学后,儿童与同伴玩耍的时间逐渐增加,同伴的地位越来越突出。小学儿童逐渐明白了友谊的真正含义,逐渐开始建立自己的同伴团体(或朋友圈子),并根据朋友圈的规则来行事,害怕被同伴拒绝和孤立。因此,他们经常会"三五成群"一起学习、玩耍和活动。那些不懂得正确表达友善、缺乏人际交往规则和技巧的儿童可能会交不到朋友,遭受同伴压力,甚至受到同伴欺凌。

从亲子交往来看,小学儿童对家长的依赖性在降低,并在高年级容易出现亲子关系紧张和亲子冲突。这是因为孩子开始有自己的世界,独处的时间也增多了。在六年级的时候,父母与孩子的亲密程度会出现骤减的现象。这时的孩子不再认为"父母是超人",而是有了自己的想法。

小学生与老师的关系与学前期相比也有了很大变化。这体现在随着年级的增长,师生关系从亲密转向平等、民主。一般来说,1~2年级学生崇拜老师、听老师的话、渴望和老师亲近、容易把老师的话当"圣旨"。3~4年级是一个重要的转折期,学生对老师的看法更具批判性,学生开始客观评价老师的行为,甚至反抗老师。这个时期师生冲突最多、亲密性最低,一方面是因为学生自我意识的发展,另一方面是因为课业加重,学生需要一段适应期。到了5~6年级,学生的自我意识进一步发展,学业适应基本完成,师生关系重新回到亲密度较高的时期,但此时的师生亲密不再是单纯的崇拜,而是学生与老师的互相尊重,他们会对老师进行判断,亲近有才华、品格好的老师。

拓展阅读 >>>

罗森塔尔效应

心理学家罗森塔尔曾进行过一个著名实验。他对一所小学1~6年级的学生进行智力测验,从中随机选取了20%的学生,并告诉这些学生的教师,他们是非常有发展潜力的,将来可能表现出不同寻常的智力水平。8个月后,他再次进行智力测验,结果发现那些随机抽取的所谓有发展潜力的学生表现出了出乎意料的进步,尤其是一、二年级更为明显。

这个实验表明,教师的期望会对儿童心理发展产生直接、深远的影响,且这种现象在低年级学生身上表现得更为明显。因此,罗森塔尔效应也被称为教师期望效应。

二、小学儿童家庭教育的主要任务

进入小学后,儿童的生活和学习将发生巨大变化。为了帮助孩子更好地适应学校生活,促进孩子认知、情绪与社会性的发展,家长可以从以下六个方面开展小学儿童的家庭教育。

(一) 帮助孩子做好入学适应

进入小学后,由于幼儿园和小学的差异,以及这个年龄段儿童特有的心理发展特点,孩子会在学习、生活和人际关系等方面出现一些入学适应问题。比如,有的孩子不能适应长时间的课堂教学,经常走神、开小差等;有的孩子总是丢三落四;有的孩子不敢与老师交流,无法融入集体生活;等等。因此,小学阶段,家庭教育的首要任务就是帮助孩子增强学校适应性,尽快帮助孩子完成从"幼儿"到"小学生"的角色转变。

家长可以从心理、学习和人际关系三个方面入手,帮助小学生做好入学适应。首先,家长可以从孩子对学校的态度,如是否喜欢上学、是否愿意参加集体活动等来判断孩子是否适应小学生活。如果发现孩子出现了不适应的状况,可以先给孩子一段缓冲时间来过渡一下,并注意观察孩子每天放学后情绪和心理的变化。其次,家长可以帮助孩子做好学习方面的适应,比如,引导、鼓励孩子按时、独立完成学校学习任务,提前做好学习准备,及时完成对知识的复习、总结等。家长也可以多和孩子交流其学习方面存在的困难或者问题,以便及时帮助孩子,或者向老师寻求帮助。最后,家长还需要帮助孩子做好人际关系方面的适应,如及时了解孩子在学校的交往状况,是否有好朋友、是否被老师批评了等。家长如果发现孩子出现了人际关系适应不良,则可以有针对性地帮助孩子解决问题。

(二) 帮助孩子养成良好的学习习惯

小学阶段,尤其是小学低年级是培养学习习惯的关键时期。良好的学习习惯不仅可以帮助小学生更好地适应小学学习生活,提高学习效果和学习质量,还有利于培养孩子学习的成就感,使孩子终身受益。对于小学低年级的儿童来说,主要是培养基本学习习惯,即孩子为了适应学习生活而必须具备的行为习惯,如认真听课、认真书写、独立完成作业等。对于小学中、高年级的儿童来说,则可以在基本学习习惯的基础上培养更多样化的学习习惯,如预习、复习、自主学习、课外阅读、时间管理等。总之,家长可以根据小学生的年龄特点和学习要求,有针对性地帮助孩子养成良好的学习习惯。

在帮助孩子养成良好学习习惯的过程中,家长要注意以下三点:一是要对孩子提出合理、具体、可操作的要求,确保孩子能够清楚地知道自己应该做什么;二是要制订详细的计划,严格要求、定时反馈,确保孩子在长期、反复的训练过程中能够坚持下来,并有所成就;三是要注意与学校和教师做好沟通合作,家校合力,共同帮助孩子养成良好学习习惯。

(三) 培养孩子抵抗挫折的能力

随着小学生学习和生活的变化,他们会不可避免地遇到各种各样的挫折,如考试的失利、人际交往的失败等。孩子如果具备抵抗挫折的能力,就能够"化挫折为动力",反之则可能陷入一蹶不振的境地,甚至开始自我怀疑、自暴自弃、走向极端。因此,在小学阶段,家长有必要培养孩子抵抗挫折的能力,帮助他们学会在挫折中变得更强大。

为培养孩子抵抗挫折的能力,家长首先要帮助孩子认识到挫折的普遍性,以正确的心态看待挫折,即人生不可能一帆风顺,总会遇到挫折和逆境。这样,当挫折来临时孩子便可以坦然地接纳挫折,接纳自己。其次,家长还要帮助孩子学会积极面对挫折,掌握应对挫折的必要的方法。比如,要冷静、客观地分析事件发生的经过,寻找挫折产生的原因,思考解决办法,尽量避免下次挫折的发生。最后,家长还可以利用生活和学习中的事件,有意识地对孩子进行挫折训练,避免对孩子过度保护,让孩子可以真正经历一些挫折事件,体验人生的酸甜苦辣。这些真实的挫折训练可以是一项需要挑战的体育运动,如长跑;也可以是专门的挫折训练活动,如"荒岛求生""饥饿日"等。

(四)注重孩子的同伴交往

小学生逐渐开始理解友谊的真正意义,有了自己的小圈子,害怕被同伴拒绝。但是,有些孩子可能因为缺乏人际交往技巧而交不到朋友。这不仅不利于小学生人际交往能力的发展,也可能对其学业成绩、心理健康等造成不良影响,甚至引发攻击、暴力等反社会性行为。因此,家长要注重孩子的同伴交往情况,帮助孩子建立良好的同伴关系。

首先,家长可以教给孩子一些基本的人际交往礼仪、规则,让孩子学会表达友善。比如,学会使用"请问""谢谢""不客气"等礼貌用语;学会积极倾听,不随意打断别人等。其次,家长还可以教孩子如何正确表达自己的想法。家长可以跟孩子一起模拟一些典型的情境,让孩子熟悉在不同情境下如何表达自己的想法。比如,当想要和同伴一起玩耍时,可以发出请求:"请问,我可以加入你们吗?"再次,家长还可以帮助孩子学会恰当表达自己的情绪,恰当的情绪表达有利于建立良好的同伴关系。家长可以利用情绪表达句式教给孩子通过语言和恰当的肢体动作等方式表达自己的情绪。比如,当生气时可以通过语言表达"你这样做让我感到很生气",或者通过暂时离开的方式避免冲突升级。最后,家长还应该尊重孩子的交往兴趣,允许孩子自己选择朋友,并尊重孩子的选择,鼓励孩子邀请同伴到家里做客等。

(五)帮助孩子建立良好的师生关系

对于小学生,尤其是低年级的小学生而言,教师在他们心目中有着"权威""神圣"的特殊地位。他们经常会因为"亲其师"而"信其道"。小学阶段也是教师期望效应最明显的时期。教师对小学生的发展具有极为重要的作用。因此,家长有必要帮助孩子与教师建立良好的师生关系。

首先,家长要保护好教师在孩子心中的权威形象。师生关系的好坏和家长的引导有很大的关联,想要让孩子与教师建立良好的师生关系,家长需要帮孩子树立教师的威信,如不在孩子面前说教师的坏话,主动树立尊敬教师的榜样示范等。其次,家长可以传授孩子一些与教师交往的技巧,如要多和教师沟通,主动帮助教师做一些力所能及的事情等。当孩子与教师发生冲突时,家长要引导孩子正确处理。如要冷静客观地回顾事情的全过程,学会换位思考,站在教师的角度考虑问题等。最关键的是,家长自身要保持冷静的态度,不要当着孩子的面与教师发生冲突,或者采用使冲突升级的"校闹"等方式,而是尽量引导孩子自己解决问题。如果孩子实在解决不了,家长再提供支持和帮助。

(六)培养孩子的自尊与自信

根据埃里克森(Erik H.Erikson,1902—1994)的心理社会发展理论,在小学阶段,如果孩子的学习得到了同伴、老师和家长的认可,他就会获得成就感;相反,就可能产生自卑感。当成就感大于自卑感时,孩子就会相信自己的能力,积极主动地应对学习、工作、生活中的各种问题,这与孩子自尊与自信的建立有着密切的关联。在小学阶段,家庭教育还需要注重小学生自尊与自信的培养,引导他们正确看待他人的评价,以积极的心态面对学习与生活。

▌ 拓展阅读 >>>

埃里克森心理社会发展理论的八个阶段

心理学家埃里克森的心理社会发展理论(psychosocial development theory)认为,人生有八个发展阶段(表8-1),在每个阶段,都有一项重要的与冲突有关的危机,成功解决该阶段的危机,就能顺利过渡到下一阶段;而危机没有解决,则可能妨碍人格的健康发展。

表8-1 埃里克森心理社会发展理论的八个阶段

阶段	年龄	发展关键
1	从出生到1岁	信任对不信任:婴儿与看护者之间能否发展出健康依恋关系,婴儿能否全然信任看护者
2	1~3岁	自主对怀疑、羞愧:幼儿能否学习对自己身体的掌控,并因为自己的选择产生自主感或怀疑与羞愧感
3	3~6岁	主动对内疚:儿童能否主动探索新事物,是否会被探索失败的内疚打败
4	6~12岁	勤奋对自卑:儿童能否勤奋地投入学习,克服自卑感
5	12~19岁	同一性对角色混乱:青少年发展自我意识、确定自我意识的时期,能否了解、学习社会角色规范,找到自己的角色定位
6	19~25岁	亲密对孤立:成人能否与他人建立亲密关系,并且在事业中感受到自己的价值,不被孤立
7	25~50岁	生育对停滞:成人能否通过生育延续价值,并应对人生陷入发展停滞的危机
8	50岁之后	自我整合对绝望:成人是否愿意接受自己的一生,如能接受则完成自我整合,反之则陷入绝望

首先,家长要善于发现孩子的闪光点,多给予孩子积极的反馈,但要避免"你最棒""你最优秀"这种笼统的表扬,而应清楚描述表扬的理由,即孩子具体在哪方面做得好。描述式的鼓励本质上是对孩子良好行为的一种强化,可以让孩子产生持续前进的动力,不断获得自信,建立自尊。其次,家长要注意批评的方式、时间、地点及孩子的可接受性,以免伤害孩子的自尊。再次,家长可以多给孩子创造一些展示自己的机会,如带孩子多参加亲子游戏、公益活动等,让孩子在其中尝到成功的喜悦,增强自尊和自信。最后,家长不要总是拿自家孩子与其他孩子比较,这种"横向比较"很容易打击孩子的自信,伤了孩子的自尊,甚至让孩子产生习得性无助。但家长可以鼓励孩子与自己进行"纵向比较",当孩子进步时及时鼓励和肯定;当孩子遇到困难时,和他一起分析原因、寻找解决方法。在这个过程中,孩子可以明显感受到自己的努力和进步,并在每一次的进步中获得成就感,不断增强自尊和自信。

第五节　中学生的家庭教育

中学阶段是孩子开启初中和高中学习的时期,即 12~18 岁阶段。由于这个阶段的孩子正处于青春发育时期,所以这个阶段也经常被称为青春发育期(简称青春期)。青春期是继婴儿期之后的第二个生长发育"加速期",是儿童与成人之间的"过渡期"。了解这个阶段中学生身心发展的基本规律有利于家庭教育工作的顺利开展。

一、中学生身心发展的基本规律

中学生正处于生理上蓬勃成长、急剧变化的时期。随着生理的剧变,他们的心理也发生着相应的变化。但由于心理的发展速度跟不上生理的变化,他们呈现出成人感与幼稚感、独立性与依赖性、开放性与封闭性、渴求感与压抑感、自制性与冲动性并存的矛盾状态。下面将主要从生理发展、认知发展、情绪与社会性发展三个方面阐述中学生的身心发展规律。

(一)生理发展

处于青春期的中学生,身体在激素的作用下会发生多种多样的变化,总结起来主要有三大变化。

一是身体外形的变化。中学生的身高、体重、胸围、头围、肩宽、骨盆等都在加速增长,并出现了喉结、乳房、阴毛、腋毛等"第二性征",初步具备了成人的体貌特征。身体外形的变化使得中学生产生了心理上的"成人感",认为"我已经长大了"。

二是内脏机能的健全。中学生的心脏、肺部、大脑神经系统等体内器官和组织的生理机能在迅速增强,并逐渐趋于成熟。心肺等内脏机能的健全使得中学生在肌肉力量、肺活量、耐力、灵活性等方面均强于小学生,甚至接近成人水平,也进一步增强了中学生心理上的"成人感"。此外,青春期也是儿童大脑顶叶、额叶成熟的过渡期。此时,中学生大脑神经系统基本成熟,在结构上和成人基本没有什么差异了。大脑的机能,尤其是内抑制机能显著发展并逐步趋于成熟。这使得中学生的反应速度和精确性有了显著提高。同时,在脑下垂体、甲状腺、肾上腺等分泌的激素影响下,中学生大脑神经系统的兴奋性也在增强。这使得中学生容易情绪激动,也容易疲劳。直到25岁左右,个体的大脑和神经系统才会达到成人水平。

三是性的成熟。中学生的生殖器官开始迅速发育,并完成了性器官与性功能的成熟。女生开始出现月经;男生开始出现遗精。性成熟使得中学生出现了对性的好奇和矛盾心理,比如,在情感上渴望接近异性但又感到害羞,开始通过打扮来吸引异性的目光,等等。性器官是人体发育最晚的器官,其发育成熟标志着人体全部器官接近成熟。

(二) 认知发展

中学生的思维能力已经达到了思维的高级阶段,即成人的逻辑思维水平。此时,他们能进行抽象的形式推理,而不需要依靠具体的事物了。

中学阶段是逻辑思维的质变阶段,其中初二年级是抽象逻辑思维发展的关键期,高二年级是抽象逻辑思维发展的成熟期。研究发现,从初二年级开始,儿童的抽象逻辑思维由经验型水平(需要感性经验的直接支持)向理论型水平(能够用理论作指导对材料进行分析、综合)转化;高一年级到高二年级(15~17岁)是抽象逻辑思维发展成熟或者趋于"初步定型"的时期。在高中阶段,中学生的各种思维成分基本上趋于稳定状态,思维的可塑性逐渐变小。因此,高中生的思维水平和成人的思维水平基本一致。思维的初步定型也会导致学生在高二和高三时成绩相对稳定,很少波动。

这个时期,中学生思维的最大特点是矛盾性,即思维上的独立性与片面性并存。一方面,中学生思维的独立性和批判性有了显著的发展。他们开始喜欢怀疑、辩论,不再轻信成人,比如教师、家长及书本上的"权威"意见,这导致他们容易出现顶撞长辈或老师的情况。另一方面,中学生对问题的看法还常常是只顾部分,忽视整体;只顾现象,忽视本质,容易出现片面化和表面化。这表现为中学生有时毫无根据地争论,有时孤立、偏执地看问题,有时爱走极端、钻牛角尖等。

随着抽象逻辑思维和大脑等的发展,中学生在语言、记忆、决策等方面也出现了相应的变化。他们的语言表达更具逻辑性、条理性,语言理解能力大幅提高;他们的短时记忆能力有较大提升,短时记忆容量为7~9个组块,明显高于正常人短时记忆容量的5~9个组块;他们的决策能力还未完全成熟,还较多受到愤怒、喜悦、恐惧等情绪的影响。

(三) 情绪与社会性发展

1. 情绪发展

处于青春期的中学生进入了情绪的"疾风骤雨"期。这个时期,他们的情绪变得丰富而深刻,兴奋性较高、稳定性较差,两极性十分明显,总体表现出不稳定的特点。他们一会儿高兴,一会儿难过,一会儿开心,一会儿沮丧,经常弄得教师和家长不知所措。比如,取得好成绩时非常高兴,表现得唯我独尊;一旦失败了,又陷入极端苦恼的情感状态。相对而言,女生更敏感,情绪体验更细腻、更丰富;而男生则更易怒,情绪不稳定,遇事更容易被激发强烈的情绪反应。女生比男生更早经历情绪的"疾风骤雨"期,比如女孩在 11~13 岁时情绪波动最大,也最强烈;而男生的时间在 13~15 岁。

中学生在情绪上的这些变化主要与其大脑兴奋性增强、发育不平衡有关。大脑中的杏仁核是产生情绪、识别情绪和调节情绪的脑区,在青春期开始迅速发育,故中学生比小学生更容易产生强烈的情绪体验。另外,由于大脑前额叶是控制情绪冲动的脑区,从 2~3 岁开始发育,一直持续到 6 岁达到高峰,之后发育趋缓,一直到 20 岁左右才发育成熟。而中学生处于前额叶发育不足的状态,因此情绪控制能力较弱,容易出现情绪不稳定现象。

2. 自我同一性发展

中学生在生理、心理及认知能力等方面的快速发展,使得他们产生一种心理上的"成人感",并促使他们开始各种各样的自我探索和尝试,积极思考"我是谁""我想成为一个什么样的人""我未来想过怎样的生活"等问题的答案,力求找到自己在人群中的位置与价值,逐渐建立自我同一性。自我同一性是指个体将自身的过去、能力、认识、信仰等进行组合,纳入一个连贯一致的自我形象。心理学认为,建立自我同一性是青少年时期的一个重要发展任务。

中学生的自我同一性发展存在较大的个体差异,不同的中学生可能处于同一性发展的不同状态中。根据自我探索及同一性获得的不同状态,自我同一性可以分成表 8-2 中的四种状态类型,不同的同一性发展状态会导致不同的发展结果。

表 8-2　自我同一性发展状态及发展结果

发展状态	举例	发展结果
同一性弥散(没有为自我探索而努力,未获得同一性)	我不知道未来要做什么	看似"无忧无虑",但可能会出现严重的适应问题,表现出焦虑、抑郁、神经质等不良反应
同一性早闭(未通过自我探索,直接获得同一性)	我要当医生,因为我妈妈觉得我适合当医生	通常会成为父母期望中的样子,但由于依赖性较强,缺乏主见、容易盲从、服从权威,因而在遇到挫折时容易丧失目标和信心,应对挑战能力相对较差
同一性延缓(正在进行自我探索,尚未获得同一性)	我想要成为老师、主持人或经纪人,但我还没想好选哪一个	这个阶段是形成自我同一性的必经过程,只有通过各种不同的尝试和探索,经历自我怀疑、混乱、冲动,才能建立自我同一性,未来才能获得更好的发展
同一性达成(通过自我探索,获得同一性)	我喜欢跳舞,我想要当舞蹈家	对自己有清晰的认识,了解自己的优点和不足,对未来有清晰的目标,对学习、工作和生活能够热情地投入,成就动机较强

3. 社会性发展

进入青春期后,同伴关系成了中学生最重要的人际关系。他们的同伴交往模式从小团体过渡到了亲密朋友,与同伴的关系更加亲密,比如女生有了"闺蜜",男生有了"好哥们儿"。由于性意识的觉醒,他们开始从同质性交往转向异质性交往,对异性交往需求增加,比如中学生开始默默关注异性,渴望和异性交往,甚至有了喜欢的异性并发展出恋爱关系。另外,由于大脑发育、情绪加工方式和自我意识等多方面因素的影响,中学生在同伴交往中还容易出现同伴矛盾、校园欺凌。

与小学生相比,中学生对老师有了更客观和理性的评价,不再一味听从老师的话。有时候,他们还会苛刻地评价老师,甚至与老师产生冲突。不过,他们也会真心佩服和崇拜能够让他们信服的老师。

随着中学生自主性的增强,他们对父母的依恋减少,甚至开始疏远、反抗父母。比如,他们与父母之间较少出现拥抱、抚摸等身体接触,有时候也不愿意和父母沟通。由于自我意识高涨和父母过度控制等原因,中学阶段也是亲子冲突的高发时期。中学阶段亲子冲突发生的频率和强度呈"倒 U 型"发展趋势,即亲子冲突在青少年早期呈上升趋势,在青少年中期保持较高水平,在青少年后期则开始减少。其中,言语和情绪冲突是青春期亲子冲突的主要形式,学业是引起亲子冲突的主要方面。此外,中学阶段亲子冲突还存在性别差异,即女孩在青春期早期(12 岁左右)和父母产生更多的争执,而男孩与父母争执最频繁的时期是青春期晚期(15 岁左右)。

此外,中学生在行为上冲动、大胆又自恋,表现出"个人神话"的特点。这种"个人神话"主要表现在三个方面:"独一无二"(uniqueness)、"无懈可击"(invulnerability)、"无所不能"(omnipotence)。他们会认为自己是与众不同的,拥有一种别人没有的能量或者力量,不可能受到伤害。因此,中学生有时会感到自己威力巨大、刀枪不入,做出一些让教师和家长不能理解的违纪、冒险、冲动、自恋又危险的行为,比如打架斗殴、抽烟、喝酒、赌博、婚前性行为、飙车、网恋、沉迷于网络游戏等。

二、中学生家庭教育的主要任务

中学生处于青春期阶段,面临着比其他年龄段更多的问题和挑战,因此这个时期的家庭教育显得尤为重要。如果家庭教育开展得好,则可以帮助中学生顺利度过青春躁动期,化"危"为"机"。根据中学生身心发展的基本规律,其家庭教育的主要任务有:

(一) 开展青春期教育,帮助孩子应对青春期困惑

由于生理和心理发展的原因,处于青春期的中学生不可避免会遇到很多困惑和问题。为了帮助中学生应对青春期的诸多挑战,顺利度过青春期,家长有必要开展青春期教育。

首先,家长要帮助孩子了解青春期身体变化,掌握必要的青春期生理知识。对于刚刚进入青春期的中学生来说,身体上的一些巨大变化,尤其是性的发育和成熟可能

会给他们带来一定的烦恼和困惑。比如,对于女生来说,月经初潮的突然出现会让她们感到不安和恐惧,甚至感到害羞。还有些中学生因为发育较晚,迟迟未出现青春期的变化,可能因此产生自卑心理。为了帮助孩子正确看待并适应青春期的变化,家长可以加强亲子沟通,在日常交流中与孩子谈谈自己青春期的心路历程,帮助孩子更坦然、自信地面对身体变化。此外,家长还可以传授孩子一些实用的青春期生理卫生知识,比如,如何选购卫生用品,如何选择合适的内衣裤,如何保持月经期卫生,等等。

其次,家长要关注孩子青春期的心理变化,帮助孩子度过"青春迷惘期"。除了生理变化外,青春期孩子的心理也发生了很多微妙的变化。他们可能会变得敏感、叛逆、多愁善感;他们也可能会因为倾慕某个异性,或者被同伴排斥而烦恼不已;他们还可能因为想不清楚自己是谁、将来想干什么、活着有什么价值等问题而陷入迷茫等。对此,家长要多关心青春期孩子的心理变化,而不仅仅关心孩子的学习成绩。

(二)理解孩子的尝试和探索,引导孩子建立自我同一性

自我同一性的达成需要通过充分实践和探索,然而孩子在自我探索的过程中的一些行为可能会被家长误认为是青春期的叛逆,不被认可,甚至被责备。他们还可能在这个过程中对自己感到失望,对前途感到迷茫,比如纠结朋友为什么没有给自己点赞,思考朋友是不是对自己有什么不满,从而丧失学习动力,甚至对任何事情都失去热情。家长需要意识到,孩子出现这些现象其实是一种好的开始,是孩子寻求长大、回答"我是谁"这些问题的尝试。因此,所谓的"叛逆"的孩子,也往往是在更充分、更勇敢地探索自我,而不只是为了跟家长作对,他们因此更容易建立自我同一性,在未来会获得更好的发展。故而家长要正确审视孩子的"叛逆"行为,避免因为一些不当的做法影响孩子自我同一性的发展,阻碍孩子自我同一性的建立。

家长要尊重和理解孩子的"叛逆"行为,减少对孩子的心理控制,避免打着"为孩子好"的借口,将自己的愿望强加到孩子身上,掩盖孩子自身真实的想法和感受。同时,家长要采用更加民主、宽容的教养方式来对待青春期的孩子,充分理解他们的各种尝试和探索,允许孩子对个人兴趣的重新选择,包容孩子在处理问题方面的新做法。此外,为了引导孩子的积极探索,家长要跟孩子明确行为的底线和原则,比如,不触犯法律法规,不做伤害别人和自己的事情等。家长要和孩子多交流,了解他们真实的想法,倾听他们内心的需求。家长的正确引导和支持可以帮助青春期的孩子更好地成长,让孩子在追逐梦想的过程中变得努力、坚韧、合作、勇敢。

▌ 拓展阅读 》》》

家长教养方式对孩子自我同一性发展的影响

同一性弥散状态:家长往往表现出冷漠、不关心的态度,经常否定孩子的行为。

同一性早闭状态:家长具有较强的操控意识,往往会阻止孩子表达与自己不同的观点,但和孩子的关系通常比较亲密。

同一性延缓状态:家长会给予孩子充分自由,允许孩子探索和尝试,鼓励孩子

思考自己的人生,并为孩子提供支持。

同一性达成状态:家长鼓励孩子自主,在与孩子相处过程中,互相表达自己的不同观点,共同进行探讨。

(三)开展学习指导,帮助孩子学会学习

进入中学后,学习成了中学生的重要任务之一,其学习任务、学习难度和学习压力均明显大于小学阶段。因此,帮助孩子学会学习也成了中学生家庭教育的主要任务之一。

帮助孩子学会学习,要注意培养孩子的自主学习能力,帮助孩子进行学习反思。随着中学生自我意识、成人感、自主意识和自主能力的进一步增强,他们在学习上已经不像小学生那样需要时刻监督和管理。如果家长管得过紧,他们反而会产生逆反心理,甚至因此爆发亲子冲突。因此,有必要培养中学生的自主学习能力。培养孩子的自主学习能力,首先家长要学会放手,给予孩子一定的学习主动权,即相信和允许孩子可以管理好自己的学习,不过多干涉孩子的学习。比如,什么时候写作业,什么时候休息,都可以由孩子自己来决定。

其次家长要注意帮助孩子学会学习,学会进行反思。在中学阶段,家长帮助孩子进行学习反思,主要针对学习过程,而不是盯着学习结果,一味地批评孩子的考试成绩并不能起到任何督促作用。学习反思可以从以下几方面入手:第一,指导孩子对学习计划的执行情况进行反思,比如,是否完成了计划所列的内容,在执行过程中存在哪些问题,存在的问题该如何改进;第二,引导孩子思考目前的学习方法是否有效,是否适合自己,每个学科是否都找到了比较合适的学习方法;第三,在考试结束之后,还可以采取复盘考试过程的方法,帮助孩子查找、分析考试成功或失败的原因,总结经验和教训。

▌ 拓展阅读 >>>

元认知与学习反思

元认知是学习者对自身的学习活动、思维活动或记忆的认知和控制,即对认知的认知。此时,学习并不仅仅是主体对所学知识的识别、理解和加工的认知过程,也是其自我观察、自我评价和自我调节的元认知过程。从某种意义上说,元认知的发展水平是人类认知能力水平的根本体现和最高形式。

基于心理学的"元认知"理论,学习反思是学习者对自身学习活动的过程,以及过程中所涉及的事物、材料、信息、思维、结果等学习特征的反向思考,也叫"反思性学习"。例如,家长经常会问孩子:"今天学的知识都会了吗?"就是促使孩子对自己一天的学习进行整体性总结反思,是否还有没弄懂、需要继续学习的地方。

帮助孩子学会学习,还需要帮助孩子应对学习压力。由于学习任务和学习难度的加大,以及升学压力的存在,中学生面临较大学习压力。另外,由于青春期孩子大脑的兴奋性增强,中学生的中枢神经系统处于过分活跃状态,他们更容易受到压力影响。长期处于高压力状态下,不仅会对孩子的学习造成负面影响,还可能给孩子带来一系列的身心健康问题,比如失眠、焦虑、抑郁等。因此,家长有必要帮助孩子学会应对学习压力。首先,家长要摆正自己的心态,不给孩子过多的学习压力。比如,不要给孩子设置不合理的学习期望,不给孩子提过分的学习要求,不以单一的标准评价孩子的学习效果,在中考和高考等重要考试来临之际不给孩子"添乱",等等。其次,家长可以通过合理安排孩子的课外活动时间和学习时间,鼓励孩子参加户外运动、体育锻炼,允许孩子发展兴趣爱好等多种方式来合理调节其学习过程中的压力。最后,家长要正确看待孩子学习过程中的倦怠期、平台期,允许孩子的学习成绩有波动,接纳孩子学习过程中有挫折等。

(四)帮助孩子应对同伴压力,正确处理异性关系

对于青春期的孩子来说,家长和教师已经不再是他们人际交往的主要对象,亲密的同伴对他们来说意义更重大。他们希望能够获得同伴的接纳和喜欢,也会通过模仿他人来进行自我探索。有时候,为了获得同伴的认可和接纳,他们会努力维持与同伴的一致性,因此有些孩子在遇到事情的时候会失去自我,一味顺从别人,有些孩子则会对与自己不一致的同伴施加压力。这就是同伴压力。同伴压力可能会让孩子失去独立思考的能力,给孩子的人际关系带来极大困扰,甚至可能会导致校园欺凌现象的发生。因此,家长有必要帮助孩子应对同伴压力,比如,可以和孩子深入探讨"什么是真正的朋友""交朋友的底线是什么""如何学会拒绝别人"等问题。

此外,青春期的孩子还面临着异性交往的问题。不管男生还是女生,都开始对异性产生兴趣,并在情感上渴望接近异性。为了吸引异性的注意,他们还开始特别注意自己的外表仪容,开始追求打扮。有些孩子还会因为把握不好与异性交往的尺度和距离,造成一些不必要的误会和麻烦。作为家长,要正确看待孩子与异性交往,在鼓励孩子进行异性交往的同时,让孩子学会把握好尺度,比如,不要简单粗暴地阻止孩子的异性交往,甚至给其贴上"早恋"的标签;要告诉孩子在异性交往中保持底线,学会保护自己;要正确处理异性交往和学习的关系;等等。

学习活动:案例分析 >>>

校园欺凌是发生在校园内、同伴间的一种欺凌行为。因为中学生身体发育迅速、情绪控制能力较差,中学生的校园欺凌经常伴随一定程度的暴力。与发生在小学的校园欺凌不同,中学生一旦遭遇校园欺凌,家长往往最后才知道。甚至在已经造成无法挽回的后果之后,家长都还不清楚孩子在学校遭受了欺凌。

请结合中学生的心理发展特点与同伴交往规律,进行分析:

1. 为什么中学生在遭遇校园欺凌之后,有不少人不告知家长?这样的家庭可能存在什么问题?

2. 家长应该如何做,才能创造一个让孩子敢于分享这些信息的家庭氛围?

(五)正确处理亲子冲突

由于孩子自主意识高涨、家长不恰当的家庭教育方式等多方面的因素影响,青春期是亲子冲突频发的时期。研究发现,亲子冲突最多、最激烈的三个方面分别是学业、日常生活安排和家务。在青春期,存在亲子冲突并不可怕,关键是如何处理。如果家长能够正确处理亲子冲突,则可以化"冲突"为亲子共同成长的"契机";否则,将可能严重损害亲子关系。

正确处理亲子冲突,家长要学会调整与孩子之间的距离。随着孩子慢慢长大,他们需要的空间也越来越大,这就要求家长适当拉开与孩子之间的距离。比如,家长要学会放手,让孩子自主管理自己的学习和生活,不过多干涉;要尊重孩子的私人空间,不随意窥探孩子的隐私;要学会给孩子选择的机会,不强迫孩子做不愿意的事情;等等。当然,与孩子保持适当的距离并不意味着对孩子放任不管、不闻不问。相反,家长需要加强与孩子的沟通交流。不过,与青春期孩子沟通要讲究方式方法。比如,要选择合适的时机,在日常生活中加强交流,而不是刻意交流;要多一些耐心倾听,少一些唠叨和说教;要多一些平等、真诚,少一些居高临下、虚情假意。此外,家长还可以通过一些家庭亲子活动,如共同参与家务劳动、计划外出旅行、开展家庭读书会等加强亲子互动,提高亲子之间的亲密性。

(六)帮助孩子做好职业生涯规划

帮助孩子做好职业生涯规划,家长首先要帮助孩子做好自我探索。家长可以从兴趣、性格、能力和价值观四个方面帮助孩子充分了解自己,即帮助孩子弄清楚"我喜欢做什么""我适合做什么""我擅长做什么""我应该做什么""我认为做什么是值得的"等一系列问题。其次,家长要帮助孩子做好外部环境探索。家长可以从专业、大学和职业三个方面来帮助孩子进行外部环境探索,帮助孩子早日确立自己喜欢的专业、目标大学以及未来想从事的职业。家长可以通过带孩子走进大学、工厂、企业去真正地了解这些知识,也可以通过书籍、专业的生涯咨询机构等帮助孩子了解相关知识。最后,家长要引导孩子在明确职业生涯目标之后,做出实际可行的计划,并脚踏实地地一步一步朝目标努力。需要注意的是,家长帮助孩子做好职业生涯规划并不等于替孩子作出选择和决定,即家长要避免包办代替。

理解·分析·应用

1. 请结合弗洛伊德的精神分析理论,论述婴儿期培养儿童如厕习惯的重要性。

2. 简述小学生在生理、认知和情绪与社会性发展方面的基本规律。

3. 根据埃里克森的心理社会发展理论,小学阶段需要培养儿童的哪些方面?

4. 中学生为什么会出现同伴压力?家长要如何帮助应对?

5. 中学生为什么要开展职业生涯规划?家长如何通过家庭教育帮助孩子开展职业生涯规划?

6. 都说"叛逆"是每个青少年家庭的父母都头疼的问题。请结合中学生的身心发展规律,向家有"叛逆"青少年的父母解释这一现象的合理性,并给出策略,引导父母正确对待孩子的"叛逆"。

拓展阅读指导

1. 边玉芳.读懂孩子:心理学家实用教子宝典:0—6岁[M].北京:北京师范大学出版社,2014.

2. 边玉芳.读懂孩子:心理学家实用教子宝典:6—12岁[M].北京:北京师范大学出版社,2014.

3. 边玉芳.读懂孩子:心理学家实用教子宝典:12—18岁[M].北京:北京师范大学出版社,2014.

4. 伍新春,张军.儿童发展与教育心理学[M].3版.北京:高等教育出版社,2020.

第九章

特殊家庭与儿童的家庭教育

9

【学习目标】

1. 了解各类特殊家庭和特殊儿童的界定。
2. 了解离异、留守和流动等特殊家庭可能存在的家庭教育问题。
3. 掌握离异、留守和流动家庭的家庭教育策略。
4. 掌握生理缺陷、情绪与行为障碍、学习障碍儿童以及超常儿童的家庭教育策略。

【知识导图】

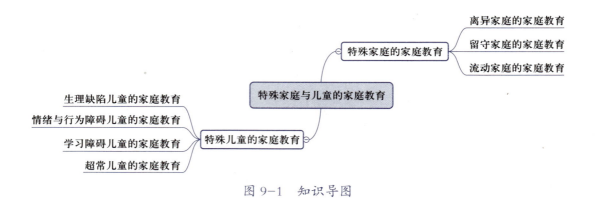

图 9-1　知识导图

【情境链接】

　　小蓉是一个名副其实的留守儿童,她生活的村子里,大部分孩子都是留守儿童。所以她也不知道自己算不算特殊。她一岁的时候父母便去了大城市打工,从小和爷爷、奶奶一起生活。她还不懂事时,总是哭喊着让爸爸、妈妈回来陪自己,但经济压力让这对年轻的夫妻根本不敢回乡。后来,小蓉懂事了。10 多年后,她以优异的成绩考入了北京名校。这一成果是所有人都没想到的。

　　可能只有小蓉知道,虽然爸爸、妈妈一直不在身边,但他们一有空就给自己打电话,天南海北地聊,鼓励她、支持她,听她讲述学校的琐事、学业的压力,也听她倾诉对父母的思念。小蓉的父母虽然没有在空间上陪在小蓉身边,但在心理上无时无刻不陪着女儿的成长,他们很清楚这是落在自己身上的家庭教育责任。而小蓉的爷爷、奶奶虽然文化程度不高,但是对小蓉十分爱护,替小蓉的父母承担起了照顾、陪伴的责任。学校开家长会时,爷爷一定到场,并且很关心小蓉的学校生活,特地了解小蓉都有哪些好朋友。小蓉知道,她能成功考上北京的大学,离不开爷爷、奶奶的呵护和爸爸、妈妈的心理陪伴。

　　随着我国经济、社会的发展,以及政策环境的变化,像小蓉这样的留守儿童不少见,而其他类型的特殊家庭的儿童、特殊儿童也已经成为我国人口中不可忽视的一部分。不完整的家庭结构、特殊的身心问题,都让这些儿童比一般儿童更容易发展出消极情绪、适应问题、行为障碍、学习障碍,影响他们的发展。但实际上,结构不完整的家庭并不代表无法发挥家庭教育的功能;有生理缺陷的孩子也不代表不能接受家庭教育。相反,家庭教育在面对这些特殊群体时,是极好的补充剂。做好特殊家庭与特殊儿童的家庭教育,可以最大限度地帮这些儿童弥补劣势,甚至变劣势为优势,为他们的人生提供一条更为敞亮的路。

第一节 特殊家庭的家庭教育

特殊家庭是相对于普通家庭而言的,指家庭结构不完整、家庭功能不全面的家庭。随着社会发展变迁、社会生活方式的变革、婚恋观念的改变等,离异、留守和流动等特殊家庭越来越多。家庭结构不完整、家庭经济条件差、家长工作不稳定等因素,容易造成生活在这样的家庭中的儿童学业不良、心理健康问题突出和社会适应不良等诸多问题。帮助这些特殊家庭做好家庭教育不仅有利于生活于其中的儿童的健康成长,还有利于这些家庭的幸福、美满,更有利于社会的和谐、稳定。

一、离异家庭的家庭教育

离异家庭是指由于父母婚姻破裂而形成的只有父亲或只有母亲与未婚子女的家庭,是单亲家庭的一种形式。随着婚姻观念的变化,离婚率上升,离异家庭成为一个特殊的社会群体。父母离异对未成年子女的心理发展有显著的消极影响,且这种影响是整体性的、长期的。与普通家庭的儿童相比,离异家庭的儿童在智力、同伴关系、亲子关系等方面均明显较差,有更多的情绪和行为问题。比如,他们学习成绩更差,旷课、迟到、早退的比例更高;更容易被同伴拒绝,与父母的亲子关系也更差。因此,做好离异家庭的家庭教育,对于生活于其中的儿童的健康成长和这些家庭的幸福来说都具有重要意义。

(一)离异家庭可能存在的家庭教育问题

由于家庭结构不完整、家庭经济压力大、家长心态失衡等多种因素的影响,离异家庭在家庭教育方面主要面临以下问题:

1. 家庭心理环境恶化

离异对于家长来说是一件严重影响其生活和心理状态的重大事件。无论离婚对家长来说是否是一个更加积极的选择,都会在一段时间内影响整个家庭的心理状态。有研究表明,离婚给男女双方都会带来一定程度的心理问题,他们的心理健康状态普遍下降,但随着新生活秩序的建立,又会逐渐恢复,其中,女性的恢复比男性更慢。另外,单亲女性家庭比单亲男性家庭更容易陷入贫困状态,因此无法为孩子提供较为安全的心理环境。在家长较好地适应新生活之前,家庭心理环境难免受到离婚事件的负面影响,进而影响孩子的心理健康。

2. 家庭教育资源缺失

在一个完整的家庭中,夫妻双方彼此分工、相互配合,共同抚养和教育孩子。在离异家庭中,教育的一个明显局限就是双亲教育变成了单亲教育,即大多数时候主要由父亲或者母亲单独抚养和教育孩子。在一个家庭中,父亲和母亲角色有着独特的、无法替代的作用。家庭中缺乏父母一方的角色示范势必造成家庭教育资源的缺失,可能导致孩子出现异性交往、性别角色发展等方面的问题。比如,在缺乏父亲角色家庭中长大的孩子可能会出现缺乏阳刚气、果断性、独立性等性格缺陷,将来可能较难处理亲密关系。

3. 家庭教育总量不足

和结构完整的普通家庭相比,离异家庭往往面临着家庭结构不完整的问题,即存在父亲或者母亲角色的缺失。因此,在离异家庭,单身父亲或单身母亲需要同时扮演好三重角色:母亲、父亲和职员。多重角色的存在容易导致单身家长出现角色冲突,从而出现顾此失彼、疲于奔命的现象,最终没有时间和精力对子女实施家庭教育。另外,离异家庭还可能面临一定的经济压力。因此,有些单身家长为了缓解家庭经济压力,拼命工作,忽视了子女的教育,这可能导致离异家庭的子女出现无人照管的现象,甚至成为"问题儿童"。

4. 家庭教育分工不协调

离异家庭的家长还容易在教育子女方面出现分工不协调、难以达成一致意见的问题。比如,有的父母离异后会出现互相推诿的现象,即离异双方都不愿意承担抚养和教育子女的责任,不愿意管孩子;有的父母离异后则会出现相互争夺子女抚养权的现象,甚至因此对簿公堂;有些家长主观上想承担抚养和教育子女的责任,但是客观经济条件、身体条件等不允许;还有些家长在取得子女的抚养权后拒绝甚至阻止原配偶探视、教育子女,剥夺原配偶的教育权,破坏其与子女的亲子关系。

(二)离异家庭的家庭教育策略

离异并不一定是件坏事。对于儿童来说,确实是原有家庭关系破碎。对于父母来说,离异意味着终结一段不和谐的婚姻关系,这比延续已经有裂痕的夫妻关系,可能对孩子的影响反而是积极的。关于不恰当的婚姻对孩子的危害,心理学家阿德勒认为:"婚姻不和谐的家庭,既不是社会生活的产品,也不能作为社会生活的准备。婚姻的意义是两个人共同结合以谋求相互间的幸福,他们孩子的幸福,以及社会的幸福。如果它在任何一个方面失败了,就无法与生活协调一致。"[1]

因此,父母如果双方基于感情破裂的共同认知而离异,也是作出了恰当的选择。离异并不一定代表着对儿童有不可挽回的负面影响,且父母双方可以共同努力去处理这种影响。有研究者认为,父母离异之后的家庭功能比家庭结构对儿童的适应力影响力更大,儿童对父母离异的适应力应该被视为一个发展的过程,而非一个单独的事件。[2] 也就是说,比起家庭结构的变化,离异之后父母双方仍旧正常履行家庭教育职责、发挥家庭的教育功能,就能加强儿童对父母离异的适应力,降低父母离异带来的负面影响。离异家庭可以从以下几个方面做好子女的家庭教育:

1. 家长要正确处理离异和履行家庭教育职责之间的关系

离异双方在教育孩子这个问题上容易出现"踢皮球"或者"相互争夺"的现象,即都不愿意承担抚养和教育孩子的职责,或者都想要争夺孩子的抚养权、教育权。无论

---

① 阿德勒.阿德勒论灵魂与情感[M].石磊,编译.北京:中国商业出版社,2016:111.
② 米尔斯.儿童青少年社会工作[M].李建英,范志海,译.上海:华东理工大学出版社,2006:86.

是哪一种情况,都不利于家长履行孩子的教育职责。因此,对于离异的父母来说,还需要妥善处理好离异和履行教育职责之间的关系。

我国《家庭教育促进法》第二十条明确规定:"未成年人的父母分居或者离异的,应当相互配合履行家庭教育责任,任何一方不得拒绝或者怠于履行;除法律另有规定外,不得阻碍另一方实施家庭教育。"可见,离异后履行家庭教育职责是家长的责任和义务。离异后,为了更好履行家庭教育责任,避免争吵,离异双方可以共同制订一份双方都认可的养育孩子的基本约定,并无条件遵守。在这个约定中,家长可以将孩子的抚养问题、教育问题、探视和陪伴问题等原则性问题进行详细约定,以便离异双方更好地履行各自的职责。

2. 家长要正确看待离异,及时调整自己的心态

离异可能导致家长心态失衡。有的家长因为不能正确看待离异这个问题,会陷入婚姻失败、人生失败的悲伤、压抑情绪中;有的家长可能会对异性失去信心,甚至对异性有埋怨、仇恨心理;还有的家长可能会对婚姻失去信心,自暴自弃。总之,家庭的破裂会在一定程度上对家长的心态造成冲击。如果家长不能正确看待离异,及时调整自己的心态和情绪,将可能对孩子的成长造成不利影响。因此,对于离异家庭的家长来说,开展家庭教育的首要任务就是正确看待离异,及时调整自己的心态,主动从离异的阴影中走出来。

家长不仅要主动调整好自己的心态,还要同时帮助孩子正确看待父母离异,帮助孩子摆脱家庭破碎带来的痛苦。

3. 家长要注意弥补家庭教育资源的缺失

父母离异后,孩子通常会跟随父亲或者母亲生活,家庭教育从原本的双亲教育变成单亲教育,因此,离异家庭还需要注意弥补家庭教育资源的缺失,加强对孩子在人格发展、异性交往、性别角色教育、婚姻观和性态度等方面的重视。比如,离异双方家长可以共同制订一个定期探视子女的约定,确保双方中的非监护人可以定期探望、陪伴子女,甚至可以适当增加双方中的非监护人陪伴子女的时间和频率。以母亲独自抚养子女的离异家庭为例,为了避免男性角色缺失对子女的不利影响,家长还可以借助外公、舅舅等男性亲戚,或者男性同事和朋友,以及男性教师和同学等学校中的性别资源加强对孩子的教育。

4. 家长要努力改善孩子的家庭成长环境

父母离异可能造成孩子家庭成长环境,尤其是家庭心理环境的恶化。比如,有的家庭因为离异总是笼罩着一层阴影,让孩子感觉压抑、沉闷;有的家长因为离异觉得亏欠孩子,对孩子过分宠溺、放纵。为了孩子的健康成长,首先,家长应该努力改善孩子的家庭成长环境。比如,家长要加强情感沟通,多抽时间与孩子交流情感,了解孩子在想什么,对孩子在学业、思想和行为上多鼓励,帮助孩子消除心理障碍。其次,家长还要注意采用科学的教养方式,既不过度保护、宠溺孩子,毫无底线地满足孩子的要求,也不对孩子提出过高的期望,给孩子过大的学习和生活压力。

▍学习活动：小组研讨 》》》

　　夫妻感情破裂之后,仍旧生活在同一屋檐下,最常用的借口往往就是"为了孩子"。请以"为了孩子不离婚,对孩子真的好吗?"为主题,开展小组研讨,小组可以设置正反双方,从家庭教育的角度进行辩论,并尝试探讨感情破裂的夫妻,如何做才能维持家庭的教育功能,对孩子的发展不会产生负面影响。

二、留守家庭的家庭教育

　　留守家庭是指父母一方或双方常年在外工作,孩子留在家乡生活的家庭,通常分为单亲外出留守和双亲外出留守两种类型。随着经济、社会快速发展以及城市化进程不断加速,留守儿童问题日益突出。根据民政部的数据,截至 2020 年末,我国有农村留守儿童 643.6 万名。做好留守家庭的家庭教育,不仅有助于留守儿童的社会化和健康成长,也可以促进社会长期稳定与可持续发展。

(一)留守家庭可能存在的家庭教育问题

　　在留守家庭中,由于空间隔离、时间隔离等因素的影响,通常存在监护缺失、情感缺失、隔代教育现象普遍等教育问题。

　　l. 监护缺失

　　无论哪种类型的留守家庭都存在一定程度的父母监护缺失和家庭教育责任缺位的问题。尤其双亲外出的留守家庭,监护缺失的问题更严重,对儿童的影响更大。

　　对于单亲外出留守家庭而言,长期的单亲教育会导致子女缺乏教育资源。对于双亲外出留守家庭而言,其孩子的监护情况通常分为三种:一是隔代监护,即由爷爷、奶奶等祖辈承担监护和教育的职责;二是父母同辈监护,即由叔叔、伯伯等父母的同辈人承担监护和教育的职责;三是孩子的同辈监护和自我监护,即由留守儿童的哥哥、姐姐或孩子自己承担监护和教育职责。对于这三种类型的留守家庭而言,监护人往往会由于年龄太大或太小、精力不济、教育观念落后等原因无法较好地履行监护和教育职责,从而导致孩子的监护缺失。相比单亲留守家庭而言,双亲外出留守家庭存在的父母监护缺失、家庭教育责任缺位问题更加严重。

　　2. 情感缺失

　　留守儿童家庭父母长期在外打工,往往导致父母和孩子长期在空间上和时间上都出现隔离的倾向。这也导致留守家庭容易出现亲子陪伴不足、亲子沟通不畅、亲子依恋缺乏等情感缺失问题,从而造成留守儿童容易出现"情感饥渴",产生内向、自卑、孤僻、逆反等人格和心理问题。这种消极影响对于年龄较小的留守儿童来说更为突出。由于父母在其年龄很小的时候便外出务工,这些留守儿童从小便缺少与父母的直接接触,因此很难与父母建立良好的亲子依恋关系。这对留守儿童一生的发展来说都是极为不利的。另外,对于有些留守家庭而言,尽管父母很注重满足孩子物质上的需要,却很少关注孩子心理和精神上的需要,存在严重的"重物质、轻精神"现象。

3. 隔代教育现象普遍

对于留守家庭而言,隔代监护现象十分普遍,隔代教育问题十分突出。根据民政部的数据,截至 2020 年末,全国共有农村留守儿童 643.6 万名。从监护情况看,96%的农村留守儿童由祖父母或者外祖父母隔代照料,其余的 4% 由其他亲友照料。隔代监护尽管能够在一定程度上解决监护缺失的问题,但是其弊端也日益显现。一方面,祖辈由于年龄较大,没有足够的精力来陪伴和教育留守儿童,可能造成留守儿童在学习、道德、行为习惯等方面问题突出,出现逃学、打架、偷盗等问题行为。另一方面,祖辈由于教育观念陈旧,无法正确认识家庭教育的重要性,也不了解科学的家庭教育方法,可能出现"重养不重教""隔代惯""护短"等问题。祖辈的过度疼爱、迁就、纵容等可能会造成留守儿童任性、依赖、自理能力低下、行为习惯不良等问题。

(二)留守家庭的家庭教育策略

做好留守家庭的家庭教育,关键是要让留守儿童不再"留守"。鉴于留守家庭存在的家庭教育问题,建议可以从以下四个方面加以改进:

1. 家长要加强对孩子的监护

对于留守家庭来说,家庭教育的首要任务就是加强对孩子的监护,保障孩子的安全。作为父母,要提高对自己父母角色和职责的认识,要意识到教育孩子是自己不可推卸的责任和义务,并不只是代理监护人(如爷爷、奶奶)或者学校教师的责任;尽管自己不在孩子身边,依然要依法履行自己的家庭教育职责,尽到做父母的责任等。

2. 家长要加强对孩子的情感陪伴

留守家庭的父母需要注意加强与孩子的沟通,增进与孩子的情感交流。父母要通过多种渠道,比如打电话、发微信、通视频、写信等方式打破时空隔离,定期与孩子进行沟通,及时了解孩子的成长情况,比如生活怎么样,学习和身体状况如何,有哪些心事和烦恼等。此外,父母还要在工作之余定期回家看望子女,与孩子保持良好的情感交流,让孩子体会父母的爱和关心。

3. 充分利用代理监护人做好隔代教育

作为孩子主要监护人的父母需要积极与祖辈交流沟通,给予祖辈知识和方法上的支持,帮助祖辈做好孩子的隔代教育。比如,父母可以通过打电话的方式了解祖辈在教育孩子方面有哪些困难、问题,需要哪些帮助等,进一步协助祖辈做好与孩子的沟通,帮助祖辈解决家庭教育问题。父母还可以通过多种渠道增强祖辈的家庭教育能力,比如为祖辈选购合适的学习资料,推荐家庭教育培训班等。

4. 学会寻求学校和社会的支持和帮助

做好留守儿童的家庭教育需要家庭、学校、社会共同努力。目前,学校、村社等都有丰富的家庭教育资源,以及留守儿童帮扶机制。作为留守儿童家长,要善于利用、挖掘学校和社区的家庭教育资源,帮助自己做好孩子的家庭教育。一方面,家长要增强家校合作意识,积极主动与学校教师配合,利用学校的"网上家长学校""家长课堂""空中家长会"等多种途径,丰富自己的家庭教育素养。另一方面,家长要善于利用地方资源,如通过"爱心代理妈妈"、社会工作者、社区家庭教育指导师、心理咨询师、志愿者等帮助自己加强对孩子的监护、解决家庭教育问题等。

三、流动家庭的家庭教育

流动家庭是指子女跟随外出务工的父母到父母工作所在地进行生活的家庭。随着城市化进程的加快,越来越多孩子跟随父母来到城市成为流动儿童。较多流动儿童面临着营养水平低下、教育资源不足、社区支持缺乏、社会化程度普遍不足、心理问题突出等发展性问题。其中,营养水平低下、社会化程度普遍不足、心理问题突出三个方面与家庭互动息息相关。做好流动家庭的家庭教育,帮助其建立良好的家庭互动,有利于解决流动儿童的发展性问题。

(一)流动家庭可能存在的家庭教育问题

与其他类型的特殊家庭相比,流动家庭具有其自身的特殊性,因此存在一些不同的家庭教育问题。

1. 家庭物质和心理环境相对缺乏

流动儿童的家庭环境存在以下问题:一是家庭物质环境相对较差。大部分流动家庭经济条件较差,家长因为渴望获取较好的经济收入才流入城市,一般而言流动家庭经常会面临家庭居住环境较差、居住空间局促等问题。比如,很多流动家庭居住在便宜、简单的出租屋,居住空间狭小,无法给子女提供独立、安静的学习和生活空间。二是家庭心理环境相对较差。一方面,流动家庭的家长通常会面临居无定所、工作压力大、工作不稳定或者工作条件艰苦等多种问题,因此他们往往会比普通家庭的家长面临更大的心理压力,从而更容易在流动儿童面前发生打架、争吵等家庭矛盾。另一方面,一般由于文化水平总体不高,流动儿童家长往往不重视家庭教育氛围的营造,并有吸烟、打牌、喝酒等不良的行为示范。这些客观存在的家庭现状和问题都可能给流动儿童的成长带来不利影响。

2. 父母对子女缺乏有效的监护和陪伴

由于父母经济压力大、工作压力大等,流动家庭往往很容易忽视对子女的监护和陪伴。因为缺乏有效监护,流动儿童比一般儿童面临更大的安全风险,如更容易发生溺水、烫伤、烧伤、被性侵、被欺骗、交通意外等意外和安全事故。因为缺乏有效陪伴,流动儿童往往与父母较疏离,容易出现抑郁、焦虑等情绪问题,以及打架、逃学、校园欺凌、偷盗等行为问题。

3. 儿童生活和教育环境相对不稳定

对于流动家庭来说,"流动"是其最大的特点。这意味着流动儿童的生活环境常常会随着父母工作的变化而发生改变。每一次转换环境,孩子就要重新适应一次,特别在环境差距比较大的情况下,孩子可能会适应不了新的环境和生活方式,甚至会在新环境下受到歧视,从而出现孤独、失落、自卑、焦虑、抑郁、打架、逃学等情绪和行为问题。

4. 家长家庭教育素养相对较低

一般而言,流动家庭大多来自农村,家长文化水平总体不高,其家庭教育观念相对传统,家庭教育知识相对缺乏,家庭教育方法相对落后。比如,很多流动家庭因为处于社会底层,家庭经济条件较差,急于改变不利的家庭处境,因此会给予子女过高的学习期望,对子女的教育出现严重的"重智轻德""重身体轻心理"倾向。另外,有些流动儿童家庭虽然重视对子女的教育,但是却没有掌握科学的知识和方法,在教育手段上简单粗暴,较多使用打骂、说教的方式,不注重自身榜样示范对子女的影响。

(二)流动家庭的家庭教育策略

为了改善流动儿童的发展性问题,促进流动儿童的健康成长,建议可以从以下五个方面做好流动家庭的家庭教育:

1. 营造良好的家庭物质环境

良好的家庭物质环境对儿童的健康成长有重要作用。作为孩子的监护人,父母是儿童家庭物质环境的直接构建者。营造良好的家庭物质环境对于流动家庭的家庭教育来说尤为重要。首先,尽管居住条件有限,流动儿童家长仍然应该尽力改善家庭居住环境,为子女营造一个健康、安全、干净、整洁、舒适的居住条件。比如,家长要养成经常打扫室内卫生、勤洗衣袜和被褥等卫生习惯;要尽量美化家庭居住环境,保持房间舒适、整洁。其次,家长还应该努力为孩子提供足够的学习条件和支持,如为孩子学习提供必要的空间和足够的资料等。

2. 营造健康向上的家庭心理环境

营造健康向上的家庭心理环境,首先流动儿童家长要学会主动调节自己的工作压力,避免将生活和工作中的负面情绪带到家庭中,努力维护融洽的夫妻关系、亲子关系,为孩子营造一个和谐、温馨、没有争吵的家庭氛围。其次,家长要营造一个宽松、鼓励沟通和表达的家庭氛围。比如,要多花时间与孩子沟通、交流,允许和鼓励孩子在家庭中表达自己内心的真实想法和感受,给流动儿童足够的安全感。

3. 加强对孩子的监护和陪伴

首先,流动儿童家长要加强对孩子的有效陪伴。有些父母虽然陪伴在孩子身边,却拿着手机看或者做着自己的工作。这些都不是有效的陪伴。有效陪伴是指父母与孩子有实实在在的互动和交流,比如和孩子一起讨论社会上发生的事情,与孩子一起参加体育运动。其次,家长还应该加强对孩子的安全教育,帮助孩子树立自我保护的意识,教给孩子一些必要的安全知识,如不要随便和陌生人说话,不接受陌生人的糖果、饮料等。最后,家长应注重孩子独立生活能力的培养,增强孩子必要的生存和生活技能,锻炼孩子的自立能力。

4. 帮助孩子尽快融入和适应城市生活与教育

一方面,家长要帮助孩子更好地融入城市生活。由于文化差异、生活习惯等不同,很多流动儿童都面临着难以融入城市生活,无法被城市接纳,无法对城市产生认同感、归属感等情况。因此,家长需要加强与孩子的亲子沟通,帮助孩子适应新环境,及时了解孩子的城市适应情况。家长需要妥善平衡好工作和教育孩子的关系，增强亲子互动，比如在空余时间安排丰富的户外和社会活动，帮助孩子增长见识、开阔眼界，从而更好地了解城市，适应城市生活。另一方面，家长要帮助孩子做好学校适应，及时融入城市学校生活。比如，要多方面、及时关注孩子在新学校的适应情况，要帮助孩子建立良好的同伴关系和师生关系，要重点关注孩子的心理健康问题，对孩子要抱有合理的期待，等等。

5. 加强与学校教师的合作，提升自身家庭教育素养

为了给子女更科学的家庭教育，帮助子女健康成长，流动儿童家长需要努力更新自己的家庭教育观念，丰富自己的家庭教育知识，提升自己的家庭教育能力。其中，加强与学校教师的合作，主动寻求学校的帮助就是提升家庭教育素养的重要途径之一。此外，加强与学校教师的联系和沟通，也可以帮助流动儿童家长更好地了解子女在学校的学习和生活情况，帮助子女适应环境。因此，流动儿童家长应该从生活、学习等多方面入手，加强与学校教师的合作，共同发挥家校联合的强大作用。

第二节　特殊儿童的家庭教育

特殊儿童是指超出正常儿童范围之外，在身心发展上与普通儿童有较大差异的儿童。这种差异主要包括生理差异（如有听觉障碍、视觉障碍、肢体障碍等）、情绪与行为差异（如有自闭症等）、学习差异（如有注意障碍、语言障碍、阅读障碍等）。

在倡导全纳教育（inclusive education）和随班就读的背景下，做好特殊儿童的家庭教育对于特殊儿童的健康成长、特殊儿童家庭的幸福和发展、促进教育公平与社会和谐等均具有重要意义。

一、生理缺陷儿童的家庭教育

生理缺陷儿童是指由于先天或后天因素的影响，在身体发展上有各种缺陷的儿童，包括有听觉障碍、视觉障碍和肢体障碍，或者有多重残疾等身体方面缺陷的儿童。我国法律对生理缺陷儿童的受教育权利有高度保障。我国《宪法》规定"国家和社会帮助安排盲、聋、哑和其他有残疾的公民的劳动、生活和教育"。以《宪法》为统领，《义务教育法》《高等教育法》《残疾人保障法》等法律都对残疾人接受教育有明确规定，将特殊教育纳入法治轨道。《残疾人教育条例》明确要求："国家保障残疾人享有平等接受教育的权利，禁止任何基于残疾的教育歧视。""残疾人教育应当提高教育质量，积极推进融合教育，根据残疾人的残疾类别和接受能力，采取普通教育方式或者特殊教育方式，优先采取普通教育方式。"

生理缺陷儿童由于生理缺陷的存在，通常性格内向，不愿意与人交往；有强烈的自卑心理，容易对前途失去信心，或者对自身的缺陷很敏感等。做好生理缺陷儿童的家庭教育，有利于这些特殊儿童及其家庭走出心理阴影，更好地融入社会。

(一) 生理缺陷儿童家庭教育可能存在的问题

生理缺陷儿童独有的心理特点,决定了其家庭教育的特殊性。生理缺陷儿童的家庭教育主要存在以下三个问题:

1. 家庭心理氛围不佳

生理缺陷儿童的家长经常会因为孩子的生理缺陷、身边人的歧视、过重的家庭经济负担和生活负担等产生巨大的精神和心理压力,从而造成家庭心理氛围不佳。比如,有的家长会因为自己没有照顾好孩子而产生自责、愧疚心理;有的家长会因为孩子康复效果不好,需要长期照顾孩子,而对未来充满了担忧、绝望;有的家长会因为身边人对孩子的不接纳、歧视等感到自卑、愤怒,或者产生退缩心理;有的家长会因为看不到孩子的改变感到挫败、焦虑;还有的家长会因为家庭成员之间的争吵、抱怨等感到孤立、无助。这些不良的家庭心理氛围又会进一步对生理缺陷儿童造成潜在心理压力,使他们的家庭成长环境恶化,他们更容易出现自卑、消极、闭锁等心理问题。

2. 家庭教育期望不合理

所谓家长的教育期望,是指父母或其他监护人对孩子成长所持有的期望,包括对孩子的人格特征、学业成绩、受教育程度以及未来从事职业的期望。我国自古就有"望子成龙,望女成凤"的教育期待,一些生理缺陷儿童家长由于对孩子客观存在的生理缺陷抱有不承认或盲目乐观的态度,往往会给孩子设置脱离现实、过于理想化的教育期待,对孩子采取不恰当的教育方式,给孩子造成很大的心理压力。有的生理缺陷儿童家长则容易走另一个极端,因为对孩子丧失信心和希望,给孩子设置较低的教育期望,或者完全不抱任何期望。这部分家长会对孩子采取放任自流的态度,不采取相应的教育和训练措施,导致孩子错过"早干预"的最佳时机。

3. 家庭教育能力有限

生理缺陷儿童有其特有的身心发展特点,他们在感知觉、思维、记忆、语言和个性等方面都与普通儿童有较大差别。比如,听觉障碍儿童主要依靠视觉、触觉、味觉和嗅觉等途径感知外界事物,听觉不起作用或仅起较小作用;形象记忆能力较强,有特殊的记忆方法(手语记忆);主要使用手语这种特殊的交际工具;容易产生孤独感,性格敏感、自尊心强。很多生理缺陷儿童家长因为不了解孩子的这些身心发展特点,因此在开展家庭教育时显得力不从心。很多家长不知道应该怎样培养孩子,也不知道孩子具有什么优势,采取不恰当的方式。比如,有的家长对孩子采取回避和封闭的态度,减少孩子与外界、同伴的交往,阻碍孩子开展必要的人际交往;有的家长则对孩子采取过度保护的态度,为孩子包办代替,制约孩子应有的能力发展;还有的家长过于关注孩子在物质方面的需求,忽视孩子的心理和情感需求等。

(二) 生理缺陷儿童的家庭教育策略

鉴于生理缺陷儿童及其家庭教育的独有特点,建议家长可以从以下四个方面做好生理缺陷儿童的家庭教育:

I. 家长做好自身心理调适

做好生理缺陷儿童家庭教育的前提条件之一就是家长自身要做好心理调适。首先,家长要学会接纳孩子的生理缺陷。很多家长因为无法接受自己的孩子是听觉障碍、视觉障碍或肢体障碍儿童的事实,忽略甚至放弃对孩子的教育。这显然不利于生理缺陷儿童的健康成长。作为家长,要学会接受自己孩子的特殊性。只有在此基础上,孩子才能更好地接纳自己的生理缺陷,家长才能全身心投入到对孩子的教育中。其次,家长还要学会借助各种社会资源,帮助自己缓解心理压力,提升自己的家庭教育水平。比如,利用学校的家长会、家长微课堂、家长讲座、家长沙龙等以及与社区、医院的合作了解教育孩子的方法,缓解自身的压力等。

▌ 拓展阅读 ⟫⟫⟫

《欢迎来到荷兰》——唐氏综合征儿童母亲的心声

艾米丽·P.金斯利(Emily Perl Kingsley)是一位普通的母亲,跟所有母亲一样,在怀孕时万分期待,憧憬着孩子会给她带来怎样的惊喜。可命运跟她开了个玩笑,她最终生下了一个患有唐氏综合征的孩子——他不仅不完美,还是个残障儿童。她因此写下这篇散文《欢迎来到荷兰》,分享了面对一个特殊儿童,她是如何享受与孩子的相处,并且体验到了新的惊喜的。

欢迎来到荷兰

当你的身体里孕育着一个宝宝,就像是在计划一场美妙的意大利之旅。你买了一大堆旅游指南,还做好了精彩的攻略:罗马斗兽场、米开朗琪罗的大卫像、威尼斯的贡多拉……你或许还会学几句简单的意大利语。所有的一切都是那么激动人心。

经过几个月的翘首企盼,那一天终于到来了。你收拾行囊踏上旅途,几个小时之后,飞机着陆了。机组人员走过来告诉你:“欢迎来到荷兰。”

“荷兰?!”你大吃一惊,“为什么是荷兰?我要去的是意大利!我应该已经到达了意大利才对呀。我一辈子都梦想着能去意大利。”

但飞行计划临时有变。他们决定停在荷兰,而你只能既来之则安之。

但重点是,他们也没把你带去一个可怕的、令人厌恶的、肮脏不堪的甚至充满瘟疫、饥荒和疾病的地方。仅仅是一个和预想中不一样的地方罢了。

于是你不得不下飞机,去买一本新的旅游指南,还得去学一门全新的语言。你还会遇到一群原本永远都不会遇到的人。

这里只不过是另一个国度。这里比意大利的节奏更慢,没那么浮华。等你在这里待了一阵子之后,你缓过劲来,眺望四周,会发现荷兰有风车,有郁金香,甚至还有伦勃朗。

但你认识的所有人都在忙着往返于意大利,而且都在炫耀着自己在那儿过得有多好。在你的余生里你却只能说:“是的,我原本也是要去那里的。我都计划好了。"

而这种痛苦永远都不会消失……因为失去梦想是一种非常非常重大的损失。

但是,如果你把生命都浪费在哀叹你没去成意大利这件事上,你就永远不能自由地享受荷兰非常特别、非常美好的方方面面了。

2. 对孩子设置合理的教育期望

过高或者过低的教育期望,尤其是将特殊儿童"正常化"的非理性期望都不利于生理缺陷儿童的健康发展,不利于父母建立良好的心态,也不利于良好亲子关系的构建。因此,家长的教育期望不应该脱离孩子的生理缺陷实际情况,需要结合孩子的兴趣、爱好、特长、家庭背景等多方面因素。比如,对于动手能力强的肢体障碍儿童,可以将手工制作、园艺制作、面点制作等作为学习内容;对于有音乐天赋的视觉障碍儿童,可以将唱歌作为学习内容。

3. 注重培养孩子健康向上的心理品质

与普通儿童相比,生理缺陷儿童通常会遇到更多心理健康问题。比如,有的生理缺陷儿童可能会因为身体上的不便,不能参与一些学校活动,不能很好地与人交流,从而产生孤独感;有的生理缺陷儿童可能会因为自己在学习上跟不上同学而感到自卑;有的生理缺陷儿童可能会因为身体原因,过多在意别人对自己的看法,对别人的态度和评价尤其敏感,容易出现情绪不稳定、攻击报复等行为。因此,做好生理缺陷儿童的心理健康教育也是其家庭教育的重点内容之一。家长可以从培养孩子良好的心理品质入手,做好生理缺陷儿童的心理健康教育工作。具体来说,家长可以培养孩子以下良好心理品质:

一是积极乐观的品质。这可以让生理缺陷儿童即使身处逆境,依然可以积极乐观地面对自己、悦纳自己,并且努力将自己的不利处境转化为优势。比如,对于失去右手的肢体障碍儿童来说,可以努力发展出优于常人的左手代偿能力。

二是自信勇敢的品质。生理缺陷儿童可能会因为自身缺陷陷入自卑,不愿意或者不敢走出家门,与社会接触,进行正常的人际交往。培养孩子自信、勇敢的心理品质,则可以帮助孩子更好地融入社会生活。

三是感恩和希望的品质。生理缺陷儿童可能会因为自身生理缺陷认为"上天不公"或者对未来失去希望。因此,培养他们常怀感恩和希望之心,可以增强他们的幸福感,帮助他们更好地面对未来的人生。

4. 注重培养孩子的社会适应能力

对于生理缺陷儿童来说,想要更好地融入社会,就必须要具备一定的社会适应能力。因此,家长可以从以下两个方面入手,重点培养孩子的社会适应能力:

首先,要帮助生理缺陷儿童掌握基本的生活技能。大多数适龄入学的视觉障碍儿童在入学前的生活自理都是由家里人一手代办的。这导致这些孩子入学后洗碗、洗衣、洗澡等生活自理能力差,生活上不能适应,进而影响学习。无论是何种生理缺陷儿童,家长都应该注重其生活自理能力的培养,从小开展生活自理能力训练,帮助孩子掌握基本的生活技能。

其次,家长可以针对生理缺陷儿童开展职业定向教育。让生理缺陷儿童获得一技之长可以帮助他们未来更好地独立生活,也可以适当减轻家庭的经济负担,同时还能增强生理缺陷儿童的自信心、成就感等。因此,针对不同类型的生理缺陷儿童,家长可以帮助他们发掘其他方面的特长,发展出职业技术和能力。

二、情绪与行为障碍儿童的家庭教育

情绪与行为障碍(emotional and behavioral disorder,简称 EBD)是指有别于正常的情绪和行为,但是因为不同的研究者或专业人员研究目的、测量工具的不同,界定情绪与行为的正常与否的标准也不尽相同。另外,情绪与行为障碍儿童通常还可能伴有其他障碍,比如智力障碍、学习障碍等。这也进一步加大了界定情绪与行为障碍的难度。

不同国家和地区、不同研究者对情绪与行为障碍的界定有不同的标准。一般来说,界定情绪与行为障碍儿童有以下三个基本标准:一是情绪或行为显著异于其他同龄伙伴;二是除学校外,至少在其他一个情境中显现出适应困难;三是在学业、社会、人际、生活等方面的适应有显著困难,且经评估后确定一般教育所提供的辅导无显著成效。根据《中国精神障碍分类与诊断标准》(CCMD-3)的分类,情绪与行为障碍儿童主要包括:有焦虑症和恐惧症等情绪障碍的儿童;有多动障碍的儿童;有品行障碍的儿童;有儿童社会功能障碍的儿童;有抽动障碍的儿童;有排泄障碍、口吃等其他行为障碍的儿童。

(一)情绪与行为障碍儿童的成因分析

儿童的情绪与行为障碍往往不是由单一因素所造成的,而是生理、心理、社会、家庭、经济、文化、教育等多种因素交互作用的结果。综合多方面研究成果,其主要成因有以下四个:

1. 先天遗传与生理因素

遗传基因等造成的脑损伤、生化失衡、内分泌障碍或其他严重生理疾病、母亲妊娠期受损等先天遗传和生理因素都可能导致情绪与行为障碍的产生。研究发现,在脆性 X 综合征中受伤的 X 染色体会导致儿童出现自闭、多动等行为异常现象。如果母亲在妊娠期感染了风疹、流感等疾病,接触了苯、铅、一氧化碳等化学性毒物或者放射线等有害物质,缺乏必要的营养物质,遭受了严重的精神创伤,或者长期处于精神紧张、焦虑、抑郁的压力之下等,都可能引起胎儿出生后情绪与行为方面的问题。另外,儿童先天的气质类型也与情绪与行为问题的产生有一定关系,比如困难型的儿童由于难以适应新环境,耐受力较差,比容易型的儿童更容易出现情绪与行为障碍。

2. 家庭因素

家庭是儿童健康成长的摇篮。除了先天遗传和生理因素之外,儿童的情绪和行

为模式在很大程度上还会受到家庭的影响。家庭结构、家庭关系和家庭教养方式等家庭因素也与儿童的情绪与行为问题有很大关系。首先,大量研究发现,在不完整的家庭结构(如离异单亲家庭)中成长的儿童,更容易出现孤独、羞耻、焦虑、恐惧、抑郁、偷盗、攻击等情绪与行为问题。其次,如果夫妻关系、亲子关系等家庭关系不和谐,尤其是夫妻之间有严重冲突,不仅会制造紧张的家庭氛围,还会影响教养质量,从而使子女容易产生焦虑、抑郁、不安等消极的情绪以及出现更多的攻击、伤害、逃学等行为问题。最后,父母不恰当的教养方式,如简单粗暴、过分控制、过分顺从或者对子女提出不切实际的过高期望与要求等,都会增加子女出现紧张、焦虑、说谎、欺骗、离家出走等情绪与行为障碍的概率。研究发现,父母体罚与儿童日后的攻击、犯罪和反社会行为强烈相关;那些长期使用消极教养方式(如惩罚)的父母更可能导致儿童的问题行为。

3. 学校因素

学校的经历也会对儿童的情绪与行为发展产生重要影响。一方面,学校的教育目标不合适,教育方法不恰当,教学内容不符合儿童身心发展的实际需要,不顾及儿童的个别差异等,是引起儿童情绪与行为障碍的重要诱因之一。另一方面,学校的人际关系(包括师生关系、同伴关系)好坏也会影响儿童情绪与行为的发展。如果儿童在学校长期遭受排斥、冷落、不公平的对待,那么他们更容易产生消极、自卑的情绪,也更有可能出现逃学、攻击等行为问题。

4. 社会因素

一定的社会文化背景、社区环境、习俗习惯等都会对儿童的情绪与行为发展产生很大的影响。在现代社会中,影视、报刊、互联网等为儿童提供了越来越多接触社会的通道,许多信息未经"过滤"便直接为他们所接受,其影响力甚至超过家庭与学校。比如,有些儿童由于好奇、模仿而渐渐染上恶习,出现暴力、赌博、酗酒、抽烟等不良行为;有些儿童沉迷于电视、电脑游戏,以至于荒废学业,甚至成为电视孤独症、电脑孤独症患者。

(二) 情绪与行为障碍儿童的家庭教育策略

及时发现并对儿童的情绪与行为问题进行干预,可以防止儿童的情绪与行为问题进一步恶化,也可以帮助儿童更好地适应学校和社会生活。家长可以从以下五个方面做好情绪与行为障碍儿童的家庭教育:

1. 理性接纳,适度期望

首先,接纳情绪与行为障碍儿童是实施教育的前提。儿童出现了情绪与行为问题并不表明他就与正常儿童有多么大的不同,不过是表现出有暂时偏离正常轨迹的可能性而已。父母应该尊重儿童,经常安慰和鼓励儿童,以言行表达对儿童的爱,建立良好的亲子关系。因为情感支持行为能使儿童感到温暖和爱,良好的亲子关系能够帮助儿童逐渐矫正自己的情绪与行为问题,克服心理障碍。

其次,父母对孩子的期望要实事求是。期望值过高会给儿童带来严重的心理压力,会让儿童,特别是压力耐受性差的儿童具有退缩、依赖性强、缺乏安全感、任性、脾气暴躁、固执、孤僻、不合群等不良性格特征。期望值过低同样是导致行为问题的危险因素。因此,父母要充分了解自己的孩子,对他们的情绪和行为反应要合理预期,不能用对普通孩子的标准要求他们。父母要调整心态,接纳、肯定孩子,做到适度期待。

2. 营造良好的家庭氛围

家庭氛围直接影响着孩子的健康成长。温馨愉快的家庭氛围不仅能给孩子带来愉悦感和安全感,还可以促进孩子修身养性,帮助孩子养成良好的品质和行为习惯。研究发现,不良的家庭氛围是儿童情绪与行为问题产生的重要原因之一。如果父母经常当着孩子的面争吵,父母关系比较冷淡、对立,缺乏谅解和信任,长期分居或者离异,都可能导致孩子对周围生活缺乏安全感和信任感,消极情绪和行为问题增多。

营造良好的家庭氛围可以从以下三个方面入手:(1)高亲密度,即家庭成员之间要相互承诺、相互帮助和支持。比如,夫妻之间要互敬互爱,即使有矛盾也不要在孩子面前以吵闹的方式表现出来。(2)高情感表达,即要积极鼓励、允许家庭成员之间公开、直接表达情感,尤其是要多向孩子表达积极情感。比如,夫妻之间、亲子之间要注意平等交流与沟通、和谐相处,以帮助孩子缓解心理焦虑和减少不良行为的产生。(3)高独立性,即家庭成员之间需要有一定的自主性,有各自的权利和自由。尤其是家长需要注意避免对孩子过度控制、过度保护。

3. 加强与学校教师的家校合作

一方面,情绪与行为障碍儿童容易在学校出现学习困难和一些不恰当的情绪与行为反应,从而影响其正常人际关系的建立。另一方面,学校是影响儿童情绪与行为问题的众多因素之一。比如,那些不喜欢上学,不受教师、同学欢迎的儿童更容易产生焦虑、抑郁、恐惧等情绪与行为问题。为了避免情绪与行为障碍儿童在学校出现不适应,以及加重其症状,家长有必要与学校教师建立良好的家校合作关系,借助学校教师的力量共同做好情绪与行为障碍儿童的教育干预。家长要加强与学校教师的沟通、交流。主动、及时与教师沟通不仅可以争取教师对情绪与障碍儿童的理解、支持,也能够有效解决儿童的问题。通过与教师的沟通,家长不仅能有效掌握孩子在学校的学习表现、人际交往情况、行为表现等,还能及时了解孩子的学习要求、学习内容等,从而可以更有针对性地对孩子开展家庭教育,更好地帮助孩子缓解情绪与行为问题、适应学校教育。

4. 树立良好的行为示范

社会学习理论的观点认为,家长的行为表现可以给孩子提供榜样示范,孩子可以通过观察和模仿习得家长的情绪和行为。因此,家长可以通过树立良好的行为示范,来帮助情绪与行为障碍儿童。一方面,家长要尽量增加积极的教养行为。比如,家长学会尊重、安慰孩子,更多使用奖励、表扬、正向表达等积极的教养行为对待孩子,不仅要告诉孩子不能做什么,更应该告诉孩子可以做什么。另一方面,家长要尽量减少消极的教养行为。比如,避免使用严厉惩罚、打骂、拒绝其要求等消极的方式对待孩子。

5. 借助必要的心理治疗

心理治疗对于改善情绪与行为障碍儿童的问题行为有显著效果。家长还可以借助精神分析、行为治疗以及认知疗法等必要的心理治疗手段,帮助孩子走出情绪与行为困扰。其中,常用的几种关于儿童情绪与行为障碍矫正的行为治疗方法有:正强化法、负强化法、惩罚法、消退法、代币法、系统脱敏法、行为契约法。

▌ 拓展阅读 》》》

自闭症的早期症状[①]

自闭症对不同孩子的影响程度千差万别。其特征或重或轻,有些伴随智力障碍,有些又智力正常。但所有患者都表现出缺乏参与社交互动的能力,存在兴趣的狭窄与行为的刻板现象,由此带来一系列后果。

自闭症早期症状主要表现在社会交往受损、沟通交流障碍、行为举止异常三个方面,下面列举了一些较为典型的自闭症早期症状,家长如果发现孩子存在以下多个症状,应及时咨询专业医生,以免耽误对孩子的诊断和早期干预。

社会交往方面的早期症状:

◇与人交流时,不喜欢注视对方的眼睛;

◇不爱和同龄人玩,被叫名字时不回应,也不跟随别人手指的方向去看;

◇对别人的面部表情没有反应。

沟通交流方面的早期症状:

◇一周岁时不会牙牙学语,两周岁时不会说两个字以上的话;

◇不会用手指物或挥手说再见;

◇不断重复别人说的话或视频、音乐、故事中特定的内容;

◇人称代词使用不正确,说话时你我不分。

行为举止方面的早期症状:

◇喜欢不停地摇晃身体、旋转身体或拍手;

◇不会正确地玩玩具,比如只玩小汽车的轮子;

◇对声音或气味非常敏感;

◇挑食,特别喜欢或讨厌某些食品;

◇对某些东西特别感兴趣,例如反复看某个视频、反复开关灯或门;

◇无法接受事物、规则环境的改变。

---

① 贺荟中.儿童自闭症误解知多少[N].中国教育报,2022-04-03(4).

三、学习障碍儿童的家庭教育

美国特殊教育专家柯克(S.A.Kirk)于1963年一次研讨会上首次提出学习障碍(learning disability，简称LD)的概念，并将学习障碍儿童界定为那些能看、能听，没有显著的智力缺陷，但在行为和心理上表现出相当的偏差，以至于无法良好地适应家庭生活，在学校中依靠普通的教学方法无法有效学习的儿童。学习障碍儿童至少要符合以下三个条件：第一，智力接近正常、正常或正常以上，其潜能和成就之间有严重的差距，而形成低成就现象；第二，学习障碍不是由智力落后、感官障碍、情绪困扰或缺乏学习机会等因素所造成的；第三，无法在正常的教学条件下从事有效的学习活动，必须接受特殊教育服务，才能学习成功。

根据柯克的分类，学习障碍主要可以分为两大类：发展性学习障碍和学业性学习障碍。其中发展性学习障碍(developmental learning disabilities)是指儿童在正常发展过程中出现的心理、语言功能方面的某些异常表现，多与大脑信息处理过程的问题有关，主要表现为注意障碍、记忆障碍、视听知觉障碍和感知－运动障碍、认知能力障碍和语言障碍等。学业性学习障碍(academic learning disabilities)是指有显著阻碍阅读、拼写、写作、计算等学习活动的心理障碍，主要表现为阅读障碍、拼写障碍、写作障碍和计算障碍等。

学习障碍是一个世界性问题，在每一个国家的基础教育领域中都普遍存在。在我国，学习障碍的检出率为7.40%～15.71%。[1] 学习障碍主要表现在学龄期，但学前儿童如有言语和语言障碍，往往伴有行为、情绪和社会性方面的问题，到学龄期以后也更容易发展成为学习障碍。

（一）学习障碍儿童的成因分析

引发学习障碍的原因非常复杂，目前尚无确切定论。总体来说，其成因主要包括生理、遗传、心理和环境这四个方面。

l. 生理因素

生理因素是导致学习障碍的重要因素之一。其中，大约有15%的学习障碍儿童具有某种程度的中枢神经系统功能失调问题。这种功能失调主要是由脑损伤、脑结构异常、脑神经障碍、大脑皮质病变等脑生理病变引起的。与学习正常儿童相比，学习障碍儿童有不同程度的神经心理缺陷(如解决问题、理解言语和长时记忆)。这些缺陷的程度与学业成绩低下的程度呈正相关，而且学习障碍儿童的神经心理功能不平衡，大脑左半球功能受损更明显，这种平衡失调是影响学业成绩的因素之一。通过对儿童的脑电进行定量分析，研究者发现学习障碍儿童脑电异常率明显高于正常儿童，这说明学习障碍儿童的障碍可能有其生物学基础。大脑皮质功能失调是解释学习障碍原因时最常被提及的，它能帮助发现学习障碍儿童的障碍和优势，如有研究者发现，阅读障碍的个体大脑中负责快速视觉加工的区域存在缺陷。

---

① 王琦.学习障碍的研究进展[J].现代医院，2009，9(9)：80-82.

2. 遗传因素

有研究者发现,遗传是引起学习障碍的可能原因之一。美国学者史利尔(Sliver)在566个具有神经生理异常的学习障碍儿童中发现了家族遗传的因素。还有研究者通过对有诵读困难的同卵双生子和异卵双生子的对照研究发现,只有三分之一的异卵双生子同时出现诵读困难。也有研究者发现,阅读障碍儿童受家庭遗传因素的影响很大。此外,有研究者发现,学习障碍还可能与性染色体异常有关。

3. 心理因素

另外,还有很大一部分儿童的学习障碍是由动机、情感、个性与意志等心理因素造成的。首先,学习动机不足是许多儿童产生学习障碍的原因之一。其次,学习障碍儿童往往有焦虑、回避和对抗等情绪问题。比如,学习障碍儿童在日常生活中容易产生焦虑情绪,这导致注意力不集中,进而干扰学习能力的发挥,最终造成学习困难的恶性循环。还有些儿童由于连续的失败,缺乏成功体验,失去学习的信心,继而对学习采取回避的态度,最终引起学习障碍。最后,如果儿童注意力散漫、意志薄弱,也会导致学习适应不良,最终引起学习障碍。

4. 环境因素

环境因素不是学习障碍的直接引发因素,却是一个主要的影响因素,主要包括家庭、学校和社会三个方面。首先,早期经验剥夺、家庭心理环境不良、父母教养方式不恰当以及家庭文化经济条件不利、教育期望不合理等家庭因素均会导致儿童学习障碍的产生。比如,早期限制婴幼儿应有的感官探索和动作发展可能会导致儿童出现感觉统合失调,最终造成学习障碍;家庭关系不正常,家庭迁移次数过多,父母不重视对孩子的教育,或者父母教育方式过于严苛,都可能造成儿童没有均等的学习机会,最终引起学习障碍。其次,学校的教学品质、教育活动、师生关系、同伴关系等都是和学习障碍相关的因素。比如,不适当的教学方法或教材会使儿童对学习不感兴趣,老师的忽视、偏见、不加鼓励、经常批评甚至歧视,同伴的拒绝、孤立等均会导致儿童出现学习障碍。最后,政治、经济、文化、教育等社会因素也和儿童学习障碍的产生有一定关系。比如,不合适的人才选拔制度,不合理的高校招生制度等会充当教育的指挥棒,影响儿童的学习动机和学习兴趣,最终导致学习障碍的产生。

总之,尽管导致儿童出现学习障碍的因素很复杂,但是总体来说主要有两个方面:一是主观原因,如儿童自身缺乏学习动力,存在学习焦虑、情绪障碍、意志力薄弱、记忆思维以及学习方法欠佳、身体健康状况不佳等问题;二是客观原因,包括教育条件、家庭环境、社会环境以及周围伙伴影响不良等。

(二)学习障碍儿童的家庭教育策略

学习障碍儿童是一个异质的群体,除了学业不良外,他们在情绪行为、社会适应等方面也有独特表现。对于这一特殊群体的教育干预主要集中于家庭教育和学校教育两个方面。在影响儿童学习障碍的众多因素中,家庭因素是重要方面,因此对于学习障碍儿童的家庭教育干预尤为重要。建议家长可以从以下三个方面做好学习障碍儿童的家庭教育：

1. 为孩子创造良好的家庭环境

不良的家庭因素与学习障碍之间存在互为因果的关系。因此,对学习障碍儿童的干预不可忽视家庭环境的作用。

（1）家长要调整好自身心态,充分接纳孩子

学习障碍儿童的家长往往体验着极强的挫折感,对孩子的教养不自信、失去耐心等。这些不良的心态都可能影响家庭心理氛围,不利于针对学习障碍儿童的家庭教育。家长要有良好的心态:一是要坚定信心。家长要有长期的心理准备,不要因为暂时的困难和失败,就放弃对学习障碍儿童的教育。二是要有耐心。学习障碍儿童常常因为不断地受挫,很容易自暴自弃,甚至脾气失控,家长必须以无限的耐心包容、帮助孩子。比如,不要指责孩子"笨""什么都不会",而要多通过亲自示范帮助孩子习得良好的行为,要及时表扬或奖励孩子的良好行为。三是要保持一颗平常心。学习障碍儿童的问题不是一天形成的,因此其改变的过程也是漫长的。家长要理性看待这一问题,不急于求成。比如,不因为急于发展孩子的能力而剥夺孩子应有的游戏和社交活动,不因为嫌弃孩子手脚不灵、行动笨拙就事事包办代替。

（2）家长要建立良好的家庭关系

良好的家庭心理氛围可以防止学习障碍儿童的问题进一步恶化,有助于学习障碍儿童的问题改善。因此,家长要注意营造和谐、融洽的夫妻关系、亲子关系等家庭关系。首先,夫妻之间要加强沟通与交流,避免因为孩子的学习障碍问题发生家庭纷争,影响夫妻关系,给孩子一个稳定的家庭环境。其次,家长要给予学习障碍儿童足够的关注与爱,让孩子体验到即使自己不同于常人,但是家人依然爱自己。比如,家长要不吝啬通过语言、肢体动作等对孩子表达爱。

（3）家长要改变不恰当的家庭教育方式

对于学习障碍儿童的教育,家长要讲究方式方法,既不能过于溺爱放纵,也不能过于严苛、粗暴。首先,对于学习障碍儿童的教育而言,表扬比批评更有用。因此,家长应该多给予孩子表扬和鼓励,如当孩子顺利完成学习任务时及时奖励,以激发其学习动机。其次,家长的"身教"作用大于"言传"。因此,家长可以多使用行为示范的方法帮助孩子掌握必要的学习技能、人际交往技能等。最后,家长要对学习障碍儿童抱有适度的期望,不可要求过高,避免孩子因为失败丧失信心;也不可过低,避免孩子缺乏学习动力,不求上进。

（4）家长应该保持教育的协调一致

抚养和教育学习障碍儿童并非一件容易的事情,家长可能在想法和做法上出现不一致。此时,家庭成员之间应该加强沟通、协调,减少由教育不一致带来的争吵和矛盾。

2. 帮助孩子适应学校教育环境

学习障碍儿童在学校容易出现学业不良、被教师和同学拒绝等问题。这些问题

可能会进一步加重儿童的问题。为了帮助孩子更好地适应学校环境,缓解学习障碍带来的不良影响,家长需要注意以下几点:

(1) 注重培养孩子的学习兴趣和动机

动机、情感、意志等心理因素是影响孩子学习障碍的重要因素之一。首先,家长要注重培养孩子的学习动机,让孩子的学习充满动力。比如,家长可以适当采用奖励等外部动机激励孩子,更多还可以引导孩子认识学习的价值和意义,诱发孩子的内部学习动机。其次,家长要注重培养孩子对于学习的兴趣。孩子只有爱学,才愿意学,才能学好。比如,家长可以通过及时表扬增强孩子学习的积极性;也可以通过课外阅读开阔孩子的视野,激发孩子的求知欲和好奇心;还可以增加实践学习的机会,让孩子在大自然中、在与同伴的互动中体会学习的乐趣;等等。最后,家长还要注意培养孩子一定的耐挫能力,避免孩子因为学习上的困难打退堂鼓。比如,家长可以通过书本中的故事、自己的亲身经历等,帮助孩子正确认识"挫折";家长要教会孩子"自我鼓励法"和"补偿法"等应对挫折的方法,比如"这次虽然没考九十分,但比原来有进步了""我跳舞不行,可画画不错,要努力画,争取参加绘画比赛";家长还可以在日常生活中有意识地设置一些困难,让孩子自己整理凌乱的学习用品、铺床、清洗自己的衣服等。

(2) 帮助孩子掌握一定的学习技巧

大多数学习障碍儿童都不存在智力问题,而是因为没有掌握有效的学习方法,或者使用的方法单一、不灵活,不知道如何有效学习,如不会听课、不会记笔记、没有掌握应用题解题方法等。因此,根据障碍儿童的特点制订学习策略对其学习活动尤为重要,可以有效改善学习障碍儿童的学习成绩。比如,家长可以通过重复练习、有计划地复习、分解任务和综合、指导性提问与回答问题、控制任务难度、示范解决问题的过程等方法来辅导孩子的学习,也可以帮助孩子养成记笔记、预习、复习、整理学习用品等良好的学习习惯。

(3) 帮助孩子掌握一定的人际交往技巧

为了帮助孩子更好地融入集体生活,家长可以教授孩子一些与教师交往的技巧,如主动给教师帮忙,经常与教师沟通、交流,遇到困难时学会求助于教师等。此外,家长还可以教授孩子一些同伴交往的技巧,如学会和同学分享,主动给同学提供帮助,学会倾听和表达等。

(4) 注意密切家校沟通与合作

学习障碍儿童的困难,往往发生在学校的学习过程中。因此,家长必须和教师建立良好的沟通渠道,务必让教师明了孩子遇到的学习障碍与学习特性,避免教师因误解而伤害孩子。此外,家长还可以在与教师的交流合作中进一步提升自己的家庭教育能力,了解正确对待学习障碍儿童的教养态度、方法等。

3. 控制社会大环境对孩子的不良刺激

社会大环境的不良风气会不同程度地给儿童带来消极影响,造成儿童出现学习障碍。因此，家长要重视这个问题，并对不良社会信息进行必要的控制。

（1）避免社会不良价值观的影响

互联网等媒体可能会传递一些不良的价值观念，如"读书无用论""学习就是为了赚大钱"等。这些价值观可能会影响儿童的学习动机和学习兴趣，从而引发学习障碍。因此，家长要正确引导儿童，尤其是对于年龄较小的儿童，要在其产生疑问时及时给予恰当的解释。比如，家长可以通过孩子能理解的方式告诉他们"读书的价值是什么""为什么要读书"。

（2）避免互联网等电子产品的影响

随着社会的发展和科技的进步，互联网越来越普及，手机、电脑、平板等电子产品也成了儿童学习、生活和娱乐的一部分。频繁、长期接触电子产品可能会导致儿童沉迷，从而失去学习兴趣，引发或者加重儿童的学习障碍。因此，家长需要通过与孩子签订契约、树立良好的榜样示范等多种途径，适当控制孩子的屏幕使用时间。

▌学习活动：案例分析　》》

《我不是笨小孩》是一部有助于我们了解、观察我国阅读障碍儿童群体的纪录片。影片通过对三个阅读障碍儿童家庭长达三年的追踪跟拍，真实而深刻地反映了这些特殊儿童及其家庭的困境，以及在各方努力之下孩子们的蜕变。请观看这部纪录片，并进行案例分析：

1. 片中三位主人公的成长，跟家庭教育有什么样的关系？

2. 他们的父母采取了哪些教育策略？这些策略哪些能推广给其他阅读障碍儿童家庭？

四、超常儿童的家庭教育

超常儿童是指智慧和能力超过同龄儿童发展水平的儿童。[1]通俗地讲，超常儿童就是至少在某一方面远远超出常态儿童的少数儿童，且超常儿童的表现形式是多种多样的，有的语言能力超群，有的写作能力突出，有的对数学特别敏感，有的在体育方面表现出过人的能力，有的在音乐和表演方面展示出非凡的才华。但他们也都拥有共同的特点，即具有观察力强、知觉敏锐、注意集中、想象丰富等优良智力素质和兴趣广泛、求知欲强、坚韧不拔等良好个性品质。

关于超常儿童，以往许多国家都将标准化智力测验作为鉴别超常儿童的主要工具，将智商在130以上作为鉴别的决定性指标。随着超常儿童概念的扩展，现如今通常在动态比较中采取多指标、多途径、多种方法对超常儿童进行鉴别。鉴别指标也不仅仅局限于智商，而是对认知能力、创造力、学习能力、特殊能力、个性特征进行综合

① 朴永馨.特殊教育辞典[M].3版.北京：华夏出版社，2014：485.

考察。鉴别方法也呈现多样化,包括进行标准化智力测验,开展各种创造力、学习能力测试,对成果进行评定,核查家庭、学校及有关人员提供的材料,直接面试等。

我们通常认为,超常儿童是遗传与教育和环境交互作用的结果,但随着年龄的增长,超常儿童的才能可能加速发展,也可能停滞甚至衰退,其最终结果受到儿童所处社会环境、儿童自身个性特点及主观努力等多种因素的综合影响。特别是创造力对成才具有重要影响,有的孩子学习成绩很好,但缺乏创造性思维,不能活学活用,遇到问题解决不了,很容易在竞争激烈的社会中流于平庸。

(一)超常儿童的发现

早期研究表明超常儿童占儿童总人数的 1%~3%,随着对超常概念认识的不断发展,有研究者认为在智力、学术力、创造力、领导力、艺术力等多个方面能力超常的儿童可达到 6%~10%。[①] 也就是说,除了智力超常儿童,有绝对音感、色感、记忆力等非智力超常特征的,也都属于超常儿童。超常儿童虽然较常态儿童而言是少数,但基于我国庞大的人口基数,他们的绝对数并不小。如果能够及早发现,并给予合适的教育,他们的聪明才智得到高度发展,潜能得到充分发掘,他们将成为社会中宝贵的人才资源,这对国家和社会的发展,以及他们自身的发展都具有重要意义。

想要及时知道孩子是否属于超常儿童,首先要了解超常儿童的特征,并清楚发现超常儿童的常见途径。

I. 超常儿童的特征

(1)智力/认知特征

第一,超常儿童的专注力往往较强,可以抵抗外界的干扰,有意注意的保持时间大大超过常态儿童。他们往往能专心致志地从事自己感兴趣的活动,坚持较长时间而不分心。

第二,超常儿童通常感知觉敏锐、观察力强,能够有目的、有条理地观察事物,抓住所观察事物的主要特征。比如,有的超常儿童很早就发展了对汉字音、形的细微差别的辨认能力,因而能识记大量的汉字,阅读能力也发展得较早。

第三,超常儿童的记忆力普遍较强。一方面,他们的记忆速度较快,由于感知觉敏锐、观察力强,故而可以在相同时间内比常态儿童记忆更多的材料,且记忆保持的时间较长,回忆的正确率较高。另一方面,超常儿童会自觉或不自觉地运用一些记忆方法,在记忆中加入思维,比如利用比较法、内部联系法等进行记忆。

第四,超常儿童大都思维灵活、敏捷,理解准确。同时,他们逻辑思维较强,在日常生活和学习中善于概括、分析、推理,重视事物或知识间的内在联系;喜欢探索、解决问题,创造力较强。由于思维能力较强,超常儿童语言发展也大都领先于常态儿童,其言语的流畅性和复杂性发展速度更快,很早就可以说出具有复杂语法结构和逻辑关系的句子。

---

① 景晓娟,程黎.超常儿童也需要教育公平[J].中国特殊教育,2021(9):62.

（2）非智力特征

超常儿童在动机、兴趣、情绪、意志、性格等个性特征方面也比常态儿童表现优秀。他们往往求知欲旺盛，从小就好奇、好问，经常打破砂锅问到底。他们还兴趣广泛，容易对各种事物产生浓厚兴趣，且兴趣相对稳定，能够积极、持久地从事某些活动，发展出相应的能力。同时，他们往往情绪波动较小，且意志坚定、自觉性强，能为实现目标持之以恒地付出努力，遇到挫折也不轻言放弃，而是总结经验教训，再接再厉。

2. 超常儿童发现的途径

许多超常儿童都是最早由家长发现的。具体而言，可以通过以下途径来观察孩子的行为表现，以判定他是不是超常儿童。

一是通过儿童的主要活动——学习和游戏。在学习中可以观察孩子的学习兴趣、学习态度、学习领悟的速度和深度、自学能力、学习的创造性等，在游戏中可以了解孩子的兴趣、爱好、才能和个性特点。如果孩子在多方面表现出超常儿童的特征，家长可与教师进一步沟通，全面了解孩子的情况，并听取教师的意见。

二是通过各种比赛。许多超常儿童都是各种科技类、文学类、体育类、艺术类竞赛中的佼佼者，由于竞赛成绩优异才被家长或教师发现，进而受到家庭和学校的重点培养。

三是通过教育干预。超常儿童的智力和才能是在教育过程中形成和发展的，因此可以通过给孩子提供某方面的学习机会和条件，并根据孩子在学习以及合作交往、独立生活、克服挫折等个性品质方面的综合表现，判定孩子在这方面是否具有较大的潜力或优势。

四是通过专业的心理测验。教师或家长从不同途径发现儿童可能是超常儿童后，可以找心理测量的专门机构，由受过专业训练的专业人士来给孩子进行测验鉴别。但要注意的是，对不同类型的超常儿童要选择适合他的鉴别测验，不能只靠一种测验或一次测验的分数就判定一个孩子是否为超常儿童。

（二）超常儿童的家庭教育策略

1. 正确评估自己的孩子

超常儿童在社会上是客观存在的，但这种儿童在整个儿童群体中毕竟是极个别、极少数的。因此，家长需要客观、正确地评估自己的孩子。一方面，家长与孩子接触最多，日常要细心观察孩子的表现和行为，避免未能及时发现孩子是超常儿童，无法给予正确的培养，埋没孩子的才华，阻碍孩子的发展。另一方面，超常儿童毕竟是少数，家长不能拔苗助长，将常态儿童误认为是超常儿童。过高估计孩子的智力水平和潜能，盲目实施强制性或掠夺性的智力开发，会伤害孩子的智力和身心健康。

2. 促进超常儿童的身心和谐发展

对超常儿童的教育不仅要关注其天赋和才能的发展，更要关注其整体发展，以合适的教育形式促进超常儿童身心的和谐发展。

首先，要关注超常儿童的身体健康。我国提倡德智体美劳全面发展，因为道德品质、身体素质、审美观念、劳动能力和智力其实是一个相互联系、相互依存、相互影响和制约的整体。近年来,我国中小学生的身体素质明显下降,近视、肥胖等问题突出。足量、足质的体育运动可以为超常儿童全面发展提供体质健康保障。所以,家长要督促超常儿童积极开展体育锻炼,既要发展智力,也要发展体力。

其次,还要关注超常儿童的心理健康。由于超常儿童往往比较自信,且思维的独立性和批判性较强,他们比较容易自以为是或固执己见,行为走向极端。同时,有的由于与同龄人缺乏共同话题、社交能力不足、生活自理能力较差等,他们常常显得不合群,或容易在与同学相处时受到欺负,感到委屈,情绪波动较大。此外,由于超常儿童从小就表现出超群出众的才华,较多受到表扬夸奖,这可能使他们的心理相对比较脆弱,难以承受压力,甚至患上忧郁、焦虑、狂躁等心理疾病。家长需要关注超常儿童的这些不足之处,及时予以心理辅导,同时注重加强对超常儿童的心理素质训练,提升他们的心理承受能力,使他们能够正确对待荣誉和挫折。

3. 满足超常儿童的求知欲

只有符合儿童的年龄特征和心理发展水平,并为儿童所接受的教育,才能有助于儿童的发展。然而,对于超常儿童而言,在普通教育体制中已经掌握的学习内容、缺乏挑战性的作业可能会压抑他们的求知欲望,使他们难以养成良好的学习习惯,他们无法集中注意听课,失去学习兴趣,或在课堂中以不正常的行为方式去发泄自己的不满情绪,甚至导致师生关系、同伴关系紧张。

为此,要结合超常儿童自身实际,有目的、有计划地安排一些超前学习的内容。但超前学习的内容安排要遵循循序渐进原则,符合"最近发展区"的要求,应当是超常儿童经过一定努力能够完成的任务,既不会很容易,也不会高不可攀。只有这样的超前学习才能满足超常儿童的求知欲望,使他们在获得成功的过程中增强自信,保持学习的积极性和主动性。

家长可以鼓励超常儿童参与一些创新拔尖人才的选拔活动,但同时,家长也要保持一颗平常心,正确看待孩子的超常能力,避免过高期望对孩子产生负面影响。

理解·分析·应用

1. 离异家庭对子女的影响有哪些?
2. 留守和流动家庭的家庭教育可能分别存在哪些问题?
3. 为什么说感情破裂的结构完整家庭,不一定比离异家庭对孩子的影响更好?
4. 情绪与行为障碍儿童有什么特征?
5. 引起儿童学习障碍的因素有哪些?
6. 综述学习障碍儿童的家庭教育干预策略。

7. 寻找一个特殊儿童的家庭教育案例进行分析,总结该案例中采取了哪些措施,效果如何。

❓拓展阅读指导

1. 刘春玲,江琴娣.特殊教育概论[M].2版.上海:华东师范大学出版社,2016.
2. 江琴娣.特殊儿童家庭教育[M].上海:华东师范大学出版社,2015.
3. 昝飞,张琴.特殊儿童的问题行为干预:实例与解析[M].北京:中国轻工业出版社,2014.

第十章

家长素质与家长教育

10

【学习目标】

1. 了解家长素质的概念与重要性。
2. 知道家长应该具备哪些基本的家庭教育素质。
3. 了解家长教育的概念和必要性。
4. 掌握提升家长素质的两大途径:家长自我教育和全社会支持家长教育。

【知识导图】

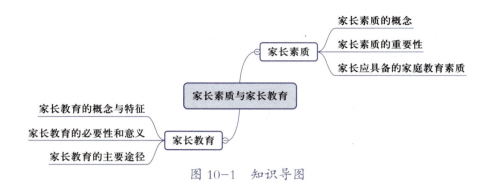

图 10-1　知识导图

【情境链接】

　　有人说,教育最可怕的就是,一群从不学习的父母在拼命让孩子学习。当下社会有这样一些奇怪的现象:一些父母从不读书,却希望孩子好好读书;一些家长从不学习,却希望孩子成龙成凤;有的家长下班回家,不是躺在沙发上看手机就是打麻将,却一个劲地要求孩子要好好学习,为自己争光;有的家长从来不主动和人打招呼,语言粗俗,行为粗暴,不注意个人卫生,却要求孩子要有礼貌、讲卫生……

　　真正的教育从来不是父母"散养"自己,然后严格要求孩子。只有父母做好了榜样,孩子才能有样学样。教育是一场漫长的修行,让父母成为更好的父母,孩子才能成为更好的孩子。

　　每一个人都有机会成为父母,但并非每一个人都能成为合格的父母。家庭教育的成效如何,取决于家长自身素质的高低。要培养和造就千千万万合格人才,首先就要培训和塑造千千万万合格家长。

　　我们已经论述了很多关于家庭教育的原则、内容,任务、策略。但说到底,这些都需要"人"来执行,也就是家长执行,这样家庭教育才能落到实处,成为影响孩子的"教育"。本章我们跟大家探讨家长素质与家长教育的问题。为了提高家长素质,提升家庭教育水平,家长首先需要进行自我教育,其次学校和社会需要对家长进行家庭教育指导,全社会为家长赋能,为每一个家庭的幸福、为每一个孩子成长做出努力。

第一节　家长素质

家长是家庭教育的主体责任人和主要执行者,其素质不仅直接影响子女的行为、品德和人格发展,还决定家庭教育的实施质量和成败。我国教育家陈鹤琴曾对家长提出以下要求:要以身作则,要研究儿童的生理与心理,不要自信太深,不要迁怒,要小孩子每天做件好事。[①] 做到这些,才算是一个基本合格的家长。这其实就是对家长素质的要求。

一、家长素质的概念

(一) 什么是素质

从心理学角度来看,"素质"有三层含义:一是指"禀赋",即个体生而具有的解剖和生理特点;二是指"品质",即公民或某种专门人才在后天环境、教育和实践活动中形成的基本品质;三是指"体质",即个体在先天遗传和后天获得的基础上所形成的在形态结构和功能上的相对稳定的特性或特征。[②] 可见,素质的内涵很丰富,至少包含先天素质和后天素质两个部分。从教育学角度来看,"素质"指的是在人的先天生理基础上,经过后天教育和社会环境的影响,由知识内化而形成的相对稳定的心理品质。

可见,素质是一个内涵非常丰富的概念,指的是一个人在先天和后天环境及教育中形成和发展起来的生理、心理、文化、品德等多方面的综合品质,通常由知识、能力、态度等内容构成。素质既包含先天素质(如身体素质),也包括后天素质(如思想品德素质、文化素质等);既包含一般素质(即作为一个社会成员、国家公民必须具备的基础和主客观条件,如公民素质),也包含特殊素质(即作为某种专门人才或为了完成某种特殊任务必须具备的基础和主客观条件,如教师素质)。

(二) 什么是家长素质

家长同时具有公民和教育者两种身份,根据素质的定义,家长素质也分为一般素质和特殊素质两个层面。前者指的是家长作为社会成员、国家公民所必须具备的基本综合素质,后者指的是家长作为拥有特殊职能和使命(抚养、教育子女)的专门人才(家庭教育者)所必须具备的综合素质(家庭教育素质)。这两个层面的素质互相渗透、相辅相成,前者是后者的基础。

I. 家长的一般素质

家长的一般素质指的是家长作为普通社会公民所具备的基础和主客观条件,其主要包括身体素质、文化素质、思想品德素质、心理素质等内容。

身体素质指的是家长的生理素质,比如大脑、神经、体力、健康状况等。文化素

---

① 陈鹤琴. 家庭教育:怎样教小孩[M]. 北京:中国致公出版社,2001:203−207.

② 车文博. 当代西方心理学新词典[M]. 长春:吉林人民出版社,2001:360.

质指的是家长作为公民必须具备的各种科学文化知识,比如基本的生活常识、法律知识、应对公共事件的知识等。思想品德素质指的是家长作为公民必须具备的价值观、道德观、思维方式和社会意识等,比如互敬互爱的家庭道德观念、助人为乐的社会公德以及"吾日三省吾身"的独处道德等。心理素质指的是家长作为公民应具备的注意、记忆、思维、想象等智力品质,以及情感、意志、气质、性格等非智力品质。

2. 家长的家庭教育素质

家长的家庭教育素质指的是其作为家庭教育的主体,在实施和完成教育子女这一专门、特殊活动过程中需要具备的基础和主客观条件,是完成家庭教育活动的内在必要条件,主要包括家庭教育观念、家庭教育知识和家庭教育能力等内容。

(1)家庭教育观念,指的是家长在实施家庭教育活动过程中,指导和支配其教育行为的看法、认识、想法等,主要包括对学习者也就是教育对象的认识(儿童观)、对教育目的及过程的认识(人才观、发展观)、对教育者与学习者关系的认识(亲子观、亲职观)等。

(2)家庭教育知识,指的是家长要顺利完成家庭教育这项特殊任务所需要掌握的相应知识,主要包括教育对象本体知识(即关于儿童身心发展基本规律的知识)、教育内容知识和教育方法知识等。

(3)家庭教育能力,指的是家长需要具备的与完成家庭教育活动相适应的各种能力,即影响和改变教育对象的本领和技能,主要包括与教育对象建立联系的能力、选择恰当教育方法的能力、进行自我调控的能力等。

家长的家庭教育观念、家庭教育知识与家庭教育能力三者之间是相互作用、相互制约的关系。其中,家庭教育观念和家庭教育知识是家庭教育能力形成和发展的基础;家庭教育观念指导和支配着家庭教育行为,并影响着家庭教育知识和家庭教育能力的发展;家庭教育能力对家庭教育观念和家庭教育知识起到巩固和促进作用。

二、家长素质的重要性

教育始于家庭,家庭是孩子的第一所学校,家长是孩子的第一任教师。家长在孩子的健康成长中扮演着重要的、不可或缺的角色。无论是家长的一般素质还是家长的特殊素质在孩子健康成长和家庭教育中均起着极为重要的作用。家长素质既是孩子健康成长的重要影响因素之一,也是家庭教育成败的重要决定性因素。

(一)家长素质是孩子健康成长的基础

如果父母缺乏抚养、教育子女的科学知识,那么对于孩子身体发育、道德修养和智力培养都会造成不好的影响。从孕育子女开始,家长素质就开始发挥作用。只有具备良好身体素质和心理素质的父母,才能够孕育出身心健康的子女。这是先天遗传因素对子女健康的影响。另外,一个具备良好文化素质的家长,比如拥有丰富的优生知识、健康知识和医学知识等相关知识的家长更容易养育出身心健康的孩子。

（二）家长素质对孩子成长起着导向和榜样作用

根据班杜拉的社会学习理论，家长是孩子成长中最主要的模仿对象，其思想品德、价值观念、日常言行、理想追求和认知态度等均对孩子的成长起着导向和榜样作用。一个拥有良好思想品德素质的家长，如懂得尊敬家人、孝敬父母、诚实守信、语言文明等的家长会在潜移默化中将良好的品德、行为习惯等传递给孩子；一个拥有良好心理素质的家长，如情绪稳定、温和，性格开朗、乐观的家长更容易培养出情绪稳定、心理健康、人格健全的孩子。

（三）家长素质对家庭教育起决定和制约作用

家庭教育是家长在家庭教育观念的指导下，运用教育知识和教育能力解决教育孩子问题的一种特殊活动。家长的教育素质，包括家庭教育观念、家庭教育知识和家庭教育能力，直接影响着家长的教育行为，决定着家庭教育的效果。例如，家长的家庭教育观念不但制约着家长对家庭教育知识和家庭教育能力的运用，在一定程度上也左右着家长的文化水平和品德修养，而且直接影响到家长对孩子的期望值和满意度，影响到家长对孩子的教育内容和方式，影响到家长对孩子教育的时间、精力投入和物质经济投入。比如，如果家长不具备科学的儿童观，就可能忽视儿童身心发展的基本规律，"揠苗助长"等。

另外，家长的一般素质对家庭教育的实施及其效果也有着直接的影响。比如，家长身体素质的好坏决定着家长在家庭教育活动上投入的时间和精力多少。如果没有良好的体质，家长就没有充沛的精力对孩子进行家庭教育。家长的文化素质在一定程度上决定着家长的理想和教育观念、教育方式方法，直接影响家长的教育能力与教育质量。家长的文化素质也在某种程度上制约着家长的职业、经济收入和社会地位，决定着家长为人处世的能力和方式方法，影响家庭的生活方式、心理氛围，使置身于相应家庭环境中的孩子受到潜移默化的影响。此外，家长的心理素质也影响着家长的家庭教育方式和方法，决定着家庭的心理氛围，从而决定着家庭教育效果的好坏。具有良好心理素质的家长，更容易与孩子、家人建立良好的关系，营造出积极、和谐、亲密的家庭精神氛围，促进家庭教育效果的实现。

可见，家长素质高低是决定家庭教育能否成功的关键因素之一。家庭教育要想取得成功，家长首先必须提高素质。

三、家长应具备的家庭教育素质

家庭教育能否有效、顺利实施，在很大程度上取决于家长的素质。为了保障家庭教育的效果，在家庭教育中家长除了应该具备作为普通公民的一般素质，如良好的身体素质、文化素质、思想品德素质和心理素质等，更重要的是需要具备开展家庭教育这项特殊活动的特殊素质，即家长要树立科学的家庭教育观念、掌握丰富的家庭教育知识和具备一定的家庭教育能力。

(一)家庭教育观念

家庭教育观念是实施家庭教育的前提与基础,制约着家庭教育的方式方法,在很大程度上决定着家庭教育的成败。因此,理想家长首先应该树立科学的家庭教育观念,主要包括正确的儿童观、人才观、亲子观和亲职观。

1. 儿童观

家长的儿童观是指家长对教育对象(儿童)的认识,即家长是如何看待未成年子女的,主要包括对儿童权利、地位和发展规律的认识。儿童观直接影响家长对儿童的教育理念、教育方式和教育内容等。理想家长应具备的儿童观主要包括以下内容:

(1)儿童是人。家长应该把孩子当作"人"而不是"物"来对待与培养。这意味着家长需要与孩子保持民主、平等的关系,尊重孩子的人格,重视孩子的愿望和需要,与孩子平等地沟通。

(2)儿童是未成年人。家长应该认识到孩子处于"未成熟"状态,其生理状态、心理状态、思维方式等和成年人均有区别。这意味着家长不仅需要在物质上满足孩子成长的需要,还需要在精神上给予孩子关爱和理解。比如,家长需要理解孩子,允许孩子犯错误,不强迫孩子按照成年人的意志、要求和愿望去做事情。

(3)儿童终将成为独立生活的人。家长应该认识到孩子是独立的人,拥有独立的人格和尊严,并终将与自己分离,独立进入社会生活。这意味着家长需要尊重孩子对未来生活的选择,帮助孩子为未来独立生活做好准备。

2. 人才观

家长的人才观是指家长对人才价值的观念和对孩子成才的价值取向。这决定着家长对子女的期望,也决定着家庭教育的目标和方向,即家长想要把孩子培养成什么样的人。理想家长应具备的人才观主要包括以下内容:

(1)行行出状元的人才观。家长应该认识到未来社会对人才的需要是多元的,既需要各种专门的高精尖人才,也需要普通的劳动者。因此,家长不需要盲目随大流,追求单一的成功。

(2)人人皆能成才的人才观。家长应该认识到尽管人与人之间存在差异,但是每个人都有丰富的潜能和独有的优势,通过良好的教育、训练,每个人都能够成才、成功。

(3)终身学习的人才观。家长应该认识到人才的成长不是"一朝学成而受用终身"的,每个人都可以通过终身学习的方式,在社会实践和自身的不断努力中成长、成才。

▌学习活动:案例分析 ≫≫≫

当下流传着一个十分形象的父母期望"衰减函数"的说法:父母对孩子未来成就的期望随着孩子的长大而逐渐衰减。比如,孩子刚出生时,父母总会不自觉地幻想,这孩子未来也许能成就一番事业,做个伟大的人。孩子上了小学,开始拼学业,父母就会认为孩子至少要上个北大、清华,能读到博士那是最好不过,并且总是以此为目的去培养孩子。孩子上了中学,学业水平的情况基本稳定,父母就觉得至少要考上个985、211高校,有能力再读个研究生也不错。等孩子上了大学,或者步入社会,父母就希望孩子将来能有个稳定工作,有自己的小家庭,这辈子也就十分幸福了。

请根据这一案例进行分析:

1. 你认为产生这一现象的根本原因是什么?

2. 如果父母缺乏稳固的人才观,你认为可能带来的弊端是什么?

3. 亲子观

家长的亲子观是指家长对自己和孩子关系,即亲子关系的基本看法。家长对亲子关系的认识制约着家庭教育的内容和方法。理想家长应具备的亲子观主要包括以下内容:

(1) 亲子关系是亲情关系。家长应该认识到亲子关系的核心是爱,要给予孩子足够的爱和关心。

(2) 亲子关系也是教育者与受教育者之间的关系。家长应该认识到尽管需要给孩子足够的爱,但是仍然需要保持一定的权威,具备一定的知识和能力,扮演好教育者的角色,对孩子进行教育和引导。

(3) 亲子关系受社会道德与法律的约束。家长应该认识到自己对孩子的抚养和教育不是随心所欲的,而是要遵循社会道德准则、国家法律规定等进行的。比如,离婚后,父母对于子女仍有抚养、教育、保护的权利和义务。

4. 亲职观

家长的亲职观是指家长对自己在家庭教育中的角色和职能的认识。理想家长应具备的亲职观主要包括以下内容:

(1) 家庭教育首先是家长的自我教育。家长应该认识到自己在孩子成长中的重要作用,只有不断提高自身的素质,做好自我成长,才能更好地完成教育孩子的任务。

(2) 家长要与孩子共同成长。家长应该认识到家庭教育是一个双向互动的过程,要学会向孩子学习,与孩子共同成长。

(3) 家长的职能是要促进孩子的全面发展。家长应该认识到家庭教育的目标应该是全面的,自己的职能不仅在于促进孩子的智力发展,还需要促进孩子在德、体、美、劳等方面的发展;不仅要关心孩子的身体健康,还要关心孩子的心理健康。

(二) 家庭教育知识

家庭教育知识是家长实施家庭教育的依据,是家长家庭教育能力形成和发展的基础。因此,理想家长需要了解丰富的家庭教育知识,主要包括以下科学知识:

1. 优生学知识

优生学知识即关于如何生育身心健康的孩子的科学知识。了解优生学知识的目的在于预防遗传缺陷和先天疾病,促进孩子体力和智力更加完善,最终提高出生人口质量。家长需要具备的优生学知识主要包括:如何选择合适的结婚对象、结婚年龄、生育年龄;如何做好妊娠期保健、围产期保健;如何做好产检,预防胎儿畸形和遗传疾病;等等。

2. 生理学知识

生理学知识即关于机体生命活动和体内各器官机能健康发展的科学知识。这可以帮助家长更好地了解如何保护孩子健康发育,如何减少疾病的发生,促进孩子生理健康发展。家长需要具备的生理学知识主要包括基本的营养知识、运动知识、医疗常识、卫生知识等。比如,如何给孩子提供适当的食物,以保证其身体发育需要;如何开展适当的运动,促进孩子身体、体能发展,避免受伤;如何做好孩子常见病的预防和应急处理;等等。

3. 心理学知识

心理学知识即关于孩子心理发展一般规律和年龄特征的科学知识。这有利于家长根据孩子的年龄特征,有针对性地开展家庭教育,从而更好地维护未成年人的心理健康,促进其心智发展。家长需要具备的心理学知识主要包括发展心理学的相关知识、心理咨询和辅导的相关知识等。发展心理学的相关知识可以帮助家长更好地了解不同年龄段孩子的发展特征和行为,安排孩子的家庭教育内容以及采取不同的教育方式方法等。心理咨询和辅导的相关知识可以帮助家长更好地了解影响孩子心理健康的因素,读懂孩子的心理需求,解决孩子的心理问题等。

4. 教育学知识

教育学知识即关于教育发展规律的科学知识,既包括普通的教育学知识,也包括家庭教育学的相关知识。普通的教育学知识可以帮助家长了解教育的基本原理、教育的基本原则和方法等。家庭教育学的相关知识可以帮助家长了解家庭教育的基本内容、方法等。英国哲学家、社会学家和教育理论家赫伯特·斯宾塞在其《教育论》一书中指出:"如果说能够生儿育女是身体上成熟的标志的话,那么能够教养这些子女就是心智上成熟的标志。一个涉及一切其他科目的科目,而因此是在教育中应该占最高地位的科目,就是教育的理论和实践。"[①]

5. 法律知识

法律知识即有关婚姻家庭、儿童保护的有关法律知识。家长需要具备的有关法律知识主要包括《未成年人保护法》《义务教育法》《预防未成年人犯罪法》《家庭教育促进法》等。这些法律知识可以帮助家长更好地了解自己作为家长的责任,从而更好地履行自己的义务。

---

① 斯宾塞. 斯宾塞教育论著选[M]. 胡毅,王承绪,译. 北京:人民教育出版社,2004:86.

6. 其他学科知识

此外,家长还需要掌握社会学、伦理学、自然科学等多学科和家庭生活、社会生活等多方面的知识。比如,家庭具有哪些功能,如何建设良好的家庭关系,如何料理家务、布置家庭,如何为人处世、待人接物和进行社会交往,如何从衣食住行等各个方面提高家庭生活质量,等等。

（三）家庭教育能力

家庭教育能力是家长运用教育观念和知识解决家庭教育实践问题的本领。理想家长应掌握必要的家庭教育能力,主要包括了解孩子的能力、沟通与表达的能力、分析情境和选择合适教育方法的能力、控制和调节自己情绪的能力、终身学习的能力等。

1. 了解孩子的能力

了解孩子是教育孩子的前提。家长只有具备了了解孩子的能力,才能够有针对性地选择运用恰当的教育内容、教育方式方法对孩子实施教育。尽管家长几乎每天都和自己的孩子生活在一起,但并非每一位家长都能读懂孩子的行为和了解其内心。尤其是随着孩子年龄的增长,了解孩子变成一件更困难的事情。为了更好地了解孩子,家长需要:(1) 主动创设宽松的家庭生活氛围,采取民主、平等的态度对待孩子;(2) 善于运用观察、谈话、共同活动、研究书面材料、听取他人意见等多种方法;(3) 全方位、多角度、不带偏见和成见地了解孩子。

2. 沟通与表达的能力

亲子沟通是家长与孩子建立联系的重要途径之一。家长只有具备良好的语言表达和沟通能力,才能更好地对孩子进行教育,与孩子建立良好的关系。为了更好地沟通,家长需要:(1) 学会用准确、生动、亲切、幽默的语言与孩子进行交流;(2) 学会营造良好的倾听氛围,给予孩子表达的空间,鼓励孩子表达;(3) 合理使用表扬或批评语言对孩子进行评价,尽量多使用赞扬、鼓励、肯定等积极正面的语言,避免使用讽刺、挖苦、威胁、抱怨等消极负面的语言。

3. 分析情境和选择合适教育方法的能力

家庭教育的情境复杂多样,且家庭教育的方法很多。因此,对于家长来说,在什么情境下采用什么教育方法,在孩子的哪一个年龄段转变教育方式,如何针对孩子的不同表现具体运用某一种方法等,都是需要掌握的。即家长需要具备在准确分析教育情境的基础上,选择合适的教育方法解决实际问题的能力。一方面,家长要具备分析情境的能力,即对家庭生活情境、孩子行为情境等不同的情境进行分析;另一方面,家长需要具备选择合适的教育方法的能力,即基于情境、孩子特点等选择合适的时机和教育方式,促进教育问题解决。

4. 控制和调节自己情绪的能力

在家庭教育中,家长容易丧失理智,感情用事。比如,有的家长容易溺爱孩子,或者将自己生活和工作中的情绪带到家庭中。这种缺乏理智的行为都不利于对孩子的教育,最终导致家庭教育的失败。因此,家长需要具备保持理智的能力,即控制和调节自己情绪的能力。为了控制和调节自己的情绪,家长需要:(1) 学会觉察自己的情绪;(2) 学会运用转移注意力、认知调整等不同的策略调节自己的情绪。

5. 终身学习的能力

为人父母是持续一生的过程。家庭教育的对象——儿童处于不断的发展变化中,因此家长需要随着孩子年龄的增长,不断掌握孩子不同年龄段的生理、心理特征规律,不断了解孩子不同阶段的学习任务和容易产生的问题等,以便采用恰当的家庭教育内容和方式。另外,随着时代的发展,家长的家庭教育观念、家庭教育内容和家庭教育方式方法等也需要不断更新。这都要求家长需要具备终身学习的能力。保持终身学习,家长需要:(1) 学会自我反思,家长只有先意识到自己在教育子女过程中的不足才能更好地进行自我提升;(2) 学会借助书籍、专家、网络、同伴群体等多种途径进行自主学习,不断更新自己的观念、获取新知识、培养新技能。

6. 其他能力

此外,家长还需要具备与学校教师协作的能力、挖掘社区教育资源的能力、教育选择与规划的能力等。总之,家长需要具备的家庭教育能力是多样的。

第二节　家长教育

家庭教育的成功离不开家长素质的提升。提高家长素质的途径很多,家长教育是最为直接和重要的途径。

一、家长教育的概念与特征
(一) 家长教育的概念

"家长教育"(parent education)指的是以家长为对象,以使家长掌握科学养育子女的知识、方法,提高家长家庭教育水平为目的而进行的成人教育活动。由于父母双亲是子女的法定监护人,是家庭教育的主体责任人,因此,从狭义的角度来看,"家长教育"通常被认为与"父母教育""亲职教育""双亲教育"同义。然而,"家长"除了包含父母双亲,也包含家庭中的其他亲属长辈和监护人(如祖父母、外祖父母、叔叔、伯伯等)。因此,从广义的角度来看,"家长教育"这一概念又与"父母教育""亲职教育""双亲教育"在教育对象上略有不同。

"家长教育"和"家庭教育"有联系,也有区别。从教育目的来看,二者都是促进儿童的全面健康发展。二者的主要区别在于:家长教育的对象是成年人(家长),而家庭教育的对象是未成年人(子女);家长教育的主体是专业的家庭教育指导者(包括学校教师、教育研究者、儿童保健或心理方面的专业人员、有经验的家长等),而家庭教育的主体是家长;家长教育的内容包含如何教育孩子和如何提高自身素质两个维度,而家庭教育的内容主要是如何教育孩子;家长教育的方法要符合成人教育的特点,而家庭教育的方法要符合未成年人教育的特点。可见,家长教育和家庭教育在教育对象、教育主体、教育内容和教育方法上均有所区别。

另一个与"家长教育"相近的概念是"家庭教育指导"。"家庭教育指导"指的是在家庭教育方面的指引和教导,是以家长为主要对象,由社会以大众传媒或社会机构为途径,以提高家长的教育能力和水平、改善家长的教育行为为直接目标,以促进儿童身心健康发展为目的的一种教育过程。"指导"的对象是家长,"指导"的实施者可以是家庭教育指导师、学校的心理教师或班主任、心理咨询师等。"家庭教育指导"的内容与子女直接相关,可以理解为"家长教育"的一种方式或途径。"家长教育"除了涉及跟子女直接相关的内容外,还包括对家长自身的成长、职业规划、人际交往等的提升教育,是促进家长、孩子、家庭全方位发展提升的教育。

(二) 家长教育的特征

家长教育主要具有以下三个特征:

I. 家长教育具有成人教育的特点

成人教育指的是那些不在正规和全日制学校学习的人,为了促使自己在信息、知识、工作技能、欣赏能力与态度等方面得到提升,或以扩充知识并解决个人或社会的问题为目的,进行的连续的、有组织的、自觉的、有目的的教育活动。家长教育的对象是家长或者准家长,都属于成年人。因此,家长教育属于成人教育范畴。

和未成年人的教育相比,成人教育通常具有以下几个特点:(1) 成人学习具有很强的现实性或功利性。成人接受教育的动机非常明确,就是满足工作或者生活的现实需要。因此,家长在接受家长教育时通常也具有很强的功利性,即为了获得如何教育子女的实用知识、科学方法和技巧,满足自己在教育子女方面的现实需要。(2) 成人学习具有一定的经验性。和儿童的学习不同,成人的学习通常是以一定的经验作为基础的。这些经验一方面将成为成人学习的优势,为其学习提供资源;另一方面也可能成为其学习的劣势,影响其学习积极性和主动性,阻碍学习效果的达成。(3) 成人学习具有一定的主动性。作为成人,由于其学习具有一定的现实性和功利性,因此其参与学习的过程通常比儿童更有主动性和热情,而不是被动的或者被强迫的。

作为成人教育的家长教育也同样具备现实性、经验性和主动性几个特点。家长教育需要充分考虑其成人教育的特点,扬长避短。

2. 家长教育具有非正规教育的特点

根据教育过程实施的组织形式,教育可以分为正规教育和非正规教育两大类。正规教育一般有相对稳定的教育对象,使用规定的教学大纲或课程标准、教材,有一定的教育教学组织形式,有相对明确的培养目标。家长教育的对象包括一切需要接受教育的家长;内容主要包括非标准化的内容体系和课程结构,强调学习成果的应用性;不以证书为目的,时间上较为灵活;管理和教育主体可以是政府及其体制内的教育机构,也可以是非政府、体制外的教育机构;授课体系是弹性的,以学习者为中心。可见,家长教育并没有固定、统一的教育内容、教学大纲或课程标准、教材等,其组织形式也相对比较灵活,因此家长教育属于非正规教育。

基于家长教育的非正规性,其在组织形式和教学内容上可以灵活多样,充分考虑家长这一成人群体的学习特点和学习需求,建立利于家长学习的机制,提高其学习效果。

3. 家长教育具有入职教育和在职教育相结合的特点

入职教育指的是正式进入某个职业,承担某个岗位前进行的职前教育,比如教师在正式入职前在师范学校接受的教育。在职教育指的是已经进入某个职业,承担某个岗位后接受或参与的职后教育,比如教师在入职后在单位接受的继续教育。家长教育既是一种入职教育,又是一种在职教育。因为无论是即将成为家长的准父母,还是已经有子女的家长,都需要掌握必要的家庭教育观念、知识、能力等。

二、家长教育的必要性和意义

为什么要进行家长教育?家长教育是提升家长素质和家庭教育质量的有效途径。而家庭教育工作开展得如何,关系到孩子的终身发展,关系到千家万户的切身利益,关系到国家和民族的未来。无论是从家长自身成长的需求来看,还是从国家和社会的长远发展来看,开展家长教育都十分有必要且意义重大。

(一)家长教育是为人父母的必经之路

家长教育是每一位家长完成角色转变、为人父母的必经之路。每一位家长在正式成为家长之前对于"如何做父母"这件事并不完全了解。要想成功完成从普通成人到家长这一角色的转变,接受家长教育必不可少。我国著名教育家陈鹤琴在1935年发表《怎样做父母》一文,恳切指出:"'做父母'是一桩不容易的事情。一般人太把这桩事情忽视了,太把这桩事情看得容易了。我们晓得栽花有了栽花的学识技能,花才能栽得好。养蜂有了养蜂的学识技能,蜂才能养得好。育蚕有了育蚕的学识技能,蚕才能育得好。甚至养牛、养猪、养羊、养马、养鱼、养鸟莫不都要有专门的学识技能。而一般人对于他自己的儿女反不若养鸡、养蜂、养牛、养猪来看得重要。我们只要是一个人就好像都有资格可以教养儿童的。至于怎样教养,怎样培育,事先既毫无准备,事后更不加研究,好像儿童的价值不及一只猪,一只羊。这种情形在中国是非常普遍,司空见惯。我愿普天下做父母的,在未做父母之前,应当自问他有没有研究过怎样教养他未来的儿童,自问他自己应当有什么资格才配做父亲,应当有什么资格才配做母亲。"[1]可见,家长要想成为合格家长,应该提前掌握科学养育子女的知识和方法,这是十分有必要的。

(二)家长教育是科学育儿的实现途径

目前,越来越多的家长逐渐意识到了家庭教育的重要性。但是,并不是每一位家长都具备了科学育儿的观念、知识和技能。这导致目前我国家庭教育问题仍然非常

① 陈鹤琴.家庭教育:怎样教小孩[M].北京:中国致公出版社,2001:202.

突出,如出现了"重智轻德""重身体健康轻心理健康"等各种现象。在"为了不让孩子输在起跑线上"等育儿观念的影响下,很多家长对于"如何教育子女"显得十分焦虑,在遇到家庭教育问题时显得不知所措。因此,很多家长渴望了解和掌握科学的育儿理念和方法,期望通过家长教育来提高自己的家庭教育能力。大量研究发现,家长教育可以有效提升家长的家庭教育能力,比如,提高家长的教育效能感,使家长更能胜任教养任务;帮助家长有效解决儿童的问题行为,增强孩子的社会适应性;改善家长的教养态度、亲子沟通和亲子关系;等等。

(三)家长教育是社会和家庭和谐发展的必然要求

家长教育是当前我国家庭教育事业发展的重要抓手。自党的十八大以来,国家对家庭教育和家庭教育指导提出了一系列重要要求国家领导人作出了一系列重要指示,比如"家庭是人生的第一所学校,家长是孩子的第一任老师,要给孩子讲好'人生第一课',帮助扣好人生第一粒扣子""要构建覆盖城乡的家庭教育指导服务体系"等。近年来,国家出台了《家庭教育促进法》,各级地方政府出台了适合本地区实际情况的家庭教育地方性法规。可见,随着时代的发展,党和国家对家庭教育事业高度重视。要想发展好家庭教育事业,必然要提高家长的素质尤其是家庭教育素质,而家长教育就是实现这一目标的重要途径。

此外,随着社会的转型变迁和发展,家庭结构和家庭类型发生了明显的变化。比如,随着城镇化进程加快,大批农村劳动力进入城市务工,产生了大量的农村留守儿童、城市流动儿童;随着国家生育政策的变化以及人们婚恋观念的改变等,涌现了越来越多的多子女家庭、单亲家庭、重组家庭等;随着信息化的普及,手机沉迷、网络成瘾、游戏成瘾等问题也越来越普遍。这些都为家庭教育带来了新的问题和挑战。为了应对这些新的问题和挑战,家长教育的必要性和迫切性越来越突出。

三、家长教育的主要途径

开展家长教育,提升家长素质的途径主要有两个:一是家长进行自我教育,即家长主动加强自身学习,提升自我素质;二是构建"政府-学校-社会"支持网络,即政府、学校和社会营造良好的家长教育环境,开展家庭教育指导,帮助家长实现自我成长。其中,前者是内在动力,后者是外在动力,二者相互渗透、相互促进。一方面,家长的自我教育需要学校和社会的帮助与指导;另一方面,学校和社会的帮助与指导有助于家长提升自我教育意识和能力。

(一)家长的自我教育

家长自我教育,是指家长为了提高自身处理家庭关系、婚姻关系的能力,以及教育子女的能力而通过各种方式进行自我学习,不断自我成长的活动。[①]家长自我教育是一种有目的、有意识的成人教育活动。在这个过程中,家长既是教育者,同时也是

---

① 单志艳.家庭教育学[M].桂林:广西师范大学出版社,2021:115.

受教育者。家庭教育不仅是引导孩子健康成长的过程,同时更是家长的自我教育过程。没有哪个人生来就会当家长,成为合格家长是需要学习的。一位合格的家长首先应该是一名"自我教育者"。只有先进行自我教育,掌握一定的教育知识与方法,才能胜任"家长"这一角色。具体来说,家长主要可以通过以下途径进行自我教育:

1. 在丰富的家庭教育实践中进行自我教育

"纸上得来终觉浅,绝知此事要躬行。"(陆游《冬夜读书示子聿》)家长的素质尤其是家庭教育素质不是凭空获得的,而是在真实的家庭教育实践中逐渐积累并提升的。通过家庭教育实践,家长能够发现自身的不足,从而提高自我教育的意识和观念,自觉开展自我教育;通过家庭教育实践,家长能够更好地发现哪些知识和方法是有用的、有效的,从而逐步提升自己的家庭教育胜任力。家长可以通过多种途径,开展丰富的家庭教育实践,提升自己的身体素质、文化素质、思想品德素质、心理素质等,同时提高自己的家庭教育能力,做合格家长。

第一,家长可以通过加强对孩子的陪伴来进行自我教育。陪伴孩子是开展家庭教育的重要内容之一,也是家长进行自我教育的途径之一。通过陪伴,家长可以在细心观察中捕捉孩子的每一个细节,及时发现孩子内心的真实需求,学会读懂孩子;家长可以在耐心回答孩子的每一个问题的过程中,学会与孩子沟通、激发孩子的求知欲等;家长还可以在长时间的陪伴中,了解孩子在不同成长阶段的身心发展规律、成长需求,并逐渐掌握不同的陪伴方式等。第二,家长可以在形式多样的家庭活动和亲子活动中进行自我教育。比如,在亲子共读中,学会激发孩子的阅读兴趣、培养孩子的阅读习惯;在家务劳动中,学会锻炼孩子的动手能力、感恩精神等;在体育运动中,学会增强孩子的身体素质和抵抗挫折的能力。第三,家长可以通过言传身教,在平衡好各种家庭关系以及自身角色的过程中进行自我教育、不断成长。比如,家长可以在家庭生活中遵循夫妻关系第一、亲子关系第二、祖孙关系第三的家庭关系处理原则,做到夫妻恩爱、孝亲敬老;在相互包容、互敬互爱、一视同仁的前提下,做好夫妻之间的家庭分工,扮演好丈夫/妻子的角色、父亲/母亲角色、子女和婿媳的角色等,学会为孩子营造良好的家庭环境。

2. 在与他人的互动交流中进行自我教育

所谓"三人行,必有我师焉"(《论语·述而》)。除了通过丰富的家庭教育实践开展自我教育之外,家长还可以通过多种渠道、多种形式利用身边的人力资源,即在和家长、教师、专家等人的交流互动中来提升自身素质尤其是家庭教育素质。

第一,家长可以通过加强与优秀家长群体的交流互动来进行自我教育。家长通常来自各行各业,各有所长,且每一位家长都有自己独特的家庭教育心得和经验。这些都可以成为家长进行自我学习和成长的资源。通过与一些优秀家长的交流互动,家长可以意识到自己与他人的差距,提高自我成长意识;家长可以学习这些优秀家长的育儿经验,并将这些经验运用到自己的家庭教育实践中;家长还可以从这些优秀家长身上获得一些有助于自我成长的经验或者资源,比如可以通过哪些书籍、网站和其他学习途径来丰富自己的家庭教育知识和提升自己的能力。此外,在与家长群体的交流中,家长也可以找到教育子女的情感共鸣,缓解自身的育儿压力,提升自身心理健康水平。

第二,家长可以通过加强与学校教师的交流互动来进行自我教育。与家长群体相比,学校教师群体是更专业的家庭教育人员,具有更丰富的家庭教育资源,且具备一定的家庭教育指导能力。因此,家长可以充分借助学校和教师来提高自身的家庭教育能力。比如,家长可以积极参与学校组织的家长学校、家长课堂、家长开放日等各类线上和线下家长教育活动,在专业的培训和学习中掌握教育子女的必要知识和能力;家长可以积极通过微信、QQ、电话、家校互访等家校沟通渠道加强与教师的沟通交流,积极主动向教师请教家庭教育问题,提升自己的家庭教育能力;家长还可以积极参与学校的管理和决策,如参与家委会,充当家长志愿者、家长教师等,在家校互动中增强自己的家庭教育能力。

第三,家长可以通过加强与家庭教育专家的交流互动来进行自我教育。专家是在某个领域具有一定经验或者权威的人。通过向这些人学习,家长可以避免被错误的知识和经验误导,快速获得科学的家庭教育知识和技能,少走弯路。比如,家长可以积极参加专家讲座、专家课堂等,与专家进行面对面的交流。对于不方便近距离沟通的专家,家长可以通过网络平台、微信、电子邮箱等方式与专家保持联系,获取各类专业的家庭教育学习资源,主动加强学习。家长还可以把自己平时在家庭教育中遇到的问题及时记录下来,整理汇总之后,预约专门的时间,通过网络一对一的方式请专家答疑解惑。

3. 利用网络资源进行自我教育

在互联网技术高度发达的今天,网络不仅是人们工作之余休闲娱乐的一种途径,也是一种重要的学习资源。网络上有着丰富的、多样化的图文、视频资讯。相对其他资源而言,网络资源的获取更加便捷,且成本低廉。因此,网络也可以成为家长自我学习的重要途径和对象。具体来说,家长可以通过以下两种途径来获取网络资源,开展自我教育:

第一,优质的家长教育自媒体账号。家长可以关注家庭教育领域相关专家和研究机构的微博、今日头条、抖音、B站等,或者订阅相关的微信公众号等,利用碎片化的时间学习,获取家庭教育的最新理论和实践知识,不断更新自己的家庭教育理念等。

第二,专门的家长教育学习网站或平台。目前,一些学校和地区都建立了专门的家校共育网络学习平台。在这些平台或网站上,有丰富的家庭教育资讯、家长教育资源。比如,由中国家庭教育学会主办的全国网上家长学校网站上就开辟了"家教动态""家长课堂""家教培训""家教法规""家教联盟"等模块。其中,"家教动态"模块会定时更新近期重要的新闻、热点话题、专家观点等内容;"家长课堂"模块则包含孕期、早期(0—3岁)、学前(3—6岁)、小学(6—12岁)以及青春期(12—18岁)各个年龄段的图文、视频类家长课程。此外,网站上还有关于少年儿童网络素养、劳动教育和亲子阅读的家长指导内容。家长可以利用这些专门的学习网站或平台进行更系统、更深入的自我教育。

4. 在专业阅读中进行自我教育

通过阅读家庭教育相关的经典书籍,家长可以进行系统、持续的自我教育,更新自己的家庭教育理念,掌握丰富的家庭教育知识和科学的家庭教育方法。因此,家长需要意识到阅读的重要性,有意识利用空余时间进行广泛阅读,并养成每日阅读的好习惯,用专业的阅读提升自我教育的实效性,增加自身文化修养。另外,家长的阅读行为也可以为孩子起到榜样作用,帮助孩子养成阅读的好习惯。具体来说,家长可以阅读以下两种类型的经典书籍:

第一,教育学、心理学相关的经典书籍。教育学相关经典书籍可以帮助家长更好地理解教育的本质、教育的目的以及教育的基本原则与方法。心理学相关经典书籍可以帮助家长更好地掌握儿童的身心发展规律,了解其行为背后的心理需求等。

第二,家庭教育的经典书籍。这类书籍可以帮助家长更好地了解家庭教育的基本理念、家庭教育中常见的问题以及解决策略等,从而帮助家长解决现实中可能遇到的问题。比如,家长可以阅读洛克的《教育漫话》、卢梭的《爱弥儿》、蒙台梭利的《童年的秘密》、弗洛姆的《爱的艺术》,以及边玉芳的《读懂孩子:心理学家实用教子宝典》系列等书籍。

5. 在主动反思中进行自我教育

成长等于经验加反思。除了以上途径之外,家长还可以通过加强自我反思来进行自我教育,即在日常反思中进行自我学习、自我提升。比如,在家庭教育实践中,当孩子没有达到自己的预设期待时,家长要多反思自己的行为是否合适、恰当,解读孩子行为背后的心理状态,采取更为有效的应对策略,而不是主观臆断“孩子就是故意在和我作对”,对孩子进行责备、打骂等。这样的主动反思,不仅可以缓解家长自身的负面情绪,也可以在一定程度上降低孩子的焦虑水平,避免亲子关系恶化。加强自我反思,家长还需要注意避免经验主义的倾向,即总是拿过去的经验来对待现在的孩子,比如拿对待大孩的方法来对待二孩或者三孩。

(二)全社会支持家长教育

家长教育除了需要依靠家长的自我教育之外,还需要全社会的大力支持,即需要构建“政府－学校－社会”三位一体的合作支持网络。这既有利于营造良好的家长教育氛围,也可以为家长教育提供必要的帮助和指导。

1. 政府对家长教育的支持

政府可以在家长教育中充当决策者、协调者、监督者和服务者等多重角色,这对引领、推动家长教育开展,提高家长的自我教育意识和能力等具有重要意义。

(1) 完善法律、政策

政府可以充分发挥决策者的角色,积极完善家长教育相关的法律、政策,为家长教育提供方向指引,保障家长的受教育权。尽管当前我国已经出台了很多与家庭教育相关的政策法规,如《全国家庭教育指导大纲(修订)》《家庭教育促进法》等,对开展家长教育有一定的指导作用,但是依然缺乏与家长教育直接相关的,或者对家长教育有较强实践指导性的法律、政策。因此,政府未来需要进一步完善家长教育相关的法律、政策。一方面,政府需要积极推动与家长教育直接相关的法律、政策的制定,使家长教育有章可循、有法可依。这不仅能在法律、政策上肯定家长教育的重要性,保障家长的受教育权,还能营造良好的社会氛围,促进学习型家庭和学习型社会的建设。另一方面,政府需要进一步细化已有的家庭教育相关法律、政策,使其在家长教育实践中更具指导性、操作性。比如,针对我国首部家庭教育领域的专门法律《家庭教育促进法》,北京市西城区人民法院向家长发出了《家庭教育指导令》,促进法治教育和家庭教育联动,督促、责令失职父母依法履行家庭教育职责,唤醒家长的家庭教育意识,提高家长的家庭教育能力。

(2) 搭建专业化平台和队伍

政府可以充分发挥其协调者、监督者和服务者等角色优势,为家长教育搭建专业化的平台和队伍,使家长教育"落地生根"。比如,政府可以通过健全组织领导机制、家庭教育工作协调推进机制、第三方监测评估机制等推动构建覆盖城乡的家庭教育指导服务系统。一方面,政府可以在文明办、民政局、卫健委、文广新局、科协、关工委等部委的共同参与下,分层分级建立家庭教育指导中心、家庭教育咨询站、家长委员会、家长学校(网上家长学校)等,使家长教育"有平台"。另一方面,政府可以组织高校、研究中心、科研院所、社区、社会机构等多方资源,组建专业化的家长教育师资队伍,比如建立全国性的家庭教育讲师团、专家智库、志愿者工作队伍等,使家长教育"有队伍"。

▌ 拓展阅读 >>>

小华父母的《家庭教育指导令》

小华是一名初中生。曾经的他成绩优异,被父母和老师视为骄傲,寄予厚望。但是,短短两年的时间,小华却逐渐变成了老师们最头疼的孩子,甚至最终走上了犯罪的道路。

有着十五年涉未成年人案件审判经验的法官程乐一直致力于思考和破解一个难题:如何让处于花季的孩子们痛改前非、迷途知返? 如何才能让他们顺利回归家庭、回归学校、回归社会?

基于这样的信念和理念,也为了更准确地查明小华的生活和学习状态,发现其家庭教育存在的问题,2022 年 5 月 5 日,北京市西城区人民法院张达法官同程乐法官一起向小华父母发出了《家庭教育指导令》,责令小华的父母接受家庭教育指导,并对小华的父母进行了长达两个半小时的教育指导。针对小华的情况,张达法官和程乐法官对小华父母提出了三点家庭教育指导:

第一,小华的法律知识欠缺,未来要为其多提供相关法律知识的书籍,加强法律知识的学习。

第二,小华父母要加强对小华学习和生活的监管,在过程中要注重沟通方式,不适当的方式只会适得其反。

第三,小华的父母不仅要在物质上保障小华的生活,还要更加关心、关注其生理、心理状况和情感需求,及时纠正其不良行为,防止其再次走上违法犯罪的道路。小华出现心理问题已久,但是父母未对此予以发现和重视,积重难返,导致小华犯罪行为的发生。未来需要加强对小华的心理疏导和心理教育。西城区人民法院会安排专业心理指导人员对小华进行一系列的心理疏导。

2. 学校对家长教育的支持

2019年6月《中共中央　国务院关于深化教育教学改革全面提高义务教育质量的意见》明确指出,要重视家庭教育,充分发挥学校主导作用,密切家校联系。开展家长教育是学校应该承担的职责之一。学校可以通过办好家长学校、开展家庭访问、召开家长会、建设家庭教育指导和咨询中心等多种途径加强对家长的指导,提高家长的素质尤其是家庭教育素质。

（1）办好家长学校

家长学校是开展家长教育的专门机构,也是被学校普遍采用的一种家庭教育指导形式,其任务就是帮助家长树立正确的教育观念,向家长传播教育子女的知识和方法,提升家长的家庭教育能力。第一,学校管理者要从观念上重视家长学校建设,从经费投入、制度建设等方面加强顶层设计。比如,把家长学校教学计划纳入学校年度工作计划,并将家长教育作为班级管理、教师管理的一项指标纳入年度考核。第二,学校要加强家长学校师资队伍建设,这是落实家长学校建设的关键。一方面,学校要有计划、有目的地加强对本校教师的培训,提升教师的家庭教育指导能力;另一方面,学校也可以聘请专家学者、社会工作者、一线教师和有经验的家长等,组建专门的、专兼职结合的家长教育讲师团,丰富学校的家长教育师资力量。第三,学校要加强家长学校课程建设,增强家长教育课程的系统性、科学性、有效性和针对性等。比如,家长学校课程内容要从家长面临的具体问题和实际困惑入手,要体现实用性、可操作性,能够切实帮助家长解决具体问题。

（2）开展家庭访问

家庭访问是学校教师与家长进行个别联系,对家长进行个性化帮助和指导的一个重要途径。家庭访问可以增进教师和家长对彼此的了解,帮助教师和家长更全面地了解孩子在家庭、学校的表现,共同商讨教育孩子的方法等。家庭访问不仅可以有效改进学校、教师工作,还可以帮助家长提高家庭教育素质。在家庭访问的过程中,教师需要注意:要把重点放在提高家长的自我教育意识以及家庭教育水平上,而不是放在"告状""邀功"等方面。比如,教师可以多分析孩子在学校的表现,引导家长认识到自己家庭教育的成功与失败之处;可以多谈"如何做",少谈"为什么",帮助家长更好地掌握家庭教育的科学方法;等等。

（3）召开家长会

家长会是学校教师对家长进行群体性帮助和指导的一种重要途径。这既是一种传统的家长教育方式,也是目前学校最主要的家长教育方式之一。很多家长对家长会的重视程度远远超过了家长学校,因此学校教师应该充分利用家长会对家长进行指导,帮助家长提升家庭教育能力。理想的家长会不应该是简单的"成绩汇报会""任务布置会"或者"家长批斗会",而应该是情况交流会、家庭教育研究会和家庭教育指导会。比如,每次家长会教师都可以针对本班学生存在的典型家庭教育情况(如溺爱问题、习惯养成问题等),开展有针对性的指导,帮助家长解决实际的家庭教育问题。这样,每次家长会都可以成为一次良好的家长教育机会。经过长期积累,家长的家庭教育素质将得到有效提升。

（4）建设家庭教育指导和咨询中心

学校也可以通过建设家庭教育指导和咨询中心等机构,对家长开展一对一辅导、提供个性化服务,提高家长的素质尤其是家庭教育素质。从师资来看,学校可以组织专职的心理健康教师、有经验的班主任和德育教师等定期在家庭教育指导和咨询中心值班,接待有特别需要的学生或家长。从管理和激励制度来看,学校可以将教师在家庭教育指导和咨询中心的工作纳入常规工作量,或者作为考核、奖励的标准。从工作内容来看,家庭教育指导和咨询中心可以定期开展"家长沙龙""家庭教育热点讨论""家庭教育团体辅导"等多种形式的家长教育活动,有计划、有目的、有针对性地提高家长的家庭教育能力。

除了以上途径外,学校和教师还可以通过发放家庭教育指导手册、给家长写信、定期通过学校微信公众号平台向家长推送家庭教育相关知识等方式加强对家长的教育和指导,提升家长的素质尤其是家庭教育素质。

学习活动：小组研讨 》》》

家长教育开展的重要途径之一是学校的家校共育。学校教师需要承担家长教育的工作。请开展小组研讨,协作完成以下内容:

假设你是某小学家校共育工作的负责人,即将开展本学年的家长学校建设工作,请根据家长教育的特点、小学生家庭教育的重要任务,对某个年级的家长学校的课程内容、课程方式进行设计,并列举通过哪些方式能提高家长参与家长学校的热情和学习效果,最终形成一份年度家长学校课程设计方案,并在班内分享交流。

3. 社会对家长教育的支持

除了政府和学校之外，社区、医院、新闻媒体、出版社、科研院所等社会组织和机构也承担着对家长进行家庭教育指导的职责。社会对家长的指导主要可以通过以下途径开展：

（1）社区服务

目前，社区的教育功能越来越受到人们的重视，其在家长教育方面也具有重要作用。在我国，很多省、市、地区的社区都建设有专门的家庭教育指导服务站点，并且配备有专门的家庭教育指导人员。社区具有开展家长教育的丰富的人才优势和资源优势。具体来说，社区可以充分发挥自身的组织优势、资源优势和人才优势，从以下四个方面开展家长教育服务，以达到服务家长和儿童、普及家庭教育知识、推广家庭教育经验、融洽亲子关系的目的：第一，发挥组织优势，定期组织家长开展有关家庭教育方面的经验交流会、座谈会等，增强家长的自我成长意识和家庭教育能力；第二，发挥现有场地资源优势，定期举办各种类型的家庭教育公益讲座、召开家长沙龙，还有开展各种形式的亲子活动等，丰富家长的家庭教育知识；第三，发挥资源整合优势，充分挖掘社会人才和社会教育资源，建设好社区家长学校，有系统、有计划地提升家长的素质尤其是家庭教育素质；第四，发挥人才资源优势，组织社区志愿者开展家庭教育咨询等，帮助在教育子女方面有困难的家长。

（2）大众传播媒介宣传

除了社区服务之外，社会还可以利用大众传播媒介对家长进行各种形式的教育和指导，丰富家长的家庭教育知识，提升其能力等。第一，可以利用大众传播媒介中的广播、电影、电视、录像等开展家长教育。这些传播媒介具有直观、生动、具体、形象等特点和优势，能够很好地激发家长的学习兴趣，在寓教于乐中达到教育目的。比如，可以利用广播电视台建立"空中家长学校"，系统地向家长讲授家庭教育知识；可以利用电视台，邀请家长和专家就家庭教育热点事件或者焦点问题录制专门的家庭教育节目、少儿教育节目、家庭生活节目、家庭教育主题影视作品等，以轻松愉快的形式向家长传递家庭教育的正确理念和方法。第二，可以利用报刊、书籍等传统纸质大众传播媒介丰富家长的家庭教育知识。比如，可以出版专门介绍家庭教育的书籍，开设专门的家庭生活、家庭教育主题的知识专栏等，定期向家长传播家庭教育知识。第三，可以利用互联网这种新型的社会大众传播媒介开展家长教育。比如，可以搭建专门的"网上家长学校""网络家长课堂""网络家长论坛"等平台，方便家长利用空余时间进行自我学习和提升；可以通过微信、微博、新闻门户网站等定期推送家庭教育主题文章，向大众传播最新的家庭教育理念、知识和方法；等等。

社会大众传播媒介，尤其是主流媒体应该坚守自己的社会责任，避免对家长的误导，客观、及时、全面地对家庭教育相关新闻进行报道，有的放矢地帮助家长解决家庭教育难题。

理解·分析·应用

1. 请举例说明家长素质的重要性。
2. 请简要说明家长教育的特征。
3. 有人说"家长好好学习,孩子才能够天天向上",你是否认同这句话? 并谈谈家长教育的必要性和价值。
4. 家长应该具备哪些家庭教育知识?
5. 请论述家长自我教育的主要途径。
6. 学校可以通过哪些途径开展家长教育?
7. 观察你所在社区或街道,是否有家庭教育指导中心或者类似机构? 如果有,调查、了解它们的运营模式和工作内容是什么。

拓展阅读指导

1. 中国儿童中心.我国家庭教育指导服务体系构建与推进策略研究[M].北京:中国人民大学出版社,2016.
2. 吴重涵,王梅雾,张俊.家校合作:理论、经验与行动[M].南昌:江西教育出版社,2013.

读者意见反馈

为收集对教材的意见建议，进一步完善教材编写并做好服务工作，读者可将对本教材的意见建议通过如下渠道反馈至我社。

咨询电话　400-810-0598

反馈邮箱　gjdzfwb@pub.hep.cn

通信地址　北京市朝阳区惠新东街 4 号富盛大厦 1 座
　　　　　高等教育出版社总编辑办公室

邮政编码　100029